스펙트럼(해설편)

성서지도

지은이 이원희 목사

도서출판 지계석

THE SPECTRUM
Bible Atlas

by
Lee Wonhi

printed in November 2006

● 추천해 주신 분
김창인목사(광성교회 원로) 서정운총장(전장신대)
● 현장 답사에 도움을 준 분
이강근(이스라엘) 손종희(요르단, 시리아) 제진수(이집트)
● 편집 ▶이원희 도안▶김범준(표지) 홍태남(일러스트)

스펙트럼 성서 지도(수정증보판) 값 22,000원

1판1쇄 인쇄일 2000년 2월 23일
2판1쇄 인쇄일 2002년 2월 23일
3판1쇄 인쇄일 2006년 11월 23일
4판1쇄 인쇄일 2015년 9월 23일
인 쇄 일 2015년 9월 23일
발 행 일 2015년 10월 23일(4판 1쇄)

지 은 이 이 원 희
발 행 인 이 태 희
발 행 처 도서출판 지계석 대전광역시 동구 중동 10-7
전화 (042) 254-0908
지은이 연락처 010-6511-0675
등록번호 동구 제153호(1998.11.30)

 ISBN 89-950567-0-3, 93230

공급처 열린유통 ☎ (031) 906-0011 Fax (031)905-0288

서 문

성서의 땅! 그곳은 하나님이 구속의 역사를 베푼 삶의 터전이요, 거룩한 역사의 장이다.

성서의 땅이란 성서에서 언급되고 성서의 배경이 된 지역이다. 성서에서 인급하고 있는 지역은 넓게는 유프라데스와 티그리스 두 강에서부터 서쪽으로 로마까지, 오늘날의 이란, 이라크, 터키, 그리스, 이탈리아, 시리아, 레바논, 요르단, 이스라엘, 이집트에 이르는 광범위한 지역이다. 그러나 좁은 의미로서 성서의 땅은 오늘날 현대 이스라엘이 자리잡고 있는 팔레스틴이라 불리는 지역이다. 이곳은 지리적으로 아시아, 아프리카, 유럽 세 대륙의 중심에 위치해 있으며, 고대 문명의 틈바구니 속에서 정치적, 문화적, 종교적으로 주요 길목으로서의 역할을 담당했다. 바로 이런 곳을 하나님은 일찌기 아브라함과 그 후손에게 약속의 땅으로 주었다(창15:17~21).

이제 그토록 귀중한 땅, 이곳에서 베풀어진 하나님의 구속 역사의 흔적을 지면을 통해 나타낸다는 것은 너무나 감격스러운 일이다. 왜냐하면 성서에서 언급되고 있는 장소와 그 장소에서 일어난 사건을 통하여 오늘 우리의 삶의 자리에서 다시 재현할 수 있기 때문이다. 그러므로 성서에 나오는 사건과 그 사건이 일어난 장소를 지면으로 표현하는 것은 중요하고도 반드시 해야만 할 사명이다.

본인은 그동안 실로암 성서도표(성광문화사, 1983), 성서속의 역사와 지리(기독교문사), 최신판 해설 성서지도(예본출판사), 실사용 성서대지도, 성지행전(평단), 바이블씨티 700(도서출판 바이블씨티) 등 성서지리와 관련된 책들을 내놓았으며, 성지 전문 싸이트인 photobible.kr을 개설하고, 이제 본격적인 성경의 지리적 이해를 위한 교재를 출판하게 되었다. 이 일을 위해 2014년까지 성지 70회를 답사하고 인도하게 된 것은 하나님의 함께하심이 아니면 불가능한 일이었다.

사실 성서지리학이란 성서에 관련된 땅의 형태에 성경에 나타난 사건을 접목시키는 것만으로 되는 것이 아니다. 그 외에 당시의 역사, 지리, 언어, 풍습, 고고학 등을 다 동원하여 그 사건이 일어난 장소를 정확히 포착함으로 본문의 역사적 배경을 검증할 때 가능하다. 그러므로 본서에 나타난 많은 부분들은 전문적인 성서지리학자의 것을 참조할 수 밖에 없었음을 솔직히 고백한다. 다만 하나님께서 구속 역사를 베푸시고 성경을 주신 그 사건의 현장을 찾는데 남다른 열정을 갖고 선교의 현장에서 성서지리를 통하여 실제적이고 구체적인 신앙의 성장을 위해 힘쓴 것 뿐이다.

이제 하나님의 말씀을 생활에 적용시키기에 가장 효과적인 성서지리를 지면에 그려 한국 교계에 내놓게 됨은 하나님의 넘치는 은혜이다. 아무쪼록 본서를 통해 많은 분들이 성서에서 일어났던 하나님의 놀라운 은혜의 사건들이 오늘 우리의 삶의 현장에서 그대로 일어나기를 바라면서 감히 이 책을 한국 교계에 내놓는다. 지난 수정증보판에서는 그동안 새롭게 확인된 지역을 대폭적으로 수정하였고 추가하였다. 지명 명칭은 한글 개역개정판을 사용했다. 이번 4판에서는 일부 성경과 관련된 지도 부분을 추가로 삽입하고 지명 글씨도 일부는 크게 했다.

끝으로 이 책이 나오기까지 계속해서 성지의 현장을 함께 뛰어 준 이강근목사님, 요르단의 손종희 사장님과 니자르(Nizar)기사, 지금은 고인이 된 이집트의 제진수 사장님, 또한 여러 차례 함께 동행했던 김한기 집사님과 그외 끊임없이 저를 위해 기도를 해준 분들, 특히 이 책이 나올 수 있도록 주님의 귀한 일터로 불러준 김창인 원로목사님께 감사를 드립니다.

2015년 10월 23일　　지은이 드림

목 차

CONTENTS

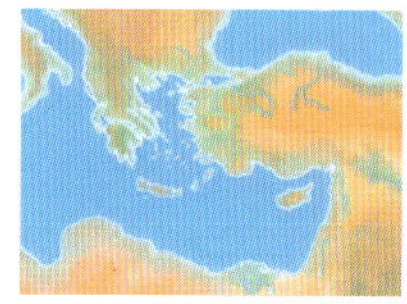

성서지리일반 범례

■ 약어표기

T. (작은 언덕이란 뜻) Tel (히브리어식 발음)
Tell(아랍어식 발음)
Kh. (폐허(지)란 뜻) Horvat(히브리어식 발음)
Khirbet(아랍어식 발음)
Mt. = Mountain; 산
Va. = Valley; 골짜기
Ri. = River; 강
Wd. = Wadi(와디); 우기에만 흐르는 강
Br.=Brook; 시내
Wi.=Wildness; 광야
발음 H=ch 발음(크와 흐의 중간음)
S=ts 발음(츠에 가까운 음)

■ 성읍표기(필요시에만)

- 성경의 한글 지명은 한글 개역개정판을 기준함
- 세겜(명조체) 성서에 나오는 지명
- *세겜* (이태릭체) 성서와 관련된 지명
- 세겜(고딕체) 성서에 나오는 현대 지명과 그외
  (학술적인 용어와 현지 지명의 발음은 표기상 차이가 있을 수 있으며, 학술적인 용어도 발음대로 표기했기 때문에 현지 발음과 다를 수 있다. 여기서는 해당 국가의 현대 지도에 표기된 것을 기준으로 했다. 1990년 이후 지도)
- 산, 골짜기, 평야, 강, 시내, 와디는
  시대와 상관없이 고딕체로 표기됨
- 지명의 뜻
  Ein, Ain, En = 샘이란 뜻, 엔게디(염소의 샘)
  Kafr = 마을이란 뜻, 카프르 가나(가나 마을)
  Beit = 집이란 뜻, 벧엘(하나님의 집)
- 지명의 위치(필요한 경우만 표시)
  ?(물음표 한개) = 주장되는 곳
  ??(물음표 두개) = 근거는 희박하나 추정되는 곳

자료출처(참고문헌)

■ 지도류

- F.F. Bruce, The Illustrated Bible Atlas, Carta(1994, Jerusalem)
- J.J. Bimson and J.P. Kane, New Bible Atlas, Inter-Varsity Press Lion Publishing(1994, England, Oxford)
- Dan Bahat, The Atlas of Biblical Jerusalem, Carta(1994, Jerusalem)
- Phil Wilkinson, Bible Atlas, Dorling Kinde rsley (1994, England, London)
- Harry Thomas Frank, Atlas of the Bible Lands, Hammond Incorporated(1990, U.S.A.)
- Mary Mc Callum, Greece, Toubi' s(1993, Athens)
- Y. 아하로니와 M. 아비요나, 문창수역, 아가페 성서 지도, 아가페 출판사(1982년, 서울)
- Y. Aharoni and M. Avi-Yonah, The Bible Atlas, Carta(1973, Jerusalem)
- The Holy Land Sayellite Atlas, RΦHR Pro duction(1999, Tailand)

■ 단장 지도류

- Ori Devir and Mulli Melzer, Map-Mapping and Publishing(1996, Israel, Tel Aviv)
- Touring Map of Israel, Survey of Israel(1993, Israel)
- Peter Connolly, Living in the time of Jesus of Nazareth, Oxford University Press(1993, New York)
- MAP Israel(Road)-Mapping and Publishing Ltd. Editors: Ori Devir, Mulli Meizer, 1996
- Iran 2001, Gitashenasi Amir(2001, Tehran)

■ 단행본

- 이원희 & 신현주, 성서속의 역사와 지리, 기독교문사 (1993, 서울)
- 李贊英, 聖經地理總監. 圖書出版 所望社(1993, 서울)
- 존 브라이트, 金允柱譯, 이스라엘의 歷史. 上,下, 분도출판사(1978, 서울)
- 이원희, 바이블씨티 700, 도서출판 바이블씨티(2012)
- Barry Cuniffe, The Holy Land, Oxford University Press(1998, London)
- Dave Winter & John Matthews, Israel Hand book, Footprint Handbooks(1998, Chicago)

■ 사전류

- 성서지명 강해대전, 성지서원(1996, 서울)
- The Anchor Bible Dictionary, Published by Doubleday(1922, New York)
- The New Encyclopedia of Archaeological Excavations in the Holy Land, The Israel Exploration Society & Cart(1993, Israel)

성서지리일반

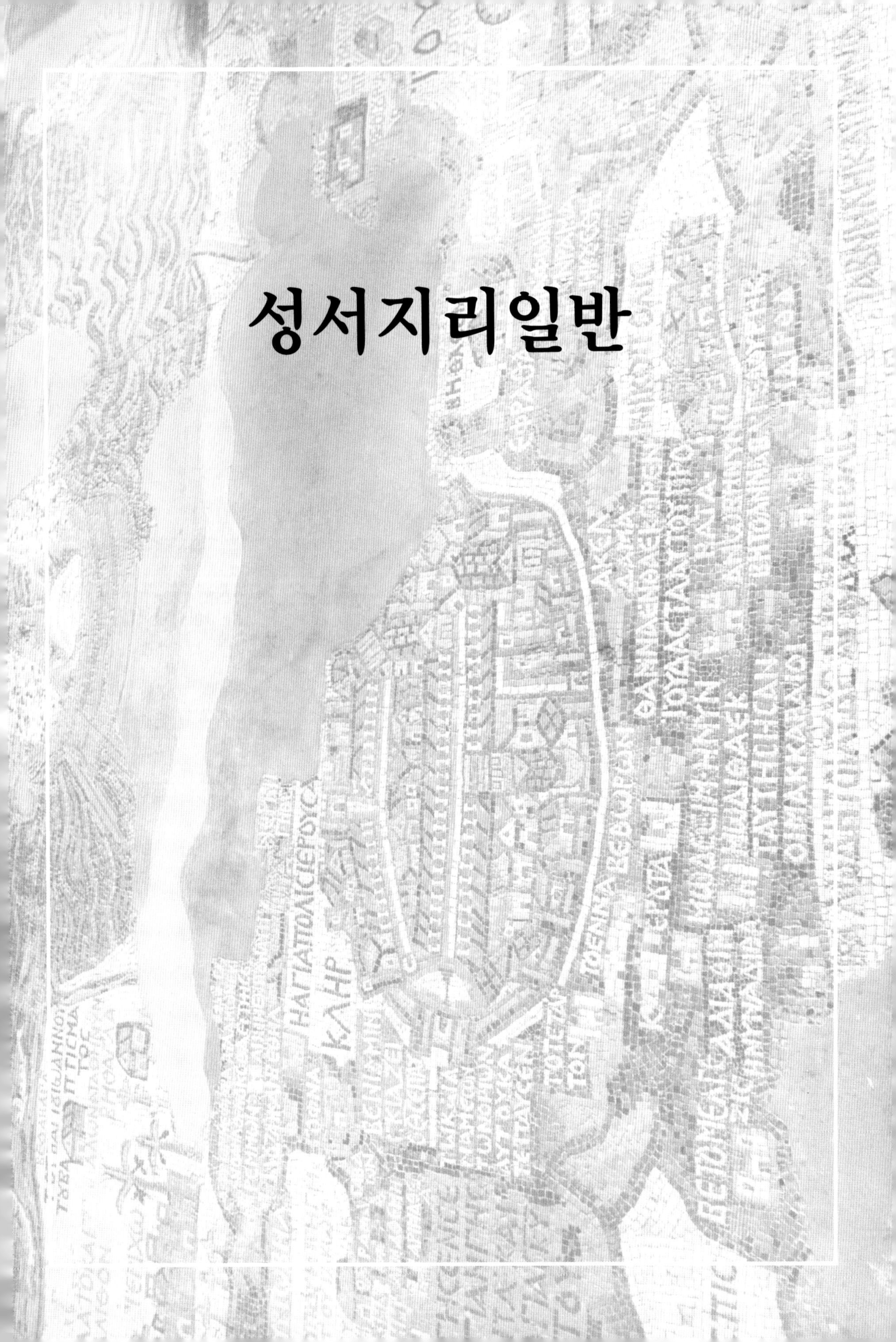

성서시대의 근동지역 지도

상

레바논과 시리아 지역의 지도

레바논과 시리아 지역의 성경 성읍

시돈, 두로, 사르밧, 가나, 그발(비블로스), 디블라(리블라, 립나), 이욘, 헤들론, 하드락, 벧아낫, 베로대(군, 브로다), 함몬, 라미야, 알랍, 호사, 벧세메스, 믹달레, 이론, 다메섹, 다드몰, 스닷, 하맛, 갈그미스, 고산(텔 할라프), 아르왓, 레셉, 두라 유로포스, 에드레이, 딥사, 가르나임, 아스다롯(브에스드라), 아와(이와), 하라, 아르밧, 헤나, 할라, 헬람, 브돌, 헬본(헬분)

하

이라크와 이란 지역의 지도

이라크와 이란 지역의 성경 성읍

우르, 갈라(니므롯), 바벨론, 니느웨, 앗수르, 갈레(니푸르), 에렉(우룩), 구다(보르시파), 악갓, 델멜라, 임멜, 앗단, 델하르사,악메다, 수사

상

소아시아(터키) 지역의 지도

소아시아(터키) 지역의 성경의 성읍

실루기아, 수리아의 안디옥, 다소, 더베, 이고니온, 루스드라, 비시디아의 안디옥, 버가, 앗달리아, 무라, 바다라, 하란, 골로새, 니도, 드로아, 밀레도, 앗소, 히에라볼리, 갑바도기아, 두아디라, 빌라델비아, 라오디게아, 에베소, 서머나, 사데, 버가모, 아드라뭇데노

하

그리스와 지중해 지역의 지도

그리스와 지중해 지역의 성경의 섬과 성읍

네압볼리, 빌립보, 암비볼리, 데살로니가, 베뢰아, 아볼로니아, 니고볼리, 아덴, 고린도, 겐그레아, 구브로섬, 바보, 살라미스(살라미), 로도섬, 살모네, 라새아, 그레데섬, 미항, 뵈닉스, 멜리데섬, 가우다섬, 미둘레네섬, 기오스섬, 사모섬, 밧모섬, 사모드라게섬, 고스섬, 수라구사, 레기온, 보디올, 사관, 로마

이집트(시나이 반도) 지역의 지도
애굽의 성경 성읍: 라암세스(소안), 비베셋, 비돔, 숙곳, 다바네스, 노아몬(룩소, 테베), 놉(멤피스), 바알스본, 온(벧세메스, 아웬, 헬리오폴리스), 수에네, 하네스
출애굽(시나이반도) 지명: 신(펠루지움), 믹돌, 에담, 마라, 엘림, 알루스, 르비딤, 하세롯, 기브롯핫다아와, 가데스바네아, 엘랏, 돕가, 갈가, 굿고다(훌하깃갓), 그헬라다, 다베라, 하스모나, 브에롯 브네야아간, 다핫, 데라, 라반, 림몬 베레스, 립나, 릿마, 릿사, 하라다, 막헬롯, 모세롯, 밋가
상
하
대 해
(지중해)
이스라엘
요르단
이집트
요단서안
골란고원
악고
돌
벧산
세겜
욥바
예루살렘
아스돗
아스글론
가사
헤브론
가사지구
아랏
브엘세바
애굽강(시내)
진(신) 광야
다미에타
엘 마타리아
믹돌2? 포오트 사이드
라암세스
(소안,타니스)
바알스본??
신(펠루지움)
믹돌1? Migdol
나할 얌
질루
Daphnae 다바네스
비하히롯
Bagdad
T. Basta
비베셋
비돔 Daphn
숙곳??
믹돌3?
이스마일리아
빅터호수
파이드
라마단 씨티
바알스본??
수르 광야
(에담광야)
Abu Aweiglia
호르산?
가데스바네아
Bagdad
엘 쿠세이마
빌 하사나
Dibaa 르호봇??
Tafila 도벨
es Sil 셀라
보스라 Buseira
Kh. el Ghuweiba 오봇?
Kh. el lariya 이르나하스??
Kh. Fianan 부논?
Bir Madhkul 살모나?
호르산?
데만?
셀라1? Petra
아라바
옷바다
마스레가?
Kh. eth Thallaja 근처
아브로나
에시온게벨
엘랏
수에즈
마라 Ayun Musa
수에즈만
라스 마랍
엘림 Wd. Garandal
신 광야
아부 제니마
돕가
G. Foqa
Nawamis
Wd. Muktab
(Va. Inscription)
알루스?
기브롯핫다아와
하세롯 Ain Khudra
누웨바
(시내광야)
다베라?
Tahira
Va.르비딤
시내산
Gebel Musa
다하브
미디안
아카바만
사우디
아라비아
살름 엘 세이크
라스 무하마드
제이투나
홍 해
N
0 40km
성경 지명

이스라엘과 요르단 지역의 지도(팔레스틴)

팔레스틴의 주요 지명 목록

*지역간 경계는 차이가 있을 수 있음

해안 평야지역의 성읍

미스르봇 마임, 벧에멕, 악고(움마?), 악삽(미살), 악십, 알람멜렉, 가이사랴, 시홀림낫, 욥바, 아스돗, 아스글론, 가사, 가드, 가르다, 돌, 아벡(악고평야), 김소, 로드(룻다), 깁브돈, 오노, 브네브락, 그랄, 에그론, 립나, 에글론, 가드림몬, 깃다임, 얍느엘, 헬갓, 여훗, 엘드게, 에델, , 벧아낫, 베덴

중앙 산악지역의 성읍

갈릴리 이북 지역

가나, 나사렛, 엔돌, 수넴, 나인, 오브라, 야브넬(얍느엘), 압돈, 라마, 가불, 림몬(딤나), 랏사론, 마돈, 가드헤벨, 다브랏(랍빗), 야비아, 사릿, 아나하랏, 하바라임, 한나돈, 기시온(게데스, 잇사갈지파), 시므론, 그술롯, 게데스(납달리지파), 헬렙, 할리, 베들레헴, 이달라, 엣가신, 엣핫다, 벧다곤, 엔하솔, 답베셋, 아다마(아다미 네겝), 에베스, 가르단(기랴다임), 훅곡

사마리아 지역(실로 이북)

욕느암, 므깃도, 이스르엘, 두바스(데베스), 도단, 디르사, 사마리아, 세겜, 실로, 아벡(안디바드리), 르보나, 다아낙, 딤낫세라, 하다드림몬, 길보아, 엔간님, 아룹봇, 비라돈, 야노아, 이블르암(빌르암), 아셀, 기드론, 랍빗, 스레다, 답부아, 믹므다, 다아낙 실로, 베섹, 에벤에셀, 사밀, 브엘

유대와 세벨라 지역

예루살렘, 오브라(에브론), 벧엘(엘 벧엘), 아이(아얏), 벧호론(윗), 벧호론(아래), 미스바(나비삼윌), 믹마스, 게바, 라마(라마다임소빔), 기브온, 아얄론, 게셀, 엠마오, 기브아, 아스마웻, 아나돗, 벳바게, 베다니, 벧아웬(아웬), 딤나(림몬), 소라, 딤나(단지파), 벧세메스, 베들레헴(에브라다), 기럇여아림, 놉, 벧학게렘, 모사, 사알빔, 에스다올(욕드엘?), 엔간님, 사노아, 바라, 마하네단, 알몬(알레멧), 갈림, 맛메나, 넵도아, 우센세에라, 에담, 그일라, 아둘람, 드고아, 마레사(마리사), 벧술(홀론?), 라기스, 헤브론(마므레), 드빌, 십, 갈멜, 마온, 얏딜, 시글락, 아세가, 윳다, 마아랏, 시올, 에스드모아, 벧답부아, 아도라임, 야님, 두마, 소고, 할훌, 야르뭇, 미그론, 밋딘(마돈), 스가가, 그비라(바알레), 엔로겔(에느로겔), 림몬(에느림몬), 하딧, 하다사, 입다, 욕드암(요르그암), 이임, 오브니, 여사나, 엘론(엘론 벧하난), 엘드곤, 에산, 에베스담밈(바스담밈), 에델1, 에델2(시므온), 에델3(라기스 근처), 아스나, 아베가, 사밀, 브에롯, 벧에셀, 벧아놋, 맛만나(벧말가봇), 베섹1, 베섹2, 베데르, 바후림, 바알하솔, 바알살리사, 바알브라심, 가인, 산산나, 고센, 아님, 닙산, 가드모레셋, 그데라1(세펠라), 그데라2, 바알랏, 벧바세스, 아나냐, 이들라, 헬갓핫수림, 스보임, 아셀, 게롯김함, 게델(벧가델), 아납, 다랄라

네게브, 세펠라 지역(브엘세바 이남)

브엘세바, 아랏, 디모나, 사루헨, 아로엘, 하솔하닷다, 잇난, 호르마, 하살갓다, 예수아, 엘고스, 에셈, 야굴, 앗달, 몰라다, 갑스엘, 그리욧, 브네야아간, 헤스론(하살앗다, 벧벨렛?), 아담, 브두엘, 브알롯, 발라(마알라, 빌하), 갈가, 르호봇, 바알랏브엘, 벧비리

요단 계곡지역의 성읍

단, 빌립보가이사랴, 하솔, 고라신, 벳새다, 가버나움, 막달라(마가단), 디베랴, 긴네렛, 거라사, 벧산, (벧)르홉, 함맛(함몬, 함못돌), 애논, 여리고, 길갈(고임, 글릴롯), 벧아라바, 벧호글라, 야르뭇(레멧, 라못), 아벨벧마아가(아벨마임), 락갓, 이론, 벧싯다, 나아라(나아란), 에네글라임, 살렘, 소금의 성(염성), 엔게디, 욧바다, 다말, 벧세메스, 벧바라, 가르단(기랴다임), 아벡(아래), 아벡(윗)

요르단 고원지역의 성읍

얍복강 이북

가다라, 사르단, 사본, 라못길르앗, 길르앗야베스, 거라사(제라쉬), 마하나임, 브니엘, 숙곳, 가몬, 함, 디셉, 아벨므홀라, 벧아벨, 미스바, 그낫(노바), 돕, 로글림, 벧싯다

얍복강 이남

욕브하, 야셀, 아벨싯딤, 헤스본, 베셀, 메드바, 디본(디반), 아로엘, 랍바(암만), 아다롯, 아담, 아벨그라밈, 벧니므라, 벧여시못, 미스바, 브도님, 벧하람(벧하란), 엘르알레, 벧브올, 심마, 메바앗, 기랴다임, 느보, 나할리엘(벧므온), 야하스, 벧디브라다임, 아다롯소반, 세렛사할, 그데못, 그리욧, 벧가물, 베다니, 민닛, 바잇, 바우(바이), 갈골

아르논강 이남

길하레셋(길), 셀라, 보스라, 아르(알), 호로나임, 소돔, 소알, 고모라, 오봇, 에글라임, 마스레가, 부논, 이예아바림, 도벨, 살모나, 에시온게벨, 딘하바, 루힛, 디사합, 르호봇, 이르나하스, 레겜, 데만, 아윗

이스라엘 남단의 도시 텔 브엘세바

①
보 기
◐ 현재의 도로
고속도로 및 국도
주요도로 (1급도로)
◐ ● 적색(중명조)은 성서에 나오는 지명
◐ 세겜(중고딕) 현대 지명
(2007년판 이스라엘 지도 사용)
학술적인 명칭은 지명색인을 참조
◐ 산, 골짜기, 평야, 강, 시내, 와디 등은
시대와 상관없이 고딕체로 표기됨
◐ 도시(성읍):1996년도 대략적 기준
● 2,000명 이하
⦿ 2,000~20,000명
■ 20,000~100,000명(악고)
◆ 100,000~250,000명
250,000명 이상(하이파)
♣ 성서시대 성읍으로 현재 국립공원
♣ 성서시대 이외의 현재 국립공원
N
0 5km
레 바 논
이 스 라 엘
지 중 해
메롬호
갈릴리바다
국경선
사르밧 사라판드
Mar Jayoun 이욘
El-Khiyam
카프르 시르
Kh.el Mahalib 알랍(헬바)
Burj Rakhal
시르파
Ghandunya
T.Abel Beit Maakha 아벨벧마아가
두로 Tyr
Chehabiye
믹다렐 Mjadel
키르얏 시모나
호사?
가나 Qana
야노아 T. Naama
Mansouri
벧아낫 Safad Battikh
Tebnine
Shangra
벧세메스 Haris
카프라
쿠닌
Shama'a
Taire
Ainata 엔하솔2
벨리프
T. Kedesh게데스
T. Kedesh게데스
함몬
T. el Balat 르홉
라마 Ramiya
Umm el Awamid
나쿠라
Ramot Naftali
두로의 사다리
미스르봇 마임
Shlomi
Rosh ha-Nikra
이론? Yarun
이론
르마이스
야알 바람
T. Avdon압돈
Fasuta
Kh. Merot 메로스
하솔 T. Khatsor
Avdon
에즈 집악십
몬폴트
엔하솔1
Mi'ilya
사사
Jish
Hurfesh
나할리야
Meron 마돈
Beit ha-Emek
Jat
부케아
사페드
키스라
T.Mimas 벧에멕
아부 스난
이르카
사주르
라마 Rama
Julis
Judeida-Makr
카르미엘
Korazim 고라신
아크레악고
Majd el-Krum
벧아낫 El Bahja (el-Baneh)
T.훔가버나움
르홉 T. Bira
느이엘? Kh. Yanini
M'ghar
Khukok 훅곡?
가불 Kabul
Sakhnin
Deir Hang
T. Kison 악삽(미살)
아라바
Ginosar 게네사렛(긴네렛)
타므라
Kh. Majdal 마가단(막달라)
Eilabun
키르얏 암
아벡 T. Afek
T. Yotfat 욧바
가나? Kh. Kana
이브린
아다마(혹은 마돈)
T. Rakat 락갓
하이파
Kh. Khitim
T. el Wawiyat 네아
Tiberias 디베랴
스파람
키르얏 아타
림몬 Rumana
함맛 Khamat
T.Khanaton 한나돈
루마
알람멜렉
투란
T. Alil 할리
Bir el-Maksur
사아난님??
T. Par 베덴
혹은 가나?
엣가신?
Kafr Kana
Khanot Tagarim
아다미네겝 T. Adami
티랏 칼멜
가드 헤벨2
셉포리스 Mashhad
T. Regev 벧다곤
Rekhasim
헬렙
Sharona
Beit lekhem ha-Glilit
베들레헴?
가드 헤벨1
아스놋다볼
Kh. el Hwarra 이달라?
Ein Sharona 랏사론
Yavneel 얍느엘
기손 강
Nazareth 나사렛
이스피야
Daburiya 다브랏1?
T. en Hadda 엔핫다
Ubeidiya 락굼
T. Shimron 시므론
나할랄 Nahalal
야비아 Yafa
다볼산 Mt. Tabol
Kh. Ulam 엔간님
엘 아부츠 에베스?
가르다 Atlit
T. Shamem 답베셋
T.el Harbi 헬갓
사릿
그술롯 Iksal
Daliyat el-Karmel
사하수마
갈멜산
욕느암 T. Yokneam
Dovrat 다브랏2?
기시온 Kfar Kish
Kh. Sirin 시온
17↓

레바논, 이스라엘, 시리아 국경인 헬몬산

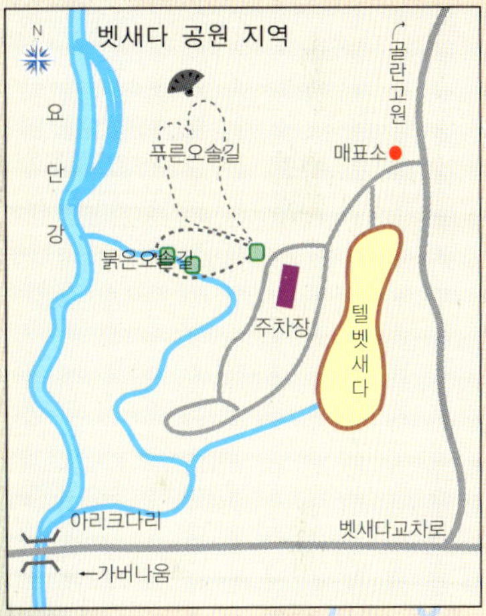

갈릴리바다

바산 산지와 길르앗의 경계인 야르묵강

18↓

③
오파킴
아랏
칸 유니스
에스골(ha-Bsor)
Kseifa
라파
브엘세바
브엘세바 텔 세바
사해
Neve 소알
타라빈 에-사나
T. Aroer 아로엘
아다다?
Sdom 소돔??
Khorvot Khalutsa
디모나
Ein Tamar
다말?
Ha-Arava Jun.
르호봇
Kh. Rekhovot
라타밈
Yerukham
바알랏브엘
예루함
벧비리?
Tlalim
힌놈 계곡
es Sil
셀라1 →
kmehin
쉬브타
Sde Boker
Nitsanei Sinai
벤 구브린
엔 아브닷
아브닷
Kh. el ghuweiba 오봇1
Kh. Nahs 이르나하스?
브에롯 브네야아간?
Ezuz
부논
Feinan
사필
가데스바네아
미츠페라못
Tsofar
Bir Madhukul
살모나
셀라2? →
Petra
이스라엘
바란
요르단
Tsikhor Jun.
나칼
Gharandal
Yehel
Neot Smadar
로탄
크투라
이집트
욧바다
Yotvata
Kafr Qasem
시말
Elifaz
팀나공원
Kh. Evrona
아브로나
엘랏
에시온게벨
아카바
타바국경
홍해
Kh. Beit El 벧엘
아이 Kh.T.(Ha Ay)
스마라임
브에롯2? El-Bira
아다롯앗달
T. e Nasbe 브에롯1?
(미스바?)
미스바?
미그론??
이르브엘?
벧아웬
믹마스
Mukhmas
아다롯
. Judeira 그데라
라마? E-Ram
게바 Geva
Givon 기브온
기브아
N
0
5km
Dor 돌
T. Taninim 시홀림낫
오르 아키바
Caesarea 가이사랴
가데라
헤벨
네탄야
지중해
Even Yehuda
텔 몬드
Ra'anana
크파르사바
헤르즈리야
락곤?
가드림몬
T. Zeitun
메얄곤
T. Kasila
가드림몬 T. Yerishe
텔아비브
Bnei Brak
욥바
Jaffa
Yehud 여훗
오노
브네브락
홀론
벤구리온 국제공항
벤다곤?
Rishon Le-Tsiyon
르호봇
T. Yavne 얍느엘(야브네)
T. Malot

19↓

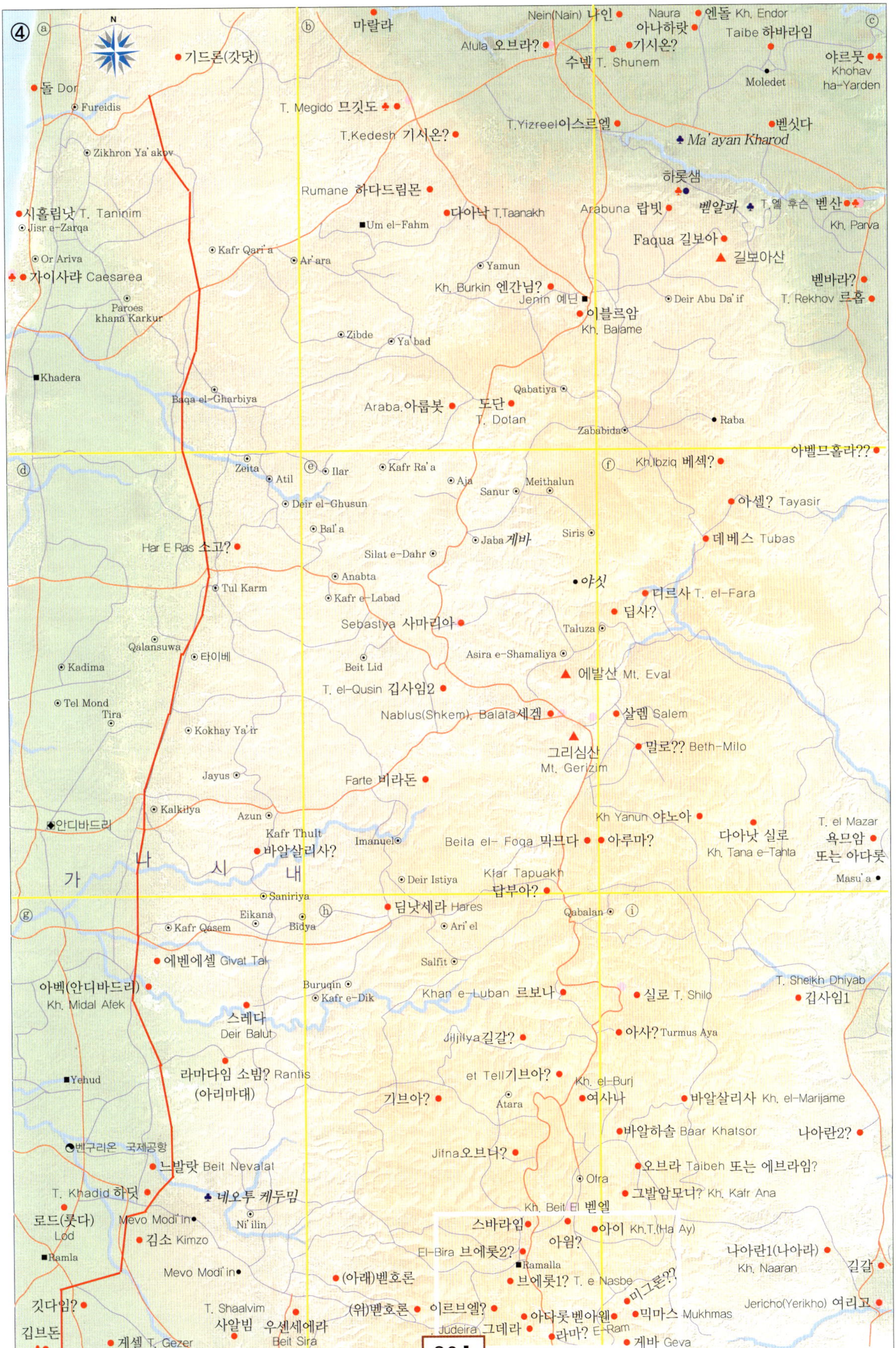
④
N
기드론(갓닷)
돌 Dor
Fureidis
Zikhron Ya'akov
시홀림낫 T. Taninim
Jisr e-Zarqa
Or Ariva
자이사랴 Caesarea
Paroes khana Karkur
Khadera
Baqa el-Gharbiya
Kafr Qari'a
Ar'ara
마랄라
T. Megido 므깃도
T.Kedesh 기시온?
Rumane 하다드림몬
Um el-Fahm
다아낙 T.Taanakh
Yamun
Kh. Burkin 엔간님?
Jenin 예닌
Zibde
Ya'bad
Araba 아룹봇
도단 T. Dotan
Qabatiya
Nein(Nain) 나인
Naura
아나하랏
엔돌 Kh. Endor
Afula 오브라?
기시온?
수넴 T. Shunem
Taibe 하바라임
Moledet
야르뭇
Khohav ha-Yarden
T.Yizreel 이스르엘
벧싯다
Ma'ayan Kharod
하롯샘
Arabuna 랍빗
벧알파
T.엘 후슨 벧산
Kh. Parva
Faqua 길보아
길보아산
Deir Abu Da'if
이블르암 Kh. Balame
벧바라?
T. Rekhov 르홉
Zababida
Raba
아벨므홀라??
Zeita
Atil
Ilar
Kafr Ra'a
Aja
Sanur
Meithalun
Deir el-Ghusun
Bal'a
Jaba 게바
Siris
Har E Ras 소고?
Silat e-Dahr
Anabta
Tul Karm
Kafr e-Labad
야싯
Kh.Ibziq 베섹?
아셀? Tayasir
데베스 Tubas
디르사 T. el-Fara
딥사?
Taluza
Sebastya 사마리아
Qalansuwa
타이베
Kadima
Tel Mond
Tira
Beit Lid
Asira e-Shamaliya
에발산 Mt. Eval
T. el-Qusin 깁사임2
Nablus(Shkem), Balata 세겜
살렘 Salem
그리심산 Mt. Gerizim
멀로?? Beth-Milo
Kokhay Ya'ir
Jayus
Farte 비라돈
Kalkilya
Azun
안디바드리
Kafr Thult
바알살리사?
Imanuel
Beita el- Foqa 믹므다
아루마?
Kh Yanun 야노아
다아낫 실로 Kh. Tana e-Tahta
T. el Mazar
욕므암 또는 아다롯
Masu'a
가
나
시
내
Deir Istiya
Kfar Tapuakh
답부아?
Saniriya
Eikana
Bidya
딤낫세라 Hares
Ari'el
Qabalan
Kafr Qasem
에벤에셀 Givat Tal
Salfit
아벡(안디바드리) Kh. Midal Afek
Buruqin
Kafr e-Dik
Khan e-Luban 르보나
실로 T. Shilo
T. Sheikh Dhiyab
깁사임1
스레다 Deir Balut
Jiljilya 길갈?
아사? Turmus Aya
라마다임 소빔? Rantis (아리마대)
et Tell 기브아?
Kh. el-Burj
Yehud
기브아?
Atara
여사나
바알살리사 Kh. el-Marijame
바알하솔 Baar Khatsor
나아란2?
벤구리온 국제공항
느발랏 Beit Nevalat
Jifna 오브너?
오브라 Taibeh 또는 에브라임?
Ofra
T. Khadid 하딧
네오투 케두밈
그발암모니? Kh. Kafr Ana
로드(룻다) Lod
Mevo Modi'in
Ni'ilin
Kh. Beit El 벧엘
스바라임
아이 Kh.T.(Ha Ay)
김소 Kimzo
아윔?
El-Bira 브에롯2?
Ramalla
나아란1(나아라) Kh. Naaran
길갈
Ramla
Mevo Modi'in
(아래)벧호론
브에롯1? T. e Nasbe
미그론??
깃다임?
T. Shaalvim
사알빔
우센세에라 Beit Sira
(위)벧호론
이르브엘?
아다롯 벧아웰
믹마스 Mukhmas
Jericho(Yerikho) 여리고
길브돈
게셀 T. Gezer
Judeira 그데라
라마? E-Ram
게바 Geva

20↓

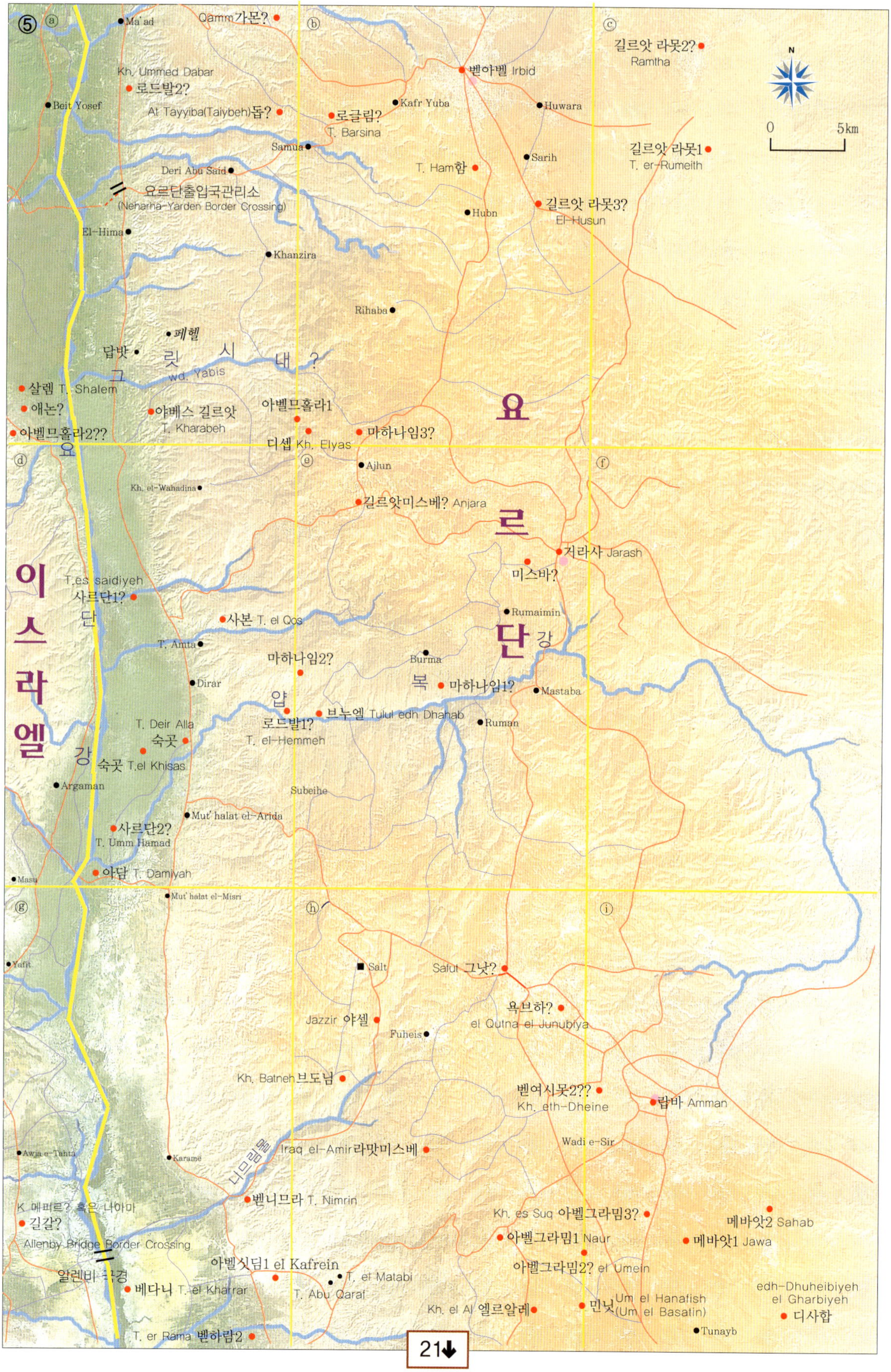
⑤
Ma'ad
Qamm 가몬?
Kh. Ummed Dabar
로드발2?
Beit Yosef
At Tayyiba(Taiybeh) 돕?
로글림?
T. Barsina
Kafr Yuba
벧아벨 Irbid
Huwara
길르앗 라못2?
Ramtha
Samua
Deri Abu Said
T. Ham 함
Sarih
길르앗 라못1
T. er-Rumeith
요르단출입국관리소
(Neharna-Yarden Border Crossing)
Hubn
길르앗 라못3?
El-Husun
El-Hima
Khanzira
Rihaba
0
5km
N
페헬
답밧
그릿 시내 ?
wd. Yabis
살렘 T. Shalem
애논?
야베스 길르앗
T. Kharabeh
아벨므홀라1
아벨므홀라2??
디셉 Kh. Elyas
마하나임3?
요
Ajlun
Kh. el-Wahadina
길르앗미스베? Anjara
요르단
거라사 Jarash
미스바?
이스라엘
T.es saidiyeh
사르단1?
단
사본 T. el Qos
Rumaimin
강
T. Amta
마하나임2?
Burma
Dirar
얍복
마하나임1?
Mastaba
브누엘 Tulul edh Dhahab
로드발1?
T. el-Hemmeh
Ruman
T. Deir Alla
숙곳
강
숙곳 T.el Khisas
Argaman
Subeihe
Mut' halat el-Arida
사르단2?
T. Umm Hamad
아담 T. Damiyah
Masu
Mut' halat el-Misri
Yafit
Salt
Salut 그낫?
욕브하?
el Qutna el Junubiya
Jazzir 야셀
Fuheis
Kh. Batneh 브도님
벧여시못2??
Kh. eth-Dheine
랍바 Amman
Wadi e-Sir
Awja e-Tahta
Karame
니므림물
Iraq el-Amir 라맛미스베
벧니므라 T. Nimrin
K. 메퍼르? 혹은 나아마
길갈?
Allenby Bridge Border Crossing
알렌비 국경
Kh. es Suq 아벨그라밈3?
아벨그라밈1 Naur
메바앗2 Sahab
메바앗1 Jawa
아벨그라밈2? el Umein
아벨싯딤1 el Kafrein
T. el Matabi
T. Abu Qaraf
베다니 T. el Kharrar
Kh. el Al 엘르알레
민닛 Um el Hanafish (Um el Basatin)
edh-Dhuheibiyeh el Gharbiyeh
디사합
Tunayb
T. er Rama 벧하람2

21↓

지중해안가가 보이는 아스돗

텔 그랄의 모습

에글론 원경

⑦
ⓐ
ⓑ
ⓒ
ⓓ
ⓔ
ⓕ
ⓖ
ⓗ
ⓘ
ⓙ
아얄론
Latrun 엠마오
Bkoa 마가스
T. Kfira 그비라
Nabi Samuil 미스바?
Hizma 아스마 웻
알몬(알레멧) Kh. Almit
기럇여아림
기돔
Kiryat Yearim(Abu Ghosh)
Ha Khamisha
다랄라
갈림
아나돗 Anata
T. Muhalhil 벧호글라?
넵도아
맛메나
놉
Eshtaol 에스다올
T. Batash
Motsa 모사
바후림
엘드게? 딤나
예루살렘
에그론
T. Ekron (Mikne)
T. Tsora 소라
그살론 Ksalon
마나핫
베다니 Eizariya
(소금의 성) Kumran 염성?
마하네단?
벳바게
밋딘 Kh. Abu Tabaq
벧세메스
T. Beit Shemesh
엘론?
바알브라심
벧학게렘 Ramat Rakhel
Einot Tsukim 에네글라임
스가가
갈림 Beit Jala
Beitar 베데르
사노아 Kh. Zanu(Zanoakh)
베들레헴 Bethlehem
Karm Samra
Beit Jimal 엔간님?
닙산?
Husan 후사
엘 코크 에담
게롯김함 Beit Sahur
Kh. el Maqari
야르뭇 T. Yarmut
엘드곤
T. Azeka 아세가
단나?
Zatara
Jaba 기브아
Surif
느도바?
헤로디온
Kh. Sokho 소고
Kh. Bedd Faluh
Tkoa
Efrata 에델?
아둘람 Adulam Caves
홀론
T. Burna 립나
막비스
그돌(게델) Kh. Jedur
드고아 Kh. Tuqu
가드모레셋 T. Goded
Kharas 길로
마아랏 Beit Umar
에델? T. Atar
그일라 Kh. Qeila
헤렛
벧술?
엘고스?
느보 Nuba
고세바 Kweizba
Beit Guvrin 마레사 T. Maresha
Tarqumiya 입다
Halhul 할훌
시올 Siir
Kh. Beit Nesib 느십?
Kh. Bei Anun 벧아놋
마므레 Alonei Mamre
라기스 T.Lakhish
아스나 혹은 단나
Idnah
Tafuh 벧 답부아
라맘
헤브론 Hebron
이스라엘
염해 (사해)
사빌?
Bani Naim 야님
가인 Jakim
믹달갓
Dura 아도라임
게델(그돌)
Ein Gedi 엔게디
사빌?
Kh. Terama 이스르엘
십 Kh. zif
Deir el-Asal 벧에셀 (게델?)
욕드암
El-Hadab 아베가
수풀(호레스)? Kh. Horeisa
드빌
T. Beit Mirsham
사노아
아랍?
윳다 Yata
Karmel
Deir ed Domed(Duma)두마
드빌 Rabud
갈멜 Kh. Karmel
마온 Kh. Maon
아납?
드빌=Dvira
고센 Zahiriya
소고
에스드모아 Kh. Eshtamoa
예산? Shima
림몬 Kh. Rimon
Kh. Yatir 얏딜
이임?
맛만나 Kh.Tatrit
아님 Kh. Anim
그리욧 T. Kriyot
하솔하닷다
마사다
Kh. Sansana산산나
디모나? Kh. edh-Dhiha
사밀?? Kh.Bikhra
아랏 T. Arad
예수아
Hura
갑스엘 Kh. Hura
아랏 Arad
Kseifa
고라산? T. Sheba
브엘세바
스밧? T. Ira
브엘세바 T. Beer Sheba
몰라다? T. Malkhata
기나? Kh. Uza
아드마?
호르마? T. Masos
에셈? El-Asam(Beit Felt)
Arara Ba-Negev
T. Aroer아로엘
N
0 5km
디모나 Dimona
미스바?
Nabi Samuil
Hizma 아스마웻
아윕
알몬
갈림
아나돗 Anata
다랄라
게빔?
넵도아
맛메나
놉
모사
Motsa
바후림
예루살렘
엔 세메스
엔 로겔
Eizariya
마나핫
Manakhat
베다니
벳바게

아르논가에 위치한 아로엘

소돔(밥 에드 드라)

길하레셋의 성채

팔레스틴의 지리

세펠라는 드빌, 헤브론, 베들레헴을 잇는 서쪽 지역으로 에그론, 라기스, 립나, 야르뭇 등을 포함한 동쪽 지역으로 중심은 라기스이다.

팔레스틴의 지리

팔레스틴의 지형

팔레스틴은 오늘날 이스라엘이 자리 잡고 있는 곳으로 오리엔트 전지역 중에서 남서부의 끝부분에 해당되는 곳이다. 이곳은 아시아, 아프리카, 유럽의 세 대륙의 중심지에 있다. 고대에는 북동쪽의 메소포타미아 문명과 서남쪽의 이집트 문명 그리고 후에는 에게 문명의 교착점 사이에서 강대국들의 세력의 교착점이기도 했었다. 유대인들은 흔히 자신의 나라를 '단에서 브엘세바까지(삿20:1)' 라고 말했는데 일반적으로 팔레스틴이란 유대인들이 말한 이 지역을 가리킨다. 즉 팔레스틴은 단에서 브엘세바까지 남북으로 직선거리 약 240㎞이며, 북쪽의 끝인 악고에서 갈릴리 바다까지 약 45㎞이고, 남쪽 끝인 가사에서 사해까지는 약 85㎞이다.

팔레스틴의 서쪽은 지중해가 가로막고 있으며, 북쪽은 높은 산맥이 뻗혀있고, 동쪽은 요단강이 경계를 이루고 있으며, 남쪽은 불모의 황무지가 전개되어 있다. 이렇게 팔레스틴은 그 지역이 제한되어 있음에도 불구하고 서쪽으로부터 해안 평야지대, 중앙 산악지대, 요단 계곡지대, 요르단 고원(트랜스요르단)지대의 전혀 판이한 4개의 자연적인 지역으로 나누어진다.

1. 해안 평야지대

해안 평야지대는 지중해변과 접하고 있는 좁고 긴 지역으로 평평하게 진행되는데 이 평평한 지역은 북쪽으로 올라갈수록 좁아진다. 이렇게 전개되는 해안 평야지대는 북으로부터 악고 평야, 이스르엘(에스드엘론) 평야, 사론 평야, 블레셋 평야(해안), 세펠라 지역으로 세분된다.

2. 중앙 산악지대

중앙 산악지대는 서쪽의 해안 평야와 요단 계곡 사이에 있는 지역으로 해안 평야와 세펠라 지역에서부터 갑자기 높아지는 산맥으로 형성되는데 북쪽에서 넓고 평평하며, 남쪽에서 비교적 좁은 지대를 형성하고 있다.

중앙 산악지대는 북쪽으로부터 갈릴리 지역, 에브라임 산지, 유대 산지 그리고 네게브 산지로 세분된다. 갈릴리 지역은 상부 갈릴리와 하부 갈릴리로 구분되며, 에브라임 산지는 에브라임산을 중심으로 북부와 남부는 지리적으로 현저한 차이를 보이고 있다. 유대 산지는 가파른 경사지들이 사방으로 두루고 있는데 동쪽은 유대 광야가 있으며 그 광야 언저리에 예루살렘과 베들레헴이 있다. 유대 산지 중앙에는 거의 900m의 고지로 헤브론이 중심 도시로 자리 잡고 있다.

3. 요단 계곡지대

팔레스틴의 지세 형성에 주요 요인인 요단 계곡은 평균 너비가 16m 정도되는 길고 깊은 S자형 침곡으로 북쪽의 헤르몬산에서 발원된 요단강이 갈릴리 바다를 거쳐 사해로 흘러 들어온다.

북쪽의 계곡은 해발이 약 90m가 되며 사해쪽으로 내려올수록 낮아져 사해에서는 지중해보다 360m나 낮은 곳도 있다. 그러나 아라바에 이르러서는 다시 높아져 최고 해발 225m나 된다. 이 요단 계곡은 남북으로 5개 지역으로 다시 세분된다.

첫째, 훌레 골짜기(Huleh valley)는 해발 540m의 이욘에서부터 시작하여 아벨벧마아가와 단을 거쳐 갈릴리 바다까지 이르는 지역이다. 둘째, 갈릴리(긴네렛) 바다(Sea of Galiee)로 동편 지역은 가장 비옥한 지대로 인구가 조밀하다. 셋째, 요단 골짜기(Jordan valley)는 요단강을 끼고 있는 갈릴리 바다 남단에서 사해 북단까지 약 112㎞의 좁고 긴 사행 계곡이다. 넷째, 사해(Dead sea)는 총 길이 72㎞로 리산 반도에 의해 남북으로 구분된다. 다섯째, 아라바(Arabah)는 사해 남단에서 아카바만의 엘랏 사이의 약 176㎞의 긴 지역이다.

4. 트랜스 요르단(요단 동편고지) 지대

요단 동편은 대부분 지역이 1000m의 높은 지대로서 야르묵강, 얍복강, 아르논강, 세렛시내(골짜기)에 의해 북쪽으로부터 바산지역(오늘날 골란고원), 길르앗지역(얍복강 포함), 모압지역(아르논강 이북), 암몬지역(세렛시내 이북), 에돔지역으로 세분된다.

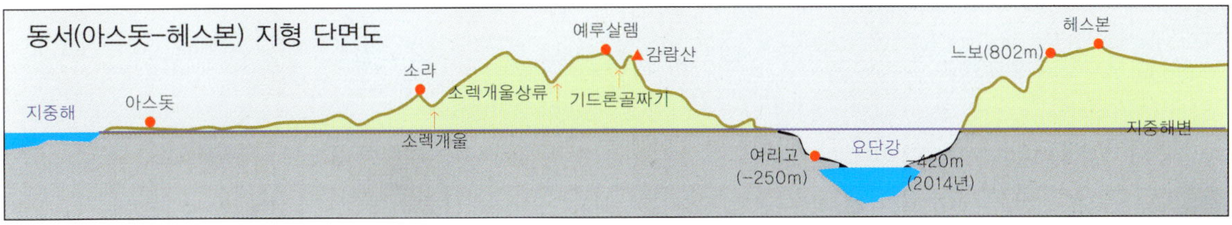

동서(아스돗-헤스본) 지형 단면도

팔레스틴의 산, 산지, 골짜기

산(mountain)과 언덕(hill)의 차이는 한글 개역성경에서는 분명히 나타나지만 히브리어에서는 뚜렷한 구별을 하기가 어렵다. 그래서 산으로 번역되는 일반적인 히브리어 하르(har,창12:8)와, 헬라어 오로스(oros, 마4:8)는 산이나 언덕들도 포함된다. 그리고 골짜기는 깊은 계곡을 말하는 것이 아니라 산과 산 사이를 말한다. 실제로 이스르엘 골짜기는 골짜기라기보다는 평야로써 이스라엘 최대의 곡창지대이다.

1.산

헤르몬산(Mt. Hermon, 시룐산, 스닐산:신3:9)
갈멜산(Mt. Carmel, 왕상18:20~46, 왕하1:1~18)
다볼산(Mt. Tabor, 렘46:18)
길보아산(Mt. Gilboa, 삼하1:19~27)
에발산(Mt. Ebal, 신27:12)
그리심산(Mt. Gerizim, 수8:33)
비스가산(Mt. Pisgah, 느보산:민21:20, 수12:3)
감람산(Mt. Olive, 올리브산:슥14:4, 마21:2)
세일산(Mt. Seir, 창14:5~6)
여아림산(Mt. Jearim, 세일산:수15:10)
에브론산(Mt. Ephron, 수15:9)
멸망산(Destroying mountain, 왕하23:13, 렘51:25)

팔레스틴 이외의 지역의 산으로는 아라랏산(Mt. Ararat, 창8:4), 시내산(Mt. Sinai, 호렙산:출3:1,16:1) 등이 있다. 성경 이외의 성서시대와 관련된 산으로는 아벨산(Mt. Arbel), 메론산(Mt. Meron), 핫틴산(Mt. Hattin, 축복산, 팔복산) 등이 있다

그리심산(좌)과 에발산(우), 두 산 사이의 중앙 지역이 세겜이다.

2.팔레스틴의 산지와 고원

갈릴리 산지(Hill country of Galilee, 왕상9:11)
에브라임 산지(Hill country of Ephraim, 수16:10)
유대 산지(Hill country of Judea, 막1:5)
네겝 산지(Hill country of Negeb, 창12:9 개역성경에는 남방으로 번역)
바산 산지(Hill country of Bashan, 시68:15)
길르앗 산지(Hill country of Gilead, 창31:21)
모압(Moab, 룻1:1) 고원
암몬(Ammon, 수12:2) 고원
에돔(Edom, 수15:1, 삿5:4) 고원

요단 서쪽 팀나에서 본 에돔 고원

3.팔레스틴의 골짜기

훌레 골짜기(Va. Hula)
이스르엘 골짜기(Va. Jezreel, 삿6:33, 에스드엘론 골짜기, 므깃도 골짜기:슥12:11)
아얄론 골짜기(Va. Aijalon, 수10:12)
소렉 골짜기(Va. Sorek, 삿16:4)
엘라 골짜기(Va. Elah, 삼상17:2)
기드론 골짜기(Va. Kidron, 참조;왕하23:4)
힌놈 골짜기(Va. Hinnom, 대하28:3)
스바다 골짜기(Va. Zephathah, 대하14:10)
그랄 골짜기(Va. Geral, 창26:17)
세렛 골짜기(Va. Zered, 민21:12)
싯딤 골짜기(Va. Siddim, 창14:3,8)
르바임 골짜기(Va. Lebayim, 수18:16)
아골 골짜기(Va. Achor, 수15:7)

벧세메스에서 본 소렉골짜기

팔레스틴의 광야와 평야

영역본에는 광야를 사막(desert) 또는 황야(wilderness)로 별다른 구별없이 번역되고 있으나 히브리어에서는 다음과 같은 용어를 사용하고 있다.

첫째, 미드바르(midbar)로 사막 가까이에 있는 '메마른 미개지'를 말한다. 곧 씨 뿌리지 못하는 땅(렘2:2), 사람없는 땅(욥38:26), 짐승의 부르짖는 광야(신32:10)라는 표현을 하고 있다.

둘째, 아라바(araba)로 '메마른 지역' '외딴 지역'을 말하며 사막이나 광야로 번역되는데 미드바르와 동일하게 사용하기도 한다.

셋째, 호르마(horba)로 '황량한 곳' '폐허' '버려진 땅' 등을 가리키며 광야로 번역된다. 따라서 사막 지대와는 관계없이 이미 파괴되었거나 재건할 수 있는 폐허된 도시나 장소를 가리킨다.

넷째, 치야(siya)는 물이 없는 땅을 가리킨다. 시78:17에는 황야로 번역되었는데 이 말도 미드바르와 함께 사용되기도 한다.

다섯째, 에레모스(eremos)로 광야, 사막, 외로운 곳을 가리킨다. 유대 광야(마3:1)를 제외하고는 특정 사막지대를 지적한 경우는 없다. 이 외에도 토후(tohu, 헛된것, 황무지, 삼상12:21)와 예쉬몬(yeslmon, 시78:40) 등이 있다.

성경에서 언급되고 있는 팔레스틴 지역의 광야로는 유대 광야와 진(신) 광야 그리고 시나이 반도에 있는 에담 광야, 신 광야, 수르(술) 광야, 시내 광야, 바란 광야가 있다.

이스라엘이 출애굽 한 후 지났던 신(Sin) 광야

팔레스틴 지역의 평야는 지중해변에서부터 요단강의 벧산까지 동서남으로 뻗어 있는 이스르엘(에스드엘론) 평야와 여리고 맞은편 모압 평야를 제외하고는 모두 지중해변에 위치해 있다. 지중해변에 있는 평야는 북쪽으로부터 악고 평야, 도르(돌) 평야, 사론 평야, 블레셋 평야 등이다.

갈멜산에서 본 이스르엘 평야

팔레스틴의 바다, 강, 시내

히브리 본문은 물줄기에 대해 보통 세가지로 구분하여 사용하고 있다.

첫째, 나하르(nahar)는 강을 뜻하는 가장 일상적인 단어로 특별한 강에만 지칭되었다(창2:10).

둘째, 나할(nahal)은 시냇가, 작은 개울과 그 바닥을 나타내는 단어이다(레23:40). 그러므로 장마철에 급류를 이루며 우기에만 흐르는 건천에 대해 사용된다. 이와 비슷한 말로는 페렉(peleg)이 있다.

셋째, 에멕(emeq)은 산 사이의 저지대 또는 협곡이나 낮은 지역을 의미하며 '골짜기'로도 번역된다(수8:13). 곧 아골, 아얄론, 엘라, 기브온, 이스르엘, 르바임, 싯딤, 숙곳 골짜기 등을 가리킨다.

이상과 같이 상당한 양의 물이 흐르는 것에는 나하르(강)를 사용하고, 비교적 적은 양의 물이 흐르거나 우기에만 흐르는 건천 등에는 나할(시내, 개울)을 사용하며, 협곡이나 저지대 골짜기 등에는 에멕을 사용하고 있다. 그러나 이같은 분류는 뚜렷하지 않아 골짜기와 시내가 혼용되기도 하고, 강과 시내가 혼용되기도 한다. 예를 들어 세렛 골짜기와 세렛강, 기손 시내와 기손강, 아르논 골짜기와 아르논강 같은 경우이다.

팔레스틴 지역과 접해있는 바다로는 대해(지중해), 홍해, 사해(염해), 갈릴리 바다가 있는데 갈릴리 바다는 민물로 갈릴리 호수라고도 부른다.

갈릴리 바다는 긴네렛(Chinnereth) 바다 또는 게네사렛 호수라고도 불린다. 남북의 길이가 20.8㎞, 동서간 가장 넓은 곳의 너비가 12.8㎞인 갈릴리 바다의 주위에는 좁은 계곡들로 싸여있는데 동편은 급경사를 이루고, 북편은 언덕들로 되어 있으며, 단과 빌립보가이사랴에서 흘러오는 물이 요단 계곡으로 유입되며, 때때로 헤르몬산의 찬 공기가 바다를 향해 불어온다. 서편은 비교적 평평한 지역이 전개되어 있다. 그리고 이곳은 충적토와 따듯한 기후로 인해 팔레스틴 지역 중에서 인구가 조밀한 지역이 되었다.

사해는 중앙 약간 아래에 있는 돌출 부분인 리산(Lisan) 반도에 의해 남북으로 나뉘는데 북쪽은 길이 48㎞, 깊이 360m이고, 남쪽은 길이가 24㎞, 깊이 9m가 된다. 오늘날에는 사해의 물을 사용하여 많은 개발을 하고 있기 때문에 수면이 계속 낮아져 리산 반도가 서쪽 지역과 접해 있다. 2006년 현재 수면은 해저 400m가 넘었다.

강으로는 팔레스틴의 젖줄인 요단강을 비롯하여 이 강으로 흘러 들어오는 야르묵강과 얍복강이 있고, 사해로 들어오는 아르논강이 있다.

시내로는 강으로도 불리는 기손 시내와 애굽 시내를 비롯하여 가나 시내, 브솔 시내, 기드론 시내, 그릿 시내 그리고 골짜기로도 불리는 세렛 시내 등이 있다.

갈릴리 바다, 뒤에 보이는 것은 골란고원이다.

팔레스틴의 고고학 지도

팔레스틴의 고고학 지도
N
0
20km
주요 발굴 지역
기타 발굴 지역
선사시대의 동굴
회당이 발견된 곳
대 해
(지중해)
두로
단
T 아나파
엘 바세흐
T 에트 타바이크
하니타
이온
카후르 비림
하솔
악십
슈마타
메론?
나브라테인
나하리예
카브리
T 에스 수메리예
샤베이 시온
엘 부케이아
고라신
벳새다
악고
K 에트 툴레일
가버나움
아크사프
가불
K 이르비드
타브가
쿠르시
갈릴리
바다
T 시크모나
디베랴
힙포스
함맛
셉포리스
가나
벧 예라
벧셰아림
나사렛
이트릿
가다라
돌
므깃도
다아낙
라못 길르앗
벧 알파
벧산 (스키토폴리스)
가이사랴
르홉
펠라
하데라
텔 세르올
도단
요
디르사
제라시
사마리아
T 에스 사이디야
사로단?
세겜
숙곳?
단
T 엘 카실레
아벡(안티파트리스)
실로
욥바
브네브락
강
랍바
홀론
아라크 엘 에미르
롯
벧엘
나아란
아이
미스바
야브네 얌
길갈?
K 엘 메피르
여리고
기브온
기브아
게셀
아인카렘
예루살렘
텔 익타누
헤스본
T 모르
엠마오
아스돗
벧학게렘
쿰란
메드바
T 에스 사피
벧세메스
히르카니아
가드?
베들레헴
마인
아세가
헤로디움
T 엘 유데이데
K 엘 마사스
아스글론
모레셋
무라밧 동굴
벧 구브린
라기스
마레사
벧술
염 해
(사해)
디본
에글론
T 엘 헤시
헤브론
아로엘
K 아라이르
가사
드빌
엔게디
T 아율
T 베이트 미르심
발루아
에스드모아
수시야
마사다
밥 에드 드라
텔 예메
아랏
T 아랏
텔 사루헨
T 엘 파라
텔 브엘세바
K 엘 케락
텔 아부 마타르
K 엘 마소스
누메이라
칼라사
소알
T 에트 탄누르
칼르눕

팔레스틴의 고고학

고고학의 급속한 발전과 성서에 언급된 장소에 대한 관심이 높아지면서 성서고고학이라는 새로운 분야가 생겨났다. 성서고고학의 연구 지역은 팔레스틴과 그 주변 국가이다. 성지에 대한 열정만큼이나 빠른 속도로 발전한 성서고고학은 그 한계점이 있음에도 불구하고 그곳에서 발굴된 건축물, 예술품, 비문, 특히 도기 등은 히브리인들의 생활과 역사 풍습 등을 이해하는데 도움을 주었다. 뿐만 아니라 성서에 관련된 역사적, 종교적, 윤리적인 배경을 더욱 광범위하게 묘사해 주었다. 특히 성서고고학은 성경에 나타난 사건의 현장을 확인시켜 줌으로써 성경의 기록들을 확증해 주는데 큰 공헌을 하였다. 물론 성서에 나타난 모든 지명들이 다 확인된 것은 아니며, 구속적인 행위와 같은 성서의 진리를 확인시켜주는 수단으로는 사용할 수 없다는 한계를 가지고 있다. 그러나 성서의 사건 현장을 확증해 준 사실만으로도 하나님의 역사를 실제적이고 사실적인 것으로 우리에게 다가오게 한다는 것은 성서고고학이 주는 가장 큰 유익이요 공헌이다. 아래의 연대표는 고고학계에서 일반적으로 사용되어지고 있는 것이다.

고고학적 연대 구분(이스라엘)

1.석기시대 (BC)
- 구석기 시대 250,000년
- 중석기 시대 10,000년
- 신석기 시대 7,000년~5,000년

2.동석기(銅石器) 시대(BC4,000~3,200년)

3.청동기(青銅器)시대 또는 가나안 시대
- 초기 청동기 시대 또는 초기 가나안 시대 1~4기-3,200~2,200년
- 중기 청동기(혹은 가나안) 시대 2,200~1,950년
- 중기 청동기 시대 또는 중기 가나안 시대 1~2기-1,950~1,550년
- 후기 청동기 시대 또는 중기 가나안 시대 1~2기-1,550~1,200년

4.철기 시대 또는 이스라엘 시대
- 철기 시대 Ⅰ 또는 초기 이스라엘 시대 (초기)이스라엘 시대 Ⅰ~Ⅱ-1,200~970년
- 철기 시대 Ⅱ 또는 중기 이스라엘 시대 중기 이스라엘 Ⅰ~Ⅲ-970~580년
- 철기 시대 Ⅲ 또는 후기 이스라엘 시대 후기 이스라엘Ⅳ-580~330년

5.희랍 문화 시대 희랍 시대 Ⅰ~Ⅱ-330~63년

6.희랍-로마 시대 63~AD70년

7.로마 시대 AD70~330년

시대별로 본 발굴지의 유물과 유적

1.중석기 및 신석기 시대(BC100,000~4,300년)
- 갈멜산 기슭 동굴 ● 여리고

2.금석 병용기 시대(BC4,300~3,200년)
- 욥바 근처 텔 아조르(T. Azor) ● 브엘세바 근처 계곡의 텔 아부 마타르 ● 엔게디

3.초기 청동기(青銅器) 시대(BC3,200~2,000년)
- 아이 ● 아랏 ● 싯딤 골짜기 지역

4.중기 청동기 시대(BC2,000~1,550년)
- 헤브론 서쪽 예벨 에르 루메이데 ● 아벡(사론평야) ● 단 ● 브엘세바 ● 게셀 ● 벧세메스 남쪽 투르보 메카

5.후기 청동기 시대(BC1,550~1,200년)
- 게셀 ● 가사 서남쪽 데이르 엘 발라(Deir el-Balah) ● 도단 ● 딤나 ● 기브온 ● 하솔 ● 드빌

6.초기 철기 시대(BC12~11세기)
- 다아낙 ● 세겜 ● 아스돗 ● 게셀

7.통일왕국 시대(BC10세기)
- 기브아 ● 예루살렘 ● 하솔 ● 므깃도 ● 게셀

8.분열왕국 시대(BC9~7세기)
- 악십 ● 디르사 ● 사마리아 ● 도단

9.바벨론 포로 시대(BC6세기)
- 아랏 ● 라기스

10.페르시아와 헬레니즘 시대(BC5~2세기)
- 돌(시돈인이 식민지로 건설) ● 벧술 ● 악고

11.헤롯 시대(BC1세기)
- 마사다 ● 신약 시대 여리고 지역 ● 헤로디움

12.신약 시대(AD1세기)
- 거라사(쿠르시) ● 디베라 ● 가버나움 ● 쿰란

사해 사본이 발견된 쿰란 제4동굴

성서시대의 팔레스틴 도로
0 20km
왕의 대로(King's way)
바다길(Via Maris)
주요도로
일반(간선)도로
성읍 사이의 길은 지형과 현대
도로를 참고로 한 것임
이욘
헬몬산
다메섹
아벨벧마아가
단
빌립보가이사랴
두로
가나
호사
벧아낫
게데스
메롬?
메롬호
함몬
두로의 사다리
미스르봇마임
악십
압돈
벧세메스
마돈
하솔
나할리야
벧에멕
라마
고라신
벳새다
악고
가버나움
느이엘
긴네렛
갈릴리 바다
거라사
가불
가나
디베랴
(아래)아벡
가르나임
아스다롯
아벡
하이파
한나돈
골란?
림몬
(위)아벡
기드론?
악삽
셉포리스
엔간님
엔아납
갈멜산
시므론
나사렛
다볼산
벧세메스
가르다
담베셋
아비아
나인
엔돌
가다라
욕느암
수넴
야르뭇
로드발
벧아벨
오브라?
하바라임
돌
므깃도
이스르엘
에드레이
다아낙
라못 길르앗
시홀림낫
랍빗
벧산
가이사랴
벧하간
길보아산
펠라
이블르암
르홉
도단
야베스 길르앗
마하나임?
베섹
데베스
헤벨
네탄야
디르사
거라사
사르단?
소고
사본
사마리아
에발산
마하나임?
세겜
엘마단
브누엘
비라돈
그리심산
다아낫실로
숙곳
안디바드리
(아벡)
욕므암
사르단?
미스바
답부아?
아담
에벡
에벤에셀??
르보나
실로
야셀
욕브하
욥바
오노
라마다임 소빔?
느발랏?
스레다
브도님
오브라
랍바
오브니?
벧엘
아이
벧니므라
룻?
김소
(아래)벧호론
믹마스
길갈?
아벨그라밈
(위)벧호론
여리고
미스바
게셀
아얄론
라마
벧 아라바
벧브올
헤스본
야브넬
기브온
엠마오
벧 호글라
벧여시못
베셀?
아스돗
식그론
기랴여아림
놉
기랴다임
메드바
예루살렘
염성
에그론
벧세메스
느보산
텔 아스돗
가드
벧들레헴
닙산?
벧디블라다임
아세가
소고
예담
야하스
아둘람
아스글론
립나
그일라
드고아
마카이루스
아다롯
텔 아스글론
마레사
마아랏
벧가물
벧술
느십
라기스
디본
에글론
헤브론
그리욧?
아로엘
가인?
염해
(사해)
엔게디
가사
드빌
십
갈멜
두마
마온
시글락
그랄
산산나
얏딜
마사다
라피아
텔 아랏
아랏
아르?
사루헨
그랄 강
브엘세바
텔 브엘세바
길하레셋
호르마?
호로나임
아로엘
소알
이예아바림
세렛 시내
악고
므깃도
세겜
욥바
예루살렘
가사
헤브론
브엘세바
호르마
소알
라암셋
가데스바네아
셀라
숙곳
바알스본
옷바다
마라?
에시온게벨
돕가?
하세롯
르비딤?
디베랏
시내산

성서시대의 팔레스틴 도로

팔레스틴은 지리학상 메소포타미아 문명과 이집트의 두 고대 문명 사이에 있어 이 지역의 도로는 고대 근동에 있어 국제적인 동맥이 되었다. 그러기 때문에 이 지역의 도로망은 고대 근동에 있어 정치적, 문화적, 종교적으로 매우 중요한 위치를 차지했다. 더구나 팔레스틴의 굴곡과 특수한 지형으로 인해 새로운 길을 개발하거나 옛길을 보수하기가 극히 어려웠기 때문에 주요 도로를 장악하는 것은 경제적, 군사적으로 그 중요성이 상당히 오래동안 지속되었다. 특히 해안평야, 중앙산악, 요단계곡, 요르단 고원지대로 형성된 동서의 뚜렷한 지형으로 동서간 도로보다는 남북으로 이어지는 도로가 더 용이하게 생기게 되었다. 이중에서 남북과 동서간의 도로의 가장 중요한 요충지는 므깃도였다.

그리고 성서에서 언급되고 있는 길의 이름들은 대부분 그 종착지의 성읍 이름에 의해 명명되고 있다.

해변길(히, derek hanjam)

해변길(바닷길)이란 이름은 해변을 따라 났기 때문에 붙여진 것이 아니라 북쪽의 관점에서 "바다를 향하는 길"이란 의미로 붙여진 명칭이다. 후에 이 길은 바닷길 혹은 해안도로(Via Maris)로 알려졌다. 이 길은 북쪽의 다메섹에서부터 시작하여 하솔과 갈릴리 바다 서쪽을 지나 므깃도를 거쳐 해안선과 나란히 뻗혀 나가 이집트 국경까지 이른다. 그리고 아벡에서 라비까지는 해변에서 약간 동쪽으로 들어가 가드를 거치는 길도 있다.

왕의 대로(The King's Highway)

해변길 다음으로 중요한 길은 요르단 고원지대를 따라 남북으로 이어진 왕의 대로이다. 이 길의 이름은 성서의 이야기에서(민20:17) 따온 것으로 공식적으로는 대로(大路)라고 부른다(민20:19).

왕의 대로는 북쪽의 다메섹에서 출발하여 바산 지역을(민21:33) 거쳐 길르앗 라못을 지나 랍바 암몬에 이르고 사해 동편인 헤스본, 아로엘, 길모압을 지나 아라바를 거쳐 엘랏까지 이른다. 남쪽 부분은 가데스 바네아에서 모압으로 올라오는 길도 이 대로에 포함시키기도 한다.

주요 도로(Main Road)

바닷길과 왕의 대로 다음으로 중요한 도로는 이 두 길 사이에 남북으로 놓여진 길이다. 이 길은 브엘세바에서 유다의 중심지역인 헤브론, 예루살렘, 벧엘을 거쳐 역시 사마리아 지역의 중심부인 실로, 세겜에 이르고(족장길), 세겜에서 두 갈래로 나누어져 동북쪽으로는 벧산과 갈릴리 바다 하부를 거쳐 바산 지역의 카르나임에 이른다.

또 하나는 서북쪽으로 세겜에서 다아낙과 므깃도를 거쳐 악고에 이르러 해안길로 이어진다.

간선 도로(Arterial Road)

남북으로 이어진 위 세 길을 중심축으로 동서로 난 간선도로 중 성서에 이름이 나오는 길을 말한다.

① 벧하간(Beth haggan)의 길 또는 동산 정자의 길 (왕하9:27) 이스르엘▶벧하간
② 점쟁이 상수리나무길 또는 므오느님 상수리나무 길 (삿9:37) 헤브론▶세겜 길 중 극히 일부
③ 오브라길(삼상13:17) 하솔▶오브라
④ 광야길(수8:15) 또는 거친 땅의 길(삼하2:24) 벧엘▶여리고 근처
⑤ 아라바로 가는 길(삼하4:7, 렘39:4) 예루살렘▶아둠밈 비탈(수15:7)▶여리고
⑥ 요단길(수2:7) 여리고▶요단강 동쪽의 길
⑦ 벧세메스길(삼상6:9,12) 또는 딤나길(창38:14) 라기스▶벧세메스▶헤브론 길 중 일부 또는 예루살렘으로 가는 길 중 일부
⑧ 벧호론길(삼상13:18) 벧호론▶기브온▶예루살렘
⑨ 에돔 광야길(왕하3:8) 아랏▶남동쪽 방향
⑩ 호로나임길(사15:5, 렘48:5,34) 소알▶호로나임▶길하레셋
⑪ 들길(삼하18:23) 아담▶숙곳▶사르단▶사본▶펠라
⑫ 바산길(민21:33);왕의 대로중 바산으로 가는 길
⑬ 모압 광야길(신2:8~9)
⑭ 에돔길(왕하3:20);에돔광야길
⑮ 홍해의 광야길(출13:18, 신1:40) 소알▶다말▶엘랏
⑯ 아다림길(민21:1) 가데스바네아▶아랏
⑰ 에브랏길(창35:19) 베들레헴 근처의 길

이전에 가버나움에 있었던 바닷길(Via Maris) 이정표

팔레스틴의 경제
양
소
밀
대추야자
삼림
포도
물고기
소금
보리
꿀
무화과
염료
석류
파피루스
0
20km
대 해
(지중해)
이욘
헬몬산
알랍
아벨벧마아가
단
가이사랴 빌립보
두로
가나
벧아낫
함몬
메롬?
메롬호
하솔
악십
압돈
벧에멕
라마
벳새다
악고
가버나움
긴네렛
갈릴리 바다
거라사
아다마
디베랴
(아래)아벡
(위)아벡
아벡
한나돈
림몬
함맛
골란?
아스다롯
악삽
나사렛
다볼산
가다라
갈멜산
가르다
에드레이
므깃도
야르뭇
로드발
벧아벨
라못 길르앗
이스르엘
다아낙
길보아산
벧산
가이사랴
이블르암
도단
르홉
베섹
데베스
거라사
소고
디르사
사마리아
세겜
얍복 강
그리심산
비라돈
숙곳
브누엘
요단 강
아벡
아담
실로
야셀
욥바
브도님
랍바
벧엘
(아래)벧호론
여리고
헤스본
게셀
벧여시못
베셀?
엘드게
예루살렘
염성
느보산
메드바
텔 아스돗
베들레헴
에그론
드고아
세겔사할?
아다롯
텔 아스글론
마레사
디본
라기스
헤브론
엔게디
염해
(사해)
아로엘
가사
드빌
갈멜
아르논 강
시글락
그랄
마사다
아르?
사루헨
텔 아랏
소돔?
길하레셋
텔 브엘세바
고모라?
호로나임
아로엘
소알
세렛 시내
이예아바림

성서시대의 팔레스틴 경제

팔레스틴은 북쪽의 헷, 페니키아(두로, 시돈), 동북쪽의 앗수르와 동쪽의 바벨론, 그리고 남쪽의 애굽과 구스(이디오피아) 사이에 있어 강대국과 메소포타미아와 이집트 문명의 사이에서 중간 무역의 역할을 담당하는 요충지가 되었다. 특히 기후와 지질학상 특별한 생산물이 없는 이 지역의 특수성은 중개무역으로서의 역할은 더욱 중요시되었다. 솔로몬은 역대 유다 왕들 중에 이점을 가장 잘 이용한 왕으로 막대한 통행세와 중개무역의 수입으로 부국을 이루었다. 그는 애굽의 말들을 수입하여 헷족에게 수출하는 등 이스라엘의 역대 어느 왕보다도 중개무역을 활발히 전개시켰다(왕상10:28~29). 그러나 이스라엘이 약할 때는 강대국의 희생양이 될 수 밖에 없는 역사적인 아픔도 겪어야 했다. 이토록 팔레스틴은 지리적, 경제적 요충지에 위치해 있다.

수리시설이 발달되지 않은 고대 동방에서의 곡물 생산은 자연히 강 유역에서 이루어졌고, 목양은 그 중심에서 벗어난 불모지와 광야와 북부의 평지에서 성행하였다. BC2000년 이후 아라비아 사막에서는 대규모의 낙타 사육이 있었다. 팔레스틴에서의 가축 사육은 주로 유목민과 반유목민에 의해 길러졌는데 반유목민들의 목초지는 주로 팔레스틴 고원의 남부 등선에서 이루어졌다. 그리고 사론 평야에서는 원예가 성행했다.

철과 동(銅)은 여러 성지에서 채굴되었고 특히 동광산은 레바논 골짜기와 남부 길르앗과 아라바 골짜기 양편에서 활발히 이루어졌다. 특히 아라바 광산은 솔로몬 때부터 집중적으로 개발되었다. 건축용 목재들은 갈릴리 북부 지역을 제외하고는 거의 생산되지 않았기 때문에 레바논 지역에서 생산되는 백향목과 기타 나무들은 팔레스틴과 수리아 뿐만 아니라 애굽과 메소포타미아까지 주위의 전지역에 걸쳐 주요 건축자재로 쓰여졌다. 특별히 솔로몬은 성전 건축을 위해 레바논의 백향목을 바다를 통해 욥바를 거쳐 예루살렘으로 수입하였다.

해안도시들은 직조산업의 중심지로 발달되었는데 우가릿 문서에 의하면 악고, 아스돗, 아스글론 등 지중해 항구들에서 직조업이 성행했음을 말하고 있다. 또 아스돗이 물고기의 수출 중심 항구였음을 진술하고 있다.

사해, 특히 북부지역과 소돔과 고모라가 있었던 곳에서는 소금이 여러 시대에 걸쳐 조달되었다. 사해지대에는 향료를 위한 방향성 고무의 재배가 중요하게 이루어졌다. 그러나 향료의 주요 산지는 남부 아라비아에 있었다.

포도(나무)는 성경에 비유로서 자주 언급되고 있는 만큼이나 팔레스틴 전지역에서 골고루 재배되었다. 팔레스틴의 기후는 포도나무의 재배에 적절한데 그중에서도 블레셋 평원에는 포도원이 많았다. 성경을 통해 보면 노아는 포도나무 재배의 창시자로 제시되어 있으며(창9:20), 아합궁의 바로 옆에는 나봇의 포도원이 있었다(왕상21:1).

팔레스틴의 기후

연중 평균 강우량(지난 30년 동안)

팔레스틴의 기후

건기와 우기

남북으로 뚜렷한 지형을 갖고 있는 팔레스틴은 기후 또한 심한 변화를 갖게 한다. 전체적으로는 온화한 지중해성 기후에 속하며, 일년은 건기와 우기의 구분이 뚜렷하다. 건기는 계절적으로 여름에 해당되는 5~10월에 속하며, 우기는 겨울에 해당되는11~4월에 해당된다. 성경에서 말하는 이른비와 늦은비(렘5:24, AV에는 autumn rain and spring rain)는 겨울에 내리는 우기의 첫번째 소나기와 나중 소나기를 말한다. 그리고 건기와 우기 사이에는 특수한 일기의 과도기가 있다. 그러나 팔레스틴에서의 건기와 우기는 변화가 매우 심하여 비는 짧은 기간에 집중적으로 내릴 수도 있고 그렇지 않을 수도 있다.

강우량과 이슬

비는 농경 문화에 절대적인 영향을 미치는데 팔레스틴의 강우량은 남북으로 큰 차이를 보인다. 갈릴리 지역은 상부가 평균 1,000㎜ 정도로 매우 많은편이나 사마리아와 세겜 지역의 중앙 산악지대는 600~700㎜ 정도가 되며, 남부의 유다 지역은 400㎜ 정도로 갈릴리의 절반도 되지 않는다. 이보다 더 남쪽으로 내려가 네게브 지역에 이르면 200㎜ 정도 밖에 되지 않는다. 그리고 요단 계곡지대는 같은 위도인 해안 평야지대와 중앙 산악지대보다 더욱 낮아 사해 주위에서는 25㎜ 밖에 되지 않는다. 그리고 대부분의 팔레스틴의 강우량은 지대의 높이에 따라 좌우되는데 중앙 능선의 경우 연간 강우량은 해안 평지보다 약간 낮으며, 능선 중심을 지나면서는 급속히 감소해 사막에 가까워진다.

전체적으로 볼 때 팔레스틴은 강우량은 매우 적은편이다. 그래서 이 지역의 강우량으로서 풍부한 이슬을 빼놓을 수 없다. 이슬이 가장 많이 내리는 지역은 갈멜산 일부와 이스르엘 평야의 서쪽 그리고 가사 남쪽 지역으로 일년중 250여일 가량 이슬이 내린다. 그외 해안 평야지대와 이스르엘 평야지역은 200여일, 중앙 산악지대는 150~180일 정도 이슬이 내려 땅을 경작하기에 충분하다.

이스라엘 연평균 월별 기온

월	1월	2월	3월	4월	5월	6월	7월	8월	9월	10월	11월	12월
최저	8	9	11	11	16	19	20	21	19	18	14	14
최고	17	18	18	22	30	32	33	33	30	28	24	19

해안 평야지대의 기후 지역

해안 평야지대는 바다의 영향이 가장 크 요인이 된다. 지중해성 기후의 영향을 가장 크게 받는 이 지역은 습도가 높고 일교차와 연교차는 산악지대보다 적은편이다. 강우량은 해변 가까이가 내륙보다 많으며, 강우는 초가을에 시작하여 때때로 짧은 기간 동안 집중적으로 내린다.

갈멜산을 포함한 중앙 산악지대의 기후 지역

이 지역의 서부 경사지에서의 강우량은 고도가 높을수록 증가하여 등우선도(等雨線圖)는 고도의 등고선과 비슷하다. 강우량은 북쪽에서 남쪽으로 내려갈수록 급속히 떨어진다. 북쪽의 상부 갈릴리가 연중 1,000㎜ 이상이 되는 반면 남쪽의 헤브론에서는 300㎜에 불과하다. 기온차는 평야에서보다 더 크며 여름은 너무 덥지 않으며 겨울은 길고 더 춥다. 예루살렘에서의 겨울 평균 기온은 섭씨 약 6~7도이며, 일년중 3일 정도 눈이 온다.

요단 계곡지대의 기후 지역

이 지역은 대부분 해발보다 낮은 곳으로 이곳에서의 기후는 지형학상의 영향이 매우 뚜렷하게 나타난다. 지중해에서 불어오는 습한 공기는 서부 경사지에 비를 내리게 하고 요단계곡으로 내려올 때는 더워지고 건조해진다. 그러므로 낮은 지대에 있는 요단계곡은 겨울에는 따듯하고 여름에는 매우 무덥다. 해저 290m의 여리고는 1월 평균 기온이 섭씨 약 20도이며 6월에는 섭씨 약 45도나 된다. 이는 북쪽의 디베랴까지 비슷한 현상이 일어난다.

강우량은 특별한 경우를 제외하고는 북쪽의 디베랴가 400~500㎜이며 중앙 산악지대와 마찬가지로 남쪽으로 내려갈수록 강우량은 줄어 여리고에서는 140㎜, 사해 남쪽 끝에서는 50㎜ 정도에 그친다.

요르단 고원(트랜스요르단) 지대의 기후 지역

평평한 고원지대가 남북으로 이어지는 이 지역은 남쪽의 에돔 지역에서는 서부 산맥보다 더 높다. 그래서 바다에서 멀리 떨어져 있음에도 불구하고 고원의 서부 가장자리를 따라 실질적인 강우량이 있다. 서부 고지의 강우량은 길르앗과 암몬에서는 동일하게 나타난다. 경작지와 광야 사이에 있는 대초원에서는 증발이 강우량보다 많으며 온도의 한계가 크다.

요르단 고원지대의 길르앗 산지(디셉 근처)

자연부락에 대한 농지 경작율

(1974~1975년)

성서에 언급된 부락(도시)들은 오늘날 대부분이 이곳에서 정착해온 아랍인 마을이다.
현대에 건설된 유대인 정착촌들은 성서의 도시들에서 떨어진 곳에 있다.

족장시대 이전 지리

창세기

에덴동산(창2:8~17)

에덴동산이 실제로 이 땅에 창설되었다면 그 위치는 어디일까? 이 해답에 도움을 주는 것은 창2:10~14에 나오는 네 강의 이름 뿐이다. 다행스럽게도 4개의 강 중에 유프라테스강과 힛데겔(티그리스)강은 현재의 위치를 알려주어 동산의 대체적인 위치를 말해 준다. 그리고 나머지 두 강은 아직 확인은 되지 않았지만 하윌라 땅이 구스(Gush, 창10:7) 지역의 일부로 언급된 것을 근거로 하는 사람들은 나일강의 두 지류인 청강과 백강으로 생각한다. 그러나 그럴 경우 네 강의 중심 부분을 측정하는 것은 불가능하다. 그래서 근래에 와서 인공위성을 통해 고대에 흘렀던 물줄기를 쿠웨이트 사막 밑에서 발견한 곳(와이디미와 와디 바틴)을 비손강으로 주장하기도 한다. 또 기혼강을 그 반대편인 현재 카룬강으로 주장한다. 이 또한 네강이 에덴동산에서 발원했다는 물의 흐름에 맞지 않는다. 그래서 최근에는 나머지 두 강을 아라랏산에서 내려오는 지류로 보아 에덴동산을 오늘날 반호수에 가라앉았다고 본다.

어쨌든 동산은 이 네 강의 중심부분에 있었으며 그 지역은 어원적으로 보면 그렇게 크지 않았을 것이며 문자 그대로 동산과 같은 규모일 수도 있다. 혹은 더 넓은 지역으로도 생각할 수 있다. 그러나 그 위치를 주장할 사람은 아무도 없을 것이다.

티그리스(힛데겔)강(앗수르 유적지 앞)

낙원 추방과 가인의 방랑(창4:16~17)

아담과 하와가 에덴동산에서 쫓겨난 후 하나님은 에덴동산 동편에 그룹들과 두루도는 화염검으로 지키게 한 것을 보면 아담이 에덴에서 쫓겨난 후 거주한 곳은 에덴동산을 기준으로 동편이며, 가인이 동생을 살해한 후 거한 놋땅 역시 에덴의 동편이었다.

노아 홍수와 아라랏산(창10:1~32.11:10~28)

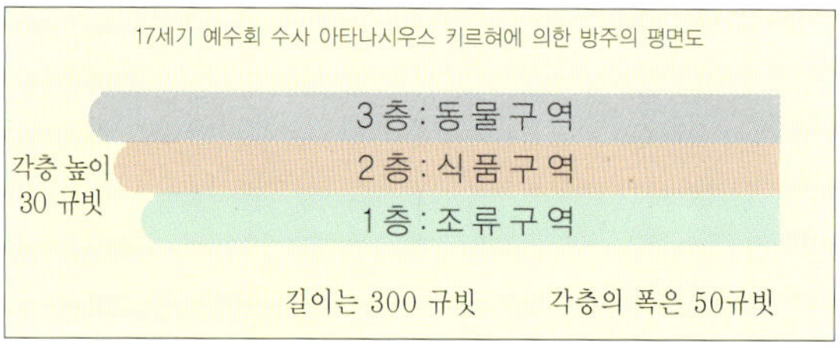

노아의 홍수 이야기에 대한 연대 추정은 불가능하다. 다만 홍수 이야기에 대한 고대의 기록 중 성경과 가장 비슷한 기록은 BC7세기경에 기록된 길가메쉬 서사시가 참고될 뿐이다.

그러나 홍수의 배경이 된 곳은 현재 터키 반 호수 북쪽의 아라랏산에 방주가 멈추었음을 말하고 있다.

방주가 머문 아라랏산

창세기 10장에 나오는 민족의 계보는 성서시대에 이스라엘 백성이 당시에 알고 있던 한도에서 세계의 모든 나라와 백성들을 요약한 것이다. 이는 세계 모든 나라와 백성이 한 무리와 같은 조상으로 관련되어 있으며, 그 조상이 노아임을 보여주고 있다. 그러므로 모든 인류의 조상은 노아의 세 아들(셈, 함, 야벳)로 크게 세 부분으로 나누어져 있다.

셈의 후예

팔레스틴을 중심으로 동쪽에 주로 분포해 있으며 셈족의 언어를 사용하고 있으나 이들 중 동방의 엘람족속과 소아시아의 룻(Lud=Lydia?)족은 셈족의 언어를 쓰지 않았다. 셈족은 크게 세가지로 분류된다. 첫째, 메소포타미아의 앗수르 족속. 둘째, 아람족속(Aram)으로 북부 메소포타미아에서 중부 시리아, 트랜스요르단의 북부지역. 셋째, 남부 아라비아에 있는 여러 족속이다. 이들은 에벨의 아들 욕단과 관련된 자들이며 그 족속들 중에서 가장 잘 알려진 족속은 하살마 웻과 스바와 하윌라였다.

함의 후예

함의 자손은 이집트의 정치적인 영역에서 나타난 자들로 팔레스틴을 중심으로 남쪽에 분포해 있다. 곧 남쪽에 있는 구스(Gush=Nubia), 이집트 지역의 미스라임. 이집트의 서쪽에 붓(Put=Lybia), 그리고 팔레스틴 지역의 가나안이다. 구스 자손들은 남부 아라비아에 있는 어떤 지역에도 분포해 있었는데 이곳은 아프리카와 친근한 지역들로 하윌라, 삽다, 라아마, 스바 그리고 드단 등이 있었으며 이들 중 스바와 하윌라는 셈족의 명단에도 나타나 있다.

또 가나안 백성들에 대해서는 헷족속, 여부스족속, 아모리족속, 기르가스족속, 히위족속 등이 알려져 있다. 이외에도 베니게 지역의 두로, 시돈, 아르왓 등이 있고 오론테스 강가에 있는 하맛(Hamath)이 있는데 이 하맛은 헷족속(Hittites)이 지배하고 있었다.

함의 자손 가운데는 메소포타미아의 중부 지역에도 그 도성들이 포함되고 있다. 그중에는 남부 메소포타미아의 니므롯(Nimrod, 거인족)을 비롯하여 바벨, 에렉(우르 북쪽), 악갓(아카드, 티그리스강 중부) 등이 있으며 북부 메소포타미아 지역에는 니느웨와 그 주위 성들이 있다.

야벳의 후예

야벳의 후손은 거의 북쪽에 거주하여 팔레스틴과 가장 관련이 적었다. 지중해 연안의 희랍인이 이들에 속했는데 인도-유럽의 언어를 사용하는 족속으로 마대는 동쪽에, 아스그나스와 고멜과 마곡은 북쪽에, 달시스와 디라스와 엘리사는 서쪽에, 르하빔과 루딤과 바드루심은 지중해 남쪽에 속했다. 깃딤(Kittim, 현재의 키프로스), 갑도림(현재의 크레테섬)은 지중해의 섬들이고, 달시스(다시스)는 에스파니아의 남쪽과 이탈리아 서쪽의 사르디니아 섬이라는 두 가지 주장이 있다.

메소포타미아의 두 강(유프라테스, 티그리스)과 오론테스강과 지중해 동쪽 해안의 레반트 지역에 이르는 지역을 초생달 옥토지대(The Fertile Crescent)라고 처음 부른 사람은 브레스테드(Breastead)였다.

이 지역은 지질학상 팔레스틴의 역사에 있어 결정적인 요인이 되는 곳으로 지중해변을 끼고 반달 모양으로 가늘게 뻗혀 있다. 동쪽으로는 바사만에서 시작하여 메소포타미아와 티그리스 두 강의 계곡을 따라 북서쪽으로 시리아의 북부 지역까지 확장되어 가다가 알렙포 근처에서 북남동쪽으로 급격히 방향을 바꾸어 지중해 동쪽 해안지대를 따라 남쪽으로 팔레스틴의 해안에까지 이른다. 그리고 넓게는 이집트의 나일강까지도 포함시킨다.

이 초생달 옥토지역의 지형적인 특색과 경제적인 풍요함은 자연히 주위 민족들로 하여금 이곳을 차지하기 위해 다투어 모여들게 하였다. 그리하여 이 비옥한 땅은 끊임없는 투쟁의 장소가 되었다. 그리고 이 지역은 늦어도 BC 6000~4500년 많은 사람의 터전이 되었다.

맨처음 이 지역에 들어온 듯한 족속은 빙하시대의 추위를 이기기 위해 내려온 슈메르인으로 이들은 이곳으로 내려와 흙벽돌로 신전을 세우고 농사와 목축에 종사하고 있었다(BC 2850~2360년경). BC2800~2400년경에는 도시국가의 정치형태로 발전하였는데 이 도시국가 중 특별히 강한 도시국가는 우르(Ur)였다. 우르 제1대는 BC2500년까지 우세를 지켰다.

다음으로 들어온 족속은 셈족의 한 유목민인 악갓(Accad)인으로 이들은 슈메르 도시국가들의 투쟁 중에 시날땅 북쪽에서 아가데(Agade)란 도시에 들어와 국가를 이룩하였는데 후대 사람들은 그 지방을 악갓이라 그곳에 있는 사람을 악갓인이라 부르게 되었다. 이들은 BC24세기경 사르곤(Sargon)이란 사람이 시날평지를 완전히 점령하였으며 사르곤 가문의 악갓대는 200년을 통치했다. 그러나 사르곤 가문의 쇠퇴 후 시날땅은 슈메르와 악갓 사이에 교체 통치처가 되었는데 이 때를 슈메르 악갓대(BC 2200~2000년)라 부른다. 우르 제3대의 입비신(Ibbisin)은 마지막 왕이 되었다.

악갓인이 메소포타미아에 정주한 후에도 셈족의 일부인 아모리족(Amorite, 뜻은 서부인)은 우르 제3대의 쇠퇴를 틈타 이 지역에 몰려들어 입비신 왕을 무너 뜨리고 BC20세기 중엽에는 마리(Mari), 아술(Ashur), 하란(Harran) 등 아모리 도시국가를 형성하였다. 또한 밖에서 들어온 또다른 아모리족 일부는 바벨론(도시국가)을 점령하여 오랫동안 경쟁 도시국가의 하나로서 세력을 떨쳤다. 시날땅은 이때부터 바벨론이란 이름으로 불리기 시작했다. 그러나 이후 이 지역은 우르 제6대왕 함무라비(BC1728~1686년)에 의해 바벨론(고대 바빌로니아) 제1대라 불릴만큼 바벨론 주위 지역이 평정되었다.

한편, 힉소스족(Hyksos)은 야만족으로서 북방 고원지대에 살다가 비옥한 초생달 지역으로 내려왔으며, 애굽 중왕조의 쇠퇴를 틈타 애굽에 내려가 약 100년간 힉소스대(BC1650~1540년)를 이루며 애굽을 통치했다. 이스라엘 선조들이 애굽으로 내려온 것도 이 때였다.

힉소스의 이집트의 침입과 같은 시기에 비옥한 초생달 지역의 전역에 걸쳐 새로운 민족들이 이곳에 압력을 가해 왔다. 이들 중에는 후리족(Hurrians, 호리족 Horites)이 있었다. 아르메니아 산악지대에 있던 후리족 중 많은 무리가 BC18세기경 북부 메소포타미아로 밀려 왔으며, BC17세기 이후에는 비옥한 초생달 전역과 남쪽 팔레스틴까지 쇄도해 들어왔고 인도 아리안족도 후리족을 뒤따라 들어왔다. 후에 생긴 미타니 왕국도 통치자는 인도 아리안이지만 주민은 원래 대부분 후리인이었다.

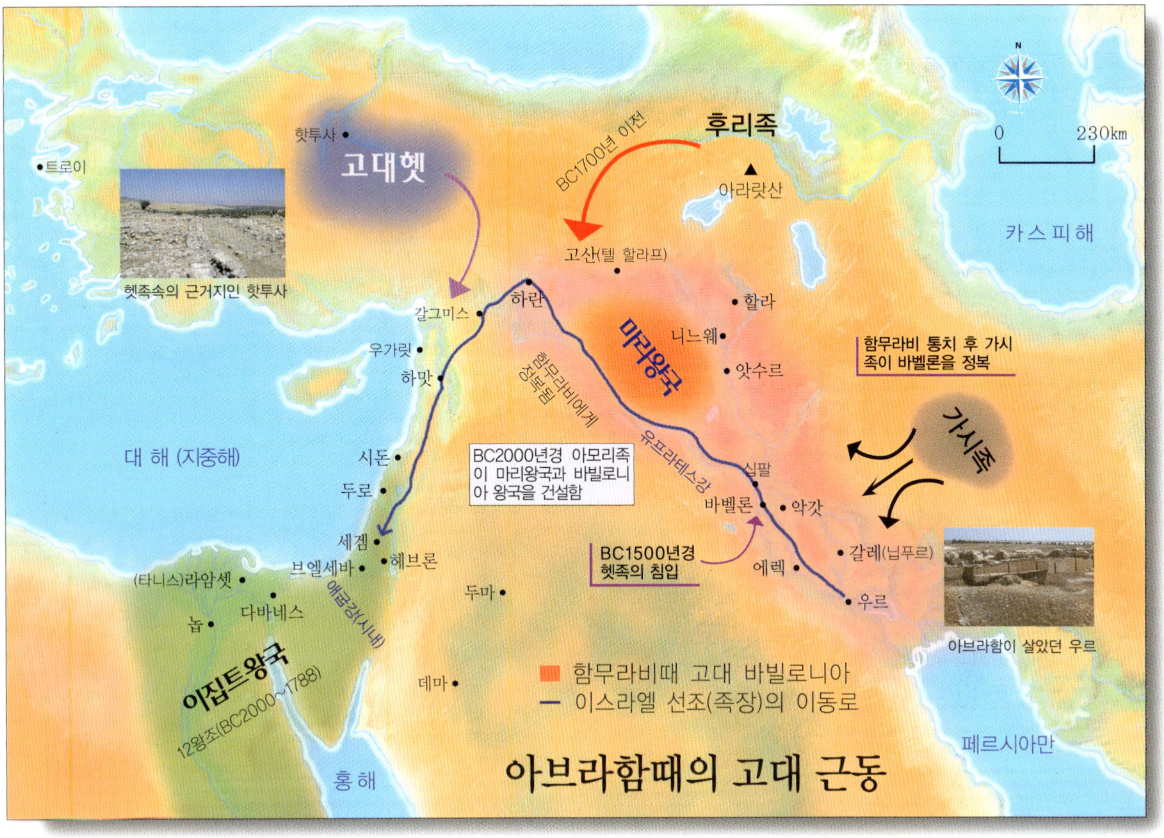

족장시대라 함은 창세기 12장 이후에 나오는 아브라함, 이삭, 야곱 등 이스라엘의 선조(족장)들이 살던 시대를 중심으로 전후 약 BC2000년에서 1600년까지 400여년간을 말한다.

구약성서에서 히브리인이라 일컬음을 받은 사람은 아브라함이었으며(창14:13,17:5), 그가 갈대아의 우르에서 하나님의 부름을 받아 고향을 떠날 때는 아라비아에서 아모리족이 갈대아 지역으로 물밀듯 침투해 들어 올 무렵(BC20세기경)으로 우르 제3대의 쇠퇴기였다. 그리고 그가 강줄기를 따라 하란을 거쳐 가나안에 들어 갔을 때 애굽은 중왕국대(BC2000~1700년)로서 대략 제12왕조의 아멘넴헷(Amenemhet)왕의 통치 때였다. 이때 애굽은 팔레스틴과 수리아 남부를 제압하여 아브라함과 같은 유목민들이 살기에 적합한 시기였다.

한편 물밀듯 밀려오기 시작한 아모리인들은 BC2000년경에 마리(Mari)와 바벨론을 건설했다. BC18세기 중엽에는 원주민의 왕통(王統)이 무너지고 메소포타미아의 모든 도시국가는 아모리족의 군주에 의해 통치되었다.

그런데 좀늦게 들어온 아모리족의 일부는(BC1800년경) 바벨론을 점령하여 BC19세기말을 전후로 하여 바벨론 제1왕조(수무아부왕)를 탄생시켰다. 그 아들 제2대 왕 수무라일루는 십파르, 키시(기시)등 주위 도시국가를 정복하여 세력을 뻗쳤다. 제3대 자붐왕, 제4대 아필신, 제5대 신무엘리트를 거쳐 제6대 함무라비(Hammurabi, 대략 BC1700년경)는 자기의 지배하에 있는 도시국가의 성벽을 구축 보강하고 운하를 개설하고 정비하는 등 내정에 힘쓰다가 즉위 30년 무렵부터 도시국가간의 패권 다툼에 본격적으로 나섰다. 그는 먼저 숙적 엘람인 림신을 격퇴시키고 슈메르 일대의 땅을 차지했다. 이어 앗시리아 동북방으로 향해 마리의 짐릴림 왕을 정복하였으며, 우호관계 있던 앗시리아는 샴쉬아다드 1세의 죽음으로 자연히 함무라비의 지배하에 들어 갔다. 이리하여 그는 즉위 39년에 메소포타미아 전역을 통일하여 거대한 고대 바벨론을 이룩했다. 이 국가를 신바벨론과 대조적으로 사용하기 위해, 또는 바벨론이란(수도) 명칭을 따라 고대 바벨론(바빌로니아)이라 부른다(함무라비왕의 이름은 창세기 14장에 아므라벨이란 이름으로 전해지고 있다).

헷족의 세력 본원지는 소아시아와 아나토리아로 이들의 형성은 에게해로부터 초생달 옥토의 북편 페르시아만, 카스피해, 이란고원에 있다가 인도 유럽족의 침입을 받아 소아시아를 점령한 초기 아나토리아(Anatolia) 사람과 합해 BC17세기경 헷족을 이루었다. 헷족은 BC16세기 중엽전에 동부와 중앙아시아의 강력한 왕국으로서 무르실리스 1세(BC1530년경)때 후리족의 영토를 거쳐 유프라테스강을 따라 바벨론까지 내려가 점령하여 300년간 지속되어 온 바벨론의 제1왕조에 종말을 고하게 했다. 그러나 메소포타미아 전역이 헷의 지배하에 들어간 것을 의미하는 전쟁은 아니고 헷은 기총 공격으로 그치고 이후 1세기 동안 헷의 세력은 소아시아에 머물렀다. 후에 구헷대가 분리된 후 미타니 왕국이 새로 일어났다.

한편 헷이 형성되는 시기에(BC1700년경) 후리족(호리족 Horits)은 힉소스의 애굽 침입과 때를 같이하여 초생달 옥토지대로 내려왔다. 이들은 후에 인도 아리안인이 건설한 미타니 왕국의 주민의 상당수가 되었다.

족장들의 생애

이스라엘 족장(선조)들의 팔레스틴 입주에 대한 정보는 외적 자료가 거의 없어 모세오경에 전적으로 의존할 수밖에 없다. 다만 족장시대 말기의 것으로서 후리족의 관습법을 반영하고 있는 누지문서(Nuzi)가 아브라함의 기사와 일맥상통하는 내용(창15:1~4)과 또 아브람(Abram)이란 이름이 바벨론 제1왕조의 문헌에 나오는 같은 철자를 포함하고 있는 이름, 그리고 나홀(Nahor)이 하란(Haran) 부근의 한 성읍의 이름(Nakhur)으로 BC1700년경 시대의 산물인 마리문서에 나타난 것을 보면 창세기 12~50장에 반영된 사건들은 대략 BC20세기부터 17세기 혹은 16세기 초기까지의 역사적인 사건과 잘부합된다는 사실만을 알 수 있다.

따라서 이 족장설화를 전부 혹은 일부를 임의대로 재배열한다면 객관적인 증거자료의 한계를 벗어난다는 것을 기억해야 한다. 따라서 아브라함, 이삭, 야곱이 실존인물이 아닌 비개인적인 씨족 이동을 반영하는 형상으로만 간주하면 안된다. BC2000년경에 비록 그 이름을 알 수 없다 해도 팔레스틴에 반유목민의 씨족이 몰려 들었고 씨족장이 있었다는 사실에서 이스라엘 족장들이 역사상 실존 인물들임을 확신할 수 있다. 이러한 관점에서 여기에 나타나 있는 아브라함의 여정을 창세기를 통해 지면으로 알아본다.

아브라함의 여정

1.우르에서(창11:31~32)

●우르(히, 울)는 도시를 의미하나 "빛의 나라" "해 떠오르는 땅" "불"을 뜻하기도 한다. 우르의 위치에 대해서는 ① 니시비스(Nisibis)와 티그리스(Tigris) 사이에 위치한 페르시아 요새 ②아르메니아산에서 앗수르 평야에 이르는 돌출부(희랍의 Edessa) ③유프라테스강 어구에서 서쪽으로 약 6km 지점 등으로 주장된다. 그러나 대체로 유프라테스강과 티그리스강 하류에 위치한 것으로 보고 있다. 현재 이곳은 고고학자들의 발굴에 의하면 골목마다 잡신을 섬겼던 조그마한 제단이 있었음이 확인되었다. 일반적으로 우르는 고대 슈메르와 바벨론의 도시로 한 때 중요한 달 숭배지였다. BC4000년경에는 문화가 번성했으나 대홍수로 멸망했고, BC2600~2400년경에는 바빌로니아(슈메르)의 강력한 도시국가로 등장되었다가 같은 슈메르의 도시국가인 라기슈에게 멸망당했다.

그리고 제3왕조(BC2500~1950년)때 다시 융성하여 바빌로니아의 지배자가 되었다. 그후 바빌로니아 전역은 함무라비의 바벨론 제1왕조에 의해 통일되었다. 우르(Ur)는 슈메르인의 반란중 철저히 폐허되고 뒤에 신바벨로니아때 재건되었으나 파사(Persia)때 다시 쇠퇴하여 BC4세기경에 완전히 폐허가 되었다.

2.하란에서(창12:1~12:4)

하나님의 명령으로 우르를 떠난 사람은 데라, 아브라함, 사래, 롯이며 아브라함의 동생 중 하란은 우르에서 죽고 나홀은 같이 떠난 것으로 생각된다. 아브라함은 고향을 떠나 유프라테스강을 따라 북상하여 처음으로 정착한 곳은 하란이었다. 아브라람은 이곳에서 많은 재산을 모을 만큼 상당 기간을 머물렀다.

●하란은 메소포타미아의 북서쪽인 에뎃사에서 40km 떨어진 무역의 중심지이다(겔 27 :28). 또 이곳은 라반의 고향(창27:43)이요, 야곱이 에서를 피해 20년 동안 지낸곳(창28:10)이며, 아브라함의 아버지 데라가 죽은 곳이다(창11:32).

흙집에 사는 하란의 오늘날 모습

3.세겜에서(창12:5~7)

하란에서 가나안 땅의 세겜에 첫발을 디딘 아브라함은 모레 상수리나무 아래 거하고 그곳에서 단을 쌓았다.

●세겜성은 히위족속이 세웠거나 그들의 이름을 따서 지은것(창34:2)으로 이곳은 중앙 팔레스틴에서 아름답기로 유명한 곳이다.

모레 상수리나무: 모레는 마므레(창13:18)와 같이 이곳에 신전을 세운 제사장 이름(모레는 선생을 의미하기 때문에, 삿7:1, 왕하17:28)이 있고, 비젼(Vision)의 장소로 상징되고 있다.

4.벧엘에서(창12:8)

세겜에서 벧엘로 내려와 장막을 치고 단을 쌓으며 여호와의 이름을 불렀다.

야곱이 꿈을 꾼 벧엘

●**벧엘**은 예루살렘 다음으로 성서에서 많이 나오는 중요한 성읍으로 아브라함 때에는 루스라고 불렀다.

힉소스왕 초기(BC1750~1650년)에 축성되었는데 이스라엘의 가나안 입주때 여호수아에게 점령당했다.

5.애굽에서(창12:10~20)

벧엘에서 애굽으로 피한 것은 기근이 심했기 때문이었다. 애굽에 도착한 아브라함은 자기 아내를 누이라고 소개하므로 바로에게 자기 부인의 순결을 위태롭게 하였으며, 하나님은 사래의 연고로 바로와 그 집에 재앙을 내렸고 바로는 아브라함을 애굽에서 내어 보냈다.

●**애굽**은 BC2700~2200년(피라밋대) 고왕국대에 문화의 절정기를 이루었다. 이때 왕을 태양신의 화체라 하여 감히 그 이름을 부르지 못하고 왕이 살고 있는 궁전의 이름을 따라 바로(Parao)라고 불렀는데 그 뜻은 "큰 집"이란 뜻이다. 또한 이러한 왕의 시체는 썩지 않게 해야 된다고 하여 피라밋을 세웠는데 가장 큰 피라밋은 제4왕조 쿠후(Khuru)가 건축한 것으로 밑넓이 2만평 위에 2.5t의 돌 230만개를 밑변 230m, 높이 146.5m로 쌓았다. 쿠후 계승자 카후레는 자기 얼굴을 스핑크스에 조각하여 사자의 몸에 붙여 피라밋을 지키게 한 바로이다.

스핑크스와 피라밋

6.벧엘에서(창13:1~17)

아브라함은 애굽에서 나와 전에 단을 쌓았던 벧엘로 왔는데 이때는 아브라함과 조카 롯의 소유가 많아 같이 있을 수 없게 되어 이별을 하게 되었다. 롯은 소돔과 고모라가 있는 곳을 선택했고 아브라함은 나머지 부분을 선택했다. 당시 소돔과 고모라는 발달한 문명 속에 도덕적 죄악과 무종교의 부패(창13:13) 속에 있었다. 롯과 헤어진 후 하나님은 아브라함에게 나타나 자손 번성에 대해 축복해 주셨다(창13:16, 15:5, 22:17).

7.헤브론에서(창13:18)

헤브론으로 와서 제단을 쌓았다.

●**헤브론**(Hebron)은 예루살렘 남쪽 26.6㎞ 지점의 계곡 동쪽 비탈에 자리잡고 있는 성읍으로 이집트 소안(Zoam, Tanis)이 건설된 당시나 7년전 혹은 BC14세기 중엽에 세워졌으며(민13:12) 가나안 족속의 왕도였다. 아브라함 당시에는 이 지역에 상당한 사회적 불안이 있었으며, 주변의 아모리족속은 물론 적어도 헷(힛타이트)족속의 한 무리가 있었다. 이점은 아브라함이 에브론(Ephron)이라고 하는 헷족속 두령으로부터 가족의 매장지로 막벨라에 있는 굴을 샀던 사실에서 짐작할 수 있다(창25:8~10).

8.아브라함 당시 가나안의 세계전쟁(창14:1~20)

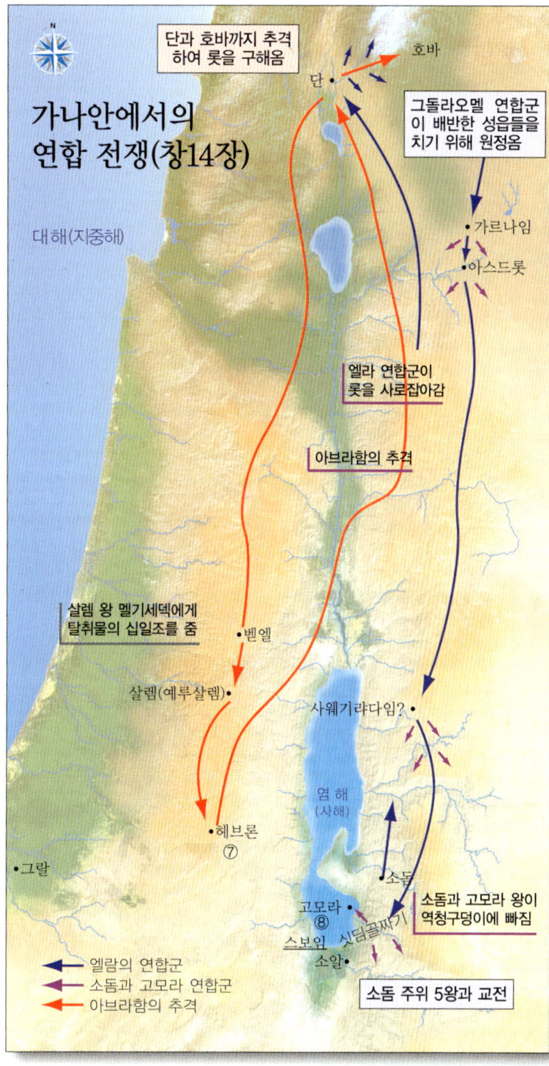

아브라함은 헤브론에서 조카롯을 구출하기 위해 훈련된 자들을 데리고 단과 호바까지 가서 그돌라오멜을 물리쳤다. 그리고 롯과 탈취물을 가지고 내려오던 중에 살렘(예루살렘)에서 그곳 제사장인 멜기세덱을 만나 탈취물 중 십일조를 드리고 헤브론으로 돌아왔다.

9.헤브론에서(창15~19장)

아브라함은 헤브론을 중심으로한 서쪽의 그랄과 남쪽의 브엘세바까지를 생활의 거주지로 삼고 지냈다.

롯을 구출한 후 헤브론에서 지내는 동안 자손 번성과 아브라함이란 새이름을 받았고 약속에 대한 축복의 증표로 할례를 베풀었다. 그리고 소돔과 고모라성을 멸망시키러 온 천사를 대접하고 두 성을 구원하기 위해 간구를 했으나

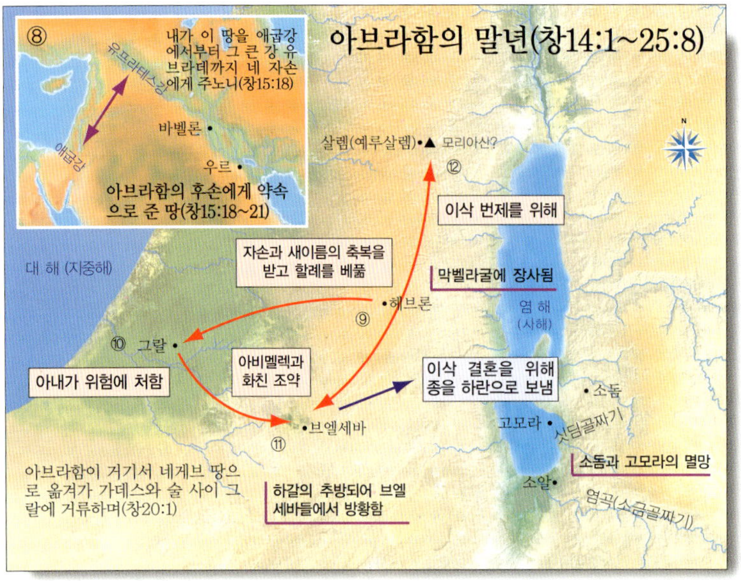

소돔과 고모라

아브라함의 간구에도 불구하고 소돔과 고모라성은 유황불로 멸망당했다. 롯은 천사에 의해 구출된 후 소알로 피했고 두 딸로 말미암아 모압과 암몬 족속의 조상을 낳았다.

●소돔(Sodom)은 "남색"의 뜻을 가진 소도미(Sodomy)에서 온말로 아브라함 당시 소돔과 고모라성이 문화적으로 발전해 있으며, 성적 타락 특히 율법에서 철저히 금하고 있는 남색(男色)이 성행했음을 암시해 주는 것이다. 현재 소돔과 고모라는 사해 북쪽과 남쪽으로 주장되나 일반적으로는 사해 남쪽으로 해안의 침식 작용에 의해 바다 밑에 가라앉은 것으로 본다.

소돔과 고모라성은 유황불로 멸망당했고, 롯은 천사에 의해 구출되었다.

10. 그랄에서(창20:1~21:21)

아브라함은 애굽에 갔을 때와 같이 자기 아내를 누이라 하여 아비멜렉에게 아내를 빼앗길 뻔한 후 그에게 은 1000개를 받은 후 그랄에서 나왔다.

●그랄(Gerar)은 중앙 산악지대에 위치한 가사 남동쪽 약 17.6km 지점에 있는 작은 언덕이다. 대체로 이곳은 동기시대에 최초로 사람들이 정착했으며 청동기시대(족장시대) 때 상당히 번성했다.

이후 사라는 아브라함이 100세때 이삭을 낳았고 하갈은 아들 이스마엘과 함께 집에서 쫓겨나 브엘세바 들에서 방황하다가 하나님의 명령에 따라 다시 주인집으로 돌아왔다. 훗날 이스마엘의 후예는 오늘날의 아랍인들이 되었다.

11. 브엘세바에서(창21:22~34)

이후 아브라함은 그랄 왕 아비멜렉과 화평의 조약을 맺고 서로 맹세한 후 그곳을 브엘세바(맹세의 우물이란 뜻)라고 하였다. 이곳에서 아브라함은 에셀나무를 심고 영생하시는 하나님의 이름을 불렀다.

텔 브엘세바

●브엘세바(Beer-Sheba)는 헤브론 서남쪽 45km, 현재 비르세바 동쪽 약 6.4km 지점인 네겝지방의 주요 성읍이다. 일찌기 이스라엘 조상때 부터 종교적인 성소이며 작은 도성이지만 BC10세기까지 그 벽이 존속되었다가 BC9세기초 파괴되어 다시 세워졌고 BC8세기에 완전히 파괴되었다.

12. 이삭의 번제 명령(창22:1~18)

아들 이삭을 바치라는 하나님의 명령을 받은 아브라함은 모리아산에서 신앙을 인정해 주셨다. 아브라함은 이곳을 '여호와 이레' 라고 했는데 그 뜻은 '여호와께서 미리 준비하셨다.' 이다.

●모리아는 히브리어 '모리' 와 '야' 의 복합어로 '하나님은 나의 스승이시다' 를 의미한다. 후에 여호와의 '계시' '선택된 것' 을 뜻하게 되었다.

이삭의 생애(창24:62~35:28)

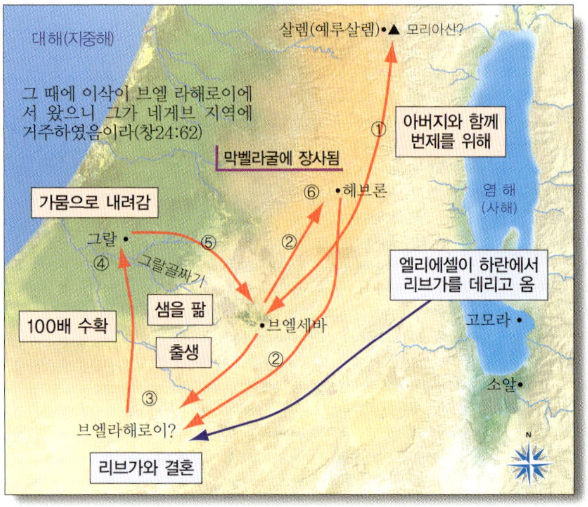

출생지 추측: 정확한 근거는 없으나 대체로 그랄에서 브엘세바에 이르는 지역이다(창24:62~67).

① 22:19 모리아산에서 브엘세바로 돌아옴.

② 23:1~25:8 아버지와 함께 헤브론과 막벨라굴로 다님, 결혼, 부친을 막벨라굴에 장사 지냄.

③ 25:11 헤브론(막벨라굴)에서 브엘라해로이 근처로 와서 살았는데 아내 리브가가 잉태치 못하자 기도로 응답받고 리브가는 에서와 야곱 두 쌍둥이를 낳았다.

④ 25:1~22 브엘라해로이에서 그랄 골짜기에 거하면서 우물을 팜.

⑤ 26:23~28:5 그랄에서 브엘세바로

⑥ 35:27~28 헤브론에서 죽어 막벨라 굴에 장사됨.

야곱의 생애(창25:19~46:34)

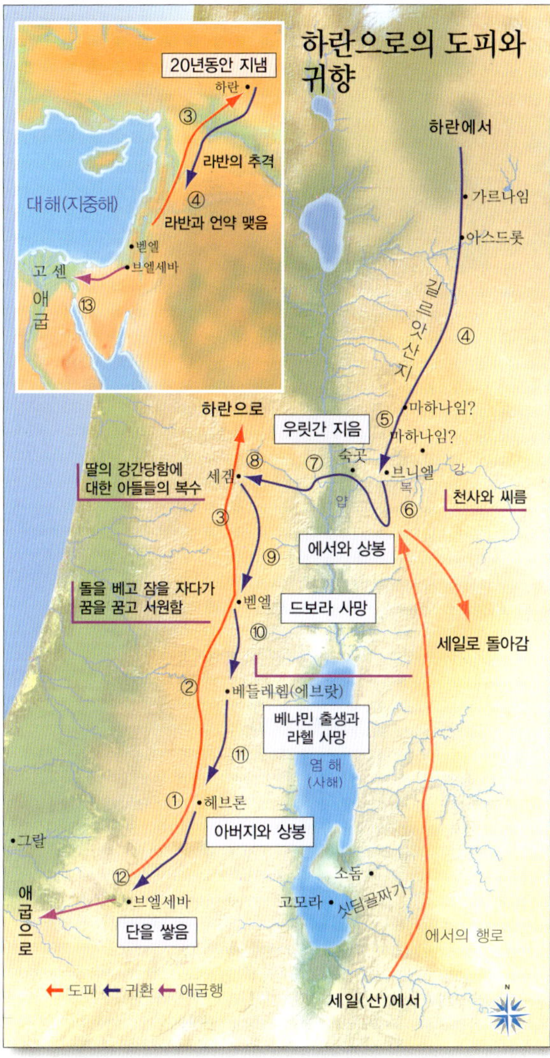

1.출생에서 도피전까지(창25:19~28:5)

야곱(Jacob)은 쌍둥이 중 동생으로 브엘라해로이 근처에서 출생하여 형을 속이고 장자의 축복을 받은 후 형의 보복이 두려워 형을 피해 도망했다.

2.벧엘에서(창28:10~22)

형를 피하여 하란으로 도망가는 도중 꿈속에서 하나님을 만나고 아침에 일어나 돌을 기둥 삼아 단을 쌓고 벧엘(하나님의 집)이라 명했다.

3.하란에서(창29:1~31:16)

하란에 도착한 야곱은 20년동안 있으면서 두 아내와 12아들과 1명의 딸 그리고 많은 재물을 얻었다.

4.하란에서 도망나옴(창31:17~55)

야곱이 라반의 집에서 몰래 떠나자 라반은 7일간 쫓아가서 길르앗산에서 야곱을 만났다. 그러나 라반은 야곱을 해하지 못하고 서로 언약을 맺고 그곳에 돌을 쌓았는데 야곱은 갈르엣이라 하고 라반은 여갈사하두라(아람방언)라고 불렀다. 이곳을 미스바라고도 한다.

●미스바(Mizpah): 성서에 나오는 미스바는 길르앗 미스바(창31:49, 삿10:17), 미스바 땅(수11:3), 유다 미스바(수15:38), 모압 미스바(삼상22:3), 베냐민 미스바(수18:26, 왕상15:22, 느3:7, 렘40:6)등 여러 곳이 있는데 야곱이 라반과 맹세한 곳은 길르앗 미스바(갈르엣)로 그 위치는 정확히 알 수 없고 다만 사사 입다의 고향인 북부 길르앗인 것으로 말하고 있다.

5.마하나임에서(창32:1~21)

라반과 헤어진 후 마하나임에 이르렀을 때 하나님의 사자를 만나 그곳 이름을 마하나임이라 칭했는데 이곳은 얍복강변에 있다.

●마하나임(Mahanaim)의 위치는 알 수 없으나 요단 동편 얍복강변에 위치한 고도 100m 정도의 지역으로 평야를 가로질러 달음질하는 사람을 멀리서 볼 수 있었다(삼하18:23).

6.브니엘에서(창32:22~32)

마하나임을 출발하면서 사자를 먼저 에서에게 보내 화해를 기대하였으나 에서가 400인을 거느리고 온다는 소식을 듣고 두려워하여 야곱은 얍복강에 홀로 남아 천사와 씨름을 하였다.

●브니엘은 "하나님의 얼굴", 즉 "내가 하나님을 보았으나 내 생명이 보전되었다"라는 뜻으로 이곳은 기드온이 이스르엘 골짜기에서 미디안 사람들을 쳐부수고 숙곳과 브누엘(브니엘)로 돌아오는 길에 그들을 징벌한 곳이기도 하다(삿8:8~17). 왕상12:25에는 여로보암 1세가 이곳을 확장하고 요새화했다.

7.숙곳(창33:1~17)

브니엘을 떠나 숙곳으로 가는 도중 에서를 만나 서로 화해하고 야곱의 강권함으로 에서가 예물을 받았다(창33:4). 에서는 세일로, 야곱은 숙곳에 머물렀다.

8.세겜(창33:18~34:30)

세겜성 앞에 있는 땅을 하몰의 아들에게 은 100개를 주고 사서 그곳에 장막을 치고 "엘 엘로헤이스"라 이름을 지었다. 야곱의 아들들은 세겜성 하몰의 아들에게 자기 누이가 강간을 당하자 그들을 속여 할례를 받게 한 후 통증을 느낄 때 남자들을 죽였다. 이에 야곱은 그들의 복수에 불안을 느끼고 벧엘로 올라가라는 하나님의 말씀에 따라 벧엘로 갔다.

9.벧엘(창35:1~15)

야곱은 벧엘에서 단을 쌓고 엘 벧엘이라 불렀다. 리브가의 유모 드보라가 이곳에서 죽자 벧엘 아래 상수리 나무 밑에 장사하고 이름을 알론바굿이라 했다.

10.베들레헴(창35:16~19)

공중에서 본 베들레헴

벧엘에서 에브랏(베들레헴)까지의 길은 매우 험한데 이길을 가는 도중에 라헬이 아들을 낳고 죽자 야곱은 라헬의 묘에 비를 세웠다.

●베들레헴은 "떡집"이란 뜻으로 현재 예루살렘 외곽지대와 접하고 있다.

11. 헤브론(창35:21~29, 37:1~11, 45:25~28)

기랏아르바의 마므레로 가서 생전에 아비 이삭을 보고 180세로 죽은 아버지를 에서와 함께 장사를 지냈다. 그후 아버지가 우거했던 땅에 거했다.

12. 브엘세바(창46:1~4)

야곱과 그의 온 가족이 애굽으로 내려가던 중 야곱이 브엘세바에서 희생제를 드렸다.

13. 애굽(창46:5~49:28)

브엘세바에서 단을 쌓고 애굽으로 내려가 고센 땅에서 살다 죽어 헤브론의 막벨라 조상의 묘지에 장사되었다(창49:29~50:14).

요셉의 생애

1. 세겜으로(창37:15~17)

아버지의 심부름으로 형들을 찾아 헤브론을 떠났다.

2. 도단에서(창37:15~17)

세겜에서 형들을 만나지 못한 요셉은 도단으로 가서 형들을 만났으나 형들에 의해 미디안 상인들에게 팔렸다.

3. 애굽에서(창37:28~50:6)

미디안의 상인들에게 팔린 요셉은 애굽에서 보디발에게 다시 팔려 그곳에서 하인으로 지내게 되었다.

● 성서전승에 따르면 **미디안**(Midian)은 아브라함의 후처 그두라의 아들 가운데 하나로서(창25:2, 대상1:32) 그 기원이 히브리인으로부터 비롯된다. 그러나 지리상으로 당시에는 이스라엘과 동떨어져 시리아 아라비아 사막에 반유목민으로 떠돌아 다녀 확정된 경계가 없었던 것은 아브라함의 생전에 서자들로 하여금 동방, 곧 동국으로 가게 한것과(창25:6) 관련이 있다.

그리고 미디안 땅이 지리학상 일정한 지역으로 등장한 것은 BC13세기초로서(출2:15) 서북 아라비아의 아카바만 동해 안 쪽에 있는 곳이다.

4. 고센에서 아버지와 상봉함(창46:28~34)

애굽에 팔린 요셉은 억울한 누명을 씌고 감옥에 갇혀으나 오히려 바로의 꿈을 해석하는 계기가 되어 애굽의 총리대신으로서 애굽의 치리자가 되었다. 그리고 흉년 때 형제들을 만나 아버지를 애굽으로 초청하여 고센에 거하게 했다.

● **고센**은 대체로 나일 삼각주의 북동지역으로 목축하기에 좋은 곳이다. 좁게는 "땅의 좋은 곳"(창47:6)으로 주거도시 피-라메스(Pi-Ramess)에서 유래된 성서의 라암세스로 나타나 있는 곳이다. 이곳은 궁전과 비교적 가까운 곳에 위치해 있는데(창45:10) 이유는 요셉이 멤피스(카이로 근처) 혹은 이와리스(삼각주 북동부)에서 바로 왕(아마힉소스인듯)을 섬겨야 했기 때문이었다.

5. 헤브론에 갔다옴(창50:10~26)

아버지의 장사를 위해 가나안으로 올라가 요단 건너편 아닷 타작 마당에서 요셉이 7일을 애곡하고(이곳을 애굽인들은 아벨미스라임이라 불렀다.) 헤브론 앞 막벨라굴에 장사하였다. 부친의 장사를 지내고 애굽으로 돌아온 요셉은 110세에 죽어 애굽에 장사되었고, 후일 그의 유언대로 유골을 출애굽 때 가지고 나와 가나안의 세겜 땅에 매장했다(출13:19).

족장시대 이후의 애굽 바로들의 원정

이스라엘 족장(선조)들의 팔레스틴 입주는 족장시대 말기의 것(BC1700년경 시대의 산물)이다. 후리족의 관습법을 반영하고 있는 누지문서(Nuzi)에 의하면 당시 애굽은 외부에서 들어와 애굽을 장악한 힉소스(Hyksos)의 애굽 통치기간에 해당된다. 아브라함이 애굽으로 내려간 것과 요셉이 애굽에서 총리가 된 것은 같은 셈족계의 힉소스족이 애굽을 지배하고 있는 시대적인 상황과 매우 밀접한 관계가 있음을 알 수 있다.

애굽의 힉소스 통치(힉소스대)는 대략 BC1650~1540년으로 약 100년간이다. 이들의 통치기간 중 애굽은 쇠퇴와 내리막 기간으로 생각되나 애굽 전체로 볼 때는 발전과 풍요의 시대였다. 이러한 힉소스의 주요 세력은 신무기와 전차 사용에 있었다. 그러나 힉소스족의 통치는 테베에서 시작된 이집트의 해방운동에서 BC1570년경 애굽 제18대 왕조의 창건자인 아모세(Ahmose)에 의해 애굽에서 축출되었다(Ahmose 무덤의 비문에서).

애굽 제18왕조

힉소스의 근거지인 아바리스를 점령하여 애굽 제18왕조의 창시자가 된 아모세는 힉소스를 쫓아 팔레스틴까지 진출하였다. 그리고 제3대 바로인 투트모세(텃모세) 1세(Thutmose I, BC1510년경) 때에는 시리아와 유프라테스강 북부까지 진출했다. 그러나 다음의 투트모세 2세는 영약하여 대신 그의 왕후인 핫셉슈트(BC1490~1468년)가 내정에 힘써 평화외교와 신전의 조영수축에 주력했다.

투트모세 3세(Thutmose Ⅲ)

핫셉슈트의 뒤를 이은 투트모세 3세(BC1490~1436년)는 6번째의 팔레스틴 원정길에서 오론테스강 상류의 가데스를 정복하였고 이후 계속해서 미타니와 여러 차례의 전투에서 승리를 거두기도 했다. 이 당시 헷족속은 무르실리스의 바벨론 침공 이후 무기력해져 소아시아에 머물러 있었다. 카르낙에 있는 투트모세 3세의 비문에는 가나안 지역에 대한 이집트의 행정적 구분에 따른 가사, 추물(Sumvr), 쿠미디(Kvmidi)의 세 중심지가 나와 있다.

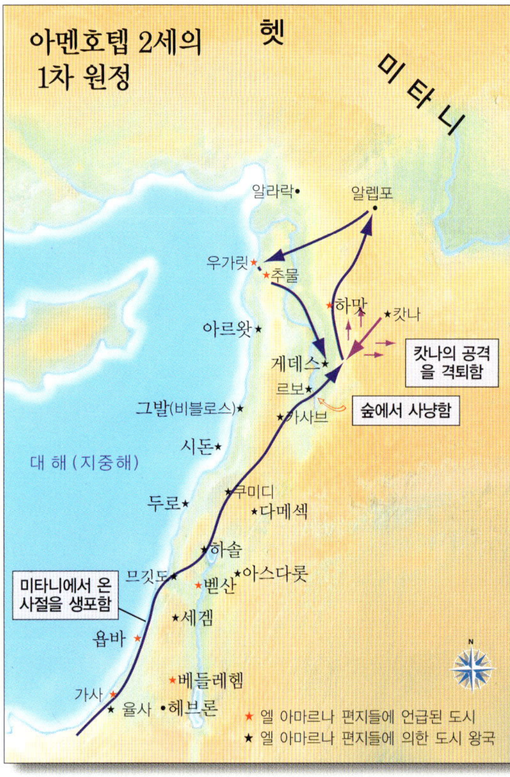

아멘호텝 2세(Amenhotep Ⅱ)

투트모세 3세의 승리 후 팔레스틴은 이집트의 한 도(道)로 다스려졌고 가사, 욥바, 울라사(Ulaza), 추물과 같은 도시들도 점차 이집트의 기지가 되었다. 그리고 이집트는 가나안 도시 왕국들이 조공을 바치는 한 그들의 내정에 크게 간섭하지 않았다. 그러나 투트모세 3세의 아들 아멘호텝 2세(Amen hotep Ⅱ, BC1439~1406년) 때부터는 제국의 분열이 싹트고 있었다. 그는 미타니에 대한 1차 원정길에 올랐으나 실패했다. 그러나 귀국하면서 우가릿를 정복하고 계속 남하하면서 가데스를 굴복시켰고 이어 카사부(Khashabv)를 정복하고 본국으로 돌아왔다. 미타니에 대한 1차 원정이 실패한 후 사론평야와 이스르엘 골짜기 지역의 성읍들의 반란 진압을 위해 다시 2차 출정을 하여 소고에서 반란군을 공격하고 긴네렛 북편에서 미타니 군을 격파한 후 귀국하였다(이집트 멤피스 소재, 아멘호텝 2세의 기념비).

애굽 제18왕조의 몰락

아멘호텝 2세의 사후 투트모세 4세와 아멘호텝 4세(Amenhotep Ⅳ=Ikhnaton, BC1364~1346년)에 이르러는 부패된 신앙이 만연되었다. 다행히 아멘호텝 4세때 국제정세는 애굽에 유리하게 전개되어 북쪽의 미타니 왕국은 복잡한 싸움으로 애굽에 신경쓸 겨를이 없었고, 헷족속은 수리아 중부 지역만을 위협하고 있었다. 그러나 아멘호텝 4세의 사후 12살에 등극한 투탕크 아톤(Tut-ankh-aton)이 젊은 나이에 죽고 그 뒤를 이은 아이(Eye, BC1344년경 즉위)도 죽자 정권은 그 부하에게 돌아가 애굽 제18왕조는 종말을 고했다.

애굽 제19왕조의 탄생

애굽 제18왕조의 바로인 늙은 아이(Eye)가 죽자 그 장군 하렘하브(Haremhah)가 백성의 추대에 따라 즉위하여 애굽 제19왕조를 탄생시켰다(BC1305년경).

그는 즉위하자마자 제18왕조의 번영을 위해 노력했으나 별다른 성과가 없었다. 그 뒤를 이은 라암세스 1세(Rameses Ⅰ, BC 1303년)는 2년간의 통치 후 곧 사망했고 그 뒤를 이어 세티 1세(Seti Ⅰ, BC1302~ 1290년)가 바로가 되었다.

세티 1세는 즉위하자마자 1년만에 팔레스틴의 원정길에 올라 레바논 북부 해안도시인 울라사까지 진격하여 아무루(Amur ru)족과 야르무타(성경에는 야르뭇 혹은 레멧)에서 승리했다. 세티 1세의 팔레스틴 원정에 대한 자세한 기록은 벧산에서 발견된 그의 승전기념비에 서술되어 있다.

“이날에 바로는 이 말을 들었다. 즉 하맛 성읍에서 야비한 원수가 ‥ 페헬의 엘라와의 조약에 의하여 벧산(베스안)을 장악하고 있다. 그는 르홉의 통치자로 하여금 그의 성읍을 떠나는 것을 허용치 아니한다.”

바로들의 무덤이 있는 왕들의 계곡

출애굽~사사시대 지리
출애굽기▶사사기

이스라엘의 출애굽 경로

만나가 내린 엘림(와디 가란달)

아말렉과 싸운 르비딤 골짜기

탐욕의 무덤 기브롯핫다아와

십계명을 받은 시내산

이스라엘의 출애굽 경로

애굽의 힉소스 통치 당시 애굽에 입주한 야곱 가족 70명은 힉소스가 추방(Ahmose, BC1500년경)되는 정치적인 변화 속에서 이스라엘의 급격한 인구 증가는 힉소스를 추방한 바로를 불안하게 하는 요인이 되었다. 결국 히브리인에 대한 인구 억제 정책은 출애굽 직전 더욱 심해져 라암셋과 비돔성의 건축으로 인해 이스라엘은 강제노역 속에 신음하게 되었다. 이때 하나님은 모세를 통해 이스라엘을 애굽에서 탈출시키는 역사를 베풀었는데 모세를 나일강에서 건진 바로의 공주는 투트모세 2세의 왕후인 핫셉슈트(BC1490~1468년)로 알려져 있다.

라암셋에 남아 있는 출애굽 당시의 벽돌 흔적

출애굽 사건에 관한 역사적 자료는 우리에게 거의 제공해 주지 못하기 때문에 성서에 의존할 수 밖에 없다. 더우기 광야의 방랑경위를 알려주는 성서의 지명들이 가데스바네아(Kadesh-bamea)를 제외하고는 대부분 위치가 분명하지 않기 때문에 그 방랑의 지명들을 정확히 재구성한다는 것은 거의 불가능하다. 그러나 성서의 증언이 너무나 인상적인 감동을 주고 있으며, 놀랄만한 구출사건이 일어났다는 것은 의심할 수 없는 사실이기에 여기서는 쉽지는 않지만 역사적으로 도움을 주는 범위내에서 논쟁의 타당성과 성서에 나온 지명들을 기준으로 살펴보고자 한다.

사실 출애굽의 경로에 대해서는 많은 논란이 제기되고 있다. 당시 애굽에서 가나안으로 가는 길은 세 가지가 있었다. 첫 번째는 가장 빠른 길로 지중해변을 따라가는 소위 "블레셋 길"이고, 두 번째는 고센지방에서 술(수르)광야 중심부를 통과하여 가나안 남부의 중앙으로 가는 길이며, 세 번째는 온(On)을 떠나 수에즈만의 북단을 거쳐 시나이 반도의 중앙부를 통과하여 아카바만으로 직행하는 길이 있었다. 그러나 이스라엘의 출애굽 경로는 하나님의 명령에 따라 위와는 전혀 다른 길을 택하게 되었다. 여기서는 출애굽 경로에 대한 갖가지 증거자료(성서 및 고고학자료)를 가지고 일목요연하게 통일된 사건으로 재구성하기 위해 지나치도록 정확하게 하려는 시도는 피하고 출애굽을 통한 하나님의 구속사 중심과 성서를 스토리(story) 중심으로 보고자 하는 의미로서 출애굽 노정을 표현하였다.

이스라엘의 애굽 이주는 대체로 애굽의 힉소스 통치때 이루어졌으며 출애굽의 시기는 두 가지로 주장되고 있다.

첫째, 출애굽기 1:11에 근거한 BC13세기설이다. 출1:11에 나타나는 라암셋은 힉소스때 건설되었다가 제19왕조 세티 1세(BC1300~1290년)와 라암셋 2세(BC1290~1224년)에 의해 재건 확장된 세모땅의 타니스(소안)라고 생각한다. 이 타니스는 BC16세기경 힉소스의 추방 후 중지되었다가 BC14세기 제19왕조에 의해 재건되었으므로 BC15세기에는 출1:11에 있는 것처럼 큰 건축사업이 없었다고 본다. 또한 시78:12의 소안을 70인역이 타니스라고 번역한 것을 보면 시인은 이스라엘이 살던 곳을 소안이라 했는데 이곳이 바로 타니스라는 것이다. 이런 사실을 역사적으로 애굽 왕조에 맞추어 보면 요셉을 알지 못하는 왕은 라암셋 2세로 간주되며 출애굽 연대는 BC1290~1250년경으로 본다.

둘째, 열왕기상 6:1에 근거한 BC15세기설이다. 왕상 6:1 "이스라엘 자손이 애굽땅에서 나온지 사백 팔십년이요, 솔로몬이 이스라엘 왕이 된지 사년 시브월 곧 이월에 솔로몬이 여호와를 위하여 전 건축하기를 시작하였더라"

애굽에서 나온지 480년(70인역에는 440년)이 솔로몬 통치 4년이므로 분단된 이스라엘 연대를 전통적으로 BC 930년 전후로 보고 있기 때문에 솔로몬 통치년수(왕상11:42) 40년, 왕이 된지 4년이므로 BC966년(930+40-4)이 된다. 그런데 이 해가 출애굽후 480년이므로 출애굽은 대략 BC1446년(966+480)이 된다. 이래서 BC15세기설은 애굽 제18왕조의 투트모세 3세(Thutmose Ⅲ, BC1504~1450년)를 출애굽 당시의 바로로 간주된다.

1.라암셋▶숙곳(출12:37~40,13:18~19)

이스라엘이 출애굽할 당시 첫 출발지는 라암셋인 것을 성서는 분명히 말하고 있다.

라암셋의 유적

● **라암셋**(Rameses, 라메세스)은 나일강 삼각주 동북편에 위치한다. 옛 힉소스족의 수도는 아바리스 소안(Avaris Zean)이며, 세티 1세와 라암셋 2세가 강제노동으로 재건하여 다시 수도(首都)로 삼았다. 라암셋 2세는 라암셋의 집이라 칭하였는데 이 명칭은 11세기까지 불리다가 그후에 타니스(Tanis)라고 불렸다.

2.숙곳▶에담(출13:20~22)

숙곳에서 에담까지 가서 장막을 다.데 이때 하나님은 이스라엘 백성들 앞에서 낮에는 구름기둥으로 밤에는 불기둥으로 길을 인도하셨다.

3.에담▶바알스본 맞은 편(출14:1~20))

이스라엘이 비하히롯, 곧 바알스본 맞은편에 장막을 치고 쉬고 있을 때 변심한 바로는 특별병거 600승과 애굽의 모든 병거로 비하히롯곁 해변가까지 추격했고 이스라엘은 홍해가에서 하나님을 원망했다.

4.바알스본 맞은 편▶마라(출14:21~15:26)

바로의 군대와 홍해 사이에서 갈팡질팡하고 있던 이스라엘 백성들은 하나님의 초자연적 개입으로 홍해를 마른 땅같이 건넜고, 바로의 군대는 수장이 되고 말았다. 그러나 그들이 수르 광야(민33:8에는 에담 광야)에서 3일을 갔으나 물을 얻지 못하고 얻은 물이 써서 마시지 못하자 그곳 이름을 마라(쓰다)라 하였다. 이에 모세는 하나님의 명령에 따라 물을 달게 하여 마시게 했다.

5. 마라▶엘림(출15:27)

마라를 떠난 이스라엘은 물샘 12과 종려 70주가 있는 엘림에 도착하였다. 엘림에 대해서는 두곳이 주장되고 있는데 그중에서 와디 가란달(Wadi. Gharandal)이 더 신빙성있게 주장되고 있다.

6. 엘림▶신광야 (출16:1~36)

라암셋에서 신 광야까지는 한달이 걸렸다(출애굽은 제1월 15일 아침). 이스라엘은 신 광야에 이르렀을 때 심한말로 원망했다. 그러나 하나님은 원망하는 이스라엘 백성에게 만나와 메추라기를 내려 주셨다.

7. 신광야▶르비딤(출17:1~18:27)

이스라엘 백성이 르비딤에 도착하여 '목말라 죽게 한다'고 원망을 하자 모세는 감정에 격분하여 하나님의 영광을 들어내지 못함으로 훗날 가나안에 들어가지 못했다. 이스라엘이 르비딤에 이르러 아말렉과 싸울 때 모세는 손을 들어 기도하고, 아론과 훌은 모세의 팔을 붙들었으며, 여호수아는 나가 싸워 아말렉을 도말하였다. 그리고 팔을 들고 기도한 곳에 단을 쌓고 그곳을 여호와 닛시라 불렀다. 그리고 광야에서 모세는 장인 이드로와 가족을 만나 이드로가 제안한 부장제도를 받아들여 재판하는 일을 분담하도록 했다. 후에는 패장(officers)을 추가했다(신1:15).

8. 르비딤▶시내산(출19:1~40:33)

라암셋에서 시내산까지는 3개월이 걸렸다(출19:1).시내산에서 모세는 십계명을 받았으나 이스라엘 백성들은 금송아지 숭배에 빠졌다.

9. 시내산▶다베라(출40:34~58, 민10:33~11 :30)

시내산에서 하나님의 명령을 받은대로 성막을 만든 이스라엘 백성은 시내산을 출발하여 3일 길을 가서 다베라에 이르렀다. 이곳에서 백성들이 악한 말로 원망하자 하나님은 불로 진을 살랐고, 탐욕을 품은 이스라엘 중에 섞여 사는 무리(출12:38에는 중다한 잡족)들로 인해 이스라엘 백성들은 하나님을 또다시 원망했다. 결국 이스라엘 백성은 코에 넘쳐서 싫어 하기까지 고기를 1개월간 먹게 될것이라는 하나님의 말씀을 들었다. 기브롯핫다아와는 하세롯의 일부분으로 볼 수도 있다.

10. 다베라▶하세롯(민11:51~12:15)

고기를 원하는 이스라엘 백성들을 위해 다베라에서 하룻길 되는 지면 위에 많은 메추라기를 주시고 그 고기를 먹기 전에 하나님의 진노로 탐욕한 자들이 죽었는데 그곳이름을 '기브롯 핫다아와' (탐욕의 무덤)라 불렀다.

이후 모세가 구스 여인을 취한 것을 보고 미리암과 아론이 비방하므로 미리암은 나병에 걸리게 되었다.

11. 하세롯▶가데스(민12:16~14:43)

하세롯을 지나 가데스에 이르는 바란 광야에서 각지파의 족장 12명을 선택하여 정탐꾼으로 보냈다. 그러나 10명의 불신앙적인 보고를 듣고 원망한 이스라엘 백성은 40년을 광야에서 방황하게 되었다.

12. 바란 광야의 릿마(민33:18)▶ 13. 림몬베레스(민33:19)▶ 14. 립나(민33:20)▶ 15. 릿사(민33:21)▶ 16. 그헬라다(민33:22)▶ 17. 세벨산(민33:23)▶ 18. 하라다(민33:24)▶ 19. 막헬롯(민33:25)▶ 20. 다핫(민33:26)▶ 21. 데라(민33:27)▶ 22. 밋가(민33:28)▶ 23. 하스모나(민33:29)▶ 24. 모세롯(민33:30)▶ 25. 브네야아간(민33:33)▶ 26. 홀하깃갓(민33:32)▶ 27. 욧바다(민33:33)▶ 28. 에시온게벨(민33:35)

29. 가데스▶광야▶가데스(민14:44~20:21)

하나님이 함께 하시지 않는다고 한 말을 어기고 아말렉인과 가나안인을 치러 갔다가 패하였다.

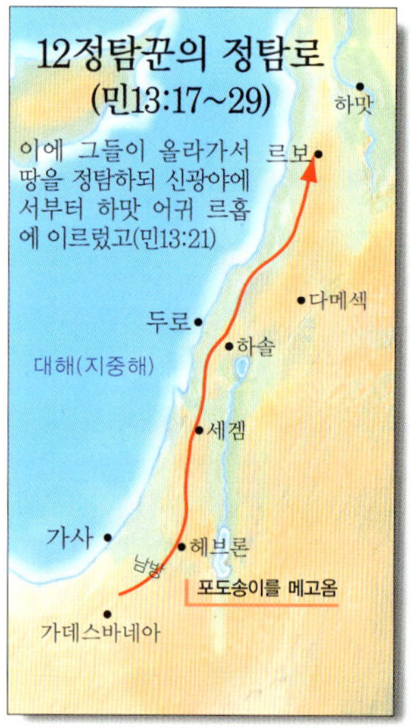

한편, 모세의 지도에 불만을 품은 고라와 다단과 아비람과 온이 당을 짓고 모세와 아론을 대적하다가 땅이 갈라져 매장을 당하고, 분향하는 250인은 불이 나와서 소멸당했다. 이튿날 하나님은 고라 사건으로 원망하는 이스라엘에 염병을 보내 14,700명을 죽게했다. 그리고 이스라엘 백성의 원망을 그치게 하기 위해 아론의 지팡이에 싹이 돋고 살구 열매가 열리게 하여 패역한 자에 대한 표징이 되게 하였다.

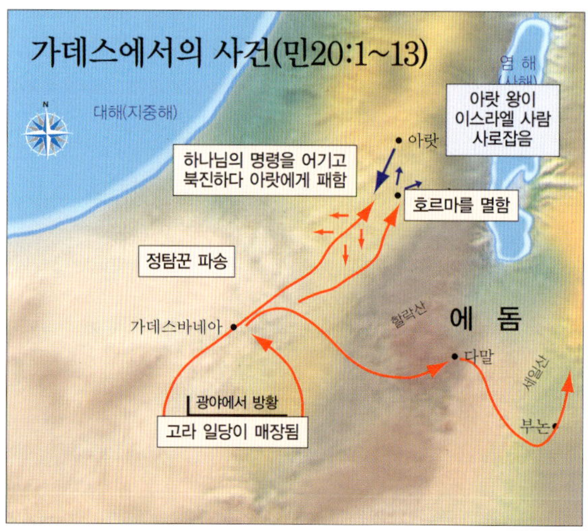

30. 가데스, 호르산(민20:22~21:3)

미리암이 가데스에서 죽은 후 호르산에 이르렀을 때 아론은 123세에 죽었고 그의 옷은 아들 엘르아살이 입었다. 이때 가나안의 아랏 왕이 이스라엘의 몇 사람을 사로 잡았는데 이스라엘은 하나님이 함께하심을 보장받고 그들을 쳐서 그 성읍을 멸하고 그곳을 호르마라고 하였다.

트랜스 요르단으로의 북진

에돔을 출발한 이스라엘의 정복활동은 팔레스틴의 남쪽에서부터가 아니라 가나안 땅 경계 동편인 트랜스요르단(요단동편 고지)에서 시작되었다. 이곳의 정착지역들에는 목축을 하기에 적합한 넓은 지역이 있었으며(민32:1~4), 일찌기 이스라엘 민족의 조상과 관련이 있는 에돔, 모압, 암몬 족속들이 소왕국으로 자리 잡고 있었다. 특히 모압과 암몬 사이에 위치한 헤스본에 거점을 둔 아모리 왕국의 시혼(Sihon)은 이스라엘의 가나안 입주 때 이미 모압의 초대 왕을 격퇴하고 아르논강까지를 차지했다(민21:26). 이런 상황을 파악한 모세는 모압과 에돔 왕에게 시혼 왕국의 영토로 올라갈 수 있도록 요청하였으나 강한 반발로 거절당했다(민20:14~21, 삿11:17). 할 수 없이 모세는 에돔과 모압 지역을 피해 남쪽으로 우회하여 엘랏까지 내려간 후 동부 사막을 통해 시혼 왕국으로 북진하였다.

이런 역사적인 배경은 이후 계속해서 이스라엘과 모압간에 전통적인 국경이 되었고 모압은 기회가 있을 때마다 이를 인정하려고 하지 않았다. 에돔을 우회한 이스라엘은 오봇, 이예아바림, 세렛 골짜기, 아르논 건너편 브엘에서 출발하여 맛다나, 나할리엘, 바못, 모압 골짜기, 비스가산, 야하스에 이를 때까지 계속된 전쟁에서 연승하며 가나안을 향해 계속 진군했다.

이어 헤스본의 시혼 왕에게 그 땅의 통과 요청이 거절되자 에돔과는 달리 시혼 왕과 싸워 완전한 승리로 아르논강에서 북쪽의 얍복강까지를 점령하였다. 뿐만 아니라 계속 북진하여 바산길로 올라가 에드레이에서 바산 왕 옥(Ok)을 치고 다시 남하하여 여리고 맞은편 모압 평지로 돌아왔다(민21:21~22:1).

느보산에서의 모세

모세는 40년 동안 광야에서 이스라엘를 인도한 후 마지막을 느보산 정상에서 마쳤다. 느보산은 802(789)m 고지로 이곳에서는 여리고의 풍성한 성읍이 내려다 보인다. 모세가 본것은 자신의 사후에 이스라엘 민족이 받을 유업이었다.

느보산 정상에 있는 모세 기념 교회

이스라엘 입주 때 가나안 지역의 족속

내가 내려가서 그들을 애굽인의 손에서 건져내고 그들을 그 땅에서 인도하여 아름답고 광대한 땅, 젖과 꿀이 흐르는 땅 곧 가나안족속, 헷족속, 아모리족속, 브리스족속, 히위족속, 여부스족속의 지방에 데려가려 하노라(출3:8).

아말렉인은 남방 땅에 거주하고 헷인과 여부스인과 아모리인은 산지에 거주하고 가나안인은 해변과 요단 가에 거주하더이다(민13:29).

이스라엘의 입주때 가나안 지역의 족속

가나안은 하나님이 갈대아 우르에 있는 아브라함에게 고향을 떠나도록 명령하면서 그와 그 후손에게 약속으로 준 땅이다. 이곳은 성서에서 젖과 꿀이 흐르는 땅으로 표현하고 있는 오늘날의 팔레스틴으로 이스라엘이 하나의 민족으로서 차지하게 된 것은 아브라함 이후 400년이 지난 BC1400년경 혹은 BC1250년경이다. 하나님이 약속한지 400년 이상을 애굽에서 보낸 후에야 이스라엘은 하나의 큰 민족을 이루어 가나안 땅에 들어가게 된 것이다. 이스라엘이 출애굽하여 가나안에 들어올 때 그곳에는 이미 여러 족속이 살고 있었는데 헷족속, 가나안족속, 브리스족속, 히위족속. 아모리족속, 블레셋족속과 남으로 아말렉족속, 겐족속 등이 자리잡고 있었다(출3:8).

아모리 족속(Amorites)

아모리 사람(Amorite)이라는 말은 고대 악갓어 '아무르' 에서 왔다. 이들은 아라비아 사막에서 메소포타미아로 올라와 도시국가를 형성했고, BC2000년 이전에는 주로 유프라테스강 중류 서쪽인 시리아에 거주했다. 그리고 이스라엘이 가나안에 들어 올 당시는 팔레스틴과 트랜스요르단 지역에 몇개의 분파가 거주하고 있었다.

그러나 성서에서 말하는 아모리족속은 광범위하게 사용되어 이스라엘이 팔레스틴을 점거하기 전에 이 지역에서 살고 있던 모든 주민을 통칭(通稱)하여 말하기도 하고(창15:16) 혹은 가나안에 있는 여러 부족 중 한 부족으로 말하기도 한다(출3:8). 여기서 가나안의 한 부족으로서 출3:8에 나타난 아모리족은 유다족속이 들어와 살던 사해 서쪽 고원지대(유다산지)와 민21:13, 삿10:8에 나타나는 요단동편(트랜스요르단 지역의 헤스본)에서부터 북편의 바산왕국에 이르는 지역에 살았다. 물론 이 당시 중북부의 시리아에도 아모리족이 거주하고 있었다.

가나안 족속(Canaanites)

가나안이라는 백성과 지역의 명칭은 가나안의 토착 주민(창10:15~18)이나 페니키아인들에 의한 그들의 조상 이름 또는 가나(Kanah)의 지명에서 유래되었다.

첫째, 시로 팔레스틴(Syro-Palestine) 해안지대, 특히 페니키아 본토의 땅과 주민들을 가리키며(창10:15~19), 이들의 거주 지역은 해안지대와 계곡 그리고 요단계곡을 포함한 평야지대에 위치하고 있다(민13:29, 수 5:1,11:3, 삿1:27).

둘째, 시리아 팔레스틴을 포함하는 내륙지대까지 광범위한 뜻을 가진 것으로 이 지역은 시돈에서 가사까지 이르는 해안지대와 내륙지방으로는 요단계곡을 따라 사해 남단인 소돔과 고모라까지 이르는 가장 일반적으로 부르는 말로서(민34:1~12), 바벨론과 기타 지역의 왕들도 시리아 팔레스틴 지역을 가리켜 가나안이라는 말을 사용했다.

셋째, 제한된 뜻으로서 가나안 사람이란 상인, 장사꾼이라는 그들의 특성을 나타낸 말이다(참조, 욥41:6, 사23:8, 겔17:4).

여기서 말하는 첫번째의 가나안족속은 최소한 BC 2000년경에는 시리아 팔레스틴에 정착해 있었음이 확실하며 BC1500~1380년경에 이들의 작은 도시국가들은 이집트 제국의 일부로서 있었다.

그리고 BC14세기 북쪽은 헷족속에, 남쪽은 명목상이긴 하지만 이집트의 소속으로 있다가 BC13세기말 퇴폐적인 통치와 더불어 이스라엘의 침입에 의해 연쇄적으로 점령당했다. 그러나 북쪽 팔레스틴 연안과 북쪽 시리아에서는 그 일부가 제한되어 살았다.

브리스 족속(Perizzite)

브리스의 기원에 대해서는 정확히 알 수 없으나 "성벽이 없는 고을"이란 뜻을 갖고 있는 듯하며 민족집단을 가리키는 하나의 명칭으로 자주 언급되고 있는데 이스라엘의 가나안 입주 때에는 이들과 충돌했던 민족집단의 하나로 나와 있다. 또한 구약에 이들에 관해 23회 나오지만 이들이 정착했던 특정한 지역을 확인할 수 있는 근거를 제시해주지 못하고 있다. 다만 가나안 사람과 함께 기록되고 있는 벧엘(창13:7), 세겜(34:30), 베섹(삿1:4~5)의 거주와 수17:15의 기록으로 보아 세겜과 벧엘의 중앙지역일 것으로 추정할 수 있다.

헷 족속(Hittites)

헷은 가나안의 아들이며 헷족속의 시조로(창10:15, 대상1:13) 원래 이들은 소아시아와 아나토리아(Anatolia)에 살았던 사람들이었다. 그리고 창27:46(에서의 부인들은 헷사람), 창23장(아브라함과 헷사람의 동굴) 등에 나타난 것처럼 족장시대부터 이스라엘이 가나안을 정복할 때까지 가나안에 살았다. 당시 그들의 거주지는 헤브론에서 브엘세바에 이르는 남쪽 지역과(창23:10) 시리아의 광대한 지역이었다. 그러나 구약성서에서 말하는 헷족속의 기록은 팔레스틴 밖에 있는 헷족속과 팔레스틴 안의 헷족속으로 나눌 수 있는데 그 위치는 팔레스틴의 북쪽과 유다의 산악지대인 것을 암시해준다. 이들은 팔레스틴에서 원주민과 함께 살고 있다고 말하고 있다(헷족속은 BC1200년경 "바다사람들"이라 불리는 블레셋에 의해 붕괴되었다).

히위 족속(Hivite)

이스라엘 백성이 가나안에 정착하기 전에 그곳에서 거주하고 있던 뛰어난 족속 중의 하나이다. 불행하게도 히위족속에 관한 성서 이외의 자료가 전혀 없기 때문에 이들의 기원이나 역사적인 사건들은 성서에 나타난 자료에 의해 이들의 거주지역을 대강 살펴 볼 수 밖에 없다. 이들은 예루살렘 북쪽 지역에 위치한 기브온의 거주자들이었고(수

9:7,11:19), 세겜의 아버지 하몰에게도 사용하고 있다(창34:2). 또한 북쪽으로는 레바논 산지와(삿3:3) 헤르몬산 기슭에 거하기도 했다(수11:3).

겐 족속(사람)(Kenites)

겐사람에 대한 성서의 최초 기록은 창15:19에서 볼 수 있는데 이들은 이미 BC2000년 이전에 가나안에 살고 있었다. 그리고 이들은 이스라엘의 가나안 점령시 이스라엘에게 호의적으로 보였으며, 이스라엘 백성들과 함께 팔레스틴으로 들어 갔다(삼상15:6). 그러나 다윗이 왕이 되기 전인 BC1000년경에 종적을 감추었다.

이들은 이스라엘이 가나안에 입주할 때 아라바 골짜기 서쪽의 아랏 남쪽 험준한 곳에 살았는데 이들의 주요 거주지는 세렛(Zered)시내의 주변이다. 현재 와디 엘 아라바에서 남서쪽으로 뻗어있는 광대한 이 지역은 대부분이 사막으로 간혹 오아시스가 몇개 있으며, 서쪽 지역은 낮은 벼랑으로 되어 있다. 네겝까지는 단지(계단 모양의 농지)가 조성되어 있고, 동쪽 지역은 성서에 나오는 에돔(Edom)성의 벼랑으로 되어 있다. 그러기 때문에 불모의 땅이면서도 중요한 이점을 갖고 있어 유다와 에돔의 분쟁지역이 되기도 했다.

아말렉 족속(Amalekites)

아말렉은 에서(Esau)의 아들인 엘리바스가 첩 딤나에게 낳은 아들(창36:12, 대상1:36)로 그들은 에돔 땅에 있는 여러 부족 중의 하나로 언급된다(창36:16). 아말렉 족속은 원래 시나이와 가나안의 남쪽 네겝 지역에서 에시온게벨(Ecion-geber)의 북쪽 아라바와 아라비아 대륙지방의 사막지역에 살던 유목민으로 그들의 유랑 지역은 삼상15:7에서 찾아 볼 수 있다. 이들은 족장시대때(BC2000~1700년) 브엘세바 근처의 네겝에 살았으며(창14:7), 출애굽한 이스라엘을 르비딤(Rephidim)에서 공격했으나 실패했다(출17:8~9).

이스라엘의 가나안 입주 후에 유다 자손은 이 지역의 아말렉족속을 쳐서 이겼는데(삿1:9), 겐족속과 유다 자손은 아랏 근방 네겝에 있는 황무지로 내려가 아말렉 족속과 함께 살았다. 그러나 아말렉은 BC11세기초에 서쪽의 정착된 농경사회를 침략하여 약탈 행위를 일삼는 등 이스라엘의 위협적인 존재로 있었으나 히스기야 시대 (BC8세기 후반)에 멸절되었다(대상4:43).

기르가스 족속(Girgashites)

가나안의 후예들 중의 한 족속으로 나타나고(창10:16, 대상1:14), 아브라함에게 약속한 가나안의 족속 중의 한 족속으로 지칭되어 졌다(창15:21). 이들의 거주지역은 거의 알려진 것이 없고 다만 갈릴리 바다 서쪽 지역에 살았을 것이며 점차 주변 종족들에게 흡수된 것 같다.

블레셋 족속(Philistines)

블레셋에 대한 성서의 기원은 함의 후손(창10:14, 함의 손자 가슬루힘의 후손)으로 갑돌(Capthtor, 그레데섬의 히브리식 이름, 렘47:4, 암9:7) 지방의 출신으로 나타나 있으나 블레셋 사람이 그레데를 점령했다는 사실은 고고학적으로 증명된 바가 없다. 그러나 팔레스틴에 정착했던 블레셋이 이집트의 라암셋 3세(BC1188년)에 의해 "바다 사람들"(Sea Peoples 혹은 해양민족)로 불리워진 사실과 이들의 명칭의 어원을 셈어에서 찾을 수 없다는 사실에서 이들이 지금의 에게해 근방에 있던 한 민족임을 뒷받침해 준다. 그러므로 이들은 BC2000년대 후반기 지중해 동부 연안과 유럽 남동지역에서 일어난 민족 대이동의 일부로서 자신들의 거주지를 떠나 BC1300년경 세티 1세(Sethos Ⅰ, 세토스) 때 팔레스틴에 처음 등장하였다. 이스라엘이 가나안을 점령할 때 이들의 지역은 이미 팔레스틴의 중남부 해안지대에 자리잡고 있었다.

이후 국가는 건설하지 못했지만 BC1100년 이후 이집트의 영향력이 쇠퇴하는 틈타 독립을 이룩하여 가사, 아스글론, 아스돗, 가드, 에글론 등 도시국가 체제로 유지하며 끊임없이 이스라엘을 괴롭히는 유일한 족속으로 남아 있었다(팔레스틴이라는 말은 블레셋의 헬라어 palaistine를 라틴어로 옮긴 것에 불과하다.).

여부스 족속(Jebusite)

여부스라는 이름은 삿19:10~11, 대상11:4~5에 나오는데 여기서 여부스는 예루살렘이라고 설명되어 있다. 곧 여부스 토인이 예루살렘에 거주했다고 설명되어 있다. 이같은 사실에서 여부스는 예루살렘의 원주민으로 예루살렘은 여부스 종족의 이름에서 유래되었다고 볼 수 있다. 그리고 여부스족은 이스라엘의 가나안 입주 때 그대로 보존되다가 다윗의 시온성 정복을 계기로 그들의 예루살렘 지배는 끝을 맺었다(삼하5:6~7, 대상11:4~6).

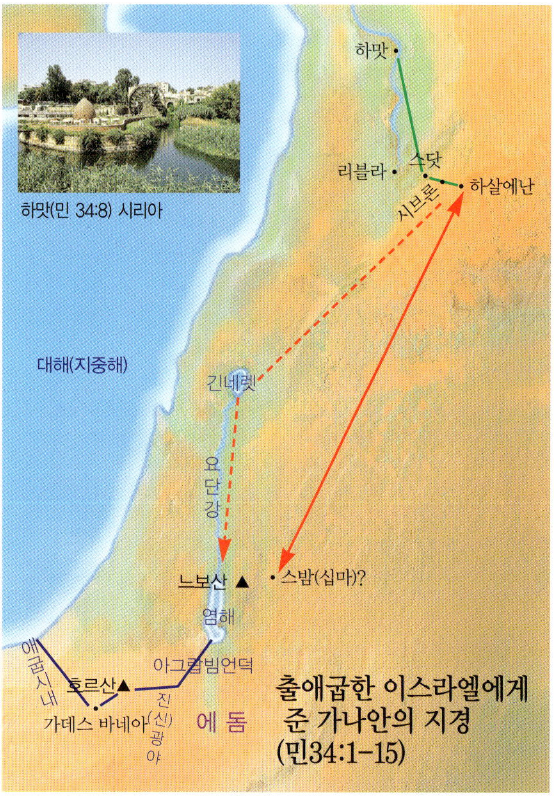

출애굽한 이스라엘에게 준 가나안의 지경 (민34:1-15)

이스라엘의 가나안 정복활동

가나안 입성과 여리고와 아이성의 함락

여호수아의 처음 등장은 아말렉과의 전투에서 이스라엘의 장군으로 나타난다(출17:8~16). 이후 여호수아는 모세의 부관으로서 회막에서 수종을 들었으며, 가나안 12정탐꾼의 한사람으로 역할을 하다가 느보산에서 정식으로 모세의 후계자가 되어 모세가 죽은 후 이스라엘 백성을 이끌고 가나안에 들어가 정복활동을 이끌었다.

이스라엘의 가나안 입주와 더불어 시작된 정복활동은 몇가지 특징을 가지고 있는데 먼저 이들의 입주는 그곳에 있는 토착민을 몰아냄으로 이루어졌으며, 최소한의 무력으로 큰 싸움없이 이루어졌다. 점령시기는 갑작스럽게 이루어지지 않고 점진적으로 진행되었다. 즉 지파별로 그 진행 시기가 달랐다. 그리고 이스라엘의 처음 거주지는 대체로 산지였다. 성서에 나타난 정복활동은 선택적으로 큰 사건만을 기록하고 있음이 확실하며 사실 조그만한 정복이 무수히 많았음은 미루어 짐작할 수 있다.

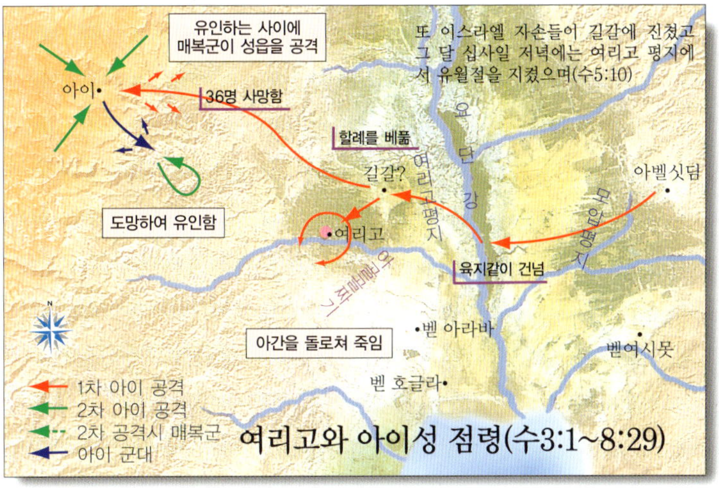

이스라엘이 요단강을 건너기 직전 요단 동편에서 마지막으로 진을 친 곳은 싯딤이었다. 싯딤은 여러곳이 언급되는데 이스라엘이 진을 친 곳은 모압 평지의 한 장소로 사해의 북동쪽에 있다. 본래는 아벨싯딤이고 싯딤은 생략형이다. 이곳은 요단 동쪽 약 11.2㎞, 사해 북쪽 약 9.6㎞ 지점의 고립된 원추형의 언덕이다.

실질적인 점령을 앞두고 여호수아는 여리고를 정탐케 했다. 그리고 이스라엘은 갈망했던 가나안을 제사장들이 멘 언약궤를 앞세우고 요단강을 마른땅 같이 건너면서 12개의 돌을 취해 길갈에 세우고 여리고의 점령을 위해 그곳에 진을 쳤다.

● **길갈**(Gilgal)은 "돌의 고리"란 뜻으로 성서에는 그 위치가 여리고 근처(수4:19~20), 세겜 근처(신11:30), 엘리야와 엘리사의 길갈(왕하2:1)과 그밖에도 여러 군데가 언급되고 있다. 그중에 이스라엘이 요단을 건넌 후 진을 쳤던 여리고 근처의 길갈은 대체로 여리고 동쪽 3.7㎞(혹은 2㎞) 지점에 있었다. 그러나 여리고 남쪽으로 보는 견해도 있다.

요단을 건너 길갈에 진을 치고 할례를 베푼 이스라엘은 여호수아의 지휘에 따라 가나안에서의 첫 성읍인 여리고의 점령을 시작했다. 이스라엘이 쳐들어 온다는 소식에 여리고성은 굳게 닫혔으나 하나님의 능력으로 여리고의 성벽이 무너져 내렸고 이스라엘은 쉽게 여리고를 함락시킬 수 있었다.

● **여리고**는 현재 세계에서 가장 오래된 성읍으로 이미 BC7000년경에 수십 미터의 높은 돌탑을 쌓았다. 지리학상 요단 서쪽 끝에 있는 주요한 방어거점으로 전략상 요충지에 위치하고 있었다. 그러나 그렇게 강한 여리고(Jericho)는 이스라엘에게 맨처음 정복당한 도시가 되었다. 그리고 여리고성은 함락 후 BC5세기경부터 BC9세기까지 무너진 채로 있었다. 그러다가 BC875년경 유다 왕 아사 38년에 벧엘 사람 히엘이 이 성을 건축하다가 터를 쌓을 때 맏아들 아비람을 잃었고, 문을 세울 때 말째 아들 스굽을 잃어 여호수아의 예언이 그대로 이루어졌다(왕상16~34장).

BC7000년경의 구약의 여리고성

가장 강하다고 생각했던 여리고성이 간단히 함락되자 그보다 훨씬 약한 아이성은 3000명 정도의 군사면 충분히 이기리라고 생각하고 싸움을 시작했으나 결과는 36명이 죽고 스바림까지 후퇴해야 하는 패배였다. 1차 공격에 실패한 이스라엘은 그 실패의 원인이 아간의 범죄에 있음을 알고 아간을 돌로 쳐 죽였는데 그 죽은 곳을 "아골 골짜기"라 불렀다. 그리고 2차 공격을 시도하였다. 2차 공격은 유인 작전으로 시작되었다. 여호수아는 3만명을 뽑아 성읍 주위에 매복시키고, 다시 5천명을 성읍 서편 벧엘과 아이 사이에 매복시킨 후 성읍 앞에서 싸우려 하자 아이성 사람이 성문을 열고 좇았다. 이때 여호수아는 여호와께서 명한대로 손에 잡은 단창을 들자 복병이 성읍으로 들어가 불을 지르고 멸하매 이스라엘을 좇던 아이성 사람들은 가운데에 갇혀서 멸절 당하였다. 그리고 아이 왕은 사로잡힌 후 나무에 매달려 죽임을 당했으며, 그 시체는 해질 때에 성문 어귀에 던지고 그 위에 돌로 큰 무더기를 쌓았다.

BC7000년경의 구약 여리고성의 망대터

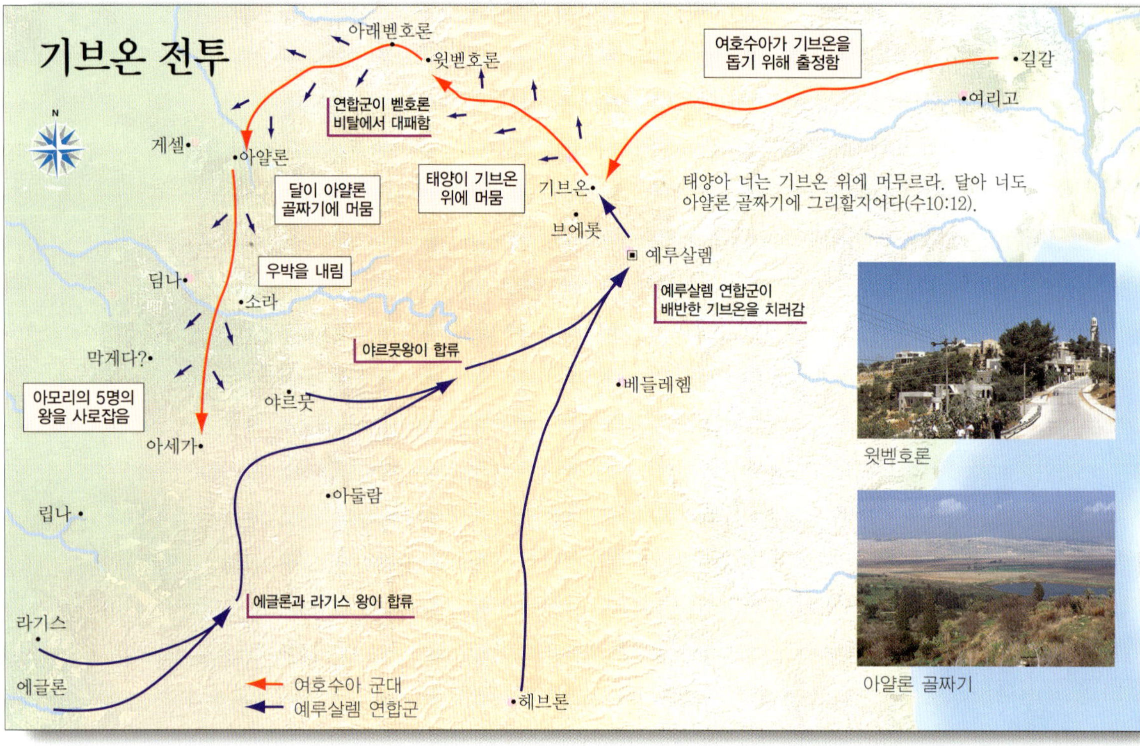

기브온 거민의 속임수(수8:30~10:5)

여리고와 아이를 점령하고 에발산에 도착한 이스라엘은 철연장으로 다듬지 않은 돌로 만든 단 위에 번제와 화목제를 드린 후 에발산에서 저주를 선포하고 그리심산에서 축복을 선포하였다. 그리고 본격적인 점령을 위해 길갈에 진을 치고 있을 때 기브온 거민은 먼 거리에서 온것처럼 꾸며 사신을 길갈에 있는 여호수아에게 보냈다. 이에 여호수아는 그들과 화친 조약을 맺었다. 얼마후 이스라엘이 길갈에서 기브온에 이르렀으나 그들과 맺은 화친 약속 때문에 그 거민을 죽이지 못했다.

● 기브온(Gibeon)은 현재 예루살렘에서 북서쪽으로 약 9.6㎞ 지점에 위치해 있으며, 이스라엘이 점령한 후 베냐민 지파의 영역에 속했다. 그러나 이스라엘의 가나안 정복 후 150년동안 기브온은 사건속에 등장하지 않았고, BC 1000년경 다윗왕 때 사울과의 싸움에서 언급되고 있다(삼하2:12~17).

기브온 전투(수10:6~15); BC13세기 중엽

여호수아가 아이와 여리고를 쳐서 진멸하고 기브온이 이스라엘과 화친하자 예루살렘 왕 아도니세덱은 자기들을 배반한 기브온을 치기 위해 헤브론왕 호함과 야르뭇 왕 비람과 라기스 왕 야비아와 에글론 왕 드빌 등 주위 나라들과 연합군을 형성하였다. 이런 사실을 눈치챈 기브온은 길갈에 있는 여호수아에게 구원을 요청하였다. 이에 여호수아는 서둘러 길갈에서 출발하여 밤새도록 기브온으로 올라와 졸지에 연합군을 치고 그들을 크게 도륙한 후 벧호론의 비탈길까지 추격했다. 이때 여호와께서 큰 우박을 아세가까지 내리게 하여 이스라엘에게 죽은자보다 우박에 죽은 자가 더 많았고 이 날에 여호수아의 기도로 인해 이들을 쳐서 다 멸하기까지 태양과 달이 기브온 위에 머물렀다. 그리고 아모리의 다섯 왕이 막게다 굴에 숨어있는 것을 잡아 죽여 나무에 매달고 해질 때 내려 굴에 던졌다.

세펠라성들의 정복(수10:20~35); BC13세기 후반

세펠라 지역은 드빌과 헤브론과 베들레헴을 잇는 삼각 지역으로서 라기스를 중심으로 에글론, 라기스, 립나, 야르뭇 등이 있다. 여호수아의 기브온 전투 후 이스라엘 군대는 막게다에서 내려가 립나를 치고 이어 라기스를 멸하였다. 이때 라기스를 도우러 온 게셀을 격퇴시킨 여호수아 군대는 에글론성을 멸하고 헤브론으로 갔다.

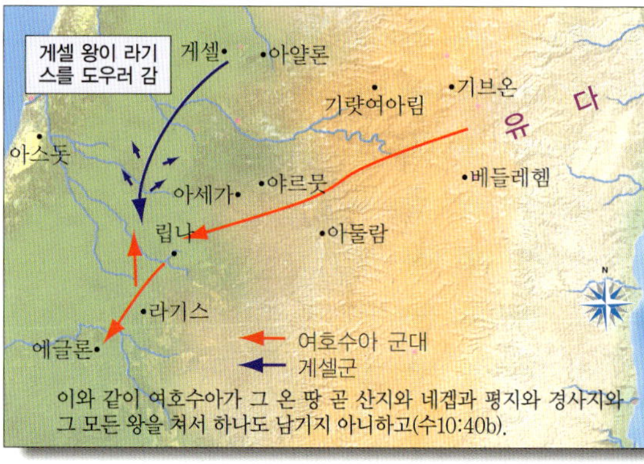

유다와 남방 족속의 발흥(수10:36~39); BC13세기 후반

이스라엘의 정복활동은 대부분이 여호수아서에 나타나고 있다. 그러나 다른 족속에 대하여는 사사기에 기록되어 있기 때문에 정복활동의 연대기 순서를 결정하는 것은 불

가능하다. 그러므로 이곳에서는 정복활동 중에서 수10:36~39에 나타나는 정복활동과 이와 관련된 내용을 삿1:1~20에서 살펴본다.
먼저 여호수아는 에글론에서 헤브론으로 올라가 그 성읍을 쳐서 취하고 다시 드빌로 가서 그 성읍을 취하였다. 그리고 유다와 시므온 지파가 연합군을 형성하여 가나안과 브리스 사람을 베섹에서 1만명을 데리고 도망하는 아도니베섹을 추적하여 사로잡아 예루살렘으로 데리고 와 죽였다.

한편 유다 자손은 예루살렘을 취하고 성을 불살랐으며, 예루살렘 남방 산지와 평지에 거하는 가나안과 싸웠고, 헤브론까지 내려가 세새와 아히만과 달매를 죽였다. 더나아가 드빌을 쳤고 시므온 자손과 같이 호르마까지 가서 그 성읍을 쳤으나 철병거가 있는 골짜기 거인은 쫓아내지 못했다. 한편 모세의 장인 겐사람의 자손들은 유다 자손과 함께 아랏 남방의 유다 황무지에 거하였다.

이드로의 후손인 겐사람들이 거한 아랏의 네게브 지역

메롬 물가의 승리(수11:1~15)

메롬 물가는 갈릴리 호수 북편에 있는 조그만한 호수로 이곳에서 하솔 왕 야빈은 이스라엘이 길갈 근처에서 그 주위의 나라들을 진멸한 소식을 듣고 마돈, 시므론, 악삽, 아라바 평지, 돌 지방의 왕들과 가나안 사람과 아모리, 헷, 브리스, 여부스, 히위 사람들과 같이 이스라엘과 싸우려고 진을 쳤다. 이에 여호수아는 메롬 물가에서 이들을 쳐부수고 그들의 대장격인 하솔 왕을 잡아 죽이고 하솔 성읍은 불살랐으나 나머지 성은 불사르지 아니하였다.

가나안 정복사(수11:16~21:45)

수11:16~12:24▶점령 지역과 정복사 요약, 수13:1~21:45▶토지 분배

여호수아의 마지막 일정(수18:31~24:28)

이스라엘에게 토지분배를 할 때 여호수아가 85세였는데 모세는 이미 요단 동편을 므낫세 반지파와 르우벤 지파와 갓 지파에게 기업으로 주었다. 그리고 정복활동이 마무리 될 무렵 여호수아는 이스라엘을 지파별로 제비 뽑아 기업을 나누어 주었다. 또한 회막을 세우기 위해 실로에 와서 회막을 세우고, 유다와 요셉 지파를 제외한 나머지 분배받지 못한 지파에게 땅을 분배해 주었다. 지파별로 땅 분배를 마친 여호수아는 이스라엘 온 지파를 세겜으로 모으고 장로와 두령과 재판장들과 유사들에게 최종적으로 하나님을 성실과 진정으로 섬길 것(24:14)을 교훈하였다. 세겜에서 마지막 교훈을 마친 후 110세에 죽어 에브라임 산지 가아스산 북쪽 딤낫세라에 장사되었다.

언약의 석비(세겜, 수24:26)

정복당한 가나안 도시들

이스라엘의 가나안 점령은 여리고를 시작으로 팔레스틴에 확산되어 갔는데 그 정복은 성읍(도시)을 중심으로 일시에 정복되지 않고 점진적으로 이루어졌다. 그러므로 예루살렘과 같은 도시들은 상당한 기간이 지난 후에나 정복되었다.

이스라엘 12지파의 땅분배

여호수아에 의한 가나안 정복활동이 거의 마무리 될 무렵 여호수아는 아직 정복하지 못한 지역들을 스스로 개척하도록 하고 이스라엘 12지파에게 하나님이 모세에게 이르신 말씀에 따라 지파별로 땅을 분배하였다(수11:23). 그러므로 땅분배에 앞서 이스라엘의 독특한 지파 조직에 대한 이해 속에서 땅분배를 생각해야 할 것이다.

이스라엘 초기의 기본적인 지파조직(수7:16~18)은 가장 큰 단위로서 민족(이스라엘 자손)과 다음으로 지파, 씨족, 가문(혹은 가족)순으로 되어 있으며 개인으로서 갈미의 아들 아간(Achan)에게까지 이른다. 이러한 민족의 구성단위는 시간이 흐를수록 부(富)와 힘과 규모가 커질수록 약한 가족집단은 크고 강한 가족집단에 의해 병합되고 이에 따른 노예와 일부 이방 며느리에 의해 결과적으로 강한 지역적 유대를 포함하는 순수한 혈연 관계를 넘어서 확장되었다. 이런 관계로 이스라엘의 대표적인 지파들의 순위도 바뀌어졌다. 이는 처음 수위에 올랐던 르우벤 지파가 유다 지파에게 수위 자리를 내어 주었던 사실에서 알 수 있다. 이런 사실 때문에 12지파에 대한 분배 지역에 대한 위치는 대체적일 수 밖에 없다. 더구나 두 지파 사이의 성읍이 중복되어 나오고(수15:21과 수18:21f, 19:19, 40~45절), 점령하지 않은 상태에서 지파가 요구한 영역과 이스라엘 단일 지파가 가나안 주민으로부터 강제로 뺏을 수 없었던 지역까지도 포함되어 있기 때문에(삿1:18~21, 27이하) 이들의 영역 구분은 쉽지 않다. 그러므로 여기서는 이런 모든 복잡한 상황보다는 일반적으로 이스라엘의 12지파가 야곱의 아들들의 계보를 통한 공동의 조상을 근거로 한 지파동맹이 형성되었다는 넓은 뜻에서 여호수아서에 나타나는 지파 경계의 분류법을 기초로 하여 대체적인 경계를 설정하였다.

르우벤(Reuben) 지파(수13:8~10,15~23)

르우벤 지파에 대한 지역의 위치는 오직 성읍 목록에 의해서만 알 수 있는데 이 경우 여호수아서와 민32:34~38의 것이 다르게 나타나고 있다. 그러나 여기서는 앞에서 말한대로 여호수아서에 나타난 성읍의 목록에 의하여 경계를 살펴보면 동쪽으로는 메바앗(Mephaath), 남쪽으로는 아르논까지이다.

시므온(Simeon) 지파 (수19:1~9)

시므온은 12지파 중 최남단 지역을 할당 받았다. 북쪽경계는 유다 산지의 가장자리까지 올라갔고, 동쪽으로는 사해 남쪽 세렛 골짜기, 서쪽은 브엘세바까지이다.

유다(Judah) 지파(수15:1~12. 21~63)

수5:1~12의 유다 지파에 대한 지역은 확장된 것이다. 왜냐하면 남쪽과 북쪽 지역은 가나안 족속과 시므온 지파의 지역을 포함하고 있기 때문에 본래 정착지는 대체로 헤브론 북쪽에서부터 베들레헴 사이의 고지까지이다.

잇사갈(Issachar) 지파(수19:17~23)

잇사갈 지파의 경계와 성읍은 분명하게 구별하기가 쉽지 않다. 서쪽 경계는 명료하게 나타나나, 북쪽은 어느 정도만 알 수 있고, 동쪽은 므낫세의 경계까지이다.

스불론(Zebulun) 지파(수19:10~16)

갈릴리 지역의 지파 중에서 경계 묘사가 가장 완전하게 된 지파로서 서쪽으로는 욕느암, 동편으로는 가드헤벨, 북편으로는 한나돈을 포함한다.

단(Dan) 지파 (수19:40~48)

단 지파 영역은 요셉족속의 남쪽 경계와 유다 지파의 북쪽 경계 사이의 서쪽에 있으나 그 지역의 공간은 불분명하다. 더구나 분명한 경계 분류가 시작 되었을 때는 블레셋의 압력으로 북쪽으로 이주했거나 이동중이었다.

납달리(Naphtali) 지파(수19:32~39)

납달리는 잇사갈 북쪽이나 수19:34에서 납달리의 남쪽으로 스불론이 나오고 있어 잇사갈 지파의 북쪽 경계의 불분명한 것과 함께 문제를 안고 있다. 그러나 대체적으로 북쪽 헤르몬산까지의 지역을 포함한다.

갓(Gad) 지파(수13:11~14. 24~28)

갓 지파의 북쪽 경계는 야르묵강의 분명한 경계를 형성하며, 동쪽의 경계는 아르논 골짜기 북쪽 아로엘에서 시작하여 거의 일직선으로 북향하여 메드바, 헤스본을 경유하며, 북쪽 야르묵강 상류까지 이른다. 여기서 르우벤 지파의 지역과 중복된 사실을 알 수 있다.

아셀(Asher) 지파(수19:24~31)

아셀 지파의 서쪽 경계는 명목상 지중해에 이르나 수19:28절에 나오는 시돈은 실제로는 후대의 부차적인 것이다. 북서쪽의 경계에 나오는 호사의 위치는 불분명하고 두로는 해안에 있으며 역시 부차적인 것이다. 한편 남쪽 경계의 모퉁이는 스불론과 접하고 있으며, 동쪽 경계는 밑으로 스불론과 위로는 납달리와 접하고 있다.

에브라임(Ephraim) 지파(수16:5~10)

남쪽의 동쪽 경계는 베냐민 지파의 북쪽 경계와 일치한다. 북쪽 경계는 므낫세 지파의(남쪽 지역) 남쪽 경계와 일치하며, 남쪽 중 서쪽 지역은 후에 메롬 물가로 이동했던 단 지파의 경계와 일치한다.

므낫세(Manasseh) 지파(수13:29~31.17:7~13)

므낫세 지파 영역은 조사하기 힘드나 대체로 남쪽으로는 에브라임 지파의 경계와 일치하고, 동과 서는 각각 요단강과 대해가 자연히 경계를 이루며 북쪽은 아셀과 스불론과 잇사갈 지파의 남쪽 경계와 일치한다.

베냐민(Benjamin) 지파(수18:11~28)

베냐민 지파 영역은 남쪽으로는 유다 지파의 북쪽 경계와 일치하고, 서쪽은 벧호론에서 유다지파의 성읍인 기럇여아림까지 거의 정남으로 이어지며, 북쪽 경계는 벧호론에서 시작하여 아다롯 앗달(Ataroth-addar)로 향하고, 거기서 거의 정동쪽 방향으로 계속되면서 북쪽으로 올라갔다가 벧엘의 남쪽 밑을 지나면서 가파른 경사지인 여리고를 거쳐 동쪽 경계인 요단강에 이른다.

사사들의 활동

사사시대는 여호수아가 죽은 때부터 왕정시대 이전까지 약 350~400년간(진보적 견해는 약 200년간)으로 대략 BC1220~1020년까지를 말한다. 이 사사시대의 초기에는 지파별로 땅을 배정받았으나 좀더 안정된 정착을 위한 정복은 BC12세기 내내 계속되었다. 그러나 점차 안정을 찾아갈수록 지파간의 유대 관계는 해이해져 갔고, 야웨에 대한 신앙 역시 변질되어 가나안 신들을 섬기는 일에 점차 동화되어 갔다. 그런 가운데 주위의 나라들은 틈만 있으면 이스라엘 지역에 들어와 약탈과 침략을 일삼았다. 그러나 각성하는 이스라엘을 구하기 위해 하나님은 그때마다 사사를 세워 이스라엘을 이방의 압제에서 구하고 침략에서 보호하게 했다. 이런 반복된 역사는 400여년 계속되었다.

에훗의 활동(삿3:12~30)

안정을 찾은 이스라엘이 악행과 바알과 아세라를 섬기자 하나님은 처음으로 메소포타미아 왕 구산리사다임을 통해 징계하셨고, 이스라엘은 8년간 압제를 당한 후 첫 번째 사사인 옷니엘을 통해 구원받았다. 그러나 태평한지 40년이 지나 다시 해이해진 이스라엘은 모압 왕 에글론이 주동한 암몬과 아말렉 자손의 연합군에게 여리고를 점령당하고 모압의 지배를 받았다. 모압의 압제 18년 만에 베냐민 지파의 에훗(Ehud)은 공물을 바치러 여리고에 가서 에글론을 살해한 후 스이라로 도망하였다. 그리고 에브라임 산지에 이르러 그런 사실을 이스라엘에게 알리고 군대를 모아 요단 나루턱을 지켜 도망하는 모압인을 쳐서 죽이고 사사가 되어 이스라엘을 80년 동안 다스렸다.

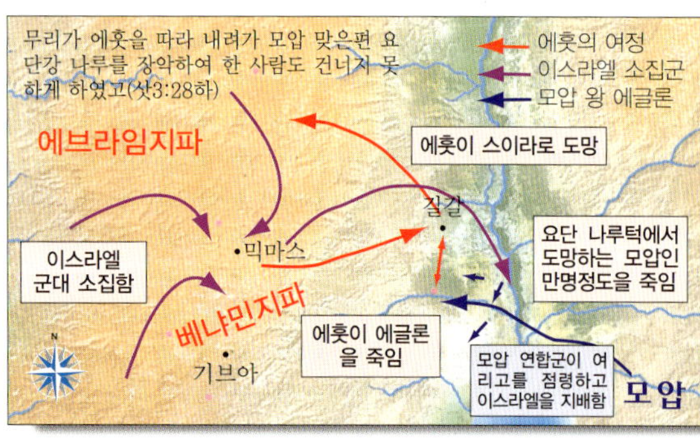

드보라의 활동(삿4:1~5:31)

드보라(Deborah)는 랍비돗의 아내로 삼갈 이후 이스라엘의 4대 사사가 되어 치리하며 가나안을 물리친 여자로서 드보라의 노래를 지었다.

에훗 사후 북쪽지역의 이스라엘 지파는 다시 범죄하여 하솔의 야빈 왕의 손에 20년 동안 학대를 받았다. 당시 에브라임 산지(라마와 벧엘 사이)에서 사사로서 이스라엘 백성들을 재판하던 여선지 드보라는 괴롭힘을 당하는 백성을 위해 게데스에 있는 바락을 불러 격려하며 가나안과 싸울 것을 말했다. 이에 바락은 드보라와 함께 가기를 청했고 드보라는 바락과 함께 게데스로 갔다. 바락은 그곳에서 납달리와 스불론 지파 사람 10,000명을 모아 드보라와 함께 다볼산으로 올라갔다.

한편 시스라는 바락이 다볼산에서 군대를 모았다는 정보를 입수하고 그의 온 군사와 병거를 하로셋에서 기손강 상류의 므깃도 물가의 다아낙에 군대를 집결시킨 후 (삿5:19) 다볼산으로 향했다. 전투는 비오는 날 다볼산 근교에서 시작되었으나 승리는 이스라엘로 돌아 갔고 시스라의 전차대는 호우로 질퍽해진 이스르엘 평야에 길이 막혀(삿5:21) 도주하지 못하고 전멸당했다. 결국 시스라는 전차를 버리고 도보로 도망하여 평소 친분이 있었던 야엘의 장막(게데스 근처)으로 피했으나 피곤하여 잠들었을 때 야엘에 의해 말뚝에 박혀 살해 당했다. 이로써 이스라엘은 40년간 평안을 누릴 수 있었다.

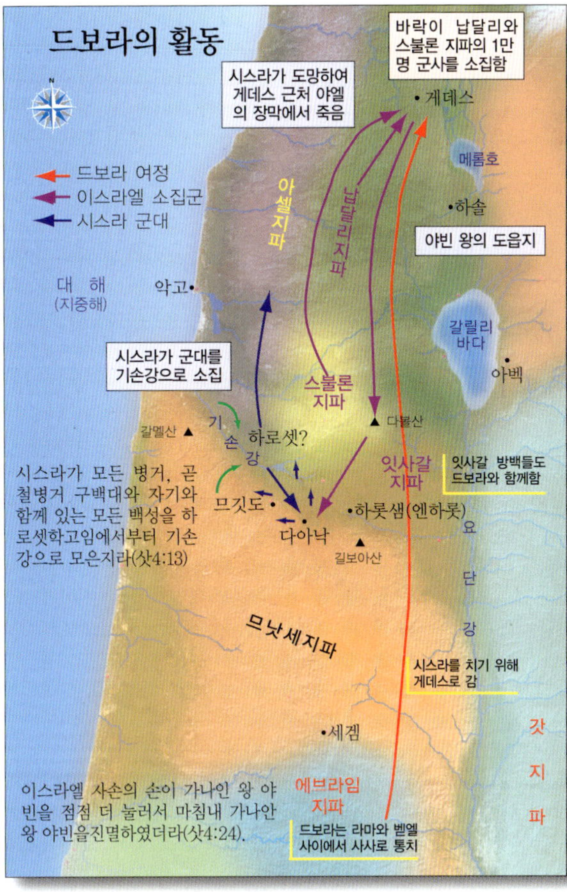

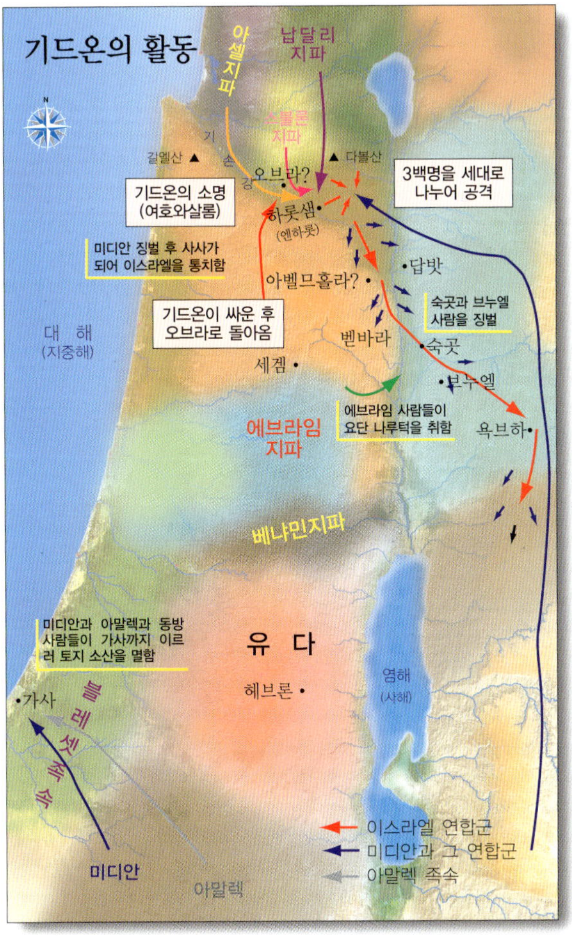

기드온의 활동(삿6:1~8:35)

이스라엘은 악행을 인하여 미디안에게 7년 동안 괴롭힘을 당하고 수확 때마다 미디안, 아말렉, 동방 사람들이 가사까지 올라와 소산을 멸하고 짐승도 잡아갔다. 이때 기드온은 오브라에서 사사로 세움을 받았다.

사사가 된 기브온은 마침 요단을 건너 이스르엘 골짜기에 진을 치고 있던 미디안과 그 연합군을 보고 므낫세와 아셀과 스불론과 납달리에 사람을 보내 이스라엘의 군대를 모집하였다. 기드온은 자기를 좇는 백성들과 같이 미디안을 치기 위해 하롯샘 곁에 진을 쳤다. 이곳에서 3만 2천명의 군사를 시험하여 300명만으로 하롯샘 아래 골짜기 가운데 진을 치고 있는 미디안을 3대로 나누어 공격하였다. 일시에 나팔을 불며, 항아리를 깨뜨리고, 소리를 지르며 공격하자 미디안 진영은 당황하여 서로 칼로 치며 도망하였고 이스라엘은 이들의 뒤를 추격하였다.

한편 기드온은 사자를 에브라임에 보내어 요단강을 지키게 하여 그곳에서 미디안의 방백 오렙과 스엡을 사로잡아 죽이고 그들의 머리를 가지고 기드온에게 왔다. 그리고 기드온과 그의 군대는 도주하는 미디안을 추격하는 도중 숙곳과 브누엘에 이르러 그곳의 방백들에게 양식을 구했으나 거절 당했다. 이때 세바와 살문나가 갈골에 있다는 정보를 입수한 기드온은 욕브아 동편으로 가서 적군을 쳤고 이에 도망하는 세바와 살문나를 사로 잡았다. 그리고 돌아오는 길에 숙곳과 브누엘 사람들을 죽였다. 이후에 이스라엘 사람이 기드온을 통치자로 삼았다.

아비멜렉의 폭정(삿9:1~57); BC12세기

기드온이 죽자 그의 아들 중 아비멜렉은 세겜에 살고 있던 가나안 족속의 도움을 받아 사사의 세습을 이으려고 시도했다. 왜냐하면 세겜 사람들은 자신의 모계 혈통이었기 때문에 자기의 뜻에 동조하리라 생각했다. 실제로 세겜 사람들은 아비멜렉을 세겜 사람들 중 하나로 생각했으며 아비멜렉에게 벧 밀로(Beth-Millo)라고 불리는 바알브릿 묘에서 은 70개를 내어 주었다. 이 묘는 세겜의 발굴에서 그 잔재가 들어났다.

결국 아비멜렉은 도망한 말째 동생인 요담을 제외한 형제 70인을 죽이고 세겜 사람과 밀로 모든 족속에게 추대되어 세겜 상수리나무 아래서 스스로 왕이 되었다. 이에 요담은 형 아비멜렉의 부당함을 그리심산에서 외치고 브엘로 도망하였다. 한편 아비멜렉은 세겜의 통치에 만족하지 않고 세겜과 실로 사이에 있는 아루마(Arumah)를 수도로 정했다. 이에 세겜 사람이 그의 통치에 반기를 들자 아비멜렉은 세겜 사람들을 짓밟고 더 나아가 에브라임 산지의 므낫세 지파 지역에 남아있던 나머지 가나안 사람의 성읍까지도 차지하려고 노력했으나 데베스(Thebez, 현재 두바스)를 공격하던 중 전사했다. 이로써 그의 3년간의 통치는 끝을 맺었다.

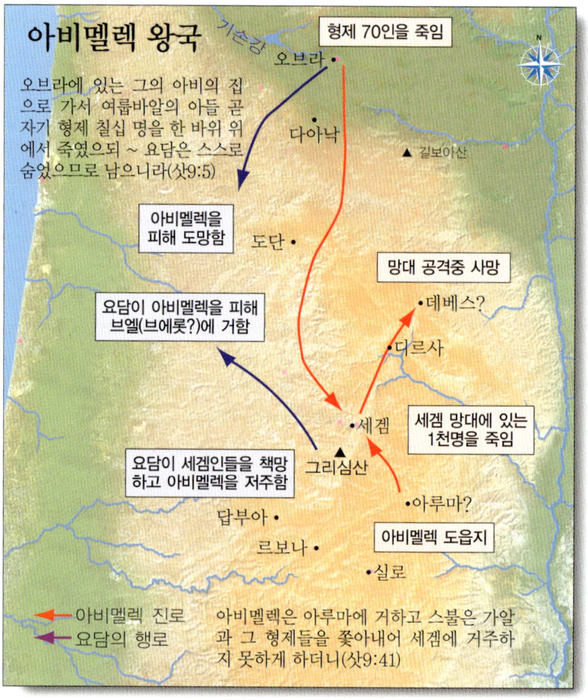

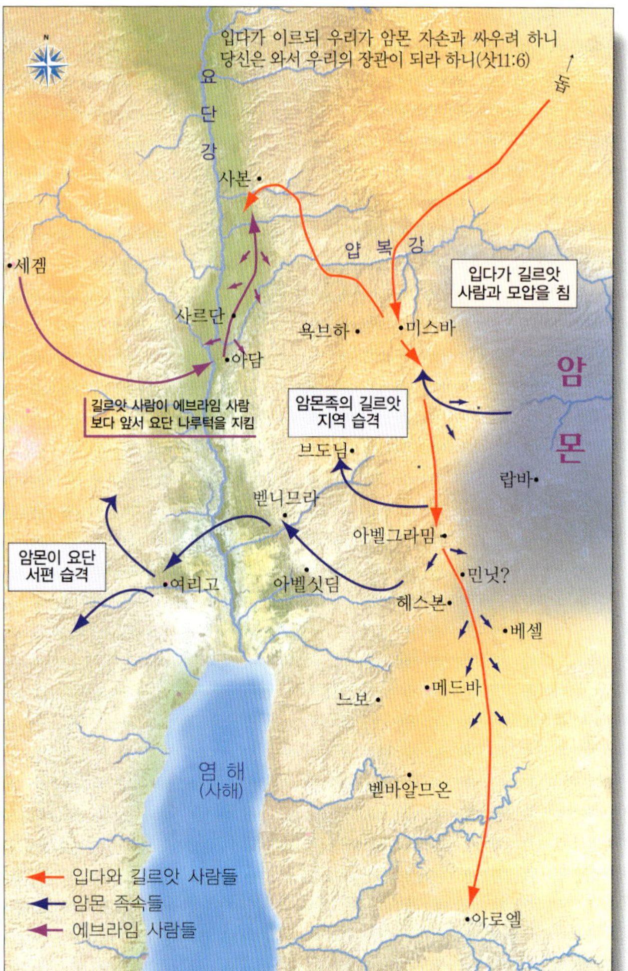

입다의 전투(삿10:6~12:7)

입다(Jephtah)는 길르앗 기생의 아들로 본처 자식들에 의해 학대를 받고 좇겨나 돕땅에 피해 살다가 암몬에게 괴롭힘을 받는 이스라엘을 구하여 사사로서 이스라엘을 6년간 다스리며 평안케 하였다.

길르앗에 있던 장관들이 입다를 장관으로 삼기 위해 돕땅으로 가서 군대장관이 되어 주기를 청했다. 입다는 전에 자기 집에서 학대를 받아 쫓겨난 것을 생각하여 거절했으나 모압과의 싸움에서 이기는 경우 자기들의 머리가 되게 한다는 약속을 받고 길르앗 장로들과 같이 미스바로 내려 갔다.

암몬 자손의 왕에게 사신을 보내 아르논에서 얍복강까지의 땅을 돌려 줄 것을 말했으나 암몬 왕은 거절하였다. 이에 입다는 군대를 이끌고 길르앗의 미스바를 지나 암몬자손에게로 나갔다. 싸움은 시작되었고 전세는 입다에게 유리하여 이스라엘 군대는 모압을 쳐서 아로엘에서부터 민닛 지역에 있는 20성읍을 치고 아벨그라밈까지 크게 도륙하니 모압은 항복할 수 밖에 없었다.

한편 입다의 승전보를 들은 에브라임 사람들은 모압과의 싸움에서 자기들을 부르지 않은 것에 불만을 품어 입다를 죽이고 그 집을 불사르려고 북쪽에서 내려왔다. 이에 입다는 길르앗 사람들을 모아 에브라임과 싸워 승리하였으며, 길르앗 사람들은 도망하는 에브라임 사람들을 요단강 나루터에서 지키고 있다가 에브라임 사람들을 구별하여 잡아 죽였는데 이 싸움에서 에브라임 사람 4만2천명을 죽였다. 이후 이스라엘은 18년 동안 모압의 곤란 뒤에 평안을 얻었다.

삼손의 생애(삿13:1~16:31)

입다 사사 사후에 이스라엘은 이전처럼 태평하면 타락하여 악행을 저지르고, 징계를 받으면 뉘우치는 반복된 역사를 되풀이하면서 입산과 엘론과 압돈 등이 이스라엘의 사사가 되어 통치하였다. 이들이 사사로 있을 동안 이스라엘은 평안을 누릴 수 있었다. 그러나 압돈이 죽은 후 이스라엘은 고질적인 죄악을 다시 범했다. 이로 인해 그들은 다시 블레셋에 의해 40년 동안 괴롭힘을 받았다. 이러한 가운데 삼손(Samson)은 벧세메스 북쪽 소라땅 단 지파 마노아의 아들로 태어나 이스라엘의 사사로 활동했다. 삼손이 활동했던 당시 이스라엘의 가장 큰 적은 블레셋이었다. 당시 블레셋은 가사, 아스글론, 아스돗, 가드, 에글론 등 5개의 성읍을 중심으로 한 연합 도시국가 체제를 막 갖추고 제철 기술을 습득하여(삼상13:19~22) 강한 군사력을 보유하고 있었다. 그래서 한번도 국가의 형태는 갖추지 못했으나 끝까지 이스라엘을 괴롭히는 족속으로 남아 있었다. 바로 이러한 역사적인 상황 속에서 삼손은 20년 동안 사사로서 활동했다.

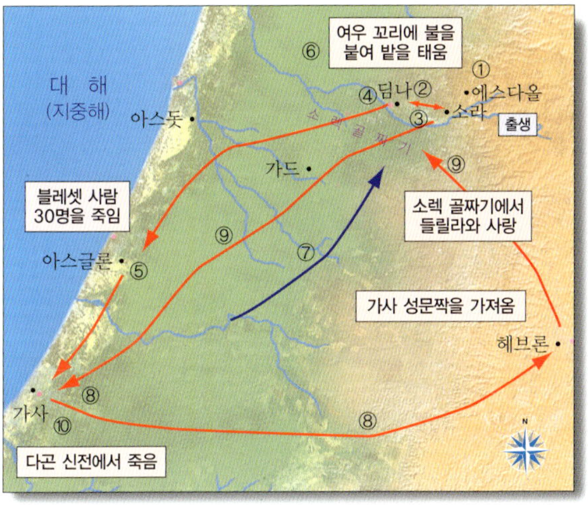

① 하나님의 명령에 의해 **소라**에서 나실인으로 태어난 삼손은 장성한 후 소라와 에스다올 사이에 있는 **마하네단**에 있을 때 여호와의 신이 크게 임하였다.

② 여호와의 신이 임한 후 블레셋 여인을 아내로 삼아 블레셋 사람을 칠 구실을 삼기 위해 **딤나**로 내려 갔고 그곳 포도원에 혼자 이르렀을 때 어린 사자를 염소새끼를 찢음같이 찢어 버렸다.

③ 딤나의 포도원에서 아내를 삼고자 한 블레셋 여인을 만났고 돌아오는 길에 전에 사자를 죽인 장소에서 꿀을 취하여 먹고 **소라**에 가서 부모에게도 주었다.

④ 삼손은 블레셋 여인과 결혼을 하였고 7일 동안의 결혼잔치가 시작되는 날 삼손은 블레셋 사람들과 수수께끼로 겉옷과 베옷 각각 30벌씩 주기로 내기를 하였다. 블레셋 사람들은 삼손의 아내로 하여금 삼손에게 해답을 얻어내게 하여 수수께끼를 풀었다.

⑤ 이에 삼손은 **아스글론**으로 내려가 그곳에 있는 블레셋 사람 30명을 죽이고 그들의 옷을 취하여 수수께끼를 푼 자들에게 옷을 주고 자기 아내는 친구에게 주어 버렸다.

⑥ 그후 다시 삼손이 자기 아내에게로 갔으나 다른 친구에게 준 것을 알고 여우 300마리를 잡아 그 꼬리에 횃불을 달아 블레셋 사람의 곡식과 포도원으로 몰아 그곳을 다 불살라 버렸다. 이 사실을 안 블레셋 사람들이 삼손의 아내되었던 여자와 그 아비를 불살라 죽여 버렸고 이에 삼손은 그곳에 있는 블레셋 사람들을 크게 죽이고 에담 바위 틈에 거하였다.

⑦ 나중에 블레셋 사람들은 삼손이 자기 백성을 크게 도륙한 것을 알고 유다에 올라와 레히에 진을 치고 있다가 사람들에게 삼손을 잡아오라고 협박했다. 이에 유다 사람들은 에담 바위에서 삼손을 치지 않겠다는 조건으로 삼손을 쇠사슬로 결박하여 **레히**에 있는 블레셋 사람들에게 끌어다 주었다.

⑧ 그러나 삼손은 쇠사슬을 끊어 버리고 나귀턱뼈를 취하여 그것으로 블레셋 사람 1000명을 죽인 후 그곳을 라맛레히라 이름지었다. 그러나 이때 삼손은 목이 말라 죽게 되어 여호와께 부르짖었고 하나님은 그곳에 샘물을 내게 하여 삼손으로 물을 마시고 기운을 얻게 하였는데 그 샘 이름을 **엔학고레**(부르짖은 자의 샘)라 하였다.

이일 후 이스라엘의 사사가 된 삼손은 블레셋 지방의 **가사**로 내려가 한 기생의 집에 들어 갔을 때 블레셋 사람들이 성문에 매복하고 있다가 새벽에 죽이려 하자 삼손은 밤중에 일어나 성문의 문짝과 설주와 빗장을 빼어 어깨에 메고 **헤브론 앞산** 꼭대기까지 갔다.

⑨ 이 후에 삼손은 **소렉 골짜기**에 있는 들릴라를 사랑하게 되었고, 블레셋 사람들은 들릴라에게 은 100개를 주고 삼손의 힘의 근원을 알아보게 하였다.

⑩ 결국 삼손은 진실을 발설했고 이로 인하여 머리카락을 밀리우고 블레셋 사람들에게 눈을 빼이고 결박당해 **가사**로 끌려 갔다. 가사에서 삼손은 놋줄로 결박당하여 맷돌을 돌리는 비참한 처지가 되었다.

그러나 어느정도 기간이 지난후 다곤신의 축제 때에 블레셋 사람들 앞에서 재주를 부리는 것을 계기로 하나님께 기도하여 힘을 얻어 기둥을 무너뜨리자 신전이 허물어졌고 그 속에 있던 3만9천여명과 함께 죽었다. 이로써 삼손은 20년 동안의 사사를 지내고 소라와 에스다올 사이에 있는 그 아비 마노아의 묘지에 장사되었다.

삼손의 고향 소라

소렉 골짜기 상류

미가의 우상과 단지파 이주(삿17:1~18:31)

이스라엘에 아직 왕이 있기 전인 사사시대에는 민족 전체를 연합하는 중심적인 통치세력은 없었고 오직 제단을 중심한 야웨 신앙 공동체만이 12지파에 대한 연합의 결속력을 유지하였다. 삿17:6의 언급처럼 그때는 왕이 없기 때문에 사람마다 자기 소견에 옳은대로 행한 것이 당시의 상황이었다. 이런 가운데 에브라임 산지에 있는 미가라는 사람은 신당을 만들어 놓고 그곳에 에봇과 드라빔을 만들어 베들레헴에서 온 레위 사람 하나를 자기의 임의대로 자기 집의 제사장으로 삼기도 했다.

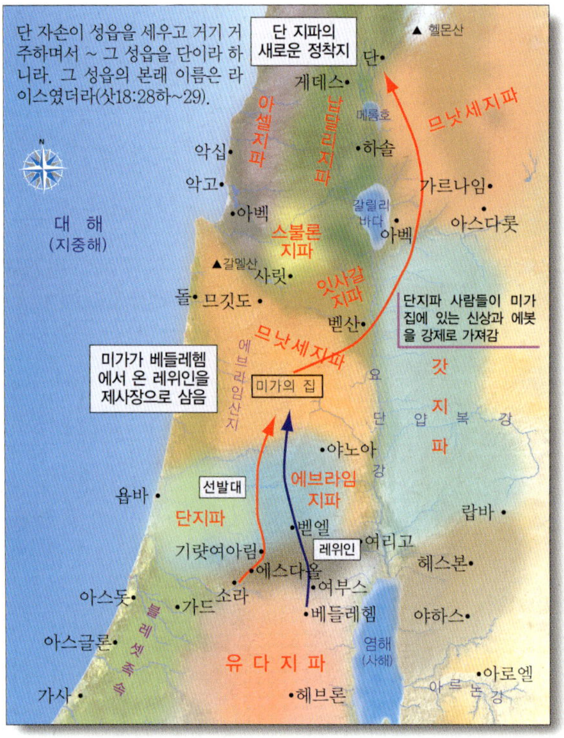

이런 종교적인 상황 속에서 블레셋의 북쪽 경계에 있던 단 지파는 블레셋의 힘에 밀려 안정된 정착을 하지 못하고 BC12~11세기경 새로운 거주지를 찾기 시작했다. 이들은 먼저 5명의 정탐꾼을 소라와 에스다올에서 보냈다. 정탐꾼들은 북쪽으로 가던 중 에브라임 산지의 미가의 집에 머문 후 최북단인 라이스(단)를 정탐하고 돌아왔다. 정탐꾼의 긍정적인 보고를 들은 단지파는 먼저 6백명이 무장을 하고 소라와 에스다올에서 출발하여 유다 지역 기럇여아림에 진을 친 후 북쪽으로 진행하여 정탐꾼이 머물렀던 에브라임 산지의 미가의 집에 들어가 신상과 에봇과 드라빔을 강탈하고 그 집의 제사장인 레위인을 강제로 데리고 가서 라이스에 이르렀다.

이주한 단 지파가 거주한 텔 단

라이스에 도착한 선발대는 그곳 거민들을 죽이고 성읍을 중건하여 단이라 칭하고 새로운 정착지로 삼았다. 그리고 미가의 집에서 가져온 신상을 세우며 우상숭배에 빠졌다.

기브아인의 만행(삿19~20장)

사사기 19~20장에 나오는 기브아인의 첩 사건은 사사시대의 전반적인 사회적 상황을 잘 보여주고 있다. 제단을 중심한 지파들의 연맹체제 하에서 일어난 기브아인의 만행에 대하여 제재하는 방법은 지파간의 연합회의를 거처 처벌하는 것이었다.

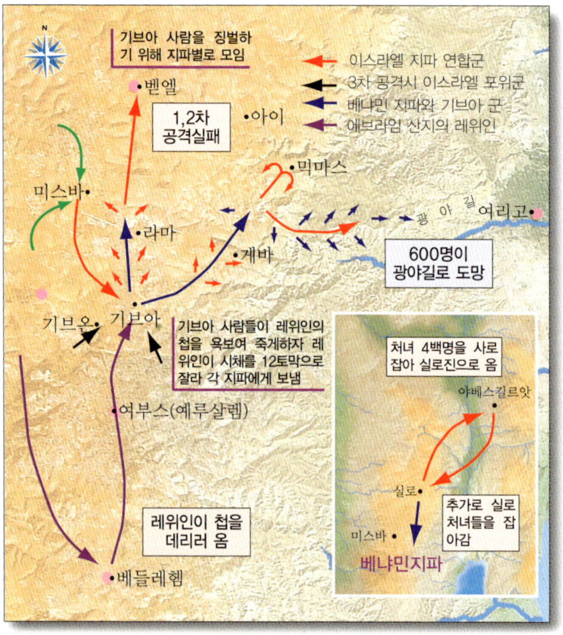

12지파의 땅분배시 레위인들은 일정한 지역을 분배받지 못하고 각 지파가 할당받은 지역 중에서 골고루 성읍을 할당받아 분산하여 거주하였다. 그 가운데 에브라임 산지의 한 레위인은 남쪽의 베들레헴에 있는 여자를 첩으로 삼았는데 첩이 집으로 돌아가자 그를 찾기 위해 베들레헴으로 내려간다. 베들레헴에서 여러 날 있은 후 첩을 데리고 가던 중 기브아의 한 노인의 집에 묵게 되었는데 그곳 사람들이 레위인의 첩을 욕보여 죽게 하자 레위인은 자기 첩의 시체를 12토막을 내어 이스라엘 각 지파에게 보냈다. 이 소식을 들은 이스라엘 각 지파는 기브아인의 만행을 징벌하기 위해 미스바에 모였다.

베냐민 지파가 기브아의 징벌에 반대하여 군사를 모으자 이스라엘 지파의 연합군은 그들을 공격했으나 오히려 두번이나 패하고 벧엘에서 통곡하였다. 그러나 세 번째 공격에서 매복군을 두고 거짓 패하는 작전으로 베냐민 지파를 기브아 성읍에서 나오게 하는 유인작전을 통해 그들을 광야길까지 추격하여 진멸하였다.

기브아인의 만행으로 빚어진 베냐민 지파와 싸움 후 이스라엘은 미스바에서 자기들의 딸을 베냐민 사람에게 결혼시키지 않기로 굳게 맹세하였다. 그러나 베냐민 지파의 혈통이 끊어질 것을 생각하지 못한 경솔한 맹세를 후회했다. 그래서 미스바에 모여 같이 싸우러 가지 않은 야베스길르앗에 2만2천명의 군사를 보내 그곳 사람을 죽이고 그곳에 있는 처녀 400명을 잡아 실로의 진에 끌고와 베냐민 남자에게 주어 혈통을 잇게 했다. 그래도 모자라자 실로의 딸을 잡아 베냐민 땅에 가서 아내로 삼도록 했다.

룻과 나오미의 일생(룻기)

룻기는 이스라엘의 타락과 징계와 회개의 반복 속에서 구원의 역사가 혼재되었던 영적 암흑기인 사사시대를 배경으로 하고 있다. 그러나 본서의 주인공인 룻의 생애에 나타난 사건들에 대한 역사적인 상황은 단지 룻기 1:1에서 사사들이 치리하던 때라고만 언급되고 역사에 대한 구체적 상황은 나타나 있지 않다. 반면 지리적인 배경은 분명하게 언급된다.

사사시대에 흉년이 들자 유다 지파의 지역에 있는 베들레헴에 살던 엘리멜렉은 아내 나오미와 두 아들과 함께 흉년을 피해 요단 서편 모압 지역으로 이주를 한다. 모압에서 지내는 동안 엘리멜렉은 죽고 나오미는 과부가 되어 두 아들과 함께 살면서 모압 여인에게 결혼을 시킨다. 그러나 결혼한 두 아들은 모압 이주 10년째 죽고 두 며느리만 남는다. 유다에 흉년이 끝나자 나오미는 두 며느리를 자기 집으로 보내고 귀국하기로 결심하나 두 며느리 중 하나인 룻은 끝까지 시어머니를 따라 베들레헴으로 돌아온다. 베들레헴에 돌아온 룻은 보리 이삭을 주으며 시어머니를 공경하다가 보아스를 만나 재혼하여 다윗 왕의 증조모가 되고, 훗날 다윗의 후손에서 예수 그리스도가 탄생한다.

언약궤의 이동(삼상4:1~7:2)

법궤는 모세가 하나님의 명령을 받은대로(출25:10~21) 브사렐이 만든데서(출37:1~9) 그 유래를 찾는다. 법궤에 대한 최초의 언급은 시내산에서 찾아 볼 수 있다. 법궤는 성서에서 22가지 이상의 명칭으로 쓰였는데 이런 명칭은 흔히 궤(Ark)로 쓰였고 옛명칭으로는 여호와의 궤(Ark of Jehovah)라고 쓰였으며, 신명기에서는 언약궤로서 야웨의 언약궤라는 말이 자주 쓰였다. 제사법전(p문서)에서는 증거궤라는 특별한 용어를 쓰고 있다. 이러한 명칭들 외에도 많은 것들이 사무엘서에 나타나고 있다.

사무엘의 활동

부족(지파)동맹으로 이루어진 사사시대는 400년간(BC15세기 출애굽 설은 200년) 존속해 오는 동안 이스라엘의 가나안 입주와 비슷한 시기에 해안지역으로 들어온 블레셋인들의 끊임없는 침략에 의해 마침내 붕괴되었다. 블레셋인들은 에게해역 출신의 호전적인 귀족층으로서 철무기를 사용하였고, 팔레스틴 전역을 정복의 목표로 삼고 있었기 때문에 부족동맹 체제의 이스라엘이 대항하기에는 벅찬 적이었다. 더우기 그들의 도시 전제군주들은 일치된 행동을 취할 수 있는 능력이 있는 반면 이스라엘은 그런 일사불란한 행동을 하기에 약했다. 그런 가운데 BC1050년 직후 아벡(Aphek) 부근에서 결정적인 전투가 벌어졌다(삼상4장). 블레셋의 강한 진출을 저지하려는 이스라엘은 초전에 패하였고 마침내 실로의 성전에서 언약궤를 전쟁터로 가져오는 최후의 방법까지 시도했으나 결과는 이스라엘의 철저한 패배로 끝났다. 언약궤는 탈취되었고, 실로는 점령되었으며, 400여년 이어져오던 지파동맹은 파괴되었다. 당시 블레셋은 네겝 지역과 중앙 산악지대의 대부분과 에스드엘론 평야까지 그들의 지배권에 들어갔다. 바로 이런 어두운 시대에 이스라엘을 이끌고 나간 사람이 사무엘이다. 그는 BC11세기 이스라엘이 신정정치에서 왕정정치 체제로 가는 과도기에 활동한 선지자이다. 그는 왕국을 수립하는 초창기에 결정적인 역할을 담당하였다.

사무엘은 에브라임 산지 라마다임소빔에 사는 엘가나의 두 아내 중 한명인 한나의 서원을 통해 출생했다. 그는 젖을 뗀 때부터 실로에 있는 엘리 제사장 밑에서 자랐다(삼상1:1~2:11). 그가 성인으로 성장하여 선지자로 세우심을 입고 그의 말이 온 이스라엘에 전파될 때 블레셋과 이스라엘은 아벡과 에벤에셀에 각각 진을 치고 가장 격렬한 싸움을 했다. 이스라엘은 4,000명의 희생자를 내고 패배하였다. 1차에 패배한 이스라엘은 하나님의 법궤를 가지고 나가 다시 싸웠으나 이번에는 법궤까지 블레셋에게 빼앗긴다. 그리고 사무엘은 이방신을 버리고 전심으로 하나님께 돌아오기를 이스라엘에게 외쳤다(삼상4:1~7:4).

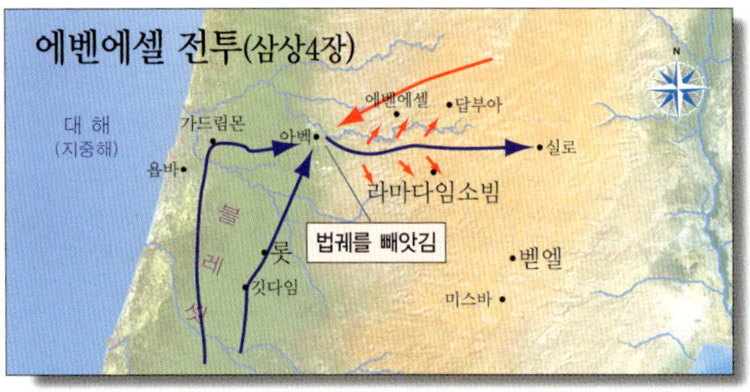

그리고 이스라엘로 미스바에 모이게 하고 하나님께 금식하며 참회의 기도를 올렸는데 이 소식을 들은 블레셋 사람들이 이스라엘을 치기 위해 미스바로 올라왔다. 위기에 처한 이스라엘 방백들은 사무엘로 기도하기를 청했고 사무엘은 번제를 하나님께 드리고 간절히 기도를 드렸다. 그러자 하나님은 큰 우뢰를 블레셋 사람에게 발하게 하여 패하게 하였고, 이스라엘은 벧갈 아래까지 추적하여 블레셋을 물리쳤다. 사무엘은 이날을 기념하기 위해 이스라엘이 승리한 곳인 미스바와 센사이에 돌을 세우고 그곳을 에벤에셀이라 이름을 짓고 라마에 있는 자기 집으로 돌아왔다. 그리고 그가 사는날 동안 해마다 미스바와 벧엘과 길갈을 순회하며 이스라엘을 다스리고 자기 집으로 돌아와 그곳에서도 이스라엘을 다스렸다(삼상7:5~17에는 벧엘과 길갈과 미스바와 라마의 순으로 나와 있다).

그러나 사무엘이 늙고 그 아들들이 사사로 있었으나 그 행위가 바르지 못하자 이스라엘의 온 장로들이 라마에 있는 사무엘에게 와서 왕을 요구하였다(삼상8:1~6). 왕을 요구하는 이스라엘에 사무엘은 크게 실망하였다(혹시 자기집 라마로 돌아 갔는지도 모름). 길갈로 올라가 여호와 앞에서 사울을 왕으로 임명하고 화목제를 드린 후에 이스라엘 백성에게 왕을 구한 죄악을 알게하고, 여호와만을 좇을 것을 부탁하였다(11:14~12:24).

길갈에서 사울을 왕으로 임명한 후 아마 사무엘은 자기 집으로 돌아 갔을 것이다. 이후 길갈에서 자신이 직접 번제와 화목제를 집도한 사울을 꾸짖고 사울의 왕국이 길지 못할 것을 예언하였다(13:1~15). 그리고 길갈을 떠나 베냐민 지파의 지역에 있는 기브아로 갔다(13:15).

기브아에 온 사무엘은 길갈에 있는 사울에게 가서 아말렉을 쳐서 진멸할 것을 명했으나 사울은 진멸하지 않고 좋은 양과 소를 취했다. 이에 사무엘은 사울의 왕위가 다른 사람에게로 넘어가게 됨을 알려 주었다. 그리고 아말렉 왕 아각을 길갈에서 찍어 죽였다(15:1~33). 그리고 사무엘은 자기 집이 있는 라마로 돌아갔고 사울은 기브아의 본집으로 갔다. 이후에 사무엘은 다시는 사울을 가서 보지 않았다(15:34~35). 하나님은 사울을 버리고 다윗으로 이스라엘 왕이 되게 하기 위하여 라마에 있는 사무엘로 하여금 이새의 아들에게 기름을 붓도록 명령하였고, 사무엘은 베들레헴으로 가서 다윗에게 기름을 붓고 라마로 돌아왔다(16:1 ~13). 그리고 죽어 라마에 장사되었다(삼상25:1).

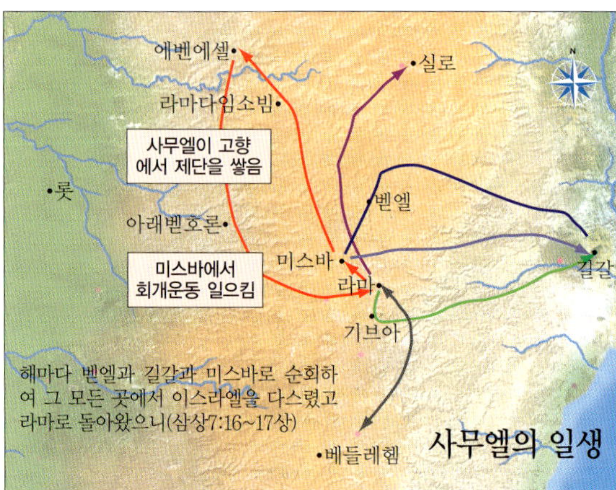

통일왕국시대 지리

사무엘상10~31장
사무엘하
열왕기상1~11장
역대상
역대하1~9장

사울 왕국(삼상10~31장, 대상10장)

사사시대에도 이스라엘을 계속 위협해 오던 블레셋은 사사시대 말기(BC1050년경) 아벡 전투를 계기로 이스라엘의 대부분 지역은 블레셋의 지배권에 놓여 있었다. 이런 블레셋의 위협과 침공은 이스라엘의 지파동맹을 붕괴시켰다. 비록 사무엘의 영적 지도력이 이스라엘을 강력한 지위로 회복시켰으나 그가 늙어 후계자인 그의 아들들의 행동과 지도력이 아버지를 따라가지 못하는 상황은 이스라엘로 하여금 왕권체제를 갈망하는 촉진제 역할을 하였다. 결국 왕을 요구하는 백성들에게 사무엘은 왕을 세우는 것이 하나님과 자신의 통치를 거절하는 것으로 인정하였다. 그리고 왕의 제도로 인하여 오히려 학정으로 시달릴 것을 엄히 경계한 후 사울을 이스라엘 초대 왕으로 선출하게 된다.

1.길갈(삼상11:1~15)

사울은 미스바에서 사무엘에 의해 이스라엘의 초대 왕으로 선택되어 기브아로 돌아왔으나 자기집에 거했다. 그리고 암몬의 나하스를 물리친 후에야 백성들의 전적인 지지를 얻고 길갈에서 정식으로 왕이 되었다.

2.믹마스와 벧엘(삼상13:15)

사울이 길갈에서 왕위에 오른지 2년째에 이스라엘 사람 3천명을 택하여 2천명은 자기와 함께 믹마스와 벧엘에 있는 산에 있게 하고, 나머지 1천명은 요나단과 함께 베냐민 지역의 기브아에 있게 했다. 이에 요나단은 게바에 있는 블레셋의 수비대를 공격했다. 이로 인해 블레셋은 많은 군사를 데리고 올라와 믹마스에서 이스라엘과 대진하게 되었다. 이때 사울은 사무엘을 기다리지 못하고 제사를 집전하였고, 사무엘은 사울의 왕국이 길지 못할 것을 예언하였다. 그리고 그곳을 떠나 베냐민 지파의 지역에 있는 기브아로 갔다.

3.기브아(삼상14:24~45)

그후 사울은 블레셋을 쳐서 파하였고 기브아에 거하였다. 그러나 블레셋을 쳐서 승리하고 돌아오는 요나단이 부친의 무지한 명령을 알지 못하고 꿀을 먹음으로 죽음의 위기를 당했으나 백성의 도움으로 생명을 건졌다.

4.모압, 에돔, 소바(삼상14:47)

이후에 사울은 모압과 에돔과 소바 사람과의 싸움에서 연전연승을 거뒀다.

5.하윌라, 술(삼상14:48,15:1~33)

사울이 싸움에서 연전연승을 거둘 때 사무엘은 사울에게 아말렉을 쳐서 진멸한 것을 명령했다. 그러나 사울은 진멸하라는 하나님의 명령을 어기고 양과 소의 좋은 것은 진멸하지 않고 길갈로 돌아왔으며 이로 인해 사무엘은 사울을 책망하고 여호와께서 왕을 버리신 것 알려 주었다.

6.길갈과 기브아(삼상15:32~35)

그리고 사무엘은 아말렉 사람의 왕 아각을 길갈에서 찍어 죽이고 라마로 돌아갔고 사울도 기브아로 돌아갔다. 이후로 사울은 사무엘을 죽는날까지 보지 못하였다.

7,8.엘라 골짜기(삼상16:14~17:58)

사무엘의 말대로 사울에게서 여호와의 신이 떠나고 악신이 그를 괴롭게 하였으며, 그때마다 다윗으로 하여금 수금을 연주케 하여 악신의 괴롭힘에서 벗어났다. 이런 가운데 블레셋은 골리앗을 앞세우고 재차 침입하여 소고와 아세가 사이에 진을 치고 있었다. 이에 사울의 군대는 엘라 골짜기에 진을 쳤다. 이때 다윗이 골리앗을 죽이자 블레셋은 도망했고 이스라엘은 에그론과 가드까지 쫓아가 죽였다. 이로 인해 다윗은 사울의 군대장이 되었다.

9.놉, 아둘람(삼상18:6~22:23)

그러나 백성들의 인기가 높아진 다윗을 시기한 사울은 그를 죽이려 했다. 이에 다윗은 사울을 피해 도망하였고 사울은 기브아로 돌아왔다.

10,11.십, 마온, 엔게디(삼상23:14,19,26장)

사울은 계속해서 다윗을 잡기 위해 십 황무지와 마온 황무지와 엔게디등을 쫓았다. 기브아에 돌아온 후 다시 십 황무지로 다윗을 쫓았으나 오히려 다윗에게 죽을 뻔했다.

12.길보아산(삼상28:3~5)

사울이 다윗의 추적을 포기한 후에 블레셋은 수넴으로 올라와 진을 치자 사울은 군대를 모아 길보아에 진을 치고 대접전을 앞두고 있었다. 그러나 블레셋의 군대는 대규모의 병력이었다.

13.엔돌(삼상28:6~20)

이에 사울은 두려워 하여 변장을 하고 엔돌로 올라가 그곳에 있는 신접한 여인으로 하여금 사무엘을 만났는데 사무엘은 이 전쟁에서 사울이 죽을 것을 예언했다. 그러자 사울은 기력을 잃어 엎드려졌다.

14.엔돌에서 길보아산으로(삼상28:21~26)

이에 신접한 여인과 신하의 강권으로 식물을 먹은 후 길보아에 있는 진으로 돌아왔다.

15.길보아산(삼상31:7~13)

블레셋의 모든 군대는 아벡에 집결했고, 이스라엘 군대는 이스르엘에 있는 샘곁에 진을 쳤다. 결국 사울은 이 싸움에서 전사했다. 이에 블레셋 사람은 사울의 시체를 가져다 벧산 성벽에 못박았으며 길르앗 야베스 사람들은 사울의 시체를 가져다 야베스에 장사를 지내주었다.

사울의 생애와 전투

사무엘에 의해 미스바에서 이스라엘의 초대 왕이 된 사울은 사사 정치에서 왕정으로 가는 과도기 시대의 환경이 배출한 인물로 사사시대의 산만하게 형성된 종족집단으로부터 하나의 통일된 연맹체를 형성하는데 개척자의 역할을 하였다. 그는 왕정 초기에 백성들로부터 신임을 받지 못했으나(삼상10:2) 연맹체로 가는 이스라엘에 큰 공헌을 하였다.

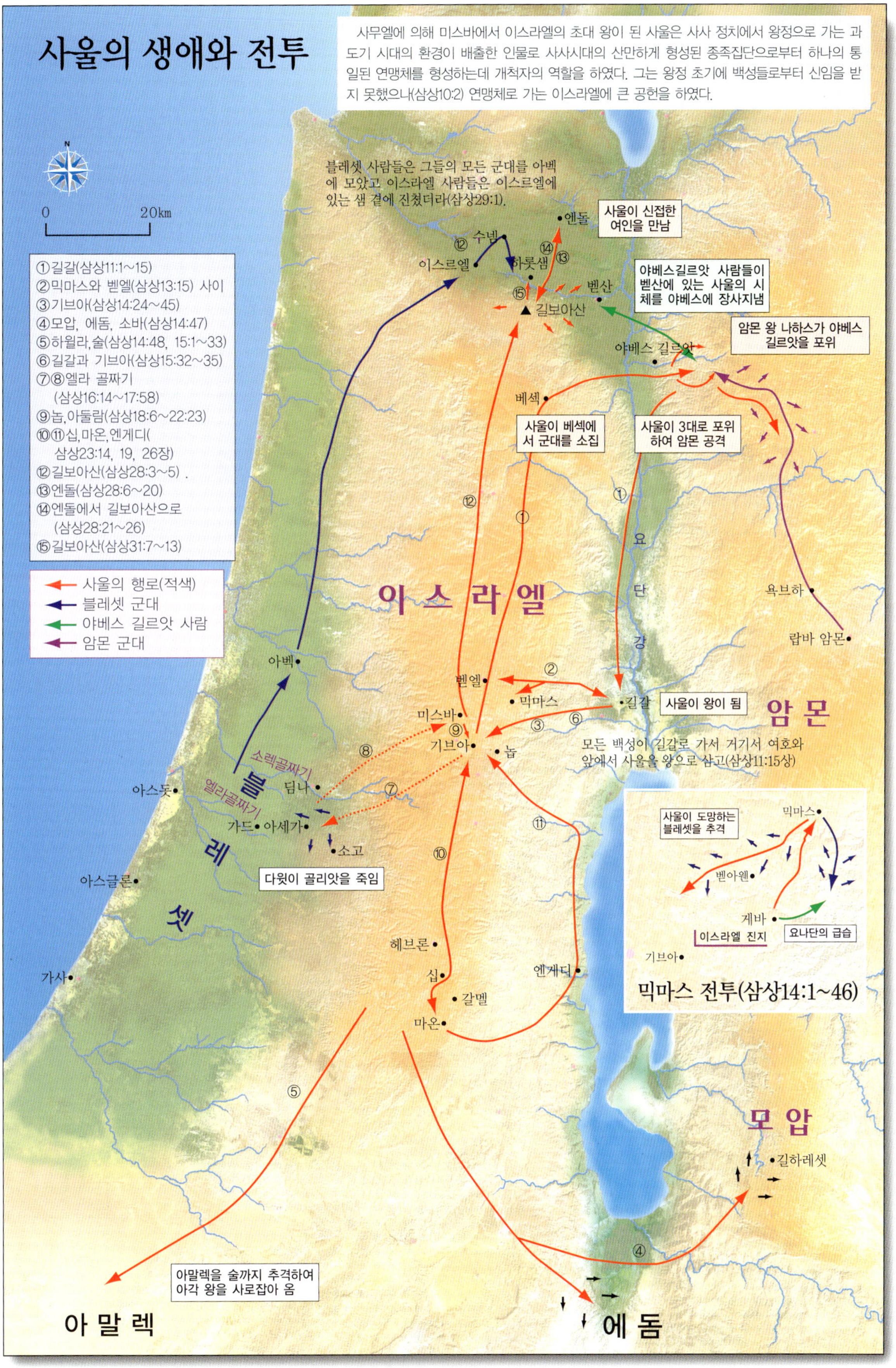

다윗의 도피 생활(삼상21:1~30:30)

다윗(BC1000~962년경)의 첫 등장은 이스라엘의 왕정시대가 시작된 사울 왕국과 블레셋과의 격렬한 격전이 벌어지는 엘라 골짜기의 싸움터에서이다. 다윗은 블레셋의 골리앗을 죽여 이스라엘에게 승리를 가져다 준 공로로 일약 사울의 군대장이 되었다(삼하18:13). 그러나 계속되는 다윗의 승전보는 이스라엘 백성들로 하여금 사울에게 향한 지지가 다윗에게로 옮겨지게 하였다. 사울은 왕위에 불안함을 느끼고 다윗을 죽이려고 하였고 그때마다 다윗은 4번씩이나 죽음의 고비를 넘겼다. 이에 사울을 떠난 다윗은 가장 먼저 라마에 있는 사무엘에게 가서 자기가 당한 일을 고하고 라마 근처 나욧(라마나욧)에서 사무엘과 같이 거하였다. 그러나 사울이 라마나욧으로 다윗을 잡으러 오자 다윗은 그곳에서 도망하여 요나단에게 왔고 요나단은 아버지가 다윗을 죽이려고 작정한 것을 알려 주었다. 이로부터 다윗의 도피생활은 사울이 블레셋과의 전투에서 죽을 때까지 계속되었다.

1.놉으로 피함(삼상21:1~9)

놉은 예루살렘 북쪽 4㎞ 지점으로 실로가 망한 후 성막을 둔 곳이다. 다윗은 월삭행사 후 놉으로 피하여 그곳에 있는 아히멜렉 제사장을 만나 좋은 대접을 받고 골리앗의 환도까지 얻었다. 그런데 후에 사울이 이 사실을 알고 이곳에 있는 대제사장과 함께 있던 자들을 다 죽였다.

2.가드로 피함(삼상21:10~15)

가드는 아스돗 동남 19㎞ 지점 혹은 아스글론 동남 24㎞ 지점이다. 다윗은 이곳의 아기스 왕 앞에서 아기스의 신하들로 인해 자신의 신분이 탄로 난 것을 알고 그들 앞에서 미친척 하여 화를 면했다. 이때를 생각해서 시편 34편을 지었다.

3.아둘람(삼상22:1~2)

아둘람에 있을 때 다윗은 그의 온 가족과 사울 치하에서 환난 당한 자와 빚진 자와 마음이 원통한 자 등 도합 400명 가량이 다윗에게 왔고, 다윗은 그들의 지지 속에 장관이 되었다.

4.모압의 미스베로 피함(삼상22:3~5)

장관이 된 후 모압에 갔다가 유다땅으로 돌아가라는 갓 선지자의 말을 듣고 부모를 모압 왕 앞에 맡기고 다시 유다땅으로 돌아왔다. 이때 놉에 있는 대제사장을 사울이 죽였고 그때 제사장의 아들인 아비아달이 에봇을 가지고 도망하여 다윗을 따랐다. 후에 다윗은 아둘람의 도피생활을 생각하여 시52,57,142편을 쓴 듯하다.

5.유다 산골로 피함(삼상23:1~13)

이곳에서 블레셋이 그일라를 칠 때 다윗이 가서 블레셋을 크게 도륙하고 가축을 탈취하였다. 이 사실을 사울이 알고 잡으러 올 때 다윗이 눈치채고 하나님이 그들을 자기 손에 붙이지 않음을 깨닫고 자기와 함께한 600여명과 같이 그일라를 떠났다.

6.십(산골)으로 피함(삼상23:14~23)

십은 헤브론 동남쪽 6㎞ 지점에 있으며, 동쪽은 십 황무지이다. 다윗은 십 황무지 수풀에서 요나단을 만났는데 그곳 사람들이 사울에게 다윗의 거처를 알려주어 마온으로 피하였다.

7.마온으로 피함(삼상23:24~28)

마온은 갈멜 남쪽 2㎞ 지점의 십과 갈멜 부근에 있다. 사울이 마온까지 추적하여 다윗을 에워싸고 잡으려 했으나 블레셋이 본국에 쳐들어 옴으로 다윗을 쫓지 못하고 블레셋을 치러 올라 갔다. 그래서 그곳 이름을 셀라 하마느곳이라 불렀다. 이때 시54편을 지은 듯하다.

8.엔게디로 피함(삼상23:29~24:22)

엔게디는 염해(사해) 동쪽 중간 해변 산악지대에 있는 유대 광야의 오아시스이다. 다윗이 엔게디에 있다는 소식을 들은 사울은 또다시 3천명을 데리고 추적했으나 찾지 못하고 굴에서 자게되었다. 이때 다윗은 사울을 죽일 수 있었으나 옷자락만 베고 아침에 옷자락을 보이며 자기가 도망할 만큼 잘못이 없음을 알리자 사울은 다윗 쫓기를 멈추고 돌아갔다.

엔게디의 샘물

다윗이 구한 그일라

9.바란 광야로 내려감(삼상25:1)

바란 광야는 시내 반도의 중앙 동북부에 있다. 사무엘이 죽었을 때 다윗은 바란 광야로 내려 갔다.

10.갈멜로 피함(삼상25:2~44)

갈멜은 헤브론 남동쪽 11㎞ 지점에 있으며 다윗은 이곳에 있는 마온 사람 나발의 양떼를 지켜 주었는데 하루는 다윗이 소년들을 보내 나발에게 식물을 원했으나 거절당했다. 이에 400명을 무장시키고 나발을 치러갈 때 그 아내 아비가일의 지혜로 남편의 죽음을 모면했다. 이때를 생각해 시63편을 지었다.

다윗이 도피했던 갈멜

11.하길라 산으로 피함(삼상26:1~25)

하길라산은 헤브론 남쪽, 십 동쪽 9㎞ 지점에 있다. 십 사람이 기브아에 있는 사울에게 하길라산에 있는 다윗을 알려 주었다. 이에 사울은 3천명과 함께 다윗이 있는 곳에 이르러 밤이 되자 진 가운데 누워 잠을 자게 되었다. 이때 다윗은 그의 머리 곁에 있는 창과 물병만 가지고 나왔다. 그리고 왕을 지키지 못한 사울의 군대장관 아브넬을 책망하였고, 잠에서 깨어난 사울은 뉘우쳐 돌아갔다.

12.블레셋의 가드와 시글락으로 피함(삼상27:1~30:30)

사울의 뉘우침을 믿지 못한 다윗은 자기와 함께한 600명과 같이 블레셋 지역의 가드로 피했다. 이에 사울은 더 이상 쫓지 아니하였다. 다윗은 다시 블레셋 지역의 시글락에서 1년 4개월 동안 거하면서 술과 애굽으로 지나가는 지방의 거민인 그술과 기르스와 아말렉 사람들을 쳐서 죽이고 재물을 노략하였다. 이로 말미암아 이스라엘에게 미움을 받게 된줄 알고 의심받지 않았다.

그후 다윗이 시글락에 있을 때 사울은 블레셋과의 싸움에서 그의 세 아들과 함께 길보아산에서 전사하였다. 이로써 사울의 추적과 다윗의 도피생활은 막을 내렸다.

다윗의 정복활동(삼하2~8,10장, 대상18~20장)

다윗은 이스라엘의 40여년간 통치의 대부분을 전쟁으로 보냈다. 헤브론에서 왕위에 오른 다윗에게 가장 먼저 직면한 것은 북쪽 10지파의 연합으로된 이스보셋 왕국과의 대립이었다. 그러나 2년만에 북쪽을 제압하고 온전한 왕국을 건설한 그는 이스라엘을 강력한 독립국가로서의 면모를 갖추기 위해 그 어떤 왕보다도 전쟁을 위해 피를 많이 흘린 왕이었고 후대에 이르기까지 가장 위대한 왕으로써 자리를 차지하여 왔다.

이스보셋과 다윗의 대립(삼하2:8~4:8)

길보아 전투에서 살아남은 사울의 군대장관인 아브넬은 사울의 아들 이스보셋을 옹립하여 마하나임에서 사울의 왕국을 이어갔다. 그리고 유다의 왕이 된 다윗의 군사와 기브온에서 첫 충돌이 일어났다. 아브넬과 이스보셋의 신복들이 마하나임에서 기브온에 이르러 다윗의 군대장관 요압과 그 신복들과 기브온 못가에서 싸웠으나 이스보셋의 신복들은 패하여 도망하는 도중 요압의 동생 아사헬을 죽였다. 그리고 아라바를 지나 요단을 건너 마하나임으로 패퇴했다. 이후 이스보셋과 다윗 왕국과의 싸움은 2년 동안 계속되었다. 그러나 싸움 막바지에 아브넬은 이스보셋을 배반하고 헤브론에 있는 다윗과 화친 조약을 맺고 돌아가던 중 요압에 의해 피살되었다. 아브넬이 피살되자 이스보셋은 맥이 풀렸고 레갑과 바아나에 의해 암살되어 북쪽 지파의 이스보셋 왕국은 다윗에게로 넘어갔다.

1.예루살렘의 정복(삼하5:4~10)

이스보셋이 죽은 후 다윗은 남북 융화정책의 일환으로 수도를 헤브론에서 예루살렘으로 옮기는 계획을 세웠다. 그리하여 중립지역에 쐐기 역할을 하는 예루살렘의 여부스족속을 치려고 하였다. 이때까지만 해도 예루살렘은 다윗의 통치 아래 있지 않았기 때문에 여부스 사람은 다윗의 예루살렘 천도를 거절했다. 이에 다윗은 그곳을 치고 수도로 삼았다. 이때부터 예루살렘은 이스라엘의 역사상 가장 중심적인 역활을 담당하게 되었다.

2.블레셋의 침입과 정복(삼하5:17~22, 8:1, 21:15~22)

다윗이 이스라엘의 왕이 되었다는 소식을 들은 블레셋은 다윗을 치기 위해 르바임 골짜기에 진을 치고 있었다. 이에 다윗은 바알브라심에서 저들을 쳤다. 그러나 도망하던 블레셋은 다시 르바임 골짜기에 올라 왔고 이때에 다윗은 블레셋 군대의 뒤로 돌아 기습하여 그들을 치고 게바에서 게셀까지 추격하였다. 그리고 두 번째 침입한 블레셋을 쳐서 항복받고 그들의 메덱암마(모성의 굴레 삼하8:1) 성읍을 빼앗았다. 세 번째 침략 때에는 다윗이 이스비브놉이란 블레셋인에게 죽임을 당할 뻔하였다. 이후에 다시 블레셋 사람과 여러 차례 부분적인 전쟁이 있었고 그때마다 이스라엘은 승리하였다.

3.사론과 이스르엘 평야 정복

블레셋이 다윗의 영향하에 들어오게 되자 블레셋이 지배했던 해안 평야의 작은 나라들은 자연히 다윗의 영토에 귀속되었음은 틀림없다.

4.모압과 전쟁(삼하8:2, 대상18:2)

다윗이 모압을 쳐서 두 줄 길이의 사람(키큰 사람?)은 죽이고 한 줄 길이의 사람은 살려 두었으니 모압 사람이 다윗의 종이 되어 조공을 바쳤다.

5.에돔정복(삼하8:13~14, 왕상11:15~18, 대상:12~13)

다윗은 염곡에서 에돔 사람 18,000명을 죽이고 그곳에 수비대를 두어 다윗의 수하에 놓았다. 이때 어린 하닷은 애굽으로 피하여 바로의 처제와 결혼을 했다.

6.아람과 암몬과의 전쟁(삼하10:1~19,11:1,12:26~31)

암몬 자손의 나하스 왕이 죽자 다윗은 조객을 보냈다. 그러나 나하스의 아들 하눈 왕은 방백들의 잘못된 판단을 믿고 다윗이 보낸 조문객의 수염을 깎고 의복을 잘라 돌려보냈다. 이 일로 다윗의 보복을 두려워한 암몬자손은 벧르홉의 아람 사람과 소바의 아람인 보병 2만명과 마아가 왕의 수하에 있는 1천명과 돕사람 1만2천명을 고용하여 다윗의 침략에 대비하였다. 이에 다윗은 군대장관 요압을 보내 암몬을 대적케 하였다.
요압은 암몬진으로 들어가 특수부대를 아람 사람의 진에 배치시키고 서로 약한쪽을 돕도록 작전을 세웠다. 그러나 아람은 싸움이 시작되기도 전에 도망했다. 이를 본 암몬 자손도 도망하여 그들의 성으로 들어 갔으며 요압도 예루살렘으로 돌아왔다. 그러나 고용된 아람 사람들이 이스라엘에게 패함을 보고 소바의 하닷에셀은 사람을 보내 강건너에 있는 아람을 불러내 그의 군대장관 소박으로 하여금 이스라엘을 치게 하였다. 이러한 정보를 입수한 다윗은 이스라엘로 하여금 헬람에 이르게 하고 그곳에서 싸워 아람 병거 700승(인)과 마병 4만명과 군대장관 소박을 죽이는 승리를 거뒀다.

7,8.다메섹, 하맛, 유브라데까지 영토확장(삼하8:3~12)

소바의 하닷에셀이 자기의 권세회복을 위해 유프라테스강으로 진군할 때 다윗은 이들을 공격하여 마병 1,700과 보병 2만명을 사로잡았다. 그중에 병거 100승만 남기고 나머지는 말 발의 힘줄을 끊어 버렸는데 이를 돕기 위해 온 다메섹 사람 2만2천명을 죽이고 그곳에 수비대를 두어 자기의 종이 되게 하였으며, 조공도 바치게 했다. 그러나 대하18:3~11의 기록은 약간 다르게 보고하고 있다.

9.페니키아까지 통치권 확장(삼하24:6~7)

다윗의 인구조사 명령에 의한 지역의 보고에 보면 두로와 시돈까지도 이스라엘의 통치권에 속해 있었다.

다윗의 정복활동
에돔 정복과 하닷의 애굽 도피
(왕상11:15~22)
아비새가 에돔인
1만8천명 죽임
기브온 못가의 싸움
(삼하2:8~4:8)
아사헬을 전사
아브넬과 요압이
헬갓핫수림에서 싸움
요압이 동생
아사헬을 장사
기브온 못 가에서 그들을 만나 함
께 앉으니 이는 못 이쪽이요 그는
못 저쪽이라(삼하2:13).
페니키아까지통치권 확장
하맛과 유프라테스
강 상류까지 진출함
다메섹 정복
보병 2만명
다메섹의 아람 사람들이 소바왕
하닷에셀을 도우러 온지라 다윗
이 아람 사람 이만 이천 명을 죽
이고(삼하8:5)
에드레이에
서 아람 정복
돕군 1만5천명
사론과 이스르엘
평야를 정복함
랍바 공격 후
1년만에 정복
우리아를
전사시킴
바알브라심에서
블레셋을 침
베들레헴에 블레셋
수비대가 주둔함
에돔인 1만8천명 죽인
후 수비대 주둔시킴
이스라엘군
모압군
블레셋군
암몬군
아람군
하닷의 애굽 도피
아람
마아가
암몬
모압
에돔
블레셋족속
대해
(지중해)
염해
(사해)
갈릴리
바다
메롬호
0
15km

다윗 왕국의 규모

다윗이 왕위에 올랐을 때 주위 상황은 다윗에게 매우 유리하게 전개되어 있었다. 사울과 블레셋과의 마지막 길보아 전투에서 이스라엘이 패하기는 했으나 블레셋 역시 심각한 타격을 입었을 것이며, 결국 다윗이 왕이 된 초기에는 크게 위협이 될만한 힘은 가질 수 없었다.

그러나 무엇보다도 운이 따른 것은 주변의 국제정세가 유리하게 작용했기 때문이었다. BC10세기경 당시 애굽은 제21왕조(BC1085~945년) 때로 정치는 거의 절망적 상태에서 사실상 아멘신의 제사장들이 통치하는 형편이었고, 아람은 앗수르에 의해 위협을 받고 있었다. 그렇다고 앗수르 역시 강력한 국가가 아니었으며 소아시아 지역에도 신흥 헷 왕국과 비교할 만한 강대국이 없었다. 여기에 다윗의 탁월한 정치와 북쪽 지파를 다루는 솜씨, 그리고 정복국가의 관리등은 이스라엘을 당대에 강대국으로 만들기에 충분한 요인들이었다.

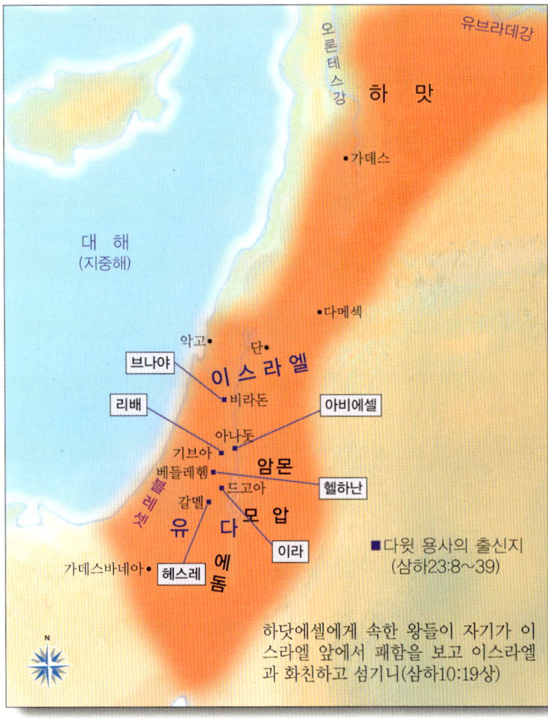

하닷에셀에게 속한 왕들이 자기가 이스라엘 앞에서 패함을 보고 이스라엘과 화친하고 섬기니(삼하10:19상)

다윗의 활발한 정복활동의 성공은 이스라엘로 하여금 급속한 강대국으로 변모시켜 비록 그 기간은 짧았지만 당시 주위의 어떤 나라 못지않게 강력한 국력을 가지게 하였다. 당시 다윗의 통치 영역은 이집트가 전성기에 아시아에 가졌던 땅과 거의 같은 면적이었다.

남으로는 아카바만의 북단에서부터 애굽 시내(Wadi el-Arisle) 하구의 지중해변에 이르는 팔레스틴의 동부와 서부의 전역을 차지하고, 서쪽으로는 사론 평야와 갈멜을 지나 두로까지 이어지는 지중해변과 두로의 국경선에서 오론테스강의 가데스 부근까지 뻗었고, 그곳에서 동쪽으로 약간 구브러져 하맛(Hamath)의 국경선과 접했다. 북쪽으로는 유프라테스강 상류까지 이르렀다. 반면 동북쪽의 아람족은 비교적 속박 없는 통치를 했다.

BC980년경 레위인의 성읍

레위인(지파)은 그들의 제사장적 역할 때문에 이스라엘의 12지파에게 땅을 분배할 때에 지역의 분배가 없었다. 대신에 각지파의 지역에 골고루 흩어져 거하게 되었는데 그들에게는 48개의 성읍과 그 주변의 가옥과 목초지가 주어졌다(민35:1~2. 수21:1~42, 대상6:54~81). 가옥과 목초지를 가진 이 성읍들은 제사장과 레위족속만이 가지는 불가침적인 것으로 비록 이들의 지역들이 매매된다 하더라도 언제든지 다시 살 수 있었으며, 희년이 되면 무조건 레위족속에게 돌려 주어야 했다(레25:32~34). 그리고 요단 동서쪽에 모두 6개의 도피성도 레위인의 성읍에 포함되어 있었다(민35:1~8).

●아론 자손에게는 13개 성읍을 주었다.
홀론(대상6:58에는 힐렌), 아이(대상6:59에는 아산), 알못(대상6:60에는 알레멧) 등

●그핫 자손에게는 10개 성읍을 주었다.
깁사임(대상6:68의 욕므암?), 가드림몬(대상6:70에는 빌르암으로 나타나며 이블르암으로 보고 있다) 등

●게르손 자손에게는 13개 성읍을 주었다.
브에스드라(대상6:71에는 아스다롯), 야르뭇(대상 6:73에는 라못), 미살(대상6:74에는 마살), 헬갓(대상 6:75에는 후곡), 함못돌(대상 6:76에는 함몬=하맛), 가르단(대상6:76에는 리랴다임) 등

●므라리 자손에게는 12개 성읍을 주었다.
딤나(대상6:77에는 림모노=림몬), 야하스(대상6:78에는 야사), 므바앗(대상6:79에는 메바앗) 등이다.

너희가 레위인에게 줄 성읍은 살인자들이 피하게 할 도피성으로 여섯 성읍이요 그 외에 사십이 성읍이라(민35:6).

압살롬의 반역과 다윗의 망명 (삼하13~18장)

압살롬은 자기 친누이를 범하고 버린 이복 동생인 암논을 죽이고 그술 왕 달매의 집으로 도망한다. 3년만에 요압은 드고아의 슬기로운 여인으로 하여금 다윗 왕의 마음을 돌리게 하여 압살롬을 예루살렘으로 돌아오게 한다. 그러나 2년 동안은 부친인 다윗을 보지 못하고 지낸다.

예루살렘에서 지내는 동안 압살롬은 자기를 위해 병력을 준비한지 4년만에 예루살렘에서 헤브론으로 내려가 이스라엘 각지파에게 정탐자를 보내 헤브론에서 쿠테타를 일으켰다. 이에 다윗은 예루살렘에서 급히 도망하여 벧메르학을 지나 기드론 시내를 건너 감람산 길을 맨발로 도망하여 유대광야 길로 도피하였다. 곧이어 압살롬과 후새는 예루살렘으로 입성했고, 다윗은 마루턱을 지나 바후림에 이르렀을 때 시므이는 도망하는 다윗을 저주했다.

한편 다윗을 공격하기 위한 아히도벨의 좋은 책략 대신 전면전을 계획한 후새의 모략을 선택한 압살롬은 다윗을 추격했다. 그러나 바후림에 있던 두 사람의 제보에 의해 다윗은 광야 나루터에서 묵지 않고 요단강을 건너가 위기를 모면했다. 그리고 계속 북으로 도망하여 마하나임에 이르러 바르실래와 소비 등에게 대접을 받으며 망명생활을 시작했다.

쿠테타 후 압살롬은 요압 대신에 아마사로 군대장을 삼고 다윗을 치기 위해 길르앗 땅에 진을 쳤다. 그러나 마하나임에서 전열을 정비한 다윗은 군사를 세 대로 나누어 에브라임 수풀에서 압살롬 군대를 공격했다. 싸움은 압살롬의 패배로 끝났고 압살롬은 노새를 타고 도망하다가 상수리나무에 머리카락이 걸려 요압에 의해 죽임을 당했다. 압살롬의 사망 소식에 슬퍼한 다윗은 신복들의 설득에 의해 예루살렘으로의 귀국을 결정하고 요단강가에 이르렀다. 이때 유다 족속이 왕을 맞기 위해 길갈에 왔고 다윗을 저주한 시므이도 바후림에서 올라와 요단강을 건너 다윗에게 나왔다. 한편 바르실래도 왕을 떠난 후 로그림에서 내려와 요단강가에서 다윗 왕을 영접하고 같이 입성하자는 다윗의 호의를 거절하고 마하나임으로 돌아왔다. 예루살렘에 귀국한 다윗은 도피 당시 왕궁에 남아있던 후궁들을 별실에서 평생 지내게 했다(삼하18:1~20:3).

세바의 반란(삼하20:1~22)

압살롬의 반역은 진압되었으나 북쪽 지파들의 다윗에 대한 지지는 크지 않았다. 그래서 다윗이 예루살렘에 입성하기도 전에 베냐민 지파의 세바가 북쪽 지파들이 다윗을 따르지 않도록 백성들을 충동시켰다. 이에 다윗은 아마사로 하여금 3일 이내에 유다인을 소집토록 했다. 그러나 기한 내에 오지 못하자 아비새로 하여금 세바를 추격하게 하였고, 요압도 합류하기 위해 예루살렘에서 올라왔다. 이들은 기브온 큰 바위 곁에 이르러 기한 내에 오지못한 아마사를 만나 죽이고, 아마사에게 속한 자들로 요압을 따르게 하여 세바를 쫓았다. 요압이 세바를 쫓아 아벨과 벧마아가(또는 아벨 벧마아가)까지 추격하여 그곳 성을 포위하자 세바는 그 성읍에 있던 여인에 의해 살해되어 세바의 반란은 진압되었고, 요압은 예루살렘으로 돌아왔다.

요압의 인구조사(삼하24장, 대상21장)

다윗은 그의 통치기간 중 틀림없이 세금징수와 징병을 목적으로 인구조사를 실시하였다. 인구조사는 군대장관 요압에 의해 진행되었다. 요압은 먼저 모압 경계의 아르논강변에 있는 아로엘에서부터 시작하여 길르앗 닷딤홋시땅과 다냐안을 거쳐 시돈을 돌아 두로 맞은편의 본토 성읍인 두로의 견고한 성에 이르고 유다 남편으로 내려와 브엘세바까지 9개월 20일만에 마쳤다.

이 일로 인해 다윗은 하나님에 대한 양심의 가책을 받았고, 하나님은 이스라엘 백성에게 온역을 내려 7만명을 죽게 하는 재앙을 내렸다. 잘못을 뉘우친 다윗은 갓 선지자의 말에 따라 여부스의 아라우나 타작마당에 단을 쌓고 화목제를 드림으로 재앙이 그치게 되었다.

이에 왕이 그 곁에 있는 군사령관 요압에게 이르되 너는 이스라엘 모든 지파 가운데로 다니며 이제 단에서부터 브엘세바까지 인구를 조사하여 백성의 수를 내게 보고하라 하니(삼하24:2)

인구조사의 출발 경계선인 아로엘에서 본 아르논 골짜기

솔로몬의 성전건축과 건축공사 (왕상5~9장, 대하2~7장)

성전건축은 다윗 때부터 이미 계획되었으나 하나님이 허락치 않음으로 다윗의 유언에 따라 그 아들 솔로몬에 의해 건축되었다. 그러나 솔로몬의 성전건축은 부왕인 다윗 때 레바논에서 가져온 수많은 백향목이 이미 준비되어 있는 가운데 이루어졌다. 솔로몬은 왕위에 오른지 4년(시브월)만에 성전건축을 시작했다. 그는 먼저 추가로 필요한 재목을 위해 부왕인 다윗과 친분이 두터웠던 두로의 히람왕과 협정을 체결하였다. 이 협정에 따라 두로 왕은 레바논에 있는 백향목과 잣나무 재목을 두로 항구에서 뗏목을 띄워 공급하였고(욥바까지) 금도 보내 주었다.

히람의 신하는 벌목과 수송을 맡았고 이에 소요되는 육체노동은 솔로몬이 역군을 일으켜 충당했는데 그 수가 3만명으로 1만명을 교대로 레바논에 한달씩 노동에 참가하도록 했으며 이의 감독을 아도니람이 맡았다. 그리고 그 대가로 솔로몬은 히람 궁정에 식물로 해마다 밀 2만석과 맑은 기름 20석을 주었다. 성전과 왕궁의 건축을 마친 후에는 갈릴리 땅의 성읍 20개를 주었다. 그러나 히람은 대가로 받은 것에 만족하지 못했다.

솔로몬은 성전건축 외에도 무역과 조공으로 얻은 많은 부의 축적을 바탕으로 왕궁과 요새와 기타 많은 건축물을 세웠다. 하솔과 므깃도와 게셀과 같은 중앙에 있는 요지의 성읍들에는 요새가 건축되었고, 똑같은 성문들이 이 세 성읍에서 모두 발견되었다.

솔로몬왕이 역군을 일으킨 까닭은 이러하니 여호와의 성전과 자기 왕궁과 밀로와 예루살렘성과 하솔과 므깃도와 게셀을 건축하려 하였음이라(왕상9:15).

솔로몬의 12행정구역 (왕상4:7~19)

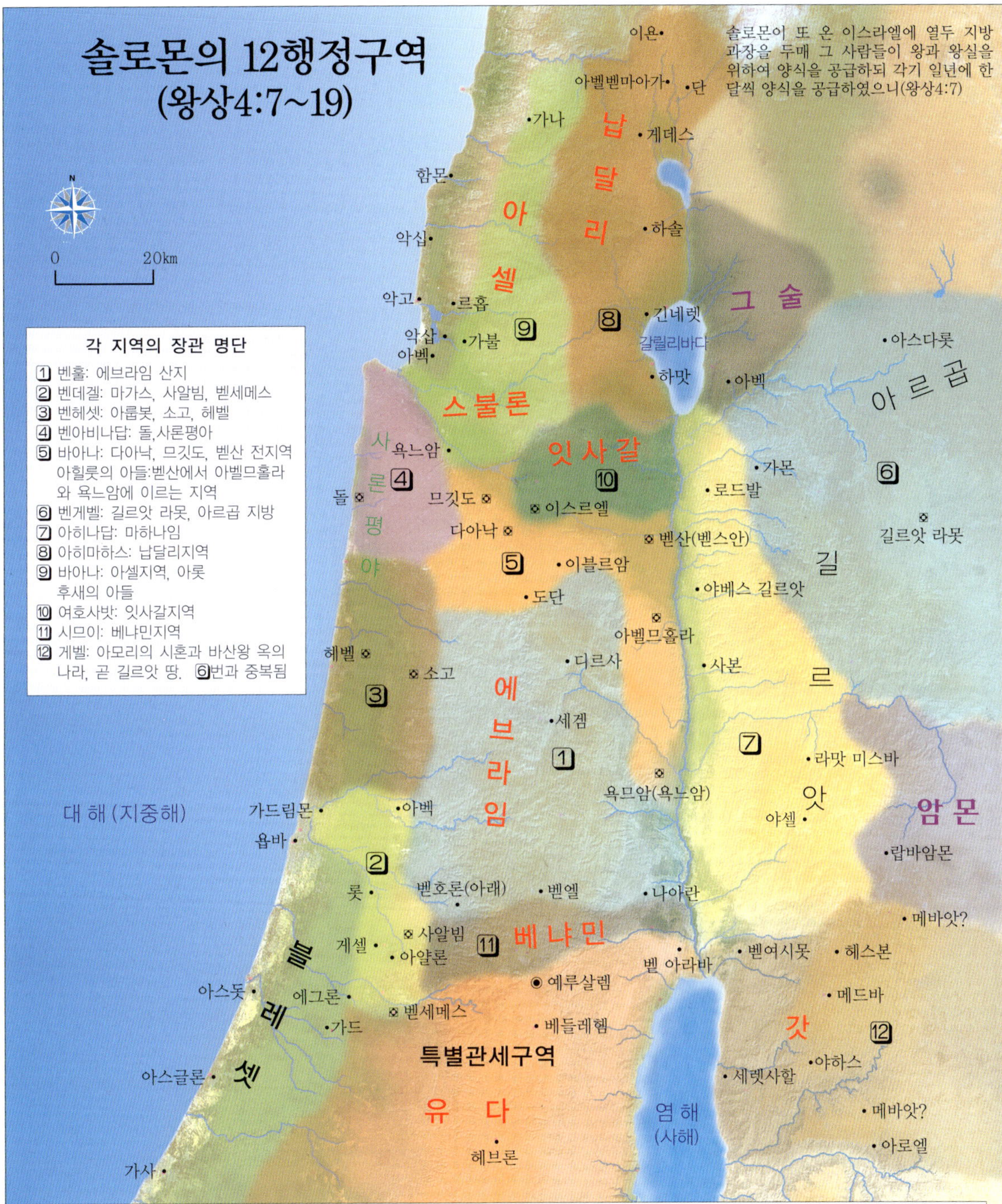

넓은 통치지역을 확보해 놓은 부왕 다윗을 이어 이스라엘 3대 왕이 된 솔로몬에게 주어진 중요한 과제는 성전건축과 더불어 광범위한 점령지를 효율적으로 다스리는 것이었다. 그러므로 솔로몬은 다윗 당시에 있었던 포로들의 강제노동 정책을 계속 이어 나갔다. 관직 부서의 조직도 다윗 당시의 것을 그대로 유지하고 오히려 궁내대신과 관리장을 추가하였으며(왕상4:2~6) 지방행정도 확대 강화하였다. 그래서 전국을 12구역으로 나누어 그곳에 각각 지방장관격인 관장(ruler)을 두어 관리케 했다. 이같은 행정구역 정책의 가장 큰 이유는 각 지방의 충성심을 조정함으로 예루살렘에 있는 중앙정부에 완전히 묶어 두려는 계획과 건축사업을 위한 막대한 재정의 원활한 갹출을 그 목적으로 하고 있었다. 그래서 이들 지방장관(관장) 중 2명(벤아비나답, 아히마아스)은 왕실과 혼인관계로서 직결되어 있었으며, 관장들은 왕과 왕실의 식물 1개월분을 일년에 한번씩 돌아가며 준비해야 했다(왕상4:7).

여기서 유다의 지방장관은 빠져있는데 그것을 군네벡(A.H.J.Gunneweg)은 구조적으로 유대와 이스라엘의 이원사상이 굳어졌다는 것을 보여주는 표시로 생각하고 있으며, 존 브라이트(J.Bright)는 수15:21~62에 수록된 지명은 유다도 12개 지역으로 분할된 것을 보여주는 것이라는데 뜻을 같이하고 있다.

솔로몬때의 교역(왕상5:15~32,9:26~10:29, 대하9장)

솔로몬은 팔레스틴을 통과하는 주요 무역로를 장악함으로 이 무역로를 지나는 교역활동을 통해 많은 국고를 축적할 수 있었다. 그리고 이런 부의 축적을 통해 성전건축을 중심한 건축사업을 활발하게 진행할 수 있었다. 뿐만 아니라 그는 곳곳에 병거성을 두고 상당한 전차대를 둘 수 있었는데 시바 여왕의 방문 기록을 통해 당시의 교역이 얼마나 풍성했는가를 짐작할 수 있다.

두로왕 히람과의 무역(왕상5:1~18, 9:10~14)

두로와의 교역은 건축을 위한 자재 수입과 곡물의 수출로 이루어졌다. 솔로몬은 두로의 히람 왕과 협정을 체결하여 레바논에 있는 백향목과 잣나무 재목을 수입하였다. 대신 히람 궁정의 식물로 해마다 밀 2만석과 맑은 기름 20석을 주었으며 성전과 왕궁의 완공 후에는 갈릴리의 성읍 20개를 주었다.

스바 여왕의 방문외교(왕상10:1~15, 대하9:1~12)

솔로몬 당시 사베인들(Sabeans)은 남부 아라비아(지금의 동부 예멘)에 한 왕국을 세워 북쪽 팔레스틴과 메소포타미아로 가는 대상 통로에 있는 전략적 요지에 있으면서 서남 아라비아의 유명한 특산물의 교역을 지배하였다. 특히 낙타의 수송수단을 이용하여 아라비아의 광범위한 지역에 교역의 주도권을 잡고 있었다. 이런 왕국의 여왕인 시바(Sheba)가 당시 솔로몬의 활발한 무역정책으로 홍해와 육지에서 직접적으로 경쟁하게 되었던 때에 자기들의 특산물인 향료(조미료), 보석, 금 등의 상품 견본을 갖고 솔로몬을 방문한 것은 그가 귀국할 때 솔로몬 왕이 그들의 소원대로 구하는 모든 것을 다 준 것을 보면 무역협정의 제기를 추측할 수 있다. 이 일로 솔로몬은 아라비아의 무역에서 생기는 세금과 관세를 국고로 들어 올 수 있었다.

홍해에서의 무역(왕상 9:26~28, 10:11~12:22)

솔로몬은 건축자재의 수입 외에도 히람과 합작하여 홍해물가에 있는 에시온 게벨에서 배를 건조하여 홍해를 통해 오빌의 금과 백단목과 보석을 수입하였다. 또한 솔로몬은 에시온 게벨 근처에 큰 조선소를 세웠는데(왕상9:26) 이는 이 근처에 방대한 철광산과 동광산이 있었음을 보여 주는 것이다. 실제로 글루엑(Glueck)은 사해와 아카바만 사이에서 광대한 동광과 철광 및 제련시설의 유적을 찾아냈다.

에시온 게벨, 지금은 내륙으로 들어와 있다.

애굽과의 거래(왕상10:28~29, 대하1:16~17)

애굽의 바로와 솔로몬 왕과는 정략결혼으로서 친분관계에 있었기 때문에(왕상9:16) 큰 어려움 없이 원활한 무역을 할 수 있었다. 당시 이스라엘의 병거 제조기술은 매우 빈약했고 말도 기르지 못했기 때문에 솔로몬은 군사력 증강을 위해서 애굽의 병거와 말들, 그리고 쿠에(Kve, 길리기아)의 말들이 필요했다. 그래서 솔로몬 왕은 왕실의 독점사업으로 애굽으로부터 병거를 1대에 은 600세겔을 주고 수입했고, 쿠에로부터는 말 1마리에 은 150세겔을 주고 수입하여 아람과 헷족속에게 다시 수출하였다. 이같은 독점사업은 당시 이스라엘이 이집트와 시리아간의 교통로를 모두 장악하고 있었기 때문에 가능했다.

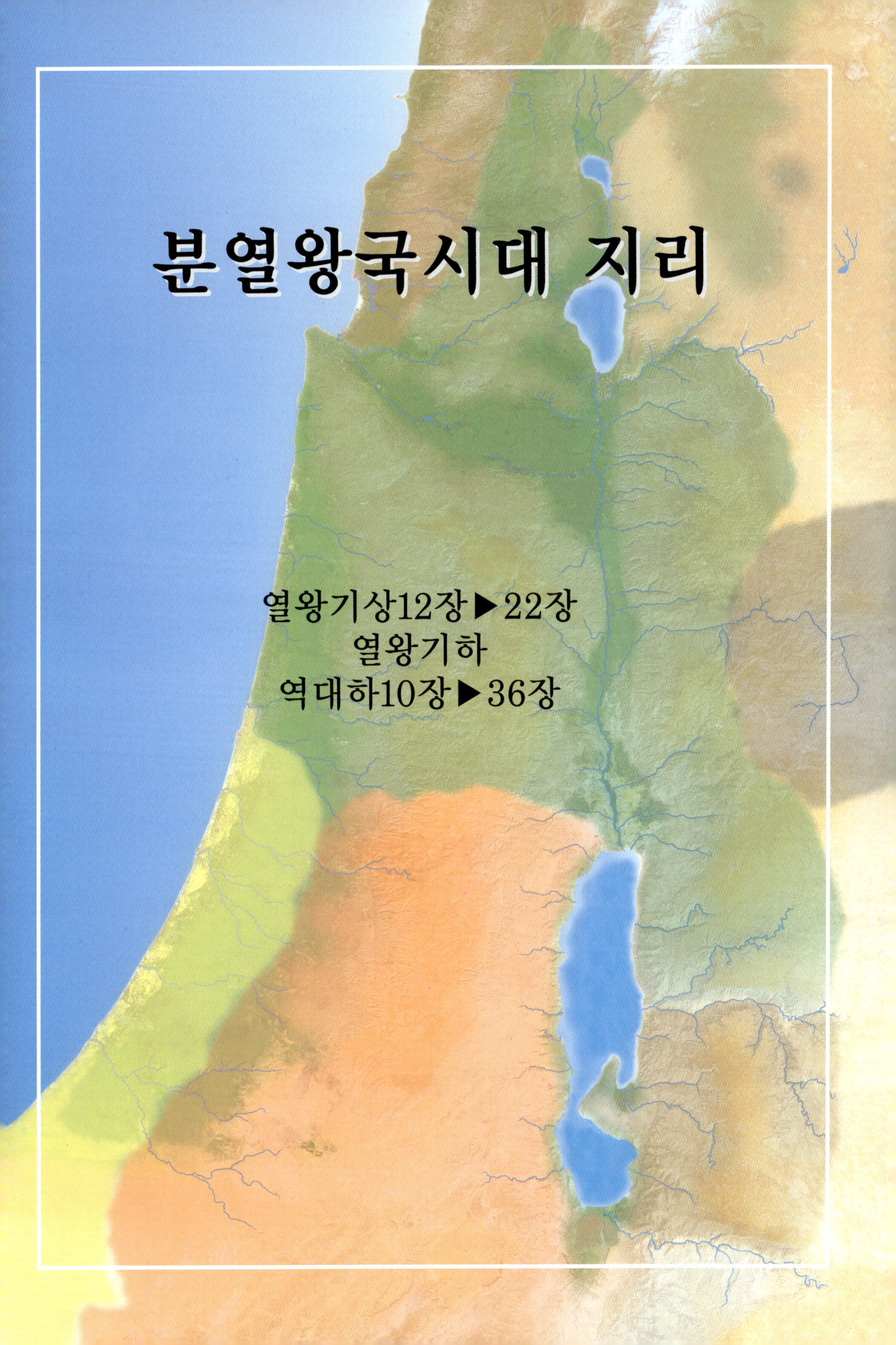

분열왕국시대 지리

열왕기상12장▶22장
열왕기하
역대하10장▶36장

왕국의 분열(왕상12장): BC928년

무리한 건축사업과 성전건축의 재정 확보를 위한 솔로몬의 강제노동과 북쪽 지파에 무겁게 매겨진 세금징수 등 강경 정책은 특별히 북쪽에 있는 지파에게 불만을 갖게 했으며 시간이 흐를수록 그 불만은 더 높아 갔다. 이러한 불만은 솔로몬 당시는 솔로몬의 탁월한 행정력으로 그 불만을 터트리지 못했다. 그러나 솔로몬이 죽고 그 아들 르호보암이 세겜에서 왕위 대관식을 갖게 될 때 북쪽 지파는 솔로몬 당시 애굽의 시삭(애굽 제22왕조의 창시자)에게 망명했다가 솔로몬의 죽자 귀국한 여로보암을 대표자로 르호보암에게 강제노동으로 싸인 불만을 호소하고 고역과 무거운 멍에를 완화시켜 줄것을 요구하였다. 이에 르호보암은 부친과 함께했던 노인들과 자기 측근들과 상의한 후 북쪽 지파의 요구를 수용하도록 한 노인의 의견을 거부하고 소년들의 요구대로 더욱 강경책을 펼침으로 이스라엘은 분열의 요인이 되었다. 결국 북쪽 열 두 지파는 르호보암의 역군의 감독인 아도니람을 죽였고, 르호보암은 예루살렘으로 도망하였다. 그리고 여로보암을 공회로 청하여 북이스라엘의 초대 왕으로 선택하였다. 이로써 3대째 이어온 통일왕국은 짧은 역사로 마치고 BC928년 이스라엘은 북이스라엘과 남유다로 분열되었다.

르호보암의 요새건축(대하11:5~12): BC928~920년

왕국이 분열되자 남유다의 르호보암과 북이스라엘의 여로보암 사이에는 국경선을 결정하기 위한 산발적인 전투가 계속되었다. 이때 북이스라엘의 여로보암과 남유다의 르호보암 사이에 있던 베냐민 지파의 영토는 남유다의 수도인 예루살렘이 그 경계선상에 있었기 때문에 르호보암은 이 지역의 상실은 수도를 위태롭게 만드는 것이라는 것을 인식하고 베냐민 영토를 점령하려는 조처를 취했고 마침내 베냐민 지파의 북쪽 경계선을 확보하는데 성공했다.

역대기의 기록(대하11:5~12,12:1~4)에 의하면 르호보암은 통치 초기, 곧 시삭 침략전에 국경선의 확보를 위해 요새를 건축하였음을 간접적으로 말하고 있다. 그러나 르호보암의 통치 초기에는 분열 문제로 인한 남북간의 갈등과 분열과 잦은 분쟁을 가져왔던 당시의 상황으로서는 그렇게 견고한 요새를 건축할 여유가 없었을 것이다. 특히 구축된 요새의 위치가 처음 4개 요새는 유다 동쪽에, 다음의 4개 요새는 남서편에, 다음 3개 요새는 북서쪽에, 그리고 헤브론이 따로 구축된 것과 북이스라엘과 국경을 접하고 있는 북쪽에 요새가 없는 것을 보면(계속되는 전쟁으로 불가능했겠지만) 역시 르호보암의 요새 구축은 그의 즉위 5년에 있은 시삭의 침입으로 인한 그들의 잔악한 약탈과 예루살렘에 대한 무거운 조공 부과의 경험을 계기로 왕국을 요새화해야 한다는 필요성을 절실히 느꼈을 것이다. 그래서 요충지에 애굽의 재차 공격시에 방어할 수 있는 요새를 구축하였는데 요충지의 대부분은 남쪽과 서쪽에 있었다.

이렇게 보면 대하11:13~17에서 북이스라엘의 종교정책의 실패로 인하여 많은 제사장과 여호와를 경외하는 자들의 상당수가 남유다로 내려와 르호보암을 강성케 함으로 그의 나라가 견고하고 세력이 강해졌기 때문에 르호보암이 여호와의 율법을 버려 시삭의 침임을 받아 요새를 건축한 동기가 되었다고 재구성을 할 수 있다.

여로보암의 초기 통치(왕상12:25~33)

북이스라엘의 초대 왕이 된 여로보암은 왕이 되자마자 에브라임 지파의 수도라고 볼 수 있는 세겜성을 건축하여 수도로 삼아 이스라엘을 다스렸다. 그러나 백성들이 예루살렘으로 내려가 제사를 드리러 가므로 여론이 르호보암에게 돌아갈 것을 두려워하여 벧엘과 단에 두 금송아지를 만들어 놓고 제사케 하였으며, 산당을 짓고 레위인이 아닌 일반인으로 제사장을 삼았다. 그러나 이로인해 많은 백성들과 제사장들이 남유다로 망명을 하게 되는 결과를 가져 왔다. 이로써 북이스라엘은 쇠퇴의 길을 걷기 시작했고, 남유다는 점차 강해지기 시작했다.

주위 국가들의 탈이스라엘 움직임

한편 이스라엘의 분열은 다윗과 솔로몬 당시 가졌던 주위 국가에 대한 통치권을 급격히 약화시켜 남유다에서는 서남쪽에 위치한 블레셋의 여러 도시가 가드를 제외하고는(대하11:8) 대부분이 이스라엘의 지배에서 벗어났으며, 이스라엘로 하여금 국경 부근의 전투로 인해 바쁘게 만들었다(왕상15:27,16:15). 동쪽에 있던 암몬과의 결합은 최소한 지리적으로 파괴되었고, 그들은 유다에 대한 충성을 할 의무를 지지 않았다.

북이스라엘도 상황은 마찬가지였다. 이미 솔로몬 당시 독립국가로 형성되었던 다메섹(왕상11:23~25)은 점차 세력이 커지면서 아람족속의 왕국이 형성되어 점차 이스라엘을 위협하는 존재로 떠올랐다. 그러나 모압은 이때까지 이스라엘에게 조공을 바친 것같다. 결국 이스라엘의 분열은 솔로몬때 누렸던 일류국가에서 이류국가로 전락하여 외세의 침략에 어려움을 겪어야만 했다.

온 이스라엘이 여로보암이 돌아왔다 함을 듣고 사람을 보내 그를 공회로 청하여 온 이스라엘의 왕으로 삼았으니 유다 지파 외에는 다윗의 집을 따르는 자가 없으니라(왕상12:20).

시므리의 모반과 오므리 왕조의 탄생(왕상16:8~28)

분열왕국 이후 남북왕국의 계속되는 국경분쟁과 반역사건은 두 왕국 모두 어느 한편의 완전한 승리없이 국력만을 소비하였고 아울러 주위 국가에 대한 통치권도 점차 쇠약해져 갔다. 그래도 북이스라엘보다는 남유다가 어느 정도 안정된 상태에 있었다. 당시 애굽은 시삭 이후 내정에 휩싸여 다시 무력한 상태에 빠져 팔레스틴 지역에 관섭할 능력을 갖고 있지 못했다. 그러나 아람은 다메섹과 연맹을 이룬 후 이스라엘에게 가장 강력한 위협 국가로 등장하여 솔로몬때 차지하고 있던 팔레스틴 북부와 시리아 지역을 점차 빼앗아 왔다.

이런 와중에 북이스라엘에서는 24년 동안 통치했던 바아사가 죽고 그 아들 엘라가 유다 왕 아사 26년에 디르사에서 왕위에 올랐으나 엘라는 2년만에 시므리의 반역에 의해 죽고 만다. 반역으로 왕위에 오른 시므리는 바아사와 엘라 집의 가족을 멸족시켰다. 그러나 이때 블레셋과 북이스라엘 사이의 분쟁지역인 깁브돈에서 대진하고 있던 군사들은 시므리의 쿠테타를 인정하지 않고 오므리를 왕으로 추대했다. 이에 오므리는 군사를 이끌고 깁브돈에서 디르사로 올라와 디르사궁을 불살라 시므리로 하여금 자살토록 유도하여 시므리의 통치는 7일로 끝나고 말았다.

북이스라엘 오므리의 통치(왕상16:15~28)

남유다 아사 31년에 왕위에 오른 오므리는 6년 동안 디르사에서 통치한 후 사마리아 산지에 성을 건축하고 수도를 사마리아로 옮겨 남은 6년을 통치했다. 그는 성과 요새의 건축에 진력하여 국방을 강화시켰으며, 대외적으로는 남유다와 평화적 공존체제를 추구하고 베니게(페니키아)와도 긴밀한 관계를 유지했다. 그래서 그 아들 아합은 두로 왕의 딸인 이세벨과 결혼하기도 했다. 그러나 아람(시리아)과 앗수르와는 여전히 위험한 상황 속에서 강경책을 갖고 있었다. 오므리 당시 앗슈르나시르팔 2세(BC884~860년경)의 계속된 남하정책으로 아람편에 있던 나라들을 하나씩 굴복시키고 있었다.

이런 상황 속에서 오므리는 모압을 굴복시켜 봉신국으로 삼고 국경선을 제한한 다음 자국민을 아르논강까지 이주시켰다(모압 석비, Moabite Stone).

아합 왕의 악정(왕상20장)

유다 왕 아사 38년에 북이스라엘의 왕이 된 오므리의 아들 아합은 국력강화와 주위 국가와의 공조 내지는 긴밀한 관계 유지의 부친 정책들을 이어나갔다. 그리하여 아합은 사마리아에 상아궁을 건축하고 므깃도에 궁전을 건축할 만큼 경제적인 안정을 누렸다. 뿐만 아니라 므깃도에 말 500여필을 수용할 수 있는 외양간을 지었으며, 하솔에는 성벽을 튼튼히 세웠다.

이 당시 아람(다메섹)은 벤하닷(Benhadad)이 주위의 다른 군소 아람 왕국들의 왕들을 폐위시키고 총독을 두어 이스라엘을 위협하고 있었다. 결국 아합 당시 북이스라엘과 아람과는 3차례의 전쟁이 일어났다.

첫 번째 전투는 아람의 사마리아 침공으로 시작되었으나 아합은 이들을 격퇴시켰다. 두 번째 전투는 야르묵 골짜기에서 일어났다. 이때도 아합은 이들을 격퇴시키고 아벡까지 추격하여 아벡을 함락시켰다. 아벡이 함락되자 벤하닷은 할 수 없이 분쟁지역을 이스라엘에게 양보하게 되었다. 세 번째 전투는 아람이 2차전 때의 조약을 파기함으로 일어났다. 이때는 아합 왕이 남유다의 여호사밧과 동맹을 맺고 연합하여 라못 길르앗을 공격함으로 일어났다. 이 전투에서 아합은 전사하였고 요단고원은 다시 아람의 수중으로 넘어갔다.

서부 지역 연맹군(살만에셀 3세 비문, 니므롯 출토

연맹국과 왕	병 력
이스라엘의 아합	병거 2,000 보병 10,000명
하맛의 이르훌레니	병거 700, 보병 10,000명
다메섹의 하닷에셀	병거 1,200, 보병 20,000명
쿠에(길리기아)	보병 500명
이집트	보병 1,000명
이르가나타(Irganata)	병거 10, 보병 10,000명
아르왓의 마티누발루	보병 200명
우사타나	보병 200명
시안누의 아두누발루	병거 30, 보병10,000명
아라비아의 간디부	낙타 1,000마리
암몬의 바아사	몇 천명 이상의 보병

아람, 이스라엘, 쿠에, 암몬, 이집트등 고대 서방의 나라들은 그들 사이에 발생하는 크고 작은 전쟁에 얽매이는 동안 점차 커져가는 앗수르의 세력을 감지하지 못하고 있었다. BC1100년경 앗수르 왕 디글랏빌레셋 1세(Tiglath-Pileser)는 그 세력이 이미 지중해에 도달하였으나 그의 후계자들에 이르러서는 다시 소국으로 되돌아가고 말았다. 그러다가 BC9세기초에 앗수르나시르팔 2세(Assurnasirpal Ⅱ, BC833~859년)는 앗수르의 영토 확장주의 정책이 부활되면서 그의 군대는 북부 수리아와 아르왓, 비블로스, 두로, 시돈 등 지중해안 성읍들로부터 조공을 받았다. 특히 그의 아들 살만에셀 3세(Shalmaneser Ⅲ)세는 부왕의 영토확장 정책을 계속 추진하여 재위 6년(BC853년)에는 서부 지역 출정길에 올랐다. 니느웨에서 출발한 이 출정은 브돌 근처에서 유프라테스강을 건너 알렙포를 경유해서 갔다.

그리고 칼칼(Qarqar)을 포함해서 하맛 영토내의 몇몇 성읍들을 정복하였다. 그러나 그는 정복에 대해 공동 위험을 느낀 서부 지역 왕들의 연맹군의 저항에 직면하게 되었다. 왕상22:1에서 이들은 그들간의 전쟁을 3년간 멈추었다고 기록하고 있다. 앗수르군을 저지시키기 위해 단결한 이 강력한 연맹은 북쪽의 쿠에(Kue)로부터 아람, 이스라엘, 암몬 뿐만 아니라 이집트에 이르는 지역까지 거의 모든 지역의 군대가 포함되하고 있었다.

성경에 아합의 원수로 언급된 다메섹 왕 벤하닷(하닷에셀)과 하맛 왕 이르훌레니(Irhuleni)와 이스라엘 왕 아합이 연맹군들의 선봉에 서 있었다. 특히 아합의 군대는 연맹군 마병대의 절반 이상에 달했다. 이것은 당시의 이스라엘 군사력을 암시해 주는 하나의 자료이다. 여기에서 유다가 언급되지는 않았지만 북이스라엘은 연합국으로서 연맹군에 가담했을 것이다. 이 싸움은 칼칼 근처에서 가장 크게 일어났다. 살만에셀의 기록에는 칼칼 전투에 있어 모두 열 두 왕이 있었음에도 11개 국가만 언급되어 있다. 그리고 살만에셀에 의하면 앗수르가 승리한 것으로 되어 있으나 이후 살만에셀이 다시 서방으로 출정하기까지는 4년이 경과되어야 한 것을 보면 동맹국가의 왕들은 앗수르 세력에 큰 타격을 준것으로 보인다. 그리고 앗수르의 위험이 사라진 4년 동안 연맹은 다시 분열되어 서로 사소한 분쟁이 재현되었다.

엘리야의 활동(왕상17:1~19:21,21:17~29)

엘리야(Elijah)는 길르앗의 디셉(Tlshbe) 사람으로 아합 왕때 활동한 선지자이다. 아합은 북이스라엘의 오므리 왕조중 대표적인 왕으로 당시 북이스라엘은 그의 아내 두로 왕 엣바알(Ethbaal)의 딸인 이세벨(Jezebel)의 바알숭배 장려 정책으로 인하여 여호와의 종교(Yahwism)의 최대 위기를 겪었다. 성서는 아합은 바알을 조금만 섬겼다고(왕하10:18) 기록하고 있으나 결국은 이세벨의 종교성으로 애매한 절충주의에 빠져 들었다. 이에 예언자 집단에서는 날카로운 비판을 가했고, 이세벨은 하나님의 예언자들을 박해하기에 이르렀다(왕상18:13). 엘리야는 이런 종교적인 어두운 시대적 배경 속에서 야웨 신앙의 회복을 위해 활동하였다.

엘리야의 생애

1.디셉에서

엘리야 선지자는 요단 동쪽에 있는 길르앗(Gilead) 지방의 디셉 사람으로 오므리 왕가의 아합 왕이 북이스라엘을 다스릴 때 이스라엘에 수년동안 가뭄이 있을 것을 경고하는 가운데 등장했다.

2.그릿 시냇가에서(왕상17:2~7)

아합에게 가뭄이 있을 것을 경고한 엘리야는 하나님의 명령에 따라 아합을 피해 요단 동편 그릿 시냇가로 가서 숨어 지냈다. 그리고 까마귀가 가져다 주는 떡과 고기를 먹고 지내다가 계속된 가뭄으로 시냇물이 말라 더 이상 마시지 못하자 사르밧으로 올라갔다.

●그릿 시냇가(Br. Cherith)의 위치에 대해서는 정확한 이론은 없으나 중세시대에는 요단 서편 길갈 근처로 현재의 와디 켈트(Wadi Qelt)로 생각했다. 그러나 대부분 학자들은 엘리야의 고향에 있는 여러 강줄기 중 하나라고 생각한다. 아마 성서에 언급된 곳은 내용 전개상 디셉에서 멀지 않은 와디 야비스(Wadi Yabis)로 생각된다.

3.사르밧에서(왕상17:8~24)

그릿 시냇물이 마르자 하나님의 명령에 따라 두로와 시돈의 중간 지역에 있는 사르밧으로 올라가 그곳의 한 과부를 만나 밀가루가 부족하지 않는 기적을 베푼 후 가뭄이 그칠 때까지 머물렀다.

이일 후 그 과부의 죽은 아들을 살려주었다. 사르밧에서 3년을 지낸 후에 엘리야는 가뭄이 끝난 것을 아합에게 고하기 위하여 사마리아로 내려가는 도중에 아합의 궁내대신 오바댜를 만났다.

그리고 아합 왕을 만나지 말것을 강청하는 것을 거절하고 아합 왕을 만난 엘리야는 바알과 아세라 선지자들과 갈멜산에서 대결할 것을 제의했다.

4.갈멜산의 대결(왕상18:19~46)

엘리야의 제의를 받아들인 아합은 바알 선지 450명과 아세라 선지 400명을 갈멜산으로 나오게 하였다. 결국 엘리야의 제단에 불이 임했고 바알 선지자들은 기손 시내에서 죽임을 당했다. 그리고 아합에게 비가 올 것을 알려 주자 아합 왕은 서둘러 사마리아로 내려갔다.

5,6.브엘세바와 호렙산으로(왕상19:1~8)

엘리야에 의해 바알 선지자들이 죽임 당한 것을 안 아합왕의 왕후 이세벨은 엘리야를 죽이려고 했고, 이에 엘리야는 이세벨을 피해 자기에게 속한 사람과 함께 유다 남방에 속한 브엘세바로 갔다. 브엘세바에 도망온 엘리야는 로뎀 나무 아래에서 죽기를 구했으나 천사가 준 음식을 먹고 힘을 얻어 호렙산까지 내려갔다.

7.호렙산으로(왕상19:8~18)

브엘세바를 떠난 엘리야는 40일만에 호렙산에 도착하여 하나님으로부터 다메섹의 하사엘과 예후에게 기름을 부어 왕을 세우고 엘리사를 자신의 후계자로 세우라는 명령을 받았다.

8.아벨므홀라(왕상18:19~21)

호렙산에서 명을 받은대로 엘리야는 아벨므홀라로 올라가 열 두 겨리의 소로 밭을 갈고 있는 엘리사를 만나 자기 겉옷을 던져 자기를 따라 오게 하였으며 엘리사는 이때부터 엘리야를 따르며 그의 수종을 들었다.

그리고 아람과 전쟁에서 승리한 후 이세벨의 모략에 따라 나봇을 죽이고 그의 포도밭을 강제로 빼앗은 일로 아합이 죽을 것을 예고하였다(왕상21:1~26). 이에 뉘우친 아합에게 하나님은 그 재앙을 아들의 시대에 내리게 하였다. 이후 아합은 남유다의 여호사밧과 연합하여 아람의 라못 길르앗을 공격하다가 전사했다.

9.아하시야에게 경고함(왕하1:1~4)

사마리아에서 남유다 여호사밧 왕 17년에 즉위한 아하시야 왕에게 병고침을 알기 위해 바알세불에게 물은 것에 대해 책망하고, 침상에서 내려오지 못한 상태에서 죽을 것을 경고하였다.

10.승천 직전의 노정(왕하2:1~5)

아하시야가 죽고 여호람이 북이스라엘의 왕이 된 때 엘리야는 하나님의 명령에 따라 길갈로 갔다. 그곳에서 엘리사를 머물게 하고자 했으나 엘리사는 끝까지 엘리야를 따랐다. 그리고 엘리야는 계속해서 벧엘과 여리고로 갔고, 그때마다 엘리사를 떼어 놓으려고 했으나 엘리사는 여전히 엘리야를 따랐다.

11.엘리야의 승천(왕하2:6 ~11)

여리고에서 요단을 건넌 후 승천하기 직전에 엘리사는 엘리야에게 갑절의 영감을 구했다. 그리고 엘리야는 회리바람을 타고 승천하였고, 엘리사는 엘리야의 겉옷을 취한 후 요단을 건너 여리고로 왔다.

엘리야의 활동
(왕상17:1~19:21,21:17~29)
엘리야의 여정
호렙산에서 올라옴
엘리사와 함께한 여정
0 20km
사르밧의 과부에게 밀가루가 떨어지지 않는 기적을 베풂
바알 선지자 400명을 죽임
까마귀가 가져다 주는 떡과 고기를 먹으며 숨어 지냄
엘리사를 제자로 삼음
아하시야 왕을 책망함
길갈을 여리고 근처로 보는 경우 여정
엘리사가 계속 따름
요단강을 갈라 건넌 후 승천함
로뎀나무 아래서 죽기를 구함
천사가 준 음식을 먹고 호렙산에 감
유다에 속한 브엘세바에 이르러 자기의 사환을 그곳에 머물게 하고 자기 자신은 광야로 들어가 하룻길쯤 가서 한 로뎀나무 아래에 앉아서(왕상19:3하~4상)
대 해 (지 중 해)
아 람 (다메섹)
그 술
길 르 앗
암 몬
이 스 라 엘
유 다
블 레 셋
사 론 평 야
사르밧 단 게데스 함몬 악십 하솔 악고 르홉 미살 가불 아벡 긴네렛 갈릴리바다 하맛 아벡 아스다롯
갈멜산 욕느암 기손 시내(강) 돌 므깃도 이스르엘 다아낙 이블르암 야베스 길르앗 그릿 시내 아벨므홀라 디셉 길르앗 라못
헤벨 디르사 사본 사마리아 세겜 요단 강 라맛 미스바 가드림몬 아벡 욥바 길갈 야셀 랍바암몬 롯 벧엘 길갈 여리고 메바앗
게셀 아얄론 벧여시못 아스돗 에그론 예루살렘 벧세메스 가드 베들레헴 아스글론 헤브론 가사 브엘세바 호렙산
① ② ③ ④ ⑤ ⑥ ⑦ ⑧ ⑨ ⑩ ⑪
사마리아 여리고 가사 브엘세바 헤브론

여호사밧때 유다의 행정구역
(왕상22:41~50, 대하17:10~19, 20:35~37)

북이스라엘의 아합 왕과 같은 시대의 남유다 왕 여호사밧은 부왕인 아사의 치하때부터 에돔에 대한 지배를 다시 재개하였고, 에시온 게벨의 해상무역도 회복시키려고 시도하였다. 뿐만 아니라 국력신장을 위해 요새와 국고성을 건축하였다. 또 왕실 행정을 정리하여 솔로몬 당시와 비슷한 행적구역으로 분할하고 각 분할 지역에 총독을 두었다. 이 행정구역에 대한 자세한 내용은 수15:21~62의 유다 성읍에 대한 목록에서 참조할 수 있다.

유다 모든 견고한 성읍에 군대를 주둔시키고 또 유다 땅과 그의 아버지 아사의 정복한 에브라임 성읍들에 영문을 두었더라(대하17:2).

엘리사의 활동: BC9세기말
(왕상19:19~21, 왕하2:1~8:7)

1.요단강, 여리고▷ 요단강가에서 엘리야의 겉옷을 받아 본격적으로 예언자의 활동을 시작한 엘리사는 겉옷을 가지고 요단강 물을 갈라 건넌 후 여리고로 돌아 왔다. 이를 본 선지자의 생도들은 엘리사에게 엎드려 경배하고 자신들의 지도자 위치에 놓았다. 여리고에서는 좋지않은 물을 물근원에 소금을 던져 좋은 물로 고쳤다.

2, 3.벧엘, 갈멜산▷ 그리고 벧엘로 갈 때 대머리라고 조롱하는 아이들을 저주하여 암콤이 나와 42명을 죽게 하였고 그곳에서 갈멜산으로 갔다가 사마리아로 돌아왔다.

4.에돔광야▷ 사마리아에서 다시 에돔 광야에 내려 갔는데 이곳에서 엘리사는 여호람과 남유다의 여호사밧 연합군과 종군했다. 그리고 모압 원정을 가는 도중 물이 없어 위기를 맞게 되었을 때 큰물이 흘러내릴 것을 예고해 주었고, 물이 에돔편에서 흘러와 연합군을 구했다.

5.수넴▷ 엘리사가 에돔 광야에서 종군한 후부터 수넴으로 오기까지의 사건에 대해서는 특별한 내용이 없고 다만 왕하4:1~7에서 죽은 선지자 생도의 아내 중 빚으로 두 아들이 종이 될 어려움에 있는 여인에게 빌려온 빈그릇에 기름을 채우게 하는 기적으로 빚을 갚고 생활을 할 수 있도록 한 내용이 기록되어 있다. 그리고 엘리사가 수넴에 이르러 그곳 여인으로부터 대접을 받고 아들이 있을 것을 축복한대로 여인은 아들을 낳았다. 그러나 아이가 어느 정도 자랐을 때 죽어 버렸다.

6.갈멜산▷ 그래서 그 모친은 자기 사환과 함께 갈멜산으로 가서 엘리사를 만나 자기 집으로 같이 왔다. 이에 엘리사는 기도로 아이를 살렸다.

7.길갈▷ 수넴에서 아이를 살린 엘리사는 길갈에 내려와 흉년이 들어 고생하는 선지자 생도들을 위해 바알살리사에서 한 사람이 가져온 보리떡 20개와 채소 1자루로 100명을 먹였다. 엘리사가 길갈에서 도단으로 가기까지 성서에 나오는 사건은 아람 왕 벤하닷 2세(벤하닷 1세의 아들인듯)의 군대장관인 나아만의 나병(문둥병)을 고친 것과 빠진 도끼를 나무가지를 던져 도끼를 떠오르게 하여 건저준것이 왕하5:1~6:7에 나온다.

8.도단▷ 엘리사가 도단에 있을 때 아람 왕 벤하닷 1세가 이스라엘(여호람)를 치기 위해 이스라엘 진영에 여러번 내려왔으나 그때 마다 엘리사는 침공 정보를 미리 왕에게 기별하여 방비하게 하였다. 이것을 아람 왕의 신복이 알고 왕에게 고하자 아람 왕 벤하닷은 엘리사를 잡기 위해 군대를 보내 밤에 도단을 포위하였다. 아침에 포위 당함을 안 엘리사는 그들의 눈을 어둡게 하였다.

9.사마리아▷ 그리고 엘리사는 그들을 이끌고 사마리아로 오게 한 후 눈을 뜨게 하였다. 그리고나서 그들을 죽이지 않고 음식을 주어 먹게한 후 고국으로 돌려 보냈다.

이일 후 아람 왕 벤하닷이 다시 이스라엘을 공격하여 사마리아를 포위했다. 이에 음식값은 폭등하고 자식을 삶아 먹는 비참한 상황에 까지 이르게 되었을 때 엘리사는 하루만에 음식물 가격이 폭락할 것을 예언했다.

성밖에 있던 아람 군대는 말소리와 군대의 소리를 듣고 이스라엘이 뇌물을 주고 헷사람과 애굽 군대에 구원을 요청하여 오는 줄 알고 장막과 말과 모든 장비와 양식들을 남겨두고 급히 도망하였다. 이에 여호람 왕은 물건들을 취하였다.

10.수넴▷ 사마리아에서 위기를 넘긴 엘리사는 전에 아들을 살려준 수넴 여인에게 가서 7년 동안 기근이 있을 것을 알려주고 살만한 곳으로 가서 살도록 알려 주었다.

11.다메섹▷ 이후 엘리사는 다메섹에 있을 때 아람 왕 벤하닷이 병의 치료 유무를 알기 위해 막대한 예물을 가지고 엘리사를 찾아 왔다. 이때 엘리사는 하사엘이 아람 왕이 되어 이스라엘에게 잔악한 침략 행위를 저지를 것을 알고 울었다. 엘리사의 예언대로 하사엘은 귀국하여 이튿날 벤하닷에게 물에 적신 이불을 덮어 죽게 했다.

이일 후에 있은 엘리사의 행적에 대해서는 지명으로 연결할 수 없으나 소년 선지자 생도를 길르앗 라못으로 보내 예후에게 기름을 부어 왕을 삼게 하였다. 그리고 엘리사는 죽을 병에 들어 찾아와 슬퍼하는 요아스 왕에게 아람을 세 번 공격하여 승리할 것을 예언한 후 죽어 장사되었다.

모압과 그 동맹국의 유다 침공
(대하20:1~30)

여호사밧의 통치 말기 모압 자손과 암몬 자손과 마온 사람은 동맹군을 형성하여 사해(아마 리산반도 앞)를 건너 유다의 엔게디를 침공하였다. 이에 여호사밧은 백성들에게 금식을 선포하고 기도함으로 하나님으로부터 승리를 약속받았다.

마침내 암몬의 동맹군들은 엔게디 앞 시스 고개로 올라왔고, 유다군은 드고아들에 모여 브라가 골짜기 어귀 여루엘들 앞에서 대진하였다. 이때 동맹군 중 반란이 일어나(아마 미리부터 계산된 것으로 생각됨) 세일산 거민이 모압과 암몬 자손과 더불어 싸워 동맹군은 피차 살륙으로 자멸했다. 결국 유다군은 한명의 희생자 없이 전리품만을 가지고 예루살렘으로 돌아왔다.

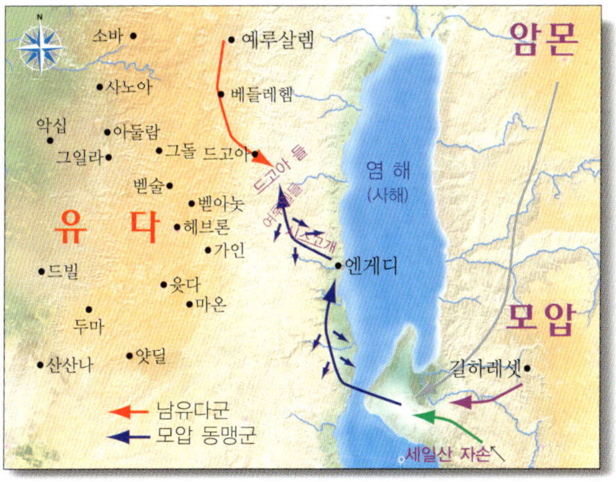

이스라엘(여호람)의 모압(메사) 출정

모압은 오므리 왕 때 북이스라엘의 봉주국이 되어 조공을 바쳐오던 중 이스라엘과 아람과의 여러 차례 전쟁을 틈타 독립을 하고자 반란을 일으켰다. 그리하여 아합왕과 아람의 다메섹 왕 벤하닷과의 전쟁때에 이미 반란을 일으켜 메드바와 에셀과 느보에 이르는 이스라엘의 모압 통치 성읍들을 정복했다(메사의 석비). 이에 아합은 모압 정벌을 벌였으나 실패한 것같다.

유다 왕 여호사밧 18년에 즉위한 아합의 아들 여호람은 즉위하자마자 배반한 모압을 치기 위해 이스라엘의 군대를 모으고 유다 왕 여호사밧에게 도움을 약속 받고 예루살렘으로 내려와 합세하였다. 그리고 유다 왕 여호사밧의 요청대로 요단 남단을 건너지 않고 에돔 광야길을 택하여 진군하였다. 진군 도중 에돔 왕도 군사를 이끌고 이스라엘 연합군과 합세하였다. 그러나 연합군은 진군한지 7일 동안 물을 얻지 못해 죽을 고비를 맞았다. 이때 엘리사는 홍수로 인한 물이 에돔에서부터 흘러올 것을 알려주어 연합군은 아침에 물을 얻어 위험한 고비를 넘길 수 있었다.

한편 세 연합군이 치러 올라 온다는 소식을 들은 모압은 국경지방에 군사를 배치했으나 연합군이 서로 싸워 살생된 것으로 오인하여 연합군의 진으로 공격하다가 패하여 자기 진영으로 도망하였다. 이에 이스라엘은 추격하여 주위의 성읍을 헐고 길하레셋까지 포위하였다.

패망의 위기에 있던 모압 왕 메사는 아람 왕(개역성경 왕하 3:26에는 에돔으로 나와 있음)에게 구원을 요청하려고 했으나 실패하였다. 그러나 함락을 눈앞에 둔 이스라엘은 본국에 큰 어려움이 발생하여 포위를 풀고 본국으로 돌아 갔다. 이때 귀국길은 성서의 기록대로 "큰 통분함"으로 인해 왔던 길로 돌아가지 않고 여호사밧 통치 말기에 모압 연합군이 유다를 치기 위해 갔던 길인 사해를 가로질러 유다의 심장부로 직행했을 것이다.

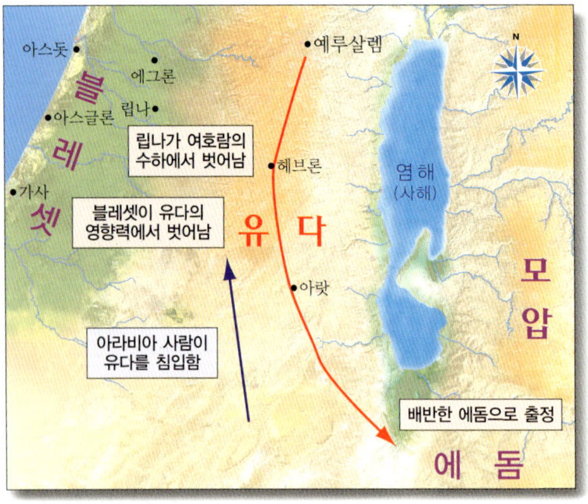

남유다 속국들의 배반
(왕하8:28~29, 대하21:1~20)

남유다는 여호사밧 사후 그 아들 여호람이 왕위에 올랐다. 여호람은 8년간의 통치기간 중에 북이스라엘과는 연혼을 할만큼 돈독한 동맹관계를 유지했다. 그러나 국력은 쇠약해져 주위의 속국들은 속속 유다를 배반하여 유다의 통치권에서 벗어났다. 맨먼저 에돔이 왕을 세우고 유다를 배반하자 여호람은 에돔 출정길에 올랐으나 에돔을 굴복시키지는 못했다. 이어 립나도 유다를 배반하였다. 그외에 블레셋 사람도 유다를 배반했고, 아라비아 사람들은 유다를 침략하기까지 했다. 이에 대해 성경은 여호람이 우상숭배에 빠지고 악행을 저질렀기 때문이라고 말하고 있다. 결국 여호람은 창자가 빠져나와 죽었다.

남유다 아하시야의 통치와 예후의 반란(예후 왕조)

남유다 아하시야의 길르앗 라못 전투
(왕하8:25~9:27, 대하22:1~12)

북이스라엘 아합의 아들 요람 12년에 유다의 왕위에 오른 아하시야는 북이스라엘의 요람과 함께 길르앗 라못으로 올라가 아람 왕 하사엘과 싸웠다. 이 싸움으로 아하시야는 라마에서 부상당해 이스르엘로 돌아와 치료를 받고 있는 요람을 병문안 오게 되었다. 그러나 이때 요람을 배반하고 반란을 일으킨 예후의 반란군을 피해 동산정자길로 도망하다가 이블르암 근처 구르 비탈에서 예후의 군사에게 부상당하여 므깃도에서 죽었다.

예후의 이스르엘 공략(반란)
(왕하9~10장)

오므리 왕가의 마지막 왕인 여호람(요람)때의 장관으로 있던 예후(Jehu)는 길르앗 라못에서 기름 부음을 받았다. 그리고 여호람이 아람의 하사엘과 더불어 길르앗 라못에서 싸움 중에 부상을 당하여 이스르엘에 누워 있었고, 유다왕 아하시야는 문병을 위해 올라왔었을 때 다른 군관들의 지지를 얻어 쿠데타를 일으켰다.

그는 길르앗 라못에서 요단을 건너 가서 북이스라엘의 여호람(요람)을 죽인 후 도망하는 유다 왕 아하시야를 이블르암 근처의 구르 비탈길에서 쳐서 부상을 시켜 므깃도에서 죽게 만들었다. 한편 이스르엘에 있던 이세벨은 그곳의 내시에 의해 창밖으로 내어 던져져 예후가 보는 앞에서 죽었다. 그리고 난후 예후는 사마리아에 있는 아합의 아들 70인을 죽게 했다.

예후의 쿠데타는 철저하게 진행되어 사마리아로 가서 유다 왕 아하시야의 형제 42명을 사로잡아 죽였다. 그리고 오므리 왕조의 종교 혼합주의를 철저히 배격하여 바알과 아세라 선지자들을 멸절시키고, 바알의 목상을 헐며, 바알의 성전을 변소로 만들어 버렸다.

이런 예후의 정책으로 유다와의 동맹은 즉시 단절되었다. 그러나 이런 종교개혁에도 불구하고 예후 통치 말기와 그 아들 여호사밧때의 북이스라엘의 군사력은 마병 50대, 병거 10대, 보병 10,000명 정도의 아주 약한 상태에 있었다(왕하13:7). 사실상 아람의 속국이나 다름이 없었다. 이러한 상황 속에서 아람 왕 하사엘은 요단 동편에 있는 아르논 골짜기의 아로엘에서부터 길르앗과 바산까지 침공하였다(왕하9:1~10:33). 요단 동편 지역은 모두 아람의 하사엘에게 넘어갔다. 그리고 예후는 28년 동안 이스라엘을 다스린 후 죽어 사마리아에 장사되고 그의 아들 여호아하스가 왕이 되었다.

아람 왕 하사엘의 침략

남유다의 요아스 통치때(왕하12:1~21)

남유다는 아하시야가 죽자 그 모친 아달랴가 쿠테타를 일으켜 왕위에 오를 왕자들을 죽였다. 그때 왕자 중 한 사람인 요아스는 여호세바에 의해 도망나와 6년 동안을 숨어지냈다. 이 6년 동안 유다는 아달랴에 의해 통치되었다. 그러나 아달랴 통치 7년째 곧 북이스라엘의 예후 즉위 7년에 제사장 여호야다에 의해 아달랴가 죽은 후 요아스가 7세 나이로 유다의 왕위에 올랐다(왕하11장).

요아스는 즉위 23년에 종교개혁을 실시했으나 BC815년 아람의 하사엘은 아모스의 예언대로(암1:3) 유다를 침공하여 가드까지 침공하였다. 그리고 예루살렘으로 올라오려고 하자 요아스는 성전 곳간과 왕궁에 있는 막대한 양의 금을 취해 하사엘에게 조공을 주고 예루살렘의 멸망을 모면했다. 하솔은 이때 파괴된 것으로 보인다.

북이스라엘 여호아하스때 남북(왕하13:1~9)

유다 왕 요아스 23년에 북이스라엘의 왕이 된 예후의 아들 여호아하스는 사마리아에서 17년을 통치하는 동안 북이스라엘은 아람의 속국이나 다름이 없었다. 요단 동편의 모든 이스라엘 지역은 이미 예후때 아람의 하사엘 수하로 넘어갔다(왕하10:33). 그러나 아람 왕 하사엘의 이스라엘에 대한 학대는 계속되어 예후의 아들 여호아하스 왕때는 다시 공격하여 마병 50, 병거 10승, 보병 1만명만을 남겨 두었다(왕하13:1~9).

남북 왕국의 번영 시작

북이스라엘을 학대하던 아람의 하사엘이 죽고 그 아들 벤하닷 3세가 아람의 왕위에 올랐을 때 아람은 앗수르의 위협에 BC806년 항복하고 앗수르의 지배를 강요당하고 있었다. 그렇다고 앗수르가 팔레스틴까지 지배력을 가질 수 있는 여력은 가지고 있지 못했다. 왜냐하면 우랄투(Uratu=Ararat)와의 전쟁으로 인해 군사력을 팔레스틴까지 침투할 여유가 없었기 때문이었다. 이런 갑자스런 국제정세의 변화 속에서 여호아하스에 이어 북이스라엘의 왕위에 오른 요아스는 임종시 엘리사의 예고처럼 벤하닷 3세의 아람을 세번 공격하여 여호아하스때 빼앗겼던 2~3개 성읍을 되찾았다.

한편 북이스라엘 요아스 2년에 예루살렘에서 남유다의 왕위에 오른 아마샤도 북이스라엘과 마찬가지로 모처럼 유리한 국제정세 속에서 번영을 누릴 수 있는 기회를 맞이했다. 곧 북쪽 앗수르는 아람(다메섹)에게 항복을 받고 그들의 지배를 강요당하고 있었다. 그리하여 유다는 염곡에서 에돔 사람 1만명을 죽이고 셀라(페트라 혹은 에스 실)를 정복하고 욕드엘이라 명하였다(왕하14:1~7)

아마샤(남)와 요아스(북)의 싸움
(왕하14:8~ 22, 대하25:11~28)

아람은 앗수르의 남하로 그들의 지배하에 들어갔으나 앗수르는 아직 팔레스틴까지는 침공하지 못하는 국제 상황 속에서 남북 두 왕국은 번영과 발전의 기회를 가질 수 있었다. 그러나 이런 기회는 남북 왕국간에 오히려 군사적 대결을 야기시키는 요인으로 작용했다.

싸움은 먼저 남유다의 아마샤에 의해 시작되었다. 아마샤는 에돔을 제압하는데 자신을 얻어 북이스라엘의 요아스에게 도전장을 던졌다. 그러나 벧세메스에서 맞붙은 싸움은 예상과는 달리 유다의 아마샤가 벧세메스에서 사로잡히는 것으로 쉽게 끝이 났다. 아마샤를 사로잡은 요아스는 예루살렘으로 올라가 성전과 왕궁에 있는 금은 기병들을 탈취하여 사마리아로 돌아갔다. 아마 요아스는 유다를 이스라엘로 합병시킬 뜻은 없이 다만 유다에 대한 지배권만을 갖기를 원했던 것같다. 결국 이로인해 좀더 우위에 있게된 북이스라엘의 지위로 인해 예후의 반란기간 동안 와해되었던 남북관계는 다시 동맹관계로 바뀌게 되었다.

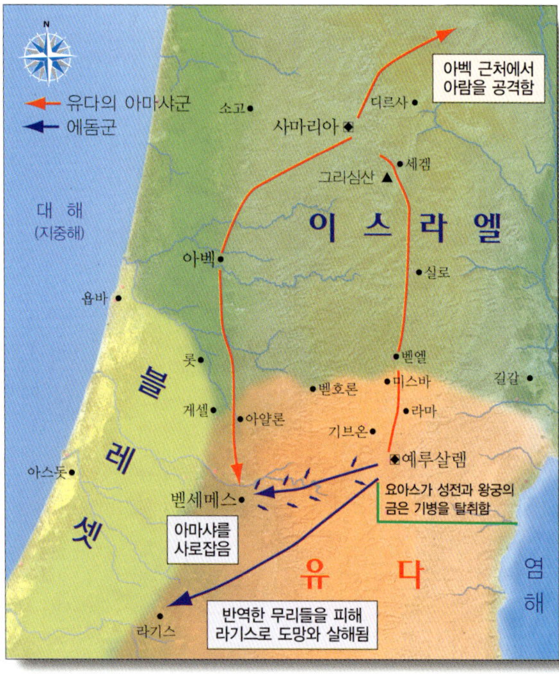

여로보암 2세때 이스라엘과 유다(왕하14:23~29)

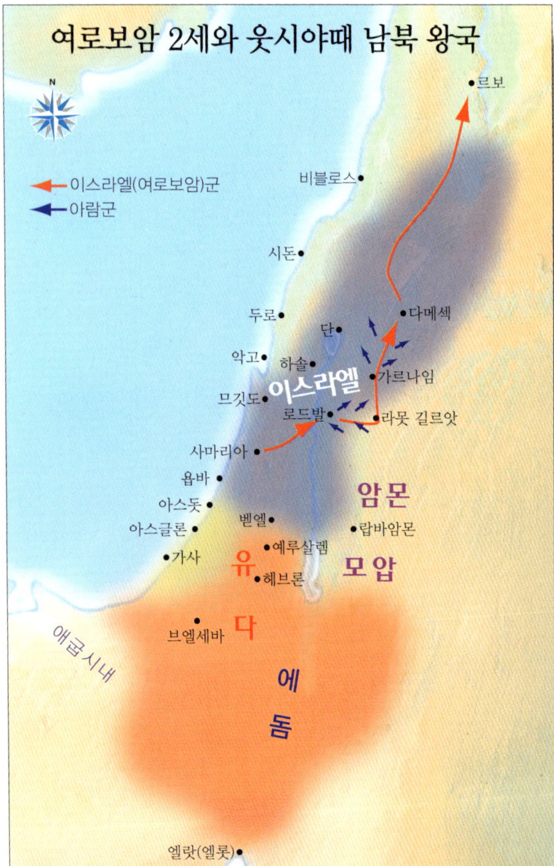

여로보암의 남은 사적과 모든 행한 일과 싸운 업적과 다메섹을 회복한 일과 이전에 유다에 속하였던 하맛을 이스라엘에 돌린 일은 이스라엘 왕 역대지략에 기록되지 아니하였느냐(왕하14:28)

남유다 아마샤가 죽은지 1년만인 BC785년 북이스라엘의 요아스도 죽었다. 그리고 남유다에서는 웃시야(아사랴)가, 북이스라엘에서는 여로보암 2세가 즉위하여 국제적인 세력공백 속에서 두 왕국의 번영을 위한 장기간의 통치가 이루어졌다. 곧 BC800년 이후 앗수르의 세력은 다메섹을 정복하고 조공을 받는데 이르러 아람(수리아) 족속은 이스라엘에 대하여 더이상 위협적인 존재가 되지 못했다. 그렇다고 앗수르의 세력이 이스라엘에게 큰 위험을 가져다 줄 정도는 아니었기 때문에 이러한 세력균형 속에서 여로보암 2세는 비록 세력균형이 길지는 않았지만 균형이 유지되는 동안 다시 한번 새로운 국가의 독립과 외정의 회복을 체험하고 경제적인 번영을 누릴 수 있었다.

당시 여로보암 2세는 북이스라엘의 북쪽 국경선을 하맛 어귀까지 올려놓았고(왕하14:25), 남쪽으로는 아라바 바다(사해)까지 이르렀다. 이런 사실에서 모압과 암몬을 어느 정도 혹은 완전히 정복했을 가능성도 있다. 그리하여 자연히 주요한 교역통로인 트랜스요르단을 오르내리며 북부 아라비아로 들어가는 길과 페니키아 항구로부터 해안 평야를 끼고 오지로 통하는 길들은 이스라엘이 장악하고 있는 영토를 지나야 하므로 대상들로부터 거두는 통행세와 자유로운 물물교환은 북이스라엘과 남유다에게 막대한 부를 가져오게 했다. 그러나 이러한 두 왕국의 번영은 사회적, 도덕적 그리고 종교적으로 극심한 부패를 가져오게 하여 이스라엘로 돌이킬 수 없는 파멸의 자리로 들어가게 하는 요인이 되었다.

당시 부패상과 종교적인 타락상은 아모스와 호세아서에 잘나타나 있다. 이 시대에는 두 왕국의 번영과 더불어 남북관계는 서로 평화스럽게 의도적인 관계를 유지하면서 솔로몬 이후로 누려보지 못한 번영을 가져왔다.

웃시야(아사랴)의 정복과 건축사업
(왕하15:1~7, 대하26:1~23)

아마샤의 뒤를 이어 유다 왕이 된 웃시야는 성공적인 출정을 통해 남쪽을 다윗 왕국때의 지역까지 회복하였다. 그는 가장 먼저 블레셋의 가드, 야브네, 아스돗 등의 성읍을 정복하였다. 그리고 아라비아 사람과 마온 사람을 치고 암몬에게는 조공까지 받았다. 에돔에 대한 정복을 끝낸 다음에는 계속해서 남하하여 남부 사막지대를 정복해 나가 홍해 바닷가 엘랏까지 이르렀다.

웃시야는 성공적인 출정과 더불어 활발한 건축사업을 펼쳤다. 그는 정복한 블레셋 지역에 새로운 성읍을 건축하여 정복을 확고히 했으며, 솔로몬 당시 배를 건조했던 홍해에 엘롯(엘랏)을 건축하여 이곳에서의 교역을 재개했다. 이를 확실히 하기 위해 남방 경계선과 도로변에 파괴된 요새들을 재건했다. 또한 국방력 강화를 위해 예루살렘과 네게브 지역의 거친 땅에 망대를 세우기도 했다.

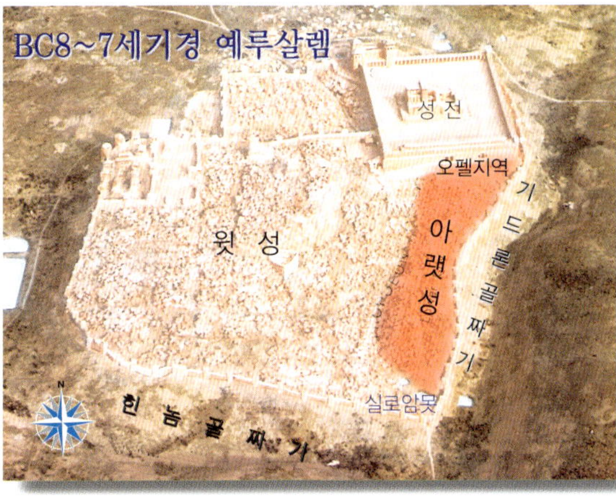

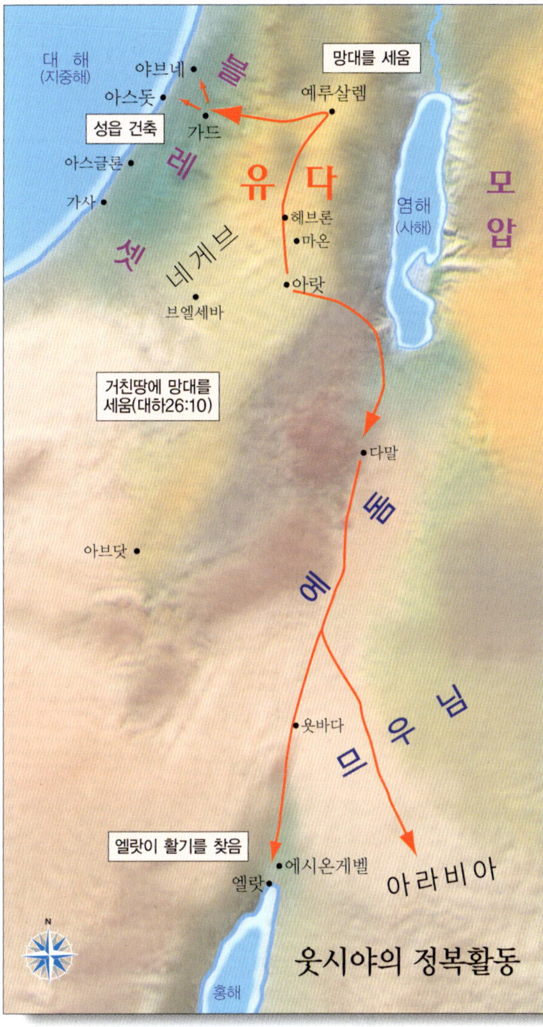

요담 왕의 통치(왕하15:32~38, 대하27:1~9)

요담은 웃시야의 아들로 북이스라엘의 베가 왕 2년에 유다의 왕이 되었다. 그는 예루살렘에서의 16년의 통치 기간동안 성전 윗문을 건축하고, 오벨(오펠)성을 증축하였으며, 유다 산중에 성읍을 건축하였다. 뿐만 아니라 견고한 영채와 망대를 건축하여 외부 침략에 대비하였다. 암몬과의 관계는 부왕인 웃시야때와 마찬가지로 조공을 계속 받는 강국을 이어갔다.

아람 왕 르신과 북이스라엘의 유다 침략(왕하16장)

베가는 앗수르와 맞서기 위해 아람 왕 르신과 함께 새로운 연맹을 준비하였다. 그리고 이 연맹에 유다도 함께 참여하기를 원했다. 그러나 유다가 거절하자 베가와 아람 왕 르신은 예루살렘으로 내려가 아하스 대신 도비야 가문의 다브넬을 유다의 왕으로 세우려 했다(사7:6). 이때쯤 에돔은 유다로부터 해방되어 유다를 침공하기까지 했다(왕하16:6, 대하28:17). 더나아가 블레셋 사람들마저도 남방의 성읍들과 유다의 세펠라성들을 굴복시키려고 기회를 잡고 있었다(대하28:18). 이에 아하스는 앗수르의 도움을 요청했다. 그러나 훗날 앗수르가 북이스라엘과 아람의 두 나라보다 더 위험하다는 이사야의 경고를 알지 못했다(사7:4).

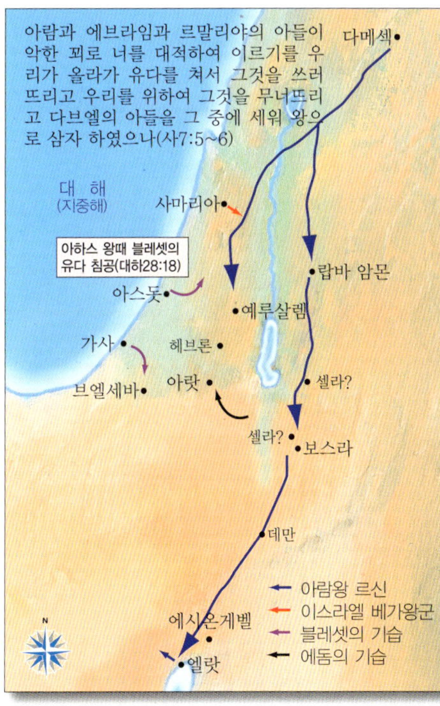

디글랏 빌레셋 3세의 침략
(왕하15:8~31): BC734~732년

이스라엘의 예후 왕조는 여로보암 2세를 중심으로 약 100년 동안은 세력의 균형 속에서 그 번영이 절정에 달했다. 그러나 여로보암 2세가 죽고 그 아들 스가랴가 유다 왕 아사랴 38년(BC748년)에 즉위한지 6개월 만에 살룸에게 살해를 당한 후부터 북이스라엘은 급격한 몰락의 길을 치달았다.

살룸은 1개월 통치만에 므나헴에게 살해 당하고, 쿠데타로 왕위에 오른 므나헴은 10년을 통치하다가 죽었다. 그 뒤를 이은 브가히야는 2년만에 베가에게 살해되어 북이스라엘은 베가에게 정권이 넘어갔다. 이런 짧은 기간 동안에 일어나는 정권의 혼란 속에서 앗수르에서는 그 동안 움추렸던 확장주의가 다시 고개를 들기 시작했다. 그러다가 디글랏 빌레셋 3세에 이르러 조공과 항복을 받는데 만족하지 않고 점령지를 앗수르 제국에 완전히 병합하여 각국을 일개 도(道)로 격화시키려고 하였다.

그리하여 디글랏 빌레셋은 BC734년 블레셋으로 출정을 개시하여 가사를 정복당했다(앗수르 비문). 그후 2년만에 북이스라엘의 베가 왕이 다메섹의 르신왕과 연합하여 앗수르에 대항하고자 주위 나라와 더불어 연합군을 형성하고 유다 왕 아하스에게로 연합군에 가담할 것을 강요하였다. 이에 유다 왕이 디글랏 빌레셋 3세에게 구원을 요청하였다(사7:1~8:18 참조). 이를 계기로 앗수르는 북이스라엘과 다메섹에 대한 출정을 개시했다.

당시의 디글랏 빌레셋 3세에 대한 출정기록과 역대하 15:29에 정복한 성읍들과 앗수르의 사료(디글랏 빌레셋 12세의 연대기)를 참조하여 보면 BC733년에 앗수르군은 신속한 출정을 위해 레바논 골짜기를 통해 들어와 북부 요르단 골짜기에서 이욘, 아벨 벧마아가, 게데스, 하솔, 야노아 등의 요새들을 정복하고 수개의 종대로 나누어 각 지역으로 전진해 들어갔다.

그리하여 갈릴리와 납달리와 길르앗 지역이 정복 당하고 에브라임 산지만 겨우 화를 모면하였다. 그리하여 동부지역의 모든 이스라엘 영토는 앗수르의 지배권에 들어갔고 그 주민들의 상당수는 사로잡혀 앗수르로 끌려 갔다(왕하15:29). 그리고 므깃도, 하솔 등 많은 성읍들이 파괴되어 길르앗과 므깃도와 돌(Dor)은 앗수르의 세개의 속주로 분할되어 지배되었다. 그러나 불행중 다행으로 베가를 살해하고 왕위에 오른 엘라의 아들 호세아는 앗수르 왕에게 막대한 조공을 바친 덕택으로 점령 당하지 않은 이스라엘 남부지역을 겨우 통치할 수 있었을 뿐이었다.

이때에 다메섹은 화를 모면하였으나 북이스라엘의 호세아와 아람 왕 르신이 연합하여 예루살렘을 공격하자 유다 왕 아하스의 막대한 조공과 더불어 도움 요청을 받고 내려온 디글랏 빌레셋 3세의 군대에 의하여 일년 뒤인 BC732년에 다메섹을 쳐서 점령하고 무참히 파괴하였으며 르신 왕을 처형시켰다(왕하16:5~9). 이렇게 하여 아람(다메섹)은 하우란, 길르앗, 가르나임, 다메섹, 수비테 등 다섯 도(道)로 나누어져 수세기 동안 큰 변화없이 지났다.

살만에셀 5세의 침입과 북이스라엘의 멸망
(왕하17:1~23): BC734~732년

호세아는 침략국 앗수르 디글랏 빌레셋 3세의 봉신국의 신분으로 정복되지 않은 남쪽 일부의 남겨진 영토를 다스리면서 기회만 있으면 독립국으로의 존립을 위해 반란을 마음먹고 있었다.

그러던 중에 디글랏 빌레셋 3세가 죽고 그의 아들 살만에셀 5세가 왕위에 오르자 호세아는 반란을 결심하고 이집트 제24왕조 테프나크테(Tefnakhte)로 추정되는 소(So) 왕에게 도움을 약속 받고 해마다 앗수르에게 드리는 공물을 드리지 않고 배반하였다. 그러나 앗수르의 살만에셀 5세는 BC724년에 배반한 호세아를 공격하였다.

당시 이집트는 분열의 진통을 겪고 있던 무력한 상태에 있어 북이스라엘을 전혀 도울수가 없었다. 결국 호세아는 잡혀 옥에 갇혔고, 앗수르의 살만에셀 5세는 이스라엘 남은 지역을 정복한 후 사마리아를 3년간 포위한 뒤 호세아 9년(BC721년)에 사마리아를 함락시켰다. 이로써 여로보암에서 시작된 북이스라엘은 200여년의 역사에 종말을 고하였다.

앗수르의 팔레스틴 출정
(왕하15:8~31, 17:1~23)

이스라엘 왕 베가때에 앗수르 왕 디글랏 빌레셋이 와서 이욘과 아벨벧마아가와 야노아와 게데스와 하솔과 길르앗과 갈릴리와 납달리 온 땅을 점령하고 그 백성을 사로잡아 앗수르로 옮겼더라(왕하15:29).

사르곤 2세의 출정과 이스라엘 사람들의 추방(왕하17:24~41, 사20장)

북이스라엘의 멸망 후 앗수르 본토에서는 사르곤 2세(Sarcon Ⅱ)가 정권을 장악하였는데 이런 일련의 소요사태를 계기로 서쪽에서는 하맛(Hamath) 지역과 블레셋 지역의 도시인 가사가 반란을 일으켰고, 팔레스틴과 수리아에서는 이집트의 충동을 받아 각처에서 반란이 일어났다. 이에 사르곤 2세는 폭동진압을 위해 출정하여 맨먼저 하맛을 굴복시킨 다음 팔레스틴 남쪽으로 진격하여 가사와 라비을 정복하고 가사 왕을 돕기 위해 올라온 이집트 군대를 격파시키고 이집트로부터 조공까지 받게 되었다.

오론테스강 상류의 하맛

그리고 반란에 가담했던 사마리아에 대하여 재발을 막기 위해 그 지역의 주민들을 광범위 하게 앗수르의 변경과 정복한 메대의 성읍으로 이주시켰다. 그리고 공백이 생긴 팔레스틴 지역에는 바벨론과 하맛에서 온 다른 백성들이 정착하게 되었다. 특히 BC716년에는 아라비아 사람들도 팔레스틴으로 이주해 왔는데 이들은 이주 당시 자신들의 이국적 풍습을 그대로 갖고 들어왔다. 훗날 유다의 바벨론 포로귀환 후 사마리아 사회는 이들의 이국 풍습을 답습하게 되었다.

한편 유다는 앗수르에 굴복하므로써 북이스라엘과 같은 멸망은 모면하였으나 앗수르의 입장에서는 이 지역에 불안감을 완전히 없앨 수는 없었다. 그리하여 BC721년에 앗수르는 유다 지역은 아니었지만 이디오피아 사바쿠(Shabak)의 후원을 받은 아스돗의 반란을 진압하기 위해 다시 가나안 출정을 감행해야만 했다.

사르곤 2세는 군대장관을 아스돗으로 보냈다. 그는 아스돗을 정복하였고(사20장), 유다, 에돔, 모압의 반란도 즉각 진압하였다(사르곤 2세의 비문). 그리고 아스돗과 아스두딤무(Asdudimmu, 아스돗얌) 외에 깁브돈, 에글론, 가드를 정복하고 유다의 아세가까지 정복하였다. 그리고 앗수르는 정복 지역을 아스돗, 사마리아, 길르앗, 하우란, 가르나임, 다메섹, 므깃도 등으로 분할하여 통치하였다.

이스라엘 사람들의 추방(왕하17:6,24,30~31)

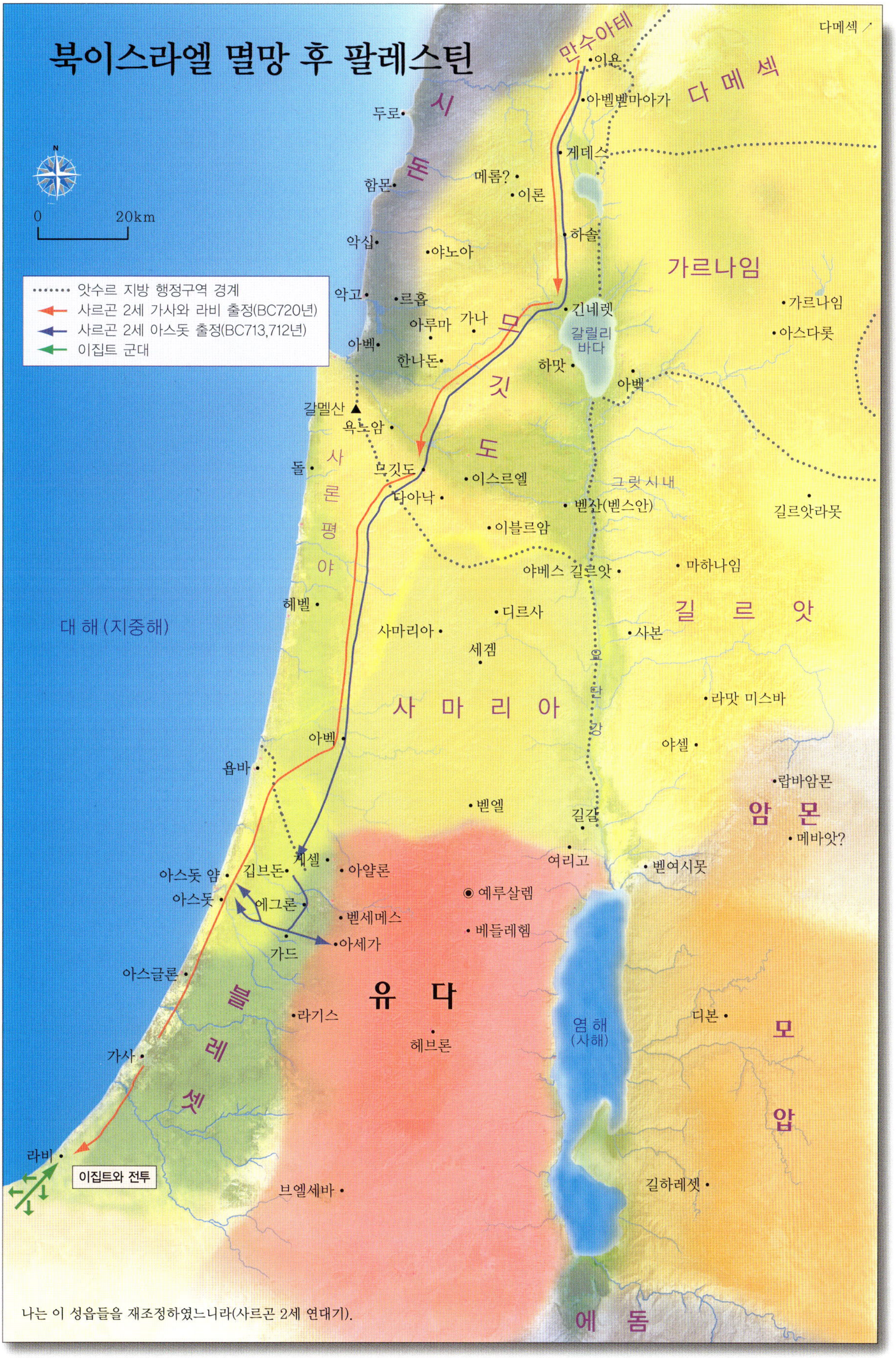
북이스라엘 멸망 후 팔레스틴
다메섹 ↗
0 20km
앗수르 지방 행정구역 경계
사르곤 2세 가사와 라비 출정(BC720년)
사르곤 2세 아스돗 출정(BC713,712년)
이집트 군대
만수아테
이욘
아벨벧마아가
다메섹
두로
시돈
게데스
메롬?
이론
함몬
하솔
악십
야노아
가르나임
악고
르홉
가나
아루마
므깃도
긴네렛
갈릴리 바다
가르나임
아스다롯
악벡
한나돈
하맛
아벡
갈멜산
욕느암
돌
사론 평야
므깃도
다아낙
이스르엘
그릿시내
벧산(벧스안)
길르앗라못
이블르암
야베스 길르앗
마하나임
헤벨
디르사
대 해 (지중해)
길르앗
사마리아
사본
세겜
요단강
라맛 미스바
사마리아
아벡
야셀
욥바
랍바암몬
벧엘
길갈
암몬
메바앗?
깁브돈
게셀
아얄론
여리고
벧여시못
아스돗 얌
아스돗
에그론
예루살렘
벧세메스
베들레헴
아세가
가드
아스글론
블레셋
유다
라기스
염 해 (사해)
디본
모압
헤브론
가사
라비
이집트와 전투
브엘세바
길하레셋
에돔
나는 이 성읍들을 재조정하였느니라(사르곤 2세 연대기).

므낫세와 아몬의 유다 통치(왕하21:1~26, 대하33장)

히스기야의 뒤를 이어 왕이 된 므낫세는 언제 멸망할지 모르는 앗수르의 그늘 밑에서도 55년간의 장기 통치를 하였다. 그러나 장기간의 통치에도 불구하고 므낫세에 대한 광범위한 통치내용을 알 수 없다. 다만 이 때는 산헤립이 남긴 침략의 상처를 회복하는 비교적 조용한 번영의 시기였다. 므낫세 당시의 국경은 히스기야때와 거의 변동이 없었다. 북으로 앗수르가 직접 통치하는 성읍들과 경계를 이루었고, 서쪽은 변함없이 블레셋과 경계를 이루었으며, 동쪽은 사해가 되었다. 그러나 유다의 운명은 앗수르에 대한 충성을 실행하는 가운데 유지할 수 있었다. 므낫세 사후 아몬때 역시 별다른 변화없이 악행과 우상을 숭배하며, 2년의 짧은 기간동안 유다를 통치하다가 신복들의 반역에 의해 살해되었다.

앗수르 제국의 흥망

디글랏 빌레셋 2세 이후부터 앗수르 제국은 크게 재흥되어 디글랏 빌레셋 2세(BC744~727, 왕하15:19의 '불'과 동일 인물)때에는 다메섹을 정복하였고, 이스라엘의 므나헴과 유다 왕 아하스에게 조공을 받았다(왕하15:19). BC721년 살만에셀 5세때에는 이스라엘을 멸망시켰다. 그리고 BC699년에 에살핫돈은 하(下)이집트까지 정복하였고, 그의 아들 앗슈르바니팔(Asshurbanipal)은 BC663년에 이집트의 노 아몬(No-amon)를 정복하여 이집트 제25왕조의 종말을 고하게 했다. 그리하여 앗수르는 동쪽으로 바사만과 엘람에서부터 서쪽의 이집트 남부까지를 다스리는 일대 전성기를 이루었다. 그리고 사막 변두리의 작은 소국들과 유다의 므낫세 왕은 앗수르에 조공을 바치는 충성 속에서 그 명맥을 유지해 나갔다. 그러나 앗수르는 앗슈르바니팔(성경에는 오스납발, 스4:10f)을 정점으로 급속한 하락의 길을 걸었다. 지나친 영토의 팽창과 더불어 조직적인 통치제도가 없이 포악한 힘에 의한 조잡한 조직과 바벨론과 메대의 새로운 적대 국가의 등장으로 멸망의 큰 요인들을 품고 있었다. 이런 가운데 앗슈르바니팔이 죽자 거대한 국가조직은 토대부터 흔들리고 와해되어 급작스럽게 쇠약해지기 시작했다. 이에 원한에 찼던 애굽 제26왕조 창시자인 싸메티커스 1세(BC663~609년)가 가장 먼저 반기를 들었다. 연이어 갈대아(신바벨론)와 이웃 나라들의 반기로 앗수르는 종말을 향해 더욱 치닫게 되었다. 특히 바벨론(갈대아)은 메대의 시악사레스 왕의 협력을 받아 BC614년에 앗수르의 옛 수도인 앗수르(Asshu. 아슈르)를 점령하였다. 2년 뒤에는 바벨론과 메대의 동맹군에 의해 3개월 포위 끝에 니느웨가 함락되었다. 이 때에 앗수르 왕 신사르이스쿤은 도망하다가 죽었다.

그리고 앗슈루발릿 1세(Asshuruballit I)가 지휘하는 앗수르 잔존부대는 하란으로 퇴각하여 이집트의 도움을 받으려 했으나 2년 뒤인 BC610년에 바벨론과 그 동맹군에 의해 점령되어 앗수르 왕국은 종말을 고했다.

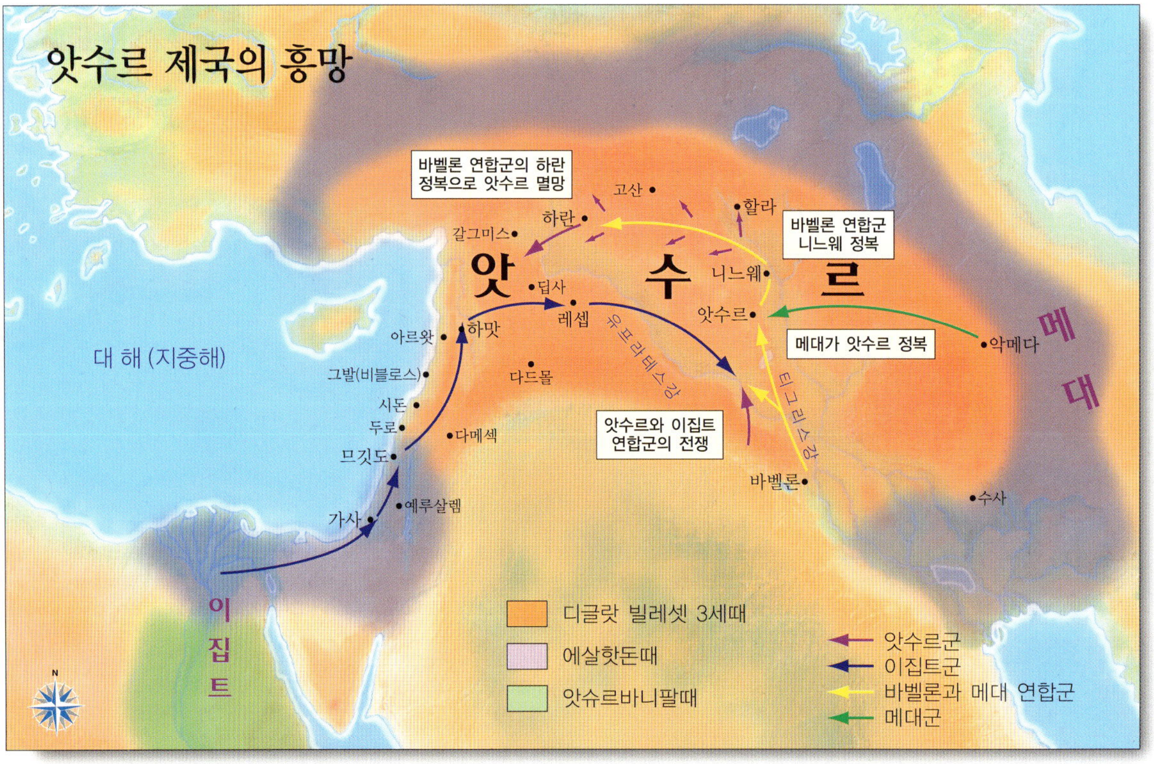

요시야 왕국(왕하22:1~23:30, 대하34~35장)

부친과 같이 악행을 일삼았던 아몬(Amon, BC642~640년)이 신복에 의해 암살된 후 국민들의 지지를 받아(왕하21:24) 8세에 왕위에 오른 요시야(Josiah)는 비록 앗수르 봉신국의 처지에 있었으나 당시 앗수르는 제국 판도에 대한 지배력이 급속히 퇴조하는 과정에 있었다. 특히 요시야 통치 12년인 BC629(8)년에 앗수르는 앗슈르바니팔(Asshurbanipal)의 노후로 인해 그 아들 신사르이스쿤(Sinsharishkun)이 왕세자의 섭정으로 왕위에 올라 공동통치를 하는 내정상황과 서부 지역에 대한 실제적인 지배력이 약화되기 시작한 상황이었다. 이에 요시야는 전면적인 개혁을 단행하여 유다와 예루살렘 뿐만 아니라 앗수르가 북부 이스라엘 영토를 분할하여 속주(屬州)로 편제했던 곳인 므낫세와 에브라임과 시므온, 납달리 지역까지 아세라 목상과 바알의 단을 훼파하는 일대 종교개혁을 시도하였다.

사실상 이때는 이미 앗수르에 대한 봉신은 형식에 불과했고, 앗수르는 유다에 관섭할 처지에 있지 못했다. 이같은 사실에서 요시야는 이 지역들을 언제 일시에 혹은 부분적으로 상당한 시일이 걸렸는지는 알 수 없으나 앗수르의 군대는 이 지역에서 거의 사라져 버렸고 요시야의 통치지역이 되어버렸다. 그리하여 지중해변 욥바의 남쪽 해변에 구축했던 요새가 알려 주듯이 지중해변까지 그의 지배력을 확장시켰다. 한편 남쪽의 경계는 브엘세바 이남까지 이르렀다. 이리하여 북이스라엘의 멸망 이후 유다는 앗수르의 몰락기를 틈타 다시한번 짧은 기간 동안이나마 독립을 누릴 수 있었다.

바로 느고의 출정

북이스라엘의 멸망 후 일시적으로 독립을 누렸던 요시야는 말년에 이르러 국제정세에 상당한 변화를 가져오는 사건을 겪었다. 이미 대제국으로서 봉주국의 통치력이 급격히 약화된 앗수르는 마침내 BC610년에 앗수르의 마지막 보루인 하란을 지키고 있던 앗슈루발릿(Ashuruballit)이 바벨론과 그 동맹군에 의해 공격을 받아 점령당했고 앗슈루발릿은 패잔병과 함께 이집트 군대가 있는 지역으로 도망했다.

한편 이집트의 바로 느고는 BC609년 패주한 앗슈루발릿을 돕기 위해 갈그미스로 북진하는 도중 가사를 치고(렘47:1) 므깃도에 이르렀다. 이때 유다 왕 요시야는 이집트의 팔레스틴 통치를 염려한 나머지 바로 느고의 진군을 저지하다가 전사하였다. 그리하여 바로 느고의 군대는 갈그미스까지 가서 바벨론과 전투를 개시했으나 싸움은 바벨론의 승리로 돌아갔다. 그러나 팔레스틴과 수리아에 대한 이집트의 통치권은 수년간이어졌으며, 갈그미스 전투에서 패전하여 귀국하는 길에 하맛의 땅 리블라(Riblah, 립나)에서 자기에게 온 요시야의 아들 여호아하스를 잡아 옥에 가두고 그 형제 엘리아김을 여호야김으로 개명하여 왕으로 삼고, 여호아하스는 애굽으로 잡혀가 그곳에서 죽었다.

그후 여호야김 4년(BC605)에 이집트의 바로 느고는 다시 갈그미스로 진격하였으나 갈그미스와 하맛에서 느부갓네살에게 패하였다(렘46:2). 1년 후 느부갓네살은 팔레스틴으로 내려와 아스글론을 정복하고 애굽시내까지 이르렀다(왕하24:7). 그리하여 유다는 앗수르의 속국에서 잠시 누렸던 독립을 잃고 당분간 바벨론의 속국 상태로 있었다.

유다 왕국의 말기(왕하23:31~24:17, 대하36:1~10)

여호아하스와 엘리아김(BC609~597년)

앗수르가 멸망하자 앗수르의 옛지역을 차지하기 위한 열강들의 쟁탈전은 결과적으로 유다의 파국적인 재난을 앞당겼다. 특히 당시 두 강대국인 바벨론과 이집트는 멸망한 앗수르의 영토를 차지하기 위해 BC609년 갈그미스 전투를 벌였는데 요시야 왕은 이 싸움을 위해 진군하던 바로 느고의 군대를 막기 위해 출정했다가 므깃도에서 전사하였다(왕하23:28~30). 므깃도에서 요시야를 전사시킨 이집트의 바로 느고는 계속 북진하여 갈그미스에 이르렀으나 바벨론 군대에게 패전하였다. 그리하여 메소포타미아 북부지역은 바벨론의 확고한 수중에 들어가게 되었으며 느고는 팔레스틴 지역에 대한 영향력을 행사하는데 만족할 수 밖에 없었다. 이때 바로 느고는 중앙 아시아의 리블라(Riblah, 립나)에 자리잡은 자기의 사령부로 찾아온 여호아하스의 왕위를 박탈하고 그 형제 엘리아김(Eliak im)으로 왕을 삼고 막중한 공물을 바치게 하였다. 그리고 여호아하스는 이집트로 사로잡아 갔다. 그러나 이집트의 유다 지배도 잠시 뿐이었다.

여호야김과 여호야긴

BC605년 바벨론의 느부갓네살 군대가 갈그미스에서 이집트 군대를 완파하고(렘46:2) 하맛까지 이르러 큰 타격을 준 후 팔레스틴의 진출을 꾀하였다. 그러나 그해 8월 느부갓네살의 아버지인 나보폴라살의 죽음으로 느부갓네살은 왕권을 차지하기 위해 진격을 멈추고 귀국하여 실권을 장악하였다.

그리고 다음해인 BC604년에 재차 진출하여 블레셋 평원과 아스글론을 파괴하고(렘47:5~7 참조) 그곳의 지도급 인사들을 바벨론으로 사로잡아 갔다. 이때 유다를 침공했는지는 알 수 없으나 늦어도 그 다음해에 여호야김은 느부갓네살에게 충성할 것을 다짐하고 그의 봉신이 되었다(왕하24:1). 그러다가 BC601년 느부갓네살이 이집트 국경 부근에서 이집트 느고 군대와의 싸움에서 쌍방이 전력에 큰 손실을 입고 바벨론은 약 1년동안 본국에서 군대를 재조직하였다.

이 기회를 틈타 여호야김은 3년만에 바벨론에게 반기를 들었다(왕하24:1). 그러나 그것은 판단 착오였다. 바벨론은 자기 수하에 있는 아람족과 모압족과 암몬족속으로 하여금 유다를 교란케 하도록 충동했으며(왕하 24:2~4, 렘35:11), BC598년 12월에는 바벨론의 주력 부대가 유다로 진격하였다. 이때 여호야김은 자기를 죽임으로 바벨론의 느부갓넷살에게 환심을 살려고 했던 백성들에 의해 죽었을 것이다(렘22:18~19).

여호야김이 죽자 그 아들 여호야긴이 18세에 왕위에 올랐다. 그러나 3개월도 안되어 예루살렘은 바벨론에게 포위되어 함락되었고, 느부갓네살은 성전과 왕궁의 보물과 백성과 방백과 기술자들과 왕족과 내시 등 18,000명 이상을 사로잡아 갔다. 그리고 여호야긴의 아자비 맛다니야를 시드기야로 개명하여 왕으로 세웠다.

느부갓네살의 출정과 유다의 멸망(왕하24:18~25:21, 대하36:11~21)

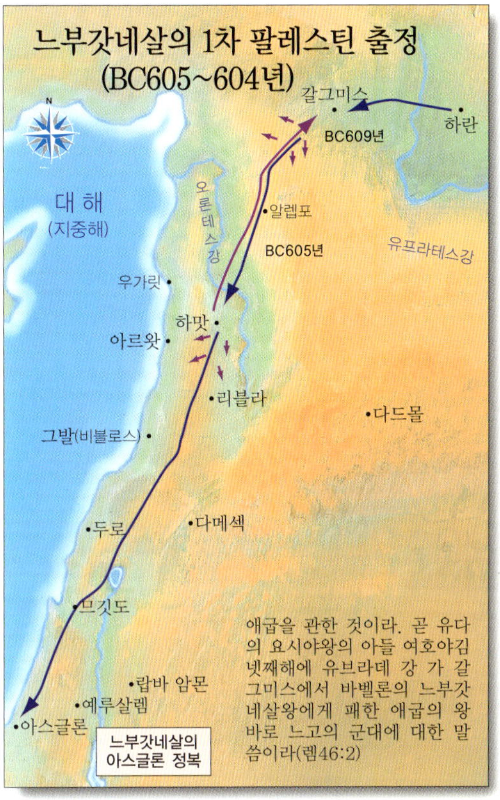

느부갓네살에 의해 봉신국의 왕이 된 시드기야는 무모한 애국심의 망동에 부딪쳐 예레미야 선지자와 여러 차례 의논하며 형세를 판단해 보았으나 바벨론에 반기를 들것인지에 대해서는 확신을 갖지 못했다(렘21:1~7, 38:14~23). 그러나 시드기야는 그의 측근들의 의견에 따라 바벨론에 반기를 드는 형세 판단에 실패하였다. 이에 바벨론의 느부갓네살의 군대는 시드기야 즉위 9년에 예루살렘을 포위하여 봉쇄했다. 이틈을 타 에돔은 유다를 침입하여(애4:21~22) 벧술, 벧세메스, 드빌, 아랏, 엔게디 등 유다의 성읍들을 철저히 파괴시켰고 마지막 라기스와 아세가까지 파괴되어 예루살렘만이 남았다. 유다 백성들의 사기는 땅에 떨어졌고, 유다는 풍전등화의 위기 속에 처하였다. 그러나 이때 아마 시드기야의 호소로 올라온 듯한 이집트의 진격 소식에 느부갓넷살의 군대는 예루살렘에 대한 포위를 풀고 철수하였다. 그러자 사람들은 이제는 살았다고 아우성쳤으나 예레미야는 유다의 멸망을 예고하였다(렘37:5~10, 34:21이하).

결국 예레미야의 예언대로 이집트 군대는 격퇴되고 예루살렘은 다시 포위되어 그 다음해(BC587년)까지 버틴 후 시드기야는 BC587년 7월에 군졸과 함께 아라바길로 도망하다가 여리고 근방에서 붙잡혀 립나(Riblah)에 있는 바벨론 왕에게 끌려갔다. 그리고 그의 아들들은 목전에서 죽었고, 자신은 두 눈이 뽑인 채 쇠사슬에 묶여 바벨론으로 끌려가 그곳에서 죽었다(렘39:4~7, 52:9~ 11). 그후 한달 뒤 느부갓네살 왕의 시위대 장관 느부사라단에 의해 예루살렘은 불탔고 성벽은 헐렸으며(렘52:24~27), 상당수의 주민은 바벨론으로 유배되었다. 이리하여 BC586(7)년에 유다의 역사는 종말을 고했다.

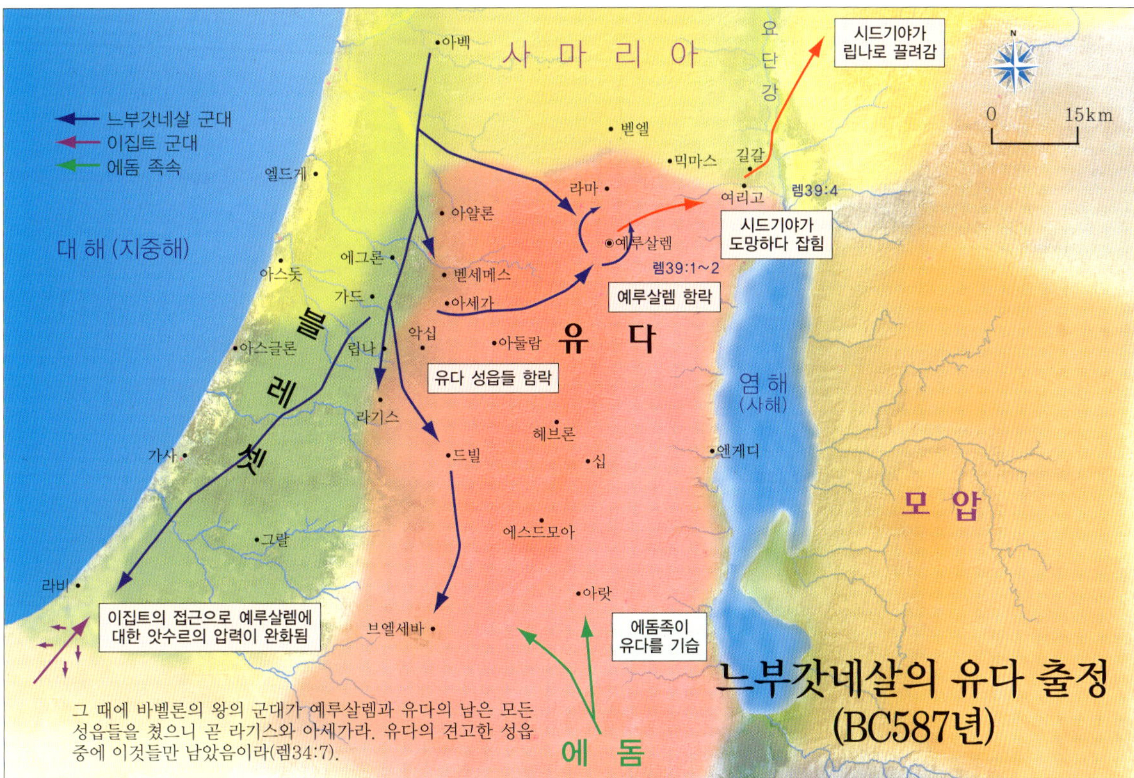

에스겔의 환상 중에 나타난 새 땅 (겔47:13-48:29)

포로, 귀환, 중간시대 지리

열왕기하25:22~30
역대하36:11~23
예레미야43~44,52장
에스라, 느헤미야, 에스더
막카비전서,후서

멸망 후의 유다 지역
(왕하25:22~30, 렘43~44장, 52:28~34)

예루살렘이 함락되고 시드기야가 사로잡혀 바벨론으로 끌려간 후 멸망한 유다 지역은 바벨론의 느부갓네살에 의해 유다 총독으로 임명된 귀족출신의 그달리야(Gedaliah)에 의해 다스려졌다(그달리야의 아버지 아히감은 예레미야 선지자를 구해준 사람, 렘26:24). 그러나 그의 총독직은 극렬한 저항자들로부터 별다른 영향력을 행사할 수 없는 직책이었고, 그의 재직기간도 상당히 짧았다. 그리고 그는 왕족 중 한사람으로 전에 암몬땅으로 피신해 있던 이스마엘에 의해 살해되었다. 이런 상황 속에서 예레미야는 느부갓네살의 복수를 두려워하는 요하난과 그 일당에 의해 억지로 이집트에 피신하게 되었다. 이집트의 다바네스에 온 예레미야는 믹돌, 다바네스, 놉, 바드로스 등 이집트 거주 유다인들과 이방 국가에 대해 예언을 하다가 그곳에서 죽었다고 전해진다.

한편 유다에 있던 지도자급의 사람들은 바벨론에 유배되어 닙푸르(Nippur)와 그 근처에 있던 그발 강가의 델아빕(겔3:15) 등에 대부분 정착했다. 그리고 파괴된 유다 지역은 남겨진 사람들이 재빨리 점령했으며(렘40:10), 중앙 산악지역은 앗수르와는 달리 새로운 이주민을 데려다가 메꾸지는 않았다. 다만 에돔 사람들에 의해 점진적으로 입주해 들어왔으며 소위 "흙의 백성"이라 불리는 비천한 백성들은 변두리 지역에 머물러 있었다.

시위대장이 그 땅의 비천한 자를 남겨두어 포도원을 다스리는 자와 농부가 되게 하였더라. (왕하25:12)

바벨론 제국

신바벨론은 시리아 사막으로부터 문명지대인 하부 메소포타미아로 이주해 온 셈족의 한 부류를 이루는 아람인이 먼저 이곳에 정주하고 있던 같은 셈족 계통의 아모리인에 흡수되어 혼합과 혼혈된 주민이 세운 나라이다. 그 아람인의 한 부족인 칼투족에서 처음 왕조가 나왔기 때문에 갈대아 왕국이라 하며, 고대 바벨론의 함무라비 왕 이후 역사의 중심지인 바벨론의 옛도시를 부흥시켜 이곳에 수도를 정했기 때문에 신바벨론이라고도 부른다.

때는 앗수르의 쇠퇴기로 앗수르바니팔이 죽던 해(BC627년) 칼투족의 출신으로 앗수르의 남부지역에 있는 군대를 지휘하던 나보폴라살 장군이 그의 임지(任地)인 바벨론에서 정권을 장악하여 새로운 왕조를 시작하였다. 처음의 지배력은 바벨론시에 국한되었으나 점차 남부의 바벨론 지역을 장악하였고, BC614년경에는 동방에 있는 메대 왕 시악사레스와 동맹을 맺어 앗수르의 수도 니느웨를 함락시켰다(BC612년). 그리고 2년 뒤에는 최후의 보루인 하란을 점령하고, 이집트의 도움으로 탈환을 시도한 앗수르의 마지막 왕 앗슈루발릿 2세의 공격을 격파하였다.

바벨론의 왕성(BC605~562년)

초대 왕 나보폴라살의 뒤를 이어 왕이된 그 아들 느부갓네살은 다니엘이 예언한 금머리처럼(단2:36~38) 그의 43년간의 통치기간은 황금시기를 이루었다. 그리고 이집트의 세력을 시리아와 팔레스틴에서 일소해 버리고 오리엔트 상업의 이권을 차지하였다. 이때의 유다도 이집트의 영향하에 있다가 바벨론으로 넘어가 마침내 느부갓네살에게 멸망하여 수많은 백성들이 3차례에 걸쳐 유배되었다. 이에 이집트는 두로, 시돈 등 유다 주위의 여러 나라를 원조하여 동맹을 맺게하고 바벨론에 대항케 했으나 오히려 바벨론으로 하여금 이집트의 국경선까지 세력을 확정시켜 주는 결과를 초래했다. 그리고 대항한 여러 약소국들은 점령되어 엄벌을 받았으며, 지형적으로 견딜 수 있었던 두로만이 포위 13년 만에 종주권을 인정 받았을 뿐 이집트 조차도 나일강까지 후퇴할 수 밖에 없었다.

이렇게 바벨론을 1세기도 채 안되어 당시 세계 제일의 강대국으로 성장시킨 느부갓네살은 군소국가의 정복과 상업독점으로부터 들어오는 막강한 재정으로 제국을 일대 번영으로 이끌었다. 당시 느부갓네살은 수도인 바벨론에 수많은 신전과 제단을 세웠다. 특히 신들의 여왕인 이쉬타르를 위한 제단을 180곳에 세웠으며, 고대의 7대 불가사의 하나인 공중정원을 세우기도 했다.

바벨론의 느부갓네살 궁전 유적

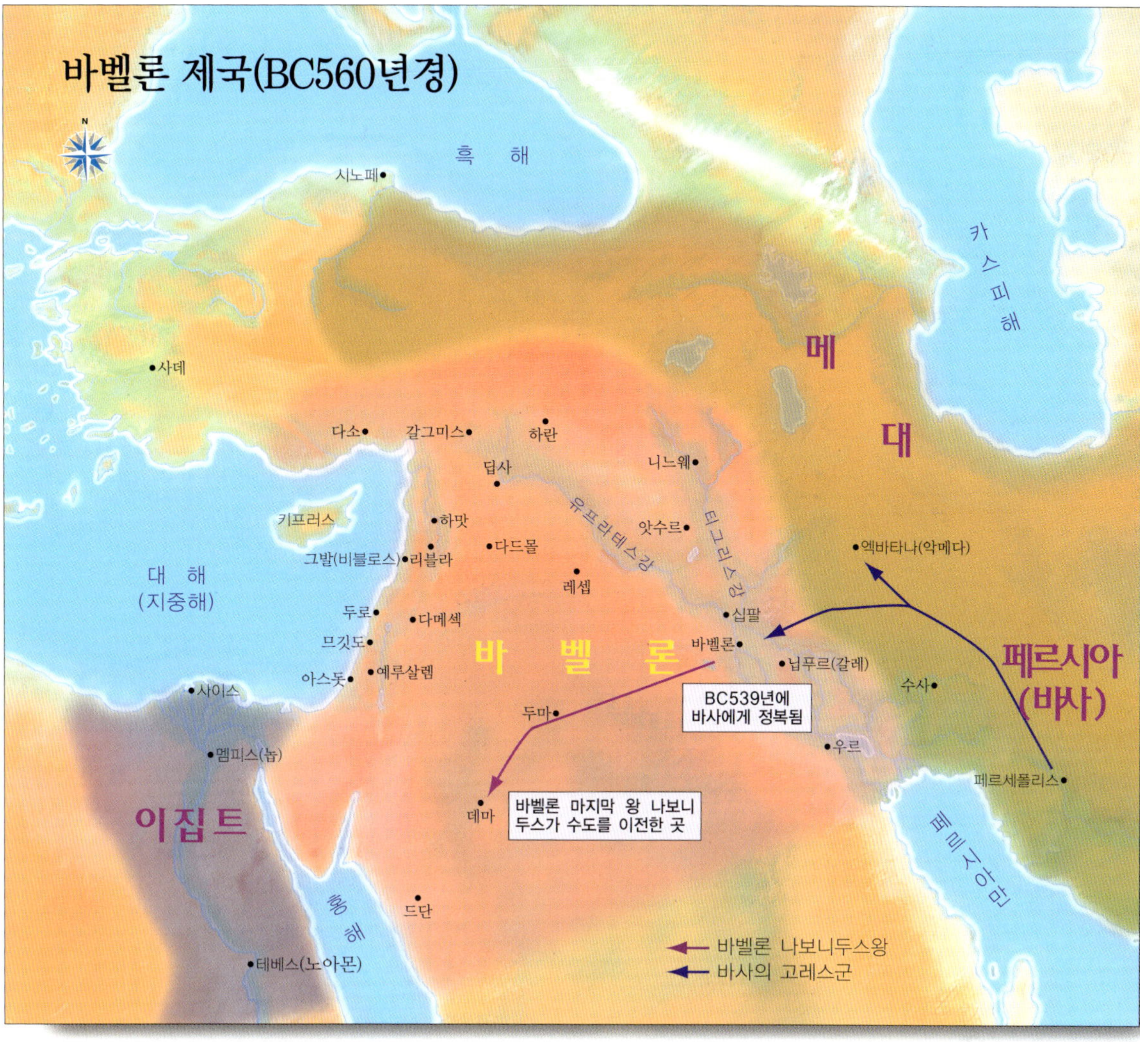

바벨론의 몰락(BC562~539년)

느부갓네살이 죽은 후(BC562년) 바벨론은 후계자 3명에 의해 7년 동안 유지되었다. 그후 왕권은 그의 아들 에월므로닥(Evil-Merodach, 왕하25:27, 헬라어는 Amel-Marduk, BC562~560년)에게 계승되었다. 그러나 2년 후인 BC560년에 반역으로 살해되고 처남인 네르갈사레셀(Nergal-Sharezer, 렘39:3, 헬라어는 네리그리살 BC620~556년)이 4년간 통치했다. 그후 그 아들 라바시 말둑(Labash-Marduk, 혹은 라보소알동 BC556년?)이 왕위에 올랐으나 9개월 만에 음모단에 의해 살해되고 음모단의 나보니두스(Nabonictus, 혹은 Nabonaid BC556~539년)라는 귀족이 왕위에 올랐다. 그는 파사만과 애굽의 중간지점인 데마(Tema)를 제2수도로 정하고 11년간 정주하였다. 그리고 그 아들 벨사살이 부왕으로서 바벨론궁에서 나누어 나라를 다스렸다(단5:1~2의 느부갓네살이 부친이라 한것은 외할아버지를 그렇게 부른 것).

그후 나보니두스는 아라비아 별장에서 죽고 벨사살 왕은 메대 족속 아하수에로의 아들 다리오에게 죽임을 당했다. 이로써 바벨론은 다리오의 통치하에 있다가 BC539년에 일어난 파사(페르시아)의 고레스에게 완전히 멸망당했다. 이때 파사는 메대를 이겼으나 부친의 궁중정략결혼을 생각해서 속국으로 하지 않고 연합국의 성격을 띠었다. 그후 서아시아의 모든 지역을 지배하고 관대한 정책으로 포로들에게 귀환을 허락했다(스1:1~4:24).

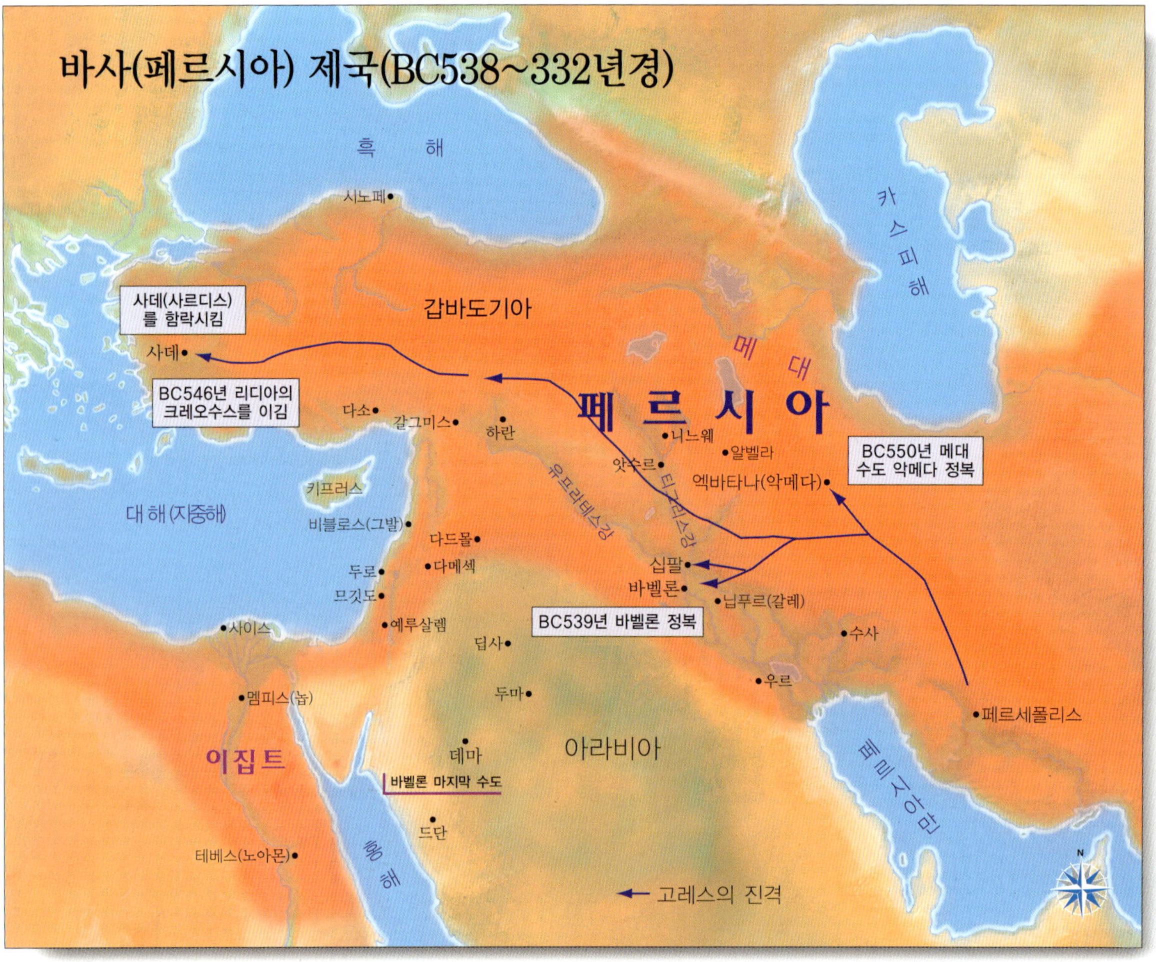

바사는 인더스강과 티그리스강 사이의 이란 고원에 본거지를 두었는데 BC1500년경 이곳에서는 아리안족이라 하는 인도, 유럽족이 살고 있었다. 이 아리안족은 두갈래로 나누어져 하나는 인도쪽으로, 다른 하나는 서쪽의 비옥한 초생달 지역에 이르렀는데 이곳에서 메대와 바사의 두 왕국이 일어 났다. 메대는 BC700년경에 대국을 이루고 BC612년 시악사레스 왕은 바벨론의 느부갓네살과 연합하여 앗수르의 수도 니느웨를 멸망시켰다. 한편 바사족은 남하하여 엘람과 동쪽 지대를 점령하였으나 BC650년에는 앗수르의 앗슈르바니팔에 의해 파멸되었다. 그러나 메대의 예속 속에서 캄비세스 1세의 대를 이은 고레스 2세(BC559~530년)가 왕위에 올라 반란 중에 있는 메대를 제압하고 메대와 동등한 위치에 서게 되었고(에1:19), BC549년에는 메대를 점령했다. 그러나 부친과 궁중정략 결혼을 생각하여 속국이 아닌 연합국의 성격을 갖게 하였다. 그리고 BC546년는 소아시아까지 제압하고 바벨론을 항복시켜(BC539년) 대제국을 건설했다. 또한 바벨론의 포로가 되었던 유다 민족과 다른 민족들에게 해방령을 내렸다(BC538, 스1:1~5).

바사(페르시아)는 고레스 2세때 그 번영이 절정에 달했으며, 고레스 2세(키루스, Cyrus)의 사후 왕위에 오른 그 아들 캄비세스 2세(Cambyses Ⅱ)는 애굽까지 정복하였다(BC525년). 그러나 그가 귀국길에 죽고 반란에 의해 가우마타(Gaumata)가 수산(수사)에서 왕위에 올랐을 때부터 바사는 쇠퇴의 길을 걸었다. 반란으로 왕위에 오른 가우마타는 2개월만에 귀족들에게 암살당하고 다리오(Darius)가 귀족들의 추대로 왕이 되었다. 왕위에 오른 다리오는 유럽의 다뉴브강까지 이르러 헬라와 충돌했으나 마라톤 전투에서 패하였다(BC491년). 다리오 1세의 사후에는 사치와 향락에 빠져 국방이 점점 쇠약해졌는데 다리오의 뒤를 이은 쎌서스(Xerxes, BC486~465, 스1:1, 4:6에는 아하수에로)는 에스더를 왕후로 삼았고 에스더 사건이 있은지 4년 후, 곧 즉위 7년째 되던 해(BC480/479년)에는 살라미스 해전에서 크게 패하였다.

그후는 아닥사스다 1세(롱기마누스, BC465~423)였고 그의 즉위 27년, 곧 BC438년에 느헤미야가 성곽 수축의 일을 감독하기 위해 유다의 예루살렘으로 내려왔다(느2:1~12). 그후 다리오 2세(BC423~404년), 아닥사스다 2세, 무네몬 3세(BC404~359년), 오커스(BC359~338), 알세스(BC338~335년), 다리오 3세(BC335~331년)로 이어졌으나 BC331년에 헬라(Greece)의 알렉산더에게 알벨라에서 대패한 후 그의 부하에게 죽임을 당해 200여년의 바사의 번영은 막을 내리고 말았다.

시온으로의 귀환(스, 느, 에, 학, 슥)

바벨론에 의해 멸망당한 유다의 백성들 중에 대부분은 느부갓네살 즉위 23년까지 여러 차례에 걸쳐 바벨론의 닙푸르와 그발 강가의 델아빕 근처에 유배되어 살았다. 그러나 유배된지 70여년만에 예레미야의 예언대로 바벨론이 바사(페르시아)에 점령되자 바사의 고레스 왕의 융화 정책에 의해 포로들에 대한 자유 귀환이 허락됨으로 유다인들은 3차례에 걸쳐 본국으로 귀환하게 되었다.

1차 귀환(스1:1~6:22): 바사(파사, 페르시아) 왕 고레스 원년(BC538년)에 해방령이 내려진 후 1년 뒤인 BC537년에 스룹바벨과 대제사장 예수아의 주도로 유다인 42,360명을 비롯하여 5만여명이 귀환했다. 귀환로는 당시 통상로인 유프라테스강을 따라 북서쪽으로 올라가 알렙포, 하맛을 거쳐 아래로 내려왔을 가능성이 크며 4개월 정도 소요되었다. 이때 유다에 도착한 유다인들은 학개와 스가랴의 외침과 같이 성전재건에 힘썼다.

2차 귀환(스7:1~8:36): 바사 왕 아닥사스다 1세때로 대략 BC457년경에 학사겸 제사장인 에스라의 인도로 모압자손과 요압자손 등 1,400명이 귀환했다. 이들은 아하와로 흐르는 강에 모여 그곳에서 3일간 장막에 있다가 강가에서 평탄한 귀국을 위해 금식을 선포하고 기도한 후 그해 12일 귀국길에 올랐다. 귀국길은 스8:22~23, 31에 의하면 1차 귀환 때와는 달리 통상경로를 따라가지 않고 위험하지만 짧은 길로 간 것으로 추측된다. 그리고 예루살렘에 도착하여 백성들을 모아 느헤미야가 예루살렘의 관원이 될 때까지 율법을 가르쳤다.

3차 귀환(느1:1~13:31): 아닥사스다 1세 제20년 니산월(BC445년, 스2:1)에 아닥사스다 술관원인 느헤미야가 유다 총독으로 귀환하였다. 당시 귀환로는 에스라가 갔던 길로 추정된다. 왜냐하면 당시 예루살렘성이 훼파되었다는 말을 듣고 느헤미야가 심히 슬퍼했기 때문에 왕의 허락을 받는대로 가장 빠른 길을 갔을 것이기 때문이다. 그리고 귀환하지 않은 상당수의 유다인들은 주로 닙푸르를 중심한 지역에서 그대로 살았다.

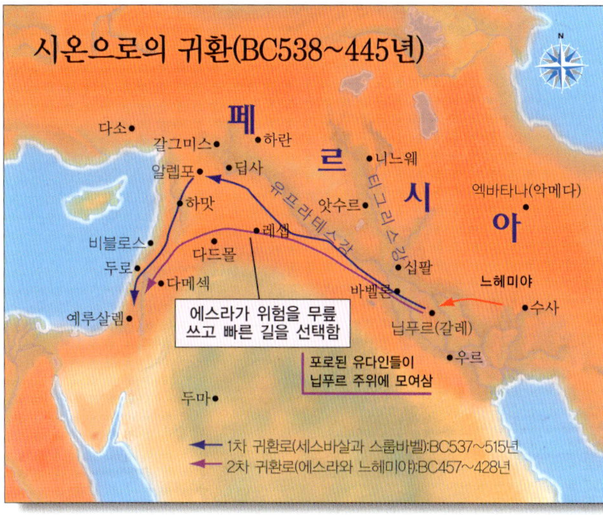

귀환때 유다 지역

BC550년경 유다인의 중심 거주지는 그들 자신의 본토인 팔레스틴이 아니라 흩어져 살던 바벨론의 남부 지역이었다. 그렇다고 팔레스틴에서의 유다인들의 거주민이 완전히 사라져 버린 것은 아니다. 비록 '흙의 백성'이란 칭호를 받았으나 앗수르가 다른 이방 민족을 이주시킨 것과는 달리 바벨론은 BC589년 이후에 이방인들을 유다땅에 이주시키지는 않았다. 물론 가까운 이웃 지역에서 얼마간의 사람들은 자발적으로 인구밀도가 적은 지역에 들어와 거주는 했지만 유다 지방에는 철저히 파괴된 상태로 수십년이 지났다. 그후 바사 왕 고레스의 해방령으로 속속 귀국하는 유다인들로 인해 비로소 삭막했던 유다는 점차 활기를 찾기 시작했다.

이때 유다는 귀환한 포로들의 명단(스2:1~34, 7:6~38)과 같이 나오는 주요 정착지의 명단과 성벽 수축자들의 명단에 지방 총독들에 대한 세부적인 사항이 기록된 것을 볼 수 있다. 특히 총독의 이름과 같이 있는 인장자국은 당시 유다의 크기를 말해 주는 증거가 되는 것으로 이 인장들은 북쪽의 미스바와 여리고, 남쪽의 엔게디 그리고 서쪽의 게셀까지 발견되었다.

그리고 고레스가 이루어 놓은 대제국을 다리오가 애굽과 바벨론을 직접 통치하는 동안 제국의 나머지 부분을 20개 지역으로 나누어 각 지역(영지)에 총독을 두어 지배했다. 예루살렘을 포함한 벧엘, 벧술까지의 유다 지역은 제5관할 구역에 속해 있었고, 느헤미야가 총독으로 있었다. 이 유다 영지를 중심으로 남쪽은 이두메, 서쪽은 아스돗, 북쪽은 사마리아, 동쪽은 사해 건너의 암몬 영지가 있었다. 나머지 영지는 모압, 돌, 길르앗, 게릴하고임, 하우란, 가르나임, 두로, 시돈, 맛시아스, 비블로스, 트리포리스, 아르왓, 하맛 등이 있다.

헬라(희랍) 제국

BC2000년경부터 헬라족은 다뉴브강의 하류를 거쳐 해안지대로 남하했는데 이중에 가장 먼저 헬라의 남쪽 지역에 자리잡은 무리는 아케안족이었으며, 다음으로는 도리안이라 불리는 무리들이 들어왔다. 이들 헬라족은 주위의 여러 섬들과 소아시아의 트로이성을 파멸시키면서 BC1000~500년경에는 활발한 점령기를 가졌다. 그러나 헬라의 도시국가들 사이의 동족상잔으로 쇠퇴의 길을 걸었다. 이때 아덴과 스파르타간의 싸움은 동족간의 가장 대표적인 것으로 헬라의 모든 것을 소비시킨 후 스파르타의 승리로 돌아갔다. 이후 아덴은 테베스와 고린도와 연맹군을 형성하여 스파르타 타도를 시도했으나 최후의 승리는 테베스로 돌아갔다. 그러다가 헬라 북쪽 마게도냐에서 필립(BC359~336년)이 스파르타를 제외한 거의 대부분의 도시국가들을 정복하였다.

정복기(BC359~323)

필립의 뒤를 이어 왕위에 오른 그의 아들 알렉산더는 왕위에 오르자마자 테베스를 함락시키고 즉위 2년뒤에는 헬라의 도시들을 바사의 억압에서 해방시켰다. 이어 BC334년에는 바사(Persia)로 원정길을 떠났다. 그는 BC480년에 아하수에로(Xerxes) 왕이 취했던 길을 택하지 않고 그 반대 방향으로 진격하여 바사의 총독 군대를 격파한 후 계속 남으로 진격하여 사데를 점령하고 밀레도와 할리칼나수스(Halicarnassus)를 공성한 후에 이오니아의 해안도시들을 점령하였다. 이때 강력한 바사 해군이 해안 도시들을 공격하였으나 알렉산더의 진격을 막을 수 없었다. 알렉산더는 밤빌리아 측면으로부터 내륙으로 향하여 사갈라수스(Sagalassus)를 점령하였다.

진격을 계속하는 동안 바사 왕 다리우스 3세가 앗수르에서 군대를 모으고 있다는 사실을 안 알렉산더는 고르디움에서 사데로부터 온 팔메니오와 연합군을 형성하여 남으로 진격하여 길리기아의 수도 다소에 도착하였다. 알렉산더는 여기서 징벌을 목적으로 길리기아 산맥을 거치는 원정길에 올라 솔리(Soli)에 도착하였다. 여기서 모든 저항 세력들을 진압한 후에 그는 동으로 진군하여 아마누스(Amanus) 산맥의 한 통로인 수리아 문들을 지나 무리안드루스(Myriandrus)에 도착하였다.

그리고 여기서 알렉산더는 바사 왕 다리오 3세의 군대를 잇수스(잇소)에서 타파한 후(BC333년) 도주하는 다리오를 추격하지 않고 페니키아의 도시들을 점령하기 위해 지중해로 남하하여 두로에게 항복을 받고 수리아와 팔레스틴을 거쳐 애굽의 항구까지 함락시킨 후 나일강 하류에 알렉산드리아 도시를 건설하였다. 그리고 다시 북상하여 초생달 옥토를 따라 티그리스강을 건너 BC331년에 바사 왕 다리오 3세의 대군을 알벨라에서 대파한 후 바벨론에 입성했다. 그후 다리오가 BC330년 죽임을 당하자 바사는 알렉산더의 것이 되었다. 그러나 알렉산더의 원정은 계속되어 6년 동안(BC330~324년) 멀리 동으로는 옥써스(Oxus)와 작살티스(Jaxartes)의 두강을 지나 인더스강을 건너 인도에 이른 후 해안선을 따라 7년만에 바벨론으로 돌아와 그곳에 신제국의 수도를 정하고 아라비안 반도의 정복 계획을 세웠다. 그러나 아라비아 원정을 앞두고 열병에 걸려 32세에 바벨론에서 죽었다(BC326년 6월).

헬라 제국의 분열(BC323~30년)

알렉산더가 짧은 기간 동안에 정복한 지역은 그의 갑작스런 죽음 만큼이나 제국을 대혼란으로 몰아 넣었다. 헬라 제국이 알렉산더의 이복 동생인 아리다이오스를 왕위 계승자로 선출하는 동안 다른 한편에서는 대제국의 각지에 근거를 둔 장군들 간에는 세력 다툼이 40여년이나 계속되면서 왕족들이 하나 둘씩 살해되어 BC275년경에는 대체로 3개의 왕국으로 분할되었다. 곧 유럽과 마케도냐와 그리스의 일부는 안티코너스 왕조가, 이집트와 남부 시리아는 톨레미 왕조(프톨레마이오스 왕조)가, 에게해안에서 힌두쿠시에 이르는 아시아 지역은 셀루커스 왕조의 지배에 속했다. 이중에 톨레미 왕조가 지중해와 인도에 이르러 활발하게 해상상업을 독점하면서 세 왕국 중 가장 강한 나라를 이루었다. 비록 그들은 헬라족이었으나 통치는 옛이집트의 바로들과 같이 전제군주 정치를 강행했다.

알렉산더 두상, 알렉산드리아

다음으로 셀루커스는 알렉산더의 사실상 후예로 동서양의 문화교류에 큰 역활을 담당했는데 BC198년 톨레미로부터 수리아 남부와 팔레스틴 지역을 빼앗겼으며, 티그리스 동쪽의 옛 바사 지역은 BC250년경 인도, 유럽족에 속하는 팔디아인에게 잃었다.

그리고 안티코너스 왕조는 세 왕조 중 가장 약한 왕조로 BC280년 전후에 다뉴브강 하류로부터 몰려온 골족의 침입으로 쫓겨나 갈라디아에 정주하였다. 그러나 이들 세 왕조도 로마에 의해 BC146년 고린도가 파멸되고, 뒤이어 BC64년에는 수리아가, BC30년에는 애굽이 멸망되어 헬라는 역사의 무대에서 사라졌다.

안티오커스 3세의 원정(BC219~198년)

헬라(희랍)의 세 왕조 중 팔레스틴 점령을 위한 투쟁은 이집트의 톨레미 왕조와 수리아의 안티오커스 왕조에 각각 등극한 양쪽의 젊은 통치자에 의해 BC223(222)년에 시작되었다. 안티오커스 3세(Antiochus Ⅲ)는 BC221년 레바논 골짜기에 침입하였고, BC219년에는 실루기아를, 1년 뒤에는 시돈, 두로, 프톨레마이스(Ptolemais, 악고)의 항복을 받았고 다볼산도 점령하였다. 그후 안티오커스 3세는 동맹국인 나바테아의 빌라델피아(랍바 암몬)의 공격을 도와주고 다시 프톨레마이스로 돌아와 이집트 대군과 접전을 앞두고 형세가 불리함을 깨닫고 마리사, 예루살렘, 프톨레마이스, 두로 등 팔레스틴을 톨레미 3세에게 내주고 퇴각하였다. 그러나 소아시아의 반란을 진압하고 돌아온 안티오커스 3세는 빼앗긴 팔레스틴을 재차 공격해서 BC201년에는 가사까지 진격하였고 톨레미에게 끝까지 충성하며 버티는 가사를 점령하였다. 그러나 스코파스(Scopas)가 이끄는 이집트(톨레미) 군대에게 패퇴하여 또 다시 퇴각하였다(단11:11~16).

스코파스는 내륙으로 진격하여 예루살렘을 점령하고 파니아스(가이사랴 빌립보)까지 진격하였다. 이때 안티오커스 3세는 미리 퇴각하여 이곳에서 기다리고 있다가 공격하여 이집트의 스코파스 군대를 결정적으로 패배시켰다. 결국 스코파스의 잔존병들은 시돈으로 도망했으나 그곳까지 공격을 받았고 안티오커스는 바타네아(Batanea)와 아빌라와 가다라를 경유하여 예루살렘으로 내려왔다. 이때 유다인들은 안티오커스 군대에게 필요한 물자를 공급한 대가로 안티오커스로부터 유다의 종교 자유권을 허락받았다. 이후의 유다는 31년간 셀루커스 왕조의 통치하에서 평정을 유지하였다.

막카비(마카베오) 반란(BC167~140년)

팔레스틴의 유다인은 수리아의 셀루커스 치하에서 30여년 동안 비교적 평온을 유지하며 지냈다. 그러나 안티오커스 3세의 로마 원정을 위한 그리스 전쟁에서의 패배로 BC191년 막중한 배상금과 함께 소아시아를 포기해야 했다. 이때부터 셀루커스 왕조는 기초부터 흔들리기 시작했다. 그리고 팔레스틴의 유다인은 안티오커스 3세의 아들 셀루커스 4세(별명은 에피파네스)의 제우스(Zeus)신에 대한 종교적인 통일정책으로 안티오커스 3세때 누리던 종교적인 자유는 깨지고 말았다. 특히 이때는 헬라문화의 동화정책에 유다의 독특한 신앙을 유지하려는 유다주의자(바리새파)와 이를 반대하는 헬라주의자(사두개파)들 사이에 관계가 아주 악화되어 있었다. 그리하여 BC169년에 유다주의자들은 안티오커스 4세가 애굽의 원정길에서 죽었다는 헛소문을 내고 헬라주의자들의 다수를 죽였다. 그러나 급히 예루살렘으로 돌아온 안티오커스 4세는 유다주의자들을 무참히 학살하고 모든 종교행사를 금하는 종교박해도 감행했다.

반란의 시작(BC167년)

안티오커스 4세의 유다인에 대한 박해는 일련의 반란을 유발시켰는데 맨처음은 룻다 지역의 모디인(Modin)이란 작은 촌에서 제사장 마타티아스(Mattathias)와 그의 아들이 제우스신에게 제사하라는 왕명을 거절한 데서 시작되었다. 그리하여 그는 제우스신에게 제사하는 왕의 대리자인 유다인들을 죽이고 제단을 파괴한 후 고프나 산지로 자기 아들과 함께 도망하였다(막카비전서2:15~28). 거기서 그는 뜻을 같이하는 경건한 유다인의 모임인 하시딤(Hasidim)과 합류하여 이방신들을 뒤엎고 유다 마을을 선동하여 예루살렘에 있는 헬라파 유다인들과 싸우도록 했다. 이에 사마리아 주둔군의 사령관이며, 고프나와 그 일대 지역의 총독인 아폴로니우스(Apollonius)는 이 반란의 진압을 위해 고프나 산지로 출동하였다. 그러나 이미 마타티아스는 죽고 그 아들 유다스 막카비(Judas Maccabius)가 지휘권을 인계 받았는데 그는 르보나 비탈길에서 아폴로니우스를 살해하는 승리를 거두었다(막카비전서3:1~12).

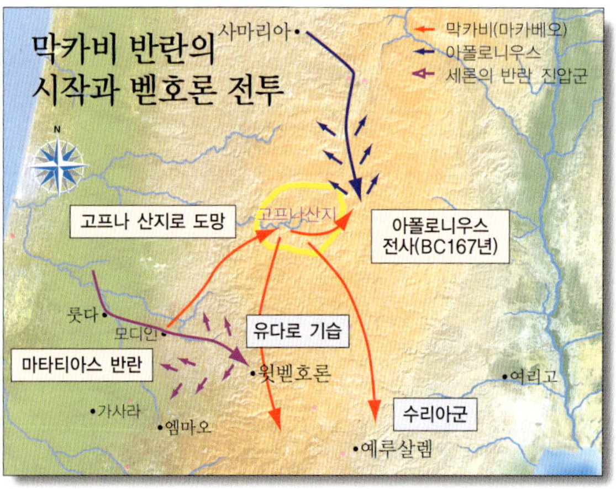

막카비의 벧호론 전투(BC166년)

마카베오(막카비)에 의한 반란이 점점 커지자 반란의 진압을 위해 시리아의 사령관 세론은 룻다와 모디인을 거쳐 벧호론 언덕 가까이 왔다. 그러나 적은 인원에 기습 당하여 800명이나 죽였다. 이런 소식이 안티오커스 4세에 전해지자(마카베오전서3:13~26) 안티오커스는 리시아에게 자신이 돌아올 때까지 유프라테스강에서 이집트 국경까지의 지역을 다스리게 하였다. 이에 리시아는 측근 중에서 프톨레마이오, 니가노르, 고르기아로 하여금 4만명의 보병과 7천명의 기병을 주어 막카비의 반란을 진압하게 하고 자신은 사치한 재정의 확보를 위해 유프라테스강을 건너 오지의 여러나라로 출정했다.

엠마오 전투(BC165년)

한편 리시아의 진압부대는 팔레스틴으로 내려와 엠마오 근처에 진을 쳤으며 에돔과 블레셋의 이방지역에 있던 군대와 합세하였다. 이런 소식에 막카비는 미스바에서 의용군을 모집하고 탄식하며 기도한 후 진군하여 엠마오 남쪽에 진을 쳤다(막카비전서3:27~60). 그리고나서 셀루커스의 장군들이 반란군을 직접 수색하기 위해 나가 전력이 분산되자 그는 엠마오의 수리아 진지를 공격하여 승리를 거두고 도망하는 적의 추적을 멈추고 고르기아의 군대가 막카비 진영에서 수색에 헛탕치고 엠마오로 돌아오기를 기다렸다. 마침내 막카비의 작전대로 고르기아의 군대가 엠마오에 왔을 때 진지가 불타는 것을 보자 싸움도 하지 않은 채 해안으로 퇴각해 버렸다(막카비전서4:1~25).

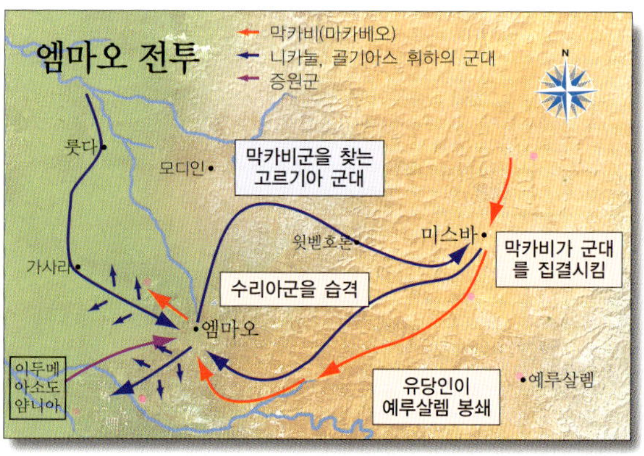

이어 막카비는 BC163년경에 방어를 위한 몇차례의 출정에서 요단 동편의 보스트라(Bostra), 알레마, 마겔(Macer) 등에서 포위 당하고 있는 유다인을 구하고 돕 땅의 카락스, 가르나임, 에브론 등을 점령했다. 그리고 내려오는 도중 야셀에서 길르앗의 사령관인 디모데우스를 전사시키고, 야셀을 수중에 넣었다. 반란 진압의 실패 소식을 들은 리시아(Lysias)는 다음해(BC162년)에 정예군 6만명과 기병 5천명을 데리고 실패했던 험한길을 피하고 에돔을 거쳐 벧술에 진을 쳤다. 다시 막강한 적군을 대한 막카비는 1만명씩 군사를 가지고 셀루커스의 리시아 군대의 진격을 막기 위해 벧술로 내려와 죽음을 무릅쓴 투혼으로 5,000명을 살해했고 전력이 흐트러진 리시아군을 패퇴시켰다(막카비전서 4:26~85). 결국 이 싸움의 승리 후 예루살렘으로 돌아와 우상을 파괴하고 성전을 정결케했다.

막카비의 독립시대(BC141~63년)

막카비 형제의 계속되는 승리는 반란의 정도를 넘어 이제는 남쪽의 이두메(에돔)와 동쪽의 길르앗, 북쪽의 갈릴리, 서쪽의 블레셋 지역까지 점령하는 세력으로 커졌다. 그런데 안티오커스 4세가 죽고 어린왕인 안티오커스 5세(BC164~162년)가 9세에 왕이 되었을 때 왕의 섭정자인 리시아는 다시 10만 보병과 2만의 기병 그리고 32마리의 코끼리 편대를 이끌고 내려와 예루살렘을 포위했다. 그러나 본국의 정치적인 혼란으로 포위를 풀고 귀국할 수 밖에 없었다. 이에 유다스 막카비는 완전한 독립을 위해 BC161년 신흥 로마와 우호조약을 체결하고 계속 싸우던 중 BC160년 엘리아사(Eleasa)전투에서 전사했으며, 그의 동생 요나단(Jonathan)은 혁명군의 지휘관으로 선출되었다. 그는 알렉산더 발라스(Alexande Balas)와 데메트리우스 2세간의 왕권 쟁탈을 위한 싸움을 계기로 발라스를 지지하는 한편 스파르타와 로마와 조약을 체결하는 탁월한 외교정책으로 유다 국내의 번영을 촉진시켰다. 그러나 그는 시리아 장군의 손에 죽고 그의 동생 시몬이 그를 계승하여 대제사장으로서 통치하였다

1.시몬의 독립 쟁취와 통치(BC141~135)

시몬이 유다에서 대제사장으로서 통치자가 되었을 때 셀루커스 왕조는 데메트리우스 2세의 지지파와 트리폰의 보호를 받고 있는 어린왕인 안티오커스 6세의 지지파인 둘로 분할되어 있었다. 그러나 시몬은 트리폰(Epiphanes Dionysus, BC148~142)을 폐위시키고 자신이 왕위에 올라 시리아 왕으로써 셀루커스 왕조와 관계없는 최초의 왕이 되었다. 이때 시몬은 트리폰을 무시하고 데메트리우스를 합법적인 왕으로 인정하고 그에 대한 대가로 유다인들이 내는 세금을 완전히 면제받았다. 이리하여 유다는 독립을 완전히 인정받았고 시몬은 백성들로부터 대대적인 환영을 받았다. 또 형제들의 공로를 생각하여 백성들은 그를 군대장관, 국가의 지배자, 그리고 대제사장으로 투표하여 공식으로 인정하였다. 이로써 하스몬 왕조라고 알려진 새왕조가 공식적으로 합법화되었는데 이 이름은 하스몬(Hashmon)이라는 막카비가의 조상에서 유래된 것이다.

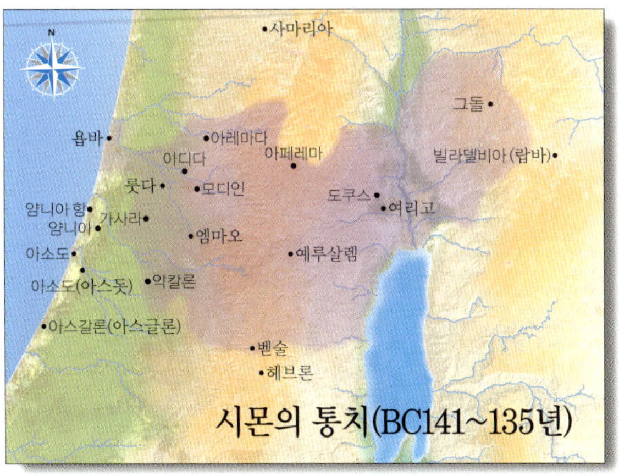

한편 안티오커스 7세(BC159~129년, 데메트리우스 1세의 아들)는 트리폰의 세력이 약화된 것을 알고 시몬에게 고압적인 자세를 취하여 아크라 요새의 양도 혹은 이에 대한 보상을 요구했다. 그러나 시몬이 거절하자 싸움이 일어났고 결과는 아조투스(Azotus) 평야에서 시몬의 아들 힐카너스의 승리로 돌아가 유다는 이후 3~4년간 시리아로부터 간섭을 받지 않았다. 하지만 시몬은 BC134년 여리고의 통치자로 임명한 사위 아부부스(Aubus)의 가족 잔치 때 사위에게 살해되었다. 그리고 아부부스는 그의 셋째 아들인 요한 힐카너스를 죽이기 위해 가사라에 사람을 보냈으나 탄로나 실패하고 독(Dok)요새에서 요한의 형제와 어머니를 죽인 후에 갑바도기아로 도망하였다.

2.요한 힐카너스(John Hyrcanus, BC135~105)

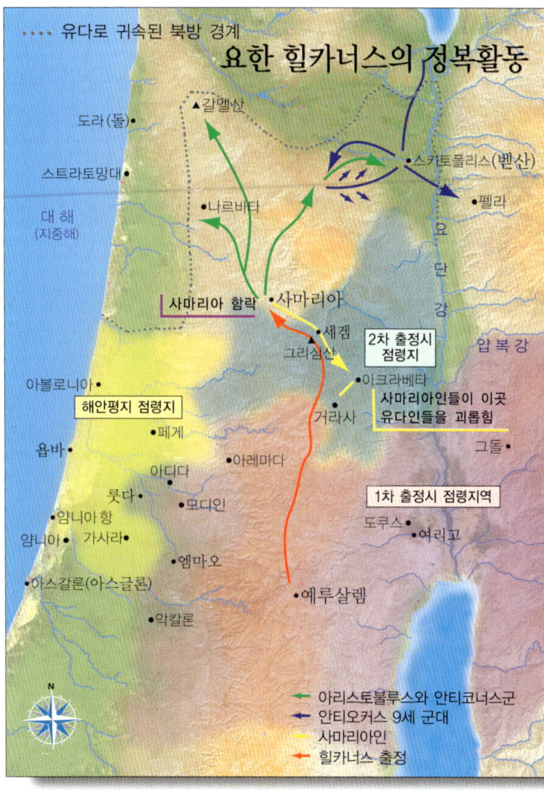

마타타이스의 막내 아들인 시몬이 죽자 막카비의 영웅적인 투쟁은 막을 내리고 안티오커스 7세에게 유다를 침공할 기회를 주었다. 그리하여 예루살렘은 수년동안 포위된 채 요나단이 합병시켰던 해안도시들을 내어주고 공물을 지급하는 협정을 체결하는 등 약 5년동안 유다는 셀루커스의 통치 속에 있게 되었다. 그러나 BC128년 안티오커스 7세가 파르티안과의 전투에서 패배한 후 유다는 더이상 방해를 받지 않는 온전한 독립을 얻었다.

이에 요한 힐카너스는 영토확장 정책을 시작하여 통치 초기에 시도했던 해안도시를 다시 정복하고 계속해서 남쪽으로 이두메(에돔)를 정복하여 중요한 무역로를 획득하였다. 또 셀루커스 왕조의 왕실 분쟁을 기회로 사마리아와 요단 동편 메드바의 헬라도시를 점령하였고, 북으로는 스키토폴리스(고대의 벧산)까지 전투를 계속하여 그가 죽을 때까지 사방으로 영토를 확장시켰다.

3.아리스토불루스 1세(Aristobulus BC104년)

요한 힐카너스는 사두개파와 바리새인간의 불화 속에서 번영한 나라를 남겨두고 죽었다. 그러나 그의 죽음은 왕가의 투쟁을 가져왔고 왕권은 장자인 아리스토불루스 1세에게로 돌아갔다. 그는 아버지가 시작한 영토확장 정책을 계속 추진하여 1년동안 갈릴리의 대부분 지역을 징벌하고 레바논의 이투리안(Ituraeans) 지역의 이방인을 강제로 이방화시키고 스스로 왕의 칭호를 취했다.

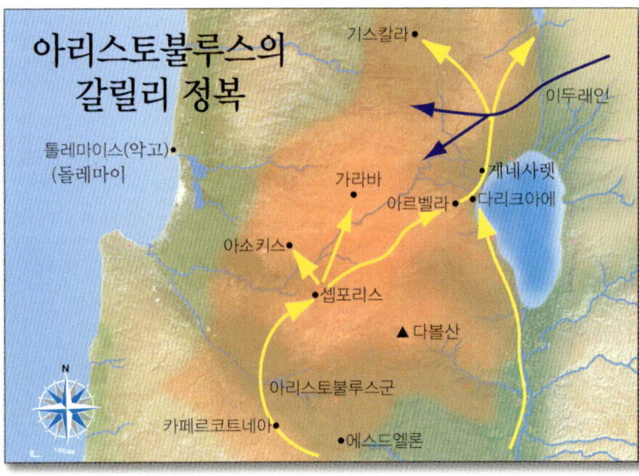

4.알렉산더 얀네우스(A. Jannaeus BC104~78년)

아리스토불루스 1세가 죽고 왕위에 오른 그 형제 알렉산더 얀네우스는 아리스토불루스 1세의 영토확장 정책을 계속 추진하였다. 비록 그가 모든 전쟁에서 승리는 못했으나 팔레스틴 해안을 따라 국경을 확장하여 애굽의 국경까지 이르렀고 북으로는 훌레(Halah)호에 이르는 지역들을 영합하고, 동으로는 트랜스 요르단(Trans Jordan) 지역의 베레아를 복속시켰다. 서쪽으로는 아스글론을 제외한 해안 평야의 도시들을 병합시켜 유다국의 판도는 다윗과 솔로몬 당시와 필적할 만하였다. 그러나 불행히도 요한 힐카너스때 시작된 바리새인과 하스몬가의 통치자들 사이의 불화는 절정에 달해 얀네우스가 기념식을 행할 때 공개적인 반란이 일어나 많은 바리새인들이 살해되고 한때 시리아까지 개입되어 국가의 존폐 위험까지 이르렀다. 그리하여 그의 통치 말기에는 바리새인들의 영향력을 받아드리는 태도로 바뀌었다.

5.살로메 알렉산드라(S. Alexandra, BC78~59)

얀네우스가 죽자 왕권은 아들이 아닌 아내인 살로메 알렉산드라에게 주어졌다. 그는 64세에 왕위에 올라 9년간 통치하면서 명철한 지배자로서 먼저 안으로는 바리새인과의 화합을 위해 노력하였으며 밖으로는 비교적 평온을 누렸다. BC69년 아르메니아(Armenian) 왕 티그라테스가 프톨레마이스(고대 악고)를 공격하려고 왔을 때 그는 공격을 간신히 막았으나 어린 아들인 아리스토불루스 2세는 다메섹의 원정에서 실패하였다.

6.아리스토불루스 2세(BC59~63년)

살로메 알렉산드라가 죽자 그 두 아들 중 둘째인 아리스토불루스 2세가 법적 왕위 계승자인 형 힐카너스 2세를 공격하여 왕권과 제사장직을 차지하고 형을 도망하게 했다. 그러나 힐카너스 2세는 하스몬가의 대적인 이두메 사람 안티파텔에게 도움을 요청하였고, 이두메(에돔) 사람 안티파터(Antipater)는 세력을 얻기 위해 힐카너스 2세의 지지파를 조성하여 힐카너스의 요청대로 나바데(나바티아)의 왕 아레타스(Aretnas)와 힐카너스와 연합 세력을 구축하고 아리스토불루스 2세를 공격하여 치명적인 패배를 안겨 주었다. 그리고 그는 예루살렘을 장기간 포위하였다. 그러나 로마의 급속한 팽창으로 외세의 변화는 더이상 유다가 하스몬 왕조의 손에 의해 다스려지도록 허락하지 않았다. 결국 유다는 BC63년 로마의 폼페이 장군에 의해 예루살렘이 함락됨으로 100년 가량의 짧은 독립기간을 마치고 말았다.

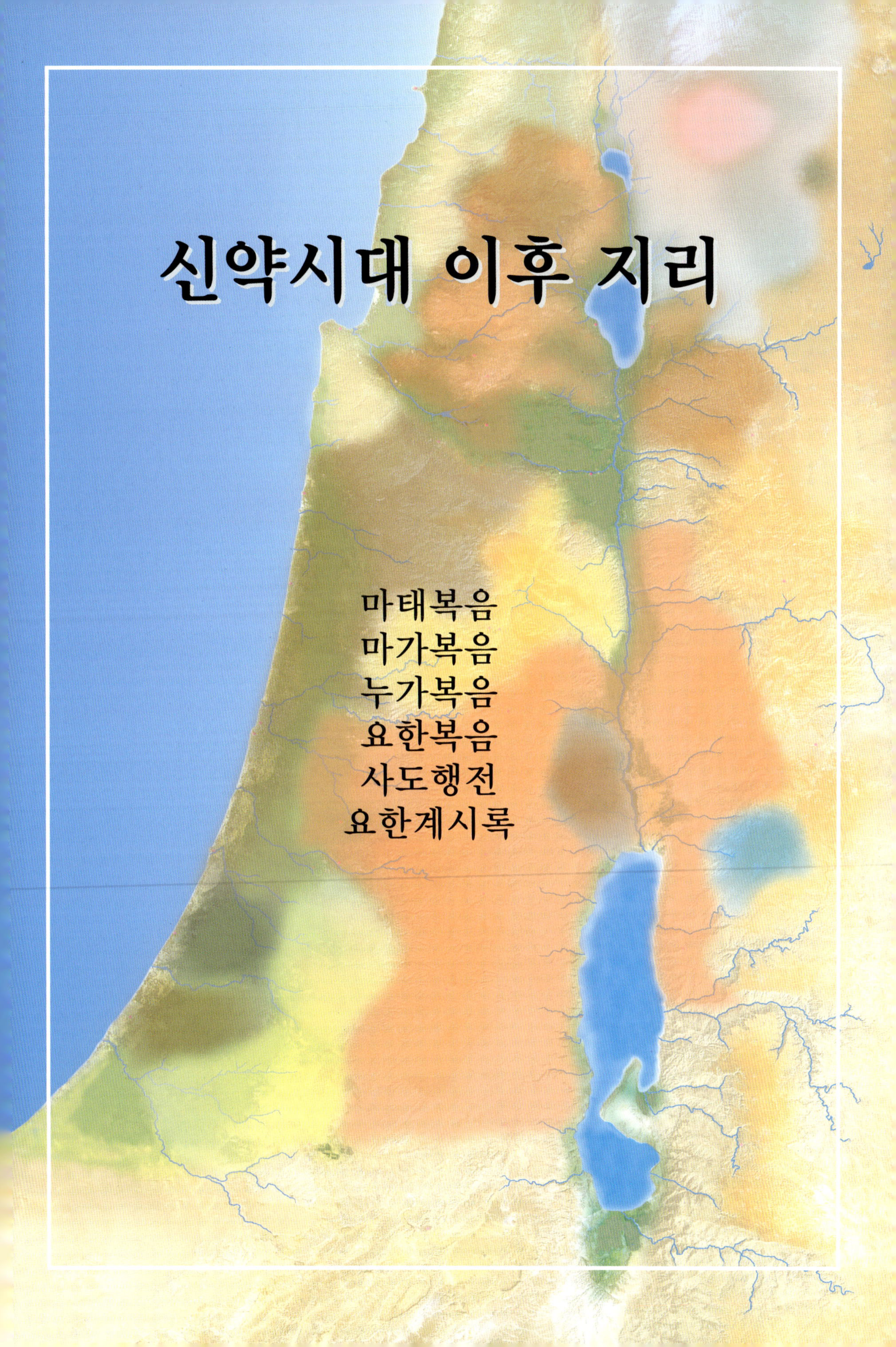

신약시대 이후 지리

마태복음
마가복음
누가복음
요한복음
사도행전
요한계시록

그리스도 당시의 로마

BC2천년경 메소포타미아 문명은 이태리까지 이르렀고, 북부 이태리에는 인도 유럽족이 내려와 이태리 반도의 주인공이 되었다. BC500년경에는 견인성을 가진 실질적인 로마인이 이웃의 라틴족과 연맹을 맺어 BC369년에 북쪽의 에트루스칸을 로마에 예속시켜 로마가 독립을 하였다. 그후 남쪽에 있는 헬라의 식민지들을 하나씩 차지하여 BC275년에는 이태리 반도를 거의 통일하였다. 그리고 베니게의 식민지인 카르타고를 차지하였다. 이후 약 100년간의 전쟁을 치루는 동안에도 BC190년에 셀루커스 왕조의 시리아를 굴복시키고, BC168년에는 애굽 톨레미 왕조의 항복을 받았다. 그리고 BC146년에는 카르타고를 완전히 무찌른 후 마게도냐와 고린도, 아가야에 이르기까지 통치권을 확장시켰다.

오랜 싸움에서 승리한 로마는 넓은 식민지 통치 속에서 정치의 실권을 차지하기 위한 내란에 시달리다가 BC70년경 폼페이(Pompey) 장군이 통령이 되었다. 통령인 된 폼페이는 유대 정권에 관심을 갖고 BC63년 시리아 북쪽을 멸망시키고 다메섹에 입성했다. 이때 유다의 힐카너스 2세와 아리스토불루스 2세의 도움 요청을 받았으나 예루살렘까지 내려와 아리스토블루스의 항복을 받고 그 반항하는 추종 세력들을 살해하였다. 결국 유대의 지배권은 힐카너스 2세에게 넘어갔다. 폼페이가 유대 정복을 이루고 본국으로 돌아왔을 때 로마는 BC59년에 쥬리어스 씨저(Julius Caesar)가 통령으로 선출되었다. 그는 8년 동안 유럽 원정을 통하여 골족과 스페인과 헬라 지방에서 원로원 군대를 타파하고 애굽으로 내려가 톨레미 왕조의 크레오파트라와 사귐을 가진 뒤 본국으로 돌아왔다. 그러나 이후 유프라테스강 동쪽의 파르티아 원정계획 중 반대당인 원로원에 의해 BC44년 3월 15일에 암살당했다.

씨저의 뒤를 이어 BC43년에 옥타비안이 통령이 되었는데 그는 공화정치의 지지자들을 타파한 후 이태리와 서방 전역을 통일시켰고 애굽 톨레미 왕조의 크레오파트라를 치고 BC30년 애굽을 로마 영토에 복속시켰다. 이 일로 로마 원로원은 그에게 황제의 칭호를 주었다. 이로써 로마는 서유럽 전체와 카르타고를 비롯한 북부 아프리카와 이집트는 물론 팔레스틴과 메소포타미아 동부지역까지 이르는 로마 제국을 탄생시켰다. 바로 예수 그리스도는 옥타비안(눅2:1에는 가이사아구스도)이 로마 제국의 황제로서 통치할 때 탄생하였다.

그리스도 당시 팔레스틴

폼페이는 유대를 점령한 후 힐카너스를 유대 통치자로 세웠다. 이에 힐카너스를 후원했던 안티파터는 힐카너스와 로마의 총독 하에서 BC43년 독살될 때까지 자신과 그의 두 아들인 파사엘(Phasael)과 헤롯(Herod)의 지위를 상당히 높여 놓았다. 비록 안티파터의 아들이 안토니우스와 옥타비안의 적인 캐시우스를 지지했다고 해도 그것은 그가 로마의 지방대표였다는 사실을 알기 때문에 안토니우스와 옥타비안이 부르터스와 캐시우스를 격파한 후에 그들은 파사엘과 헤롯이 유대의 통치를 위해 효과적인 인물임을 알고 그들로 하여금 유대의 연합 영주(분봉왕)로 임명하였다(BC41). 왜냐하면 그들은 순수한 유대인도 아니고, 당시 상당한 영향력을 갖고 있어 자연히 로마에 의지할 수밖에 없었기 때문이었다(연합 영주는 마게도냐 명칭으로 한 왕국의 1/4의 지배자를 의미한다). 그러나 안토니우스는 BC41~40년에 클레오파트라의 매력에 빠져 본국을 비운 사이에 로마 장교인 라이누스의 배반으로 파사엘은 유대의 감옥에서 자살하고, 헤롯은 로마로 도망갔으며, 안티코너스는 3년 동안(BC40~37) 왕과 제사장으로서 라이누스의 영향력으로 유대를 지배하였다.

한편 로마로 도망한 헤롯은 BC 40년 말에 로마에 도착하여 안토니우스와 옥타비안을 만나 팔레스틴의 권력의 지위가 회복되면 유대인의 왕으로 해주기를 인정받아 헤롯은 로마 원로원 회의에서 유대인의 왕으로 선포되었다.

헤롯 왕국의 확장

로마 초대 황제로 칭함을 받은 옥타비안의 원로원 설득으로 유대인의 왕(분봉왕)으로 임명된 헤롯은 로마에서 대적이 많은 욥바 항구를 피해 돌레마이(고대 악고)로 상륙했다. BC39년 주위의 로마 군대의 협조를 얻어 갈릴리를 정복하고 그곳에서 유대의 통치를 시작한 헤롯은 욥바와 마사다로 진출하여 가족을 구하고 이두메로 귀환하였다. 이어 오레사(Orhesa)를 정복하고 예루살렘을 공격한 후 갈릴리로 돌아와 셉포리스를 정복했다.

BC38년 로마군의 도움을 받아 엠마오를 공격하였으며, 유프라데스 강변의 사모사타까지 공격하였다. 다시 귀환한 헤롯은 안티코너스 휘하의 헤롯의 막내 동생인 페로라스(Pheroras)에게 자기 동생 요셉의 전사 소식을 듣고 여리고를 떠나 이사나 근처에서 파프스군을 전멸시켰다.

BC38~37년 헤롯은 연합군이 예루살렘을 공격하고 있는 동안 사마리아에서 마리암네와 결혼을 하였고 BC 37년 안토니우스의 부관인 소시우스의 지지를 받아 BC37년 여름에 예루살렘을 함락시켰다. 그리고 BC32년 나바티아인들을 무력으로 정복하여 에스부스를 자기 왕국에 합병시켰다. BC30년에는 아구스도(옥타비안)로부터 신임을 받아 갈릴리 바다 서쪽의 힙포스(아벡), 가사, 아스글론, 도라(돌) 등의 지역을 추가로 할당받았다. BC20년에는 바타네아와 드라고닛과 가우라니티스를 정복했다. 이로써 헤롯 왕국은 가장 넓은 지역을 갖게 되었다.

헤롯은 유대에서 33년간의 통치를 했는데 그의 왕국은 팔레스틴과 요단 동편의 상당부분에 이르렀다. 그리고 BC31년 안토니우스가 실각된 때에도 안토니우스를 지지한 헤롯을 유대 통치를 위해 계속 이용하여 남은 이익을 로마로 가져오게 하여 그 불만을 헤롯이 지게 했다. 이렇게 헤롯이 팔레스틴을 다스리던 동안 예수 그리스도는 그가 죽기 약 8년 전인 BC4년(마2:1) 로마 황제 옥타비안(가이사아구스도)이 로마를 다스리던 때 탄생하였다.

예수 그리스도 탄생때 헤롯 왕국(BC40~4)

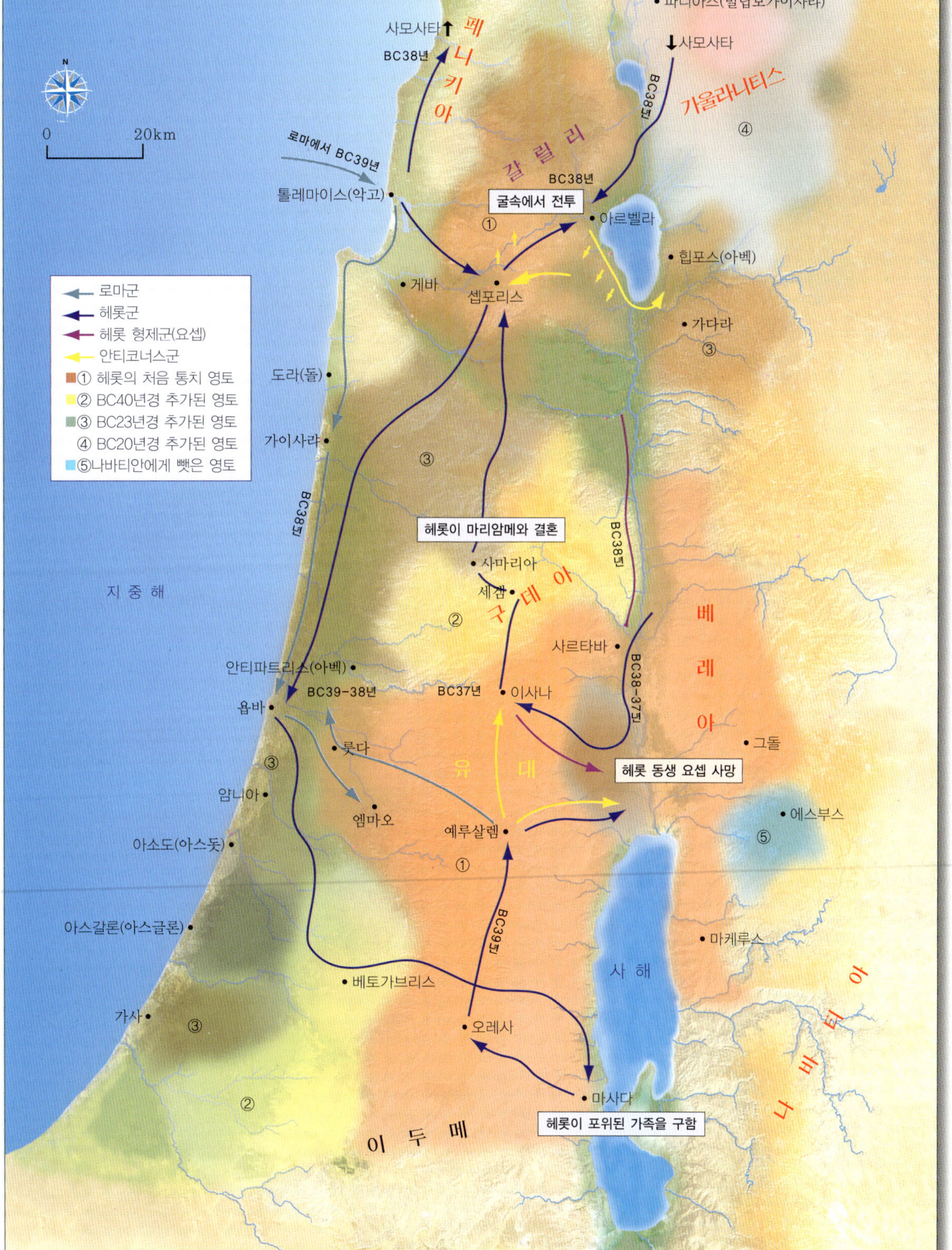

디베료 황제가 통치한지 열 다섯해 곧 본디오 빌라도가 유대의 총독으로, 헤롯이 갈릴리의 분봉왕으로, 그 동생 빌립이 이두래와 드라고닛 지방의 분봉왕으로, 루사니아가 아빌레네의 분봉왕으로, 안나스와 가야바가 대제사장으로 있을 때에 하나님의 말씀이 빈 들에서 사가랴의 아들 요한에게 임한지라(눅3:1~2)

예수의 탄생과 피난

BC334년부터 BC321년에 걸쳐 행해진 알렉산더 대왕의 동방정복(東方征服)은 그가 죽은 후에도 이른바 헬레니즘 문화가 역사를 지배하게 만들었다. 헬레니즘은 유대사상에 커다란 영향을 주었다. BC2세기와 1세기의 유대사상은 AD1세기의 사정을 이해함에 있어서 매우 중요하다. 따라서 이점으로 말하면 신약시대는 BC2세기에 시작되었다고 해도 무방하다. BC63년 막카비 왕조의 멸망으로 팔레스틴이 로마의 지배 아래로 들어가고부터는 유대 역사상 소위 "로마시대"라 불리는 시대가 시작되었다. 그러므로 그 연대를 '신약시대' 라 부르는 것은 타당할 것이다. 로마는 문화적으로는 헬레니즘을 계승했다. 신약시대는 이러한 배경 아래 생각해야만 할 것이다. 그러나 좁은 의미로 이 시대는 예수 그리스도의 탄생에 대한 천사의 고지(告知)로부터 예수의 승천까지(대략 BC4년부터 AD30년까지) 약 35년의 기간에 해당된다. 이때 팔레스틴은 로마 황제 가이사 아구스도(눅2:1)의 치하에 있었는데 당시 로마의 판도는 팔레스틴 뿐만 아니라 서유럽 전체와 칼타고를 비롯한 북부 아프리카와 이집트 그리고 메소포타미아 동부 지역까지 이르렀다.

예수가 탄생한 것은 가이사 아구스도(옥타비아누스)가 로마 황제로, 헤롯이 유대의 분봉왕으로 있었을 때였으며, 예수의 죽음은 빌라도가 총독으로, 안티파스가 갈릴리와 베레아의 분봉왕으로 있었을 때였다(눅3:1).

예수 생애에 대한 시대사적인 구성 문제

예수의 생애에 대한 복음서의 기록은 중복 또는 단독으로 나타나 있으며, 중복된 내용 중에서도 세부적인 것에서는 그 시간 순서가 다르게 나타나 있다. 그러므로 예수의 생애를 정확하게 시간의 흐름에 따라 재구성하는 일은 쉬운 일이 아니다. 그러나 복음서의 기록이 대체로 예수의 성장에 따라 기록하고 있고, 상호보완하여 기록되어 있기 때문에 정확하게 재구성하지는 못한다 할지라도 예수의 전생애를 시각적인 흐름의 관점에서 이해하는데 크게 어려움이 없을 정도(예를 들어 갈릴리의 1차 사역, 2차 사역, 3차 사역, 유대사역 등으로 구분)로는 재구성할 수 있을 것이다. 따라서 여기에서는 원칙적으로 예수의 성장과 활동을 지역단위 범위 안에서 시간의 흐름에 따라 해당되는 지역을 다루었다.

예수의 탄생과 피난과 소년시절

1. 베들레헴에서 탄생(마1:18~2:12, 눅2:1~7)

마리아는 나사렛에서 천사 가브리엘을 통해 성령으로 잉태하여 예수를 잉태할 것을 예언받았다. 여러 달 후 요셉과 마리아는 로마 황제 가이사 아구스도(옥타비안)의 영에 따라 호적하기 위해 나사렛을 떠나 베들레헴에 도착했는데 사람이 많아 여관에 들어가지 못하고 마굿간에 거하게 되었다. 이때 마리아는 이미 해산할 날이 되어 예수를 낳아 구유에 뉘이게 되었다.

2. 베들레헴▶애굽으로(마2:13~18)

유대인의 왕으로 알려진 예수의 탄생소식에 왕위에 두려움을 느낀 헤롯은 베들레헴에 있는 두살 아래의 아기를 학살하였고, 요셉과 마리아는 베들레헴을 떠나 애굽으로 피하여 헤롯이 죽기까지 그곳에 머물렀다.

3. 애굽▶나사렛으로(마2:19~23)

헤롯이 죽자 요셉은 가족과 함께 고국으로 돌아왔으나 헤롯의 아들중 아켈라오가 유대의 분봉왕이 된 사실을 알고 두려워하여 갈릴리 지방으로 올라가 나사렛에 거했다. 나사렛에 온 예수는 그곳에서 자라며 유년시절을 보냈다. 그래서 후에 예수는 나사렛인이라 불리웠다.

4. 나사렛▶예루살렘으로(눅2:40~50)

예수의 유년시절에 대한 성서의 기록은 12세때 유월절 절기를 지키기 위해 예루살렘으로 내려간 기사 밖에 없고 그외의 사실은 비밀에 깔려 있다. 어쨌든 예수의 공생애 이전 시절은 나사렛에서 지냈으며, 해마다 유월절 절기를 위해 예루살렘으로 올라갔다 왔을 것이다.

예수께서 자란 나사렛 전경

5. 예루살렘에서 나사렛으로(눅2:51~52)

예루살렘에서 절기를 지키고 나사렛으로 가던 요셉과 마리아는 하룻길을 간 후 예수가 없는 것을 보고 예루살렘으로 다시 내려가 소년 예수를 데리고 왔다.

예루살렘으로 가는 성가족

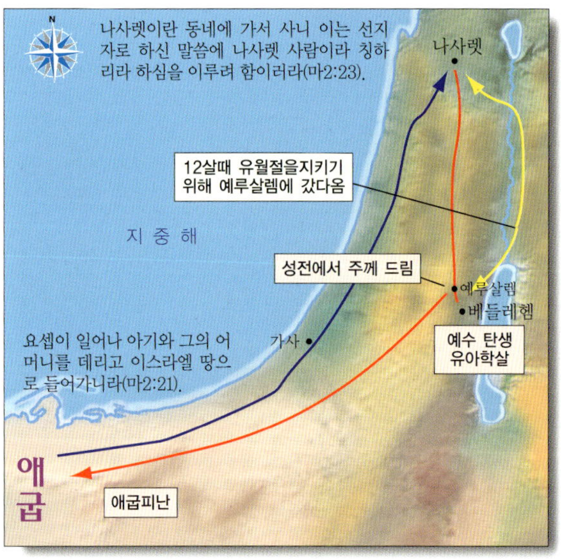

예수의 공생애 초기 사역

예수의 공생애는 30세쯤 되었을 때 시작되었다. 당시 로마는 디베랴 가이사(Tiberius Caesar)가 로마 황제로 즉위한 지 15년째(27~28년)로 본디오 빌라도가 유대 총독으로, 헤롯이 갈릴리 분봉왕으로, 그 동생 빌립이 이두래와 드라고닛 지방의 분봉왕으로, 안나스와 가야바가 대제사장으로 있었을 때였다. 예수의 공생애 시작전 예수보다 6개월 먼저 출생한 세례자 요한은 이미 요단강을 중심으로 여리고 근처의 요단 나루터에 있는 벧아라바와 스구도볼리(벧산), 살렘, 애논 지역 등을 활동무대로 영적 각성 운동을 크게 일으키고 있었다.

공생애 준비

예수의 나이 30세쯤 되자 세례자 요한에게 여리고 맞은편 요단 나루터의 벧아라바 앞의 **요단강가**에서 세례를 받았다. 세례를 받은 예수는 여리고 앞의 **유대광야**로 가서 금식 후 세가지 유혹(시험)을 이긴 다음 본격적인 그의 사역을 위한 모든 준비를 끝냈다(마3:1~4:11, 1:19~34).

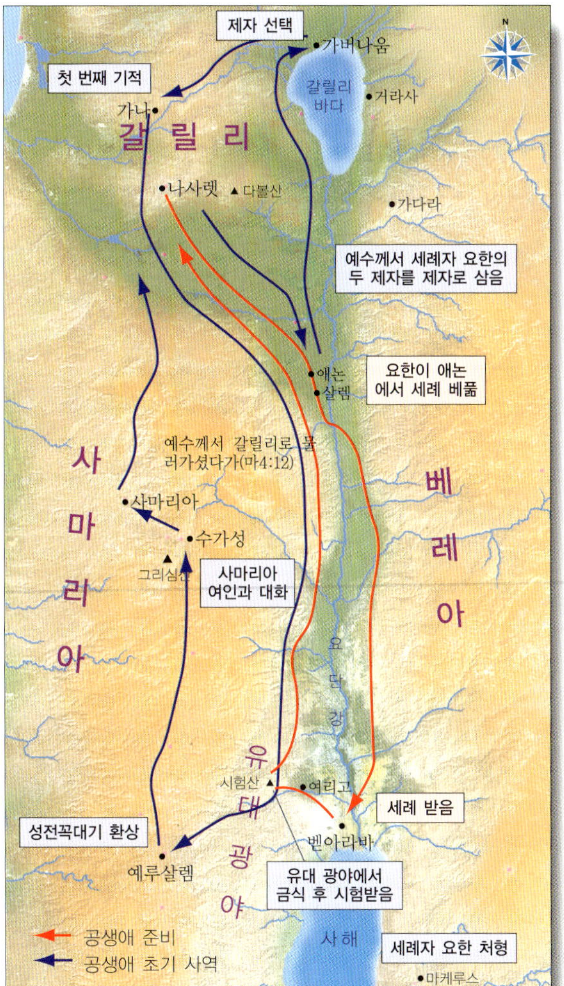

공생애 초기 사역

사역 준비를 끝낸 예수는 **요단강가**로 가서 세례자 요한의 두제자를 자기의 제자로 삼고 이어 **갈릴리 바닷가**에서 안드레와 그의 형제 베드로도 제자로 삼았다. 3명의 제자를 택한 예수는 사흘째 되던 날에 갈릴리의 **가나**에서 있은 혼인잔치에 참석하여 물을 포도주로 만드는 첫번째 이적을 베풀었다(요1:43~2:11). 가나의 혼인잔치에서 모친과 형제들을 만난 예수는 그들과 함께 **가버나움**으로 올라가 거기서 여러날 보냈다(요2:12). 가버나움에서 며칠을 보낸 후 예수는 **예루살렘**으로 내려가 성전을 정결케 하고 표적을 행했다. 그리고 밤중에 찾아온 바리새인인 니고데모를 만나 중생의 교훈을 가르치셨다(요2:13~25).

유월절 절기를 지낸 후 **유대땅**으로 가서 제자들과 함께 거하며 많은 사람에게 세례를 주고, 다시 갈릴리로 가는 도중 세겜의 야곱의 우물가에 있는 **수가성**에 잠시 머물며 사마리아 여인을 만나 영생수에 대한 교훈을 가르치셨다. 그리고 여인의 전도를 듣고 많은 사마리아 사람들이 예수께로 나왔고 그곳 사람들의 간청에 의해 2일을 더 머문 후 **갈릴리**로 올라갔다(요3:22~4:42).

갈릴리 1차 사역

가나에 도착한 예수는 그곳 왕의 신하 아들을 말씀으로만 고쳐주었다(요4:43~46). 이어 갈릴리에서 환영을 받은 예수는 여러 회당을 다니면서 말씀을 가르치시고 **나사렛**으로 가서 안식일에 회당에서 이사야 61:1이하의 말씀이 이루어졌음을 선포하였다. 그러나 배척을 받아 낭떠러지에 죽을 고비를 넘기고 그곳을 떠났다(눅4:16~30). 나사렛에서 위기를 넘긴 후 **가버나움**에 온 예수는 많은 병자와 베드로 장모의 열병을 고치셨고, 귀신들린 자들의 귀신을 쫓아 내었다(눅4:31~44). 이후 갈릴리 지역의 여러 회당을 다니며 사역을 마치고 다시 가버나움에 돌아왔을 때 4명이 중풍병자를 메고와 고침을 받았다. 그리고 그곳을 떠난 예수는 마태의 집에서 음식을 잡수시면서 혼인과 새포도주와 새부대의 교훈을 말씀하셨다.

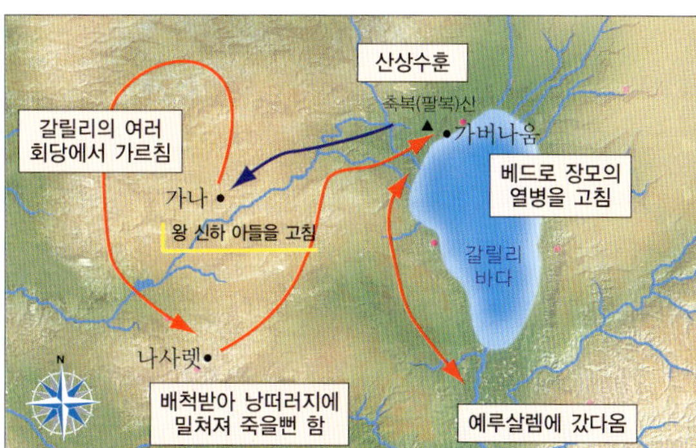

예수의 1차 갈릴리 전도 여행중 두 소경을 고쳐준 후부터 제자들이 안식일에 밀이삭을 잘라먹은 사건까지의 행적을 순서적으로 연결시키는 것은 거의 불가능하다. 그러나 이 시기에 있어서 약간의 순서 바꿈이 일을지는 몰라도 이 사건이 예루살렘으로 갔다온 일과 시간상 큰 차이는 없을 것이다. 그래서 이곳에서는 요한복음 5장의 예루살렘에서의 사건을 표시했다.

갈릴리에 오신 예수는 안식일에 제자들이 밀이삭을 잘라먹은 것에 대해 징책하는 바리새인들을 향해 안식일의 교훈을 말씀하셨다(마12:1~8, 눅6:1~5). 그리고 가버나움 회당에서 한편 손마른 사람을 고쳐주셨는데 이일 후 바리새인들은 예수를 죽일 음모를 하기 시작했다.

한편 산에 올라가 밤새도록 기도를 한 예수는 낢이 밝자 제자중 특별히 12명을 택하여 사도라 칭하였다. 그리고 제자들에게 산상수훈을 말씀하시고 산에서 내려와 한 나병환자(문둥병자)를 고쳐주신 후 다시 가버나움으로 돌아왔다(마3:13~19,5:1~8:13,10:2~4, 눅6:15~7:10).

갈릴리 2차 사역

갈릴리 여행을 다시 떠난 예수는 **나인성**에 들러 그곳에 있는 과부의 아들을 살리셨고, 이 소문에 세례자 요한은 예수가 메시아임을 알아보기 위해 사람을 보냈다. 이에 예수는 무리들에게 세례자 요한에 대해 말씀하셨다. 그리고 바리새인의 식사 초대때 마리아가 찾아와 눈물로 예수의 발을 적시고, 머리털로 씻고, 발에 입을 맞추고, 향유를 부었다(눅7:11~8:3).

이후 예수는 두 빚진 자의 비유를 시몬에게 들려주신 후 **갈릴리의 각 성과 촌**을 다니시며 말씀을 전파하시고, 막달라 마리아를 고치셨으며, 모친과 형제를 만난 후(마12:38~50) 갈릴리로 돌아왔다.

다시 갈릴리에 온 예수는 자신을 에워싼 무리들을 피하여 제자들과 같이 배를 타고 **갈릴리 바다**를 건너가던 도중 풍랑을 잔잔케 한 후 건너편에 있는 거라사에 도착하였다. **거라사**(마8:28에는 가다라)에 도착한 예수는 군대 귀신들린 자를 위해 돼지 떼를 희생시키면서까지 고쳐주셨다(눅8:22~39, 마8:18~34, 막5~1~20).

거라사에서 귀신을 쫓아낸 일로 인해 거라사를 떠난 예수는 **가버나움**으로 돌아가는 도중에 12년 동안이나 혈루

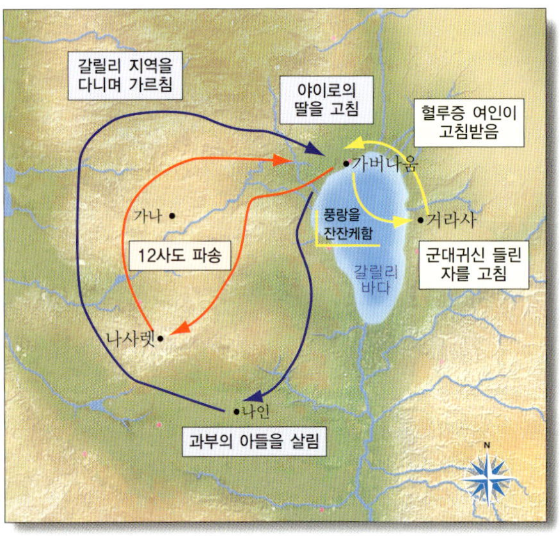

증으로 고생하던 여인이 고침을 받았다. 이 여인에 대한 사건 순서는 약간 애매한데 마9:20~22에도 나오며, 마9:27~34에는 두 소경을 고쳐준 사건도 나온다.

가버나움에 돌아온 예수는 갈릴리 지역에서 다시 말씀을 전파하시고 12사도를 각지로 파송했다. 뒤에 헤롯은 파송된 제자들에게 많은 기적이 나타난 것을 듣고 두려워하였다(눅8:40~9:11, 마9:1~10:42, 막5:21~6:29).

갈릴리 3차 사역

제자들의 전도보고를 들은 예수는 무리들 몰래 그곳을 떠나 **벳새다**로 갔으나 많은 무리가 알고 따라오자 이곳에서 무리를 가르치시고 오병이어의 기적을 베풀었다(눅9:10~17, 마14:13~21, 막6:30~44, 요6:1~14).

오병이어의 기적을 베푼 예수는 무리를 집으로 보내는 동안 제자들에게 즉시 배를 타고 가게한 후(마6:45~47에는 벳새다로 가게한 것으로 나옴) 무리를 보낸 후 따로 산에 기도하러 가셨다.

날이 저물자 제자들이 탄 배는 바다 깊숙히 들어갔고 때마침 부는 바람으로 인해 노를 젓는데 큰 어려움을 겪었다. 밤 4경쯤 예수는 물 위로 걸어와 배에 올랐고 바람은 곧 잔잔해졌다. 그리고 **게네사렛(긴네렛)**으로 가서 많은 병자를 고치셨다(마14:22~27, 막6:45~56, 요6:15~31). 다시 **가버나움**에 도착하자 떡을 먹은 무리들이 몰려들었고, 예수는 이들에게 생명의 떡에 대한 교훈을 말씀하셨다(요6:24~71).

갈릴리 사역의 중심인 가버나움의 회당

가버나움을 떠나 베니게(페니키아)의 **두로와 시돈** 지방으로 들어가 수로보니게(두로와 시돈 지역을 수로보니게 지역이라 부름) 여인의 귀신들린 딸을 고쳐주셨다(마15:21~28, 막7:24~31).

시돈에서 **데가볼리 지방**을 거쳐 갈릴리 호숫가에 온 예수는 절뚝발이, 불구자, 소경, 벙어리된 자들을 고치신 후 여자와 아이 외에 4천명을 떡덩이 7개와 생선 2마리로 먹이셨다. 그리고 제자들과 함께 배를 타고 **마가단**(막8:10에는 달마누다로 나온다.)으로 가셨다가 다시 갈릴리 호수를 지나 벳새다로 가셨다(막7:31~8:26, 마15:29~39).

벳새다에 온 예수는 한 소경을 눈에 침을 발라 고쳐주고 **가이사랴 빌립보**에 이르러 베드로의 신앙고백을 들었다(마16:13~20, 막8:27~30, 눅9:18~21).

엿새 후 예수는 베드로, 야고보, 요한을 따로 데리고 높은 산(헬몬산 혹은 다볼산)으로 올라가 눈부실 정도로 밝은 모습으로 변화하였고 엘리야와 모세와도 말씀하셨다. 산에서 내려와서는 제자들이 고치지 못한 귀신들린 아이를 고치시고 자신의 죽음과 부활에 대해 재차 예고하였다. 변화산에서 갈릴리로 오는 도중 제자들은 서로 누가 큰가에 대해 논쟁했다. **가버나움**에 도착하자 예수는 어린 아이를 세우시고 겸손에 대한 교훈을 가르치셨다(마17:1~27,18:1~35, 막9:2~50, 눅9:28~50).

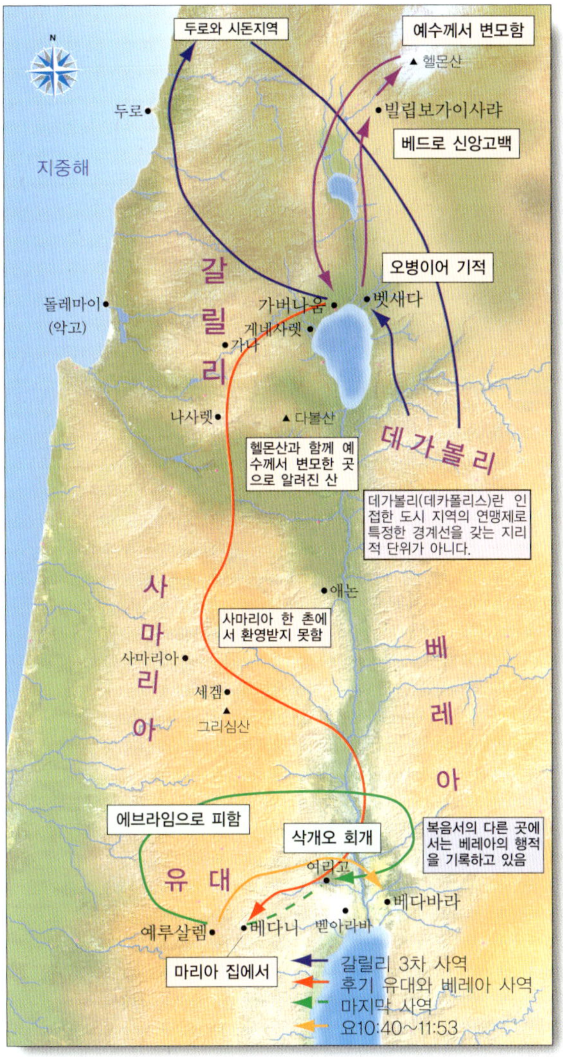

후기 유대와 베레아 사역

승천할 기약이 다가옴을 느낀 예수는 예루살렘으로 내려가기로 결심하고 **사마리아**의 한 촌을 거쳐 요단강을 건너 **여리고**에 도착하여 소경을 고치셨다. 그리고 예루살렘 근처 **베다니**에 있는 마르다와 마리아의 집에 머문 후 예루살렘으로 내려갔다. 여기서 마19:1~2, 막10:1, 요10:39~42에는 베레아 지방의 행적을 기록하고 있다(눅9:51~56, 10:38~17:11).

예수는 수전절을 당해 **예루살렘**에 가셨다가 위험을 당한 후 다시 요단 동편 세례자 요한이 처음 세례를 주던 **베다바라** 근처로 가셨다. 그리고 나사로가 병들었다는 소식을 듣고 **베다니**로 돌아와 나사로를 살리셨다. 이 일로 인해 대제사장들과 바리새인들이 공회를 열어 예수를 죽이려고 모의하였다(요10:40~11:53).

마지막 전도 사역

공회에서 자신을 죽이려고 모의한다는 소식을 들은 예수는 그곳을 떠나 **에브라임 동네**에 거하신 후 **베레아** 지역으로 갔다(요11:54). 베레아에서 **여리고**에 온 예수는 세리장 삭개오의 집에 들어가 회개하는 그에게 구원을 선포하였다(눅19:1~10, 막10:1).

베다니로 다시와서 마리아에게 말씀을 들려준 내용은 앞서 언급된 후기 유대 사역과 중복되어 나온다. 그러나 마지막 한주간을 앞두고 여리고에서 예루살렘으로 돌아올 때 예루살렘 길목에 있는 베다니의 나사로 집에 들렀을 것은 틀림이 없다. 왜냐하면 요12:1에서 보면 베다니에 도착한 날이 유월절 엿새전, 곧 주님의 고난이 시작되는 최후의 일주간 중에 금요일이기 때문에 눅10:38 이하에 나오는 같은 사건이 시간적으로 맞을 가능성이 더 높기 때문이다.

마지막 한주간의 사역

유월절 엿새전인 **금요일**에 베다니에 도착한 예수는 주일의 예루살렘 입성을 위해 예루살렘 근처의 감람산 벳바게에 이르렀고 나귀를 타고 무리들의 환영 속에 예루살렘에 입성하였다. 그리고 성전으로 들어가 다시한번 성전을 정결케 한 후 다시 예루살렘 밖에 위치한 베다니로 가셨다(마21:1~17, 요12:12~19).

이튿날 이른 아침 **월요일**에 다시 성으로 입성하실 때에는 열매없는 무화과 나무를 저주하였고, 성 밖으로 나갔다가 이튿날 **화요일**에 성으로 들어온 예수는 여러가지 비유와 바리새인들에게 경고의 말씀을 했다. 그리고 같은 날 감람산에서 성전 멸망을 예언하였으며 유대의 배반이 있었다(마21:18~26:16, 눅21:1~28, 요13:2).

수요일에 침묵하신 예수는 무교절 첫날, 곧 **목요일**에 베다니에서 예루살렘으로 돌아와 유월절을 준비한 후 최후의 만찬을 거행했다. 만찬 후 성 밖 감람산의 겟세마네 동산에 도착해서 밤새도록 기도하셨다.

날이 밝자 **금요일**에 동산에서 내려온 예수는 배반한 가룟 유다에 의해 대제사장과 장로들로부터 파송된 무리에게 잡혀 예루살렘의 대제사장 관저인 가야바의 집으로 끌려갔다. 그리고 가야바 앞에서 심문을 받았다. 이때 베드로는 세번이나 예수를 부인했다.

결국 예수는 공회에서 정죄를 받고 새벽에 대제사장과 장로들에 의해 결박되어 빌라도 총독 관저로 끌려가 그에게 심문을 받았다. 그러나 빌라도는 예수를 예루살렘에 와있는 헤롯에게 보냈는데 헤롯은 다시 빌라도에게 보냈다. 빌라도 앞에 다시선 예수는 빌라도에게 십자가형을 선고 받고 예루살렘성 밖의 골고다 언덕에서 십자가에 못박혀 죽으셨다(마27:15~38,막15:6~28, 눅23:13~34).

부활 후 예수 그리스도 나타남

부활한 예수께서 제자들을 위해 생선과 빵을 구운 돌

부활한 예수께서 두 제자와 식사한 엠마오

부활한 예수께서 11명의 사도에게 나타난 감람산

예수께서 승천한 곳에 세워진 승천기념돔, 감람산

성령강림과 초대 교회의 태동

예수께서 승천한 후 오순절날 예수의 제자들은 예루살렘의 시온산 지역에 있는 마가의 다락방에 모여 기도할 때 성령이 임함으로 복음은 순식간에 예루살렘과 사마리아와 소아시아까지 퍼져나갔다. 특히 오순절을 맞이하여 사도들의 가르침을 듣기 위해 세계 각지에서 수많은 사람들이 예루살렘으로 모여들었고, 그들은 자기 나라의 말로 설교하는 것을 보고 놀랐다. 행2:1~13의 기록을 보면 이들은 서쪽으로 로마에서부터 갑바도기아와 본도를 거쳐 동쪽의 메대와 엘람까지 이르고 북부 아프리카까지의 지역을 명단에 올리고 있다.

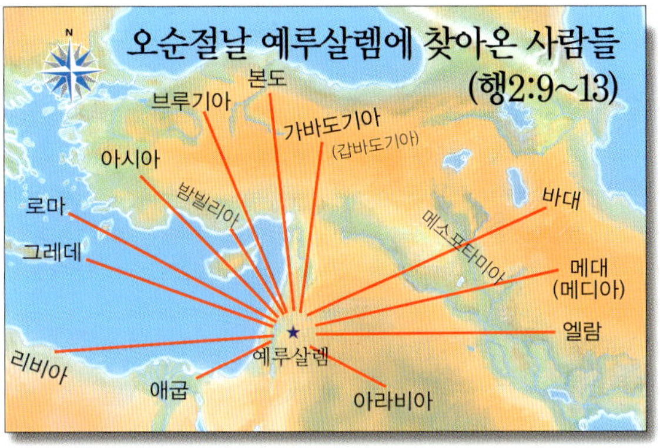

스데반의 설교와 순교(행7장)

사도들에 의해 초대교회가 급속히 성장하고 많은 사람들이 자신들의 재산을 헌납하자 사도들은 구제와 공궤하는 일을 위해 따로 안수하여 집사를 세웠다. 이때 처음으로 임명된 7명의 집사 가운데 한사람인 스데반은 모세와 하나님을 모독한다는 누명을 받고 고소당하여 공회에서 설교를 하던중 돌에 맞아 순교당했다.

스데반순교 자리에 세워진 스데반 순교기념교회

빌립의 전도사역(행8장)

사도들에 의해 예루살렘에서의 전도가 성공하자 이에 대한 반발이 일어나 초대교회의 집사인 스데반이 순교를 당하였다. 그러나 스데반 집사의 순교는 오히려 복음이 다른 지역으로 확산되는 결과를 가져왔다. 그중에 초대교회의 7명의 집사 가운데 하나인 빌립은 사마리아로 올라가 귀신을 쫓아내며, 마술사 시몬이 세례를 받고 많은 병자가 고침을 받는 등 많은 사람들이 예수를 믿고 세례를 받는 역사가 일어났다. 이에 예루살렘 교회는 베드로와 요한을 사마리아 지역으로 파송하는데까지 이르렀다. 그리고 사마리아에 파송된 베드로는 돈으로 성령을 사려고 한 시몬을 크게 책망하기도 했다.

사마리아에서 복음을 크게 확산시킨 빌립은 예루살렘에서 가사로 내려가는 에디오피아 여왕 간다게의 국고를 맡은 내시를 만나 말씀을 깨닫게 하고 세례를 주었다. 그리고 아소도(아스돗)를 거쳐 가이사랴에 이르렀다(행8장).

베드로의 전도여행

베드로는 갈릴리 해변의 벳새다 출신으로 본명은 시몬이었는데 예수를 만난 후 그물을 버리고 그의 제자가 되었다. 그리고 예수는 베드로라는 이름 대신에 아람어인 게바로 개명하였다. 베드로는 급한 성격 때문에 물위로 걸어가다가 빠지기도 하고, 스승을 잡으러 온 말고의 귀를 칼로 베기도 하였으며, 예수를 세번이나 부인하기도 했다. 그러나 예수께서 승천한 후 마가 다락방에서 성령 체험을 한 후에는 능력있는 설교로 한번에 수천명을 회개시켰으며, 로마에서 순교하기까지 수많은 병자를 고쳤다. 그는 예수의 수제자로서 초대교회 핵심 인물로 활동했다.

1차 전도여행(행8:14~25)

빌립에 의해 사마리아 지역에 전도가 시작되었는데 사마리아인도 복음을 받아들이고 세례를 받았다는 소식이 예루살렘에 알려지자 예루살렘 교회는 베드로와 요한을 사마리아로 파송했다.

사마리아에 도착한 베드로는 그들에게도 성령이 임하기를 기도했고 안수받은 자는 다 성령을 받았다. 이를 본 마술사 시몬이 돈주고 성령을 사려고 했다가 책망받고 회개하였다. 그후 베드로와 요한은 사마리아의 여러 촌으로 다니면서 복음을 전파한 후 예루살렘으로 돌아왔다.

2차 전도여행(행9:32~11:18)

사마리아에서 **예루살렘**으로 돌아온 베드로는 얼마 후 2차 전도여행을 떠나 **룻다**에 도착하여 8년 동안 중풍병으로 고생하고 있던 애니아를 고침으로 많은 사람들이 예수를 믿게 되었다. 이 소문이 룻다와 사론과 욥바에까지 퍼졌다. 그래서 욥바에 있는 제자들은 선행과 구제에 힘쓰다가 죽은 다비다(도르가)를 살리기 위해 룻다에 있는 베드로를 청했다.

이에 베드로는 **욥바**로 가서 다비다를 살려주었다. 이로 인해 그곳의 많은 사람들이 예수를 믿었고, 베드로는 해변가에 있는 시몬의 집에서 여러 날 머물렀다. 시몬의 집에서 머무는 동안 지붕에 올라가 식사를 하려고 했다. 그때 비몽사몽간에 하늘에서 내려온 큰 보자기 안에 땅에 있는 짐승과 각종 새들이 있는 환상을 보았으나 그 뜻을 알지 못했다. 그래서 베드로가 이 일에 대해 생각할 때 고넬료가 보낸 사람이 올 것을 계시받고 성령의 지시에 따라 찾아온 그들을 따라 **가이사랴**에 있는 백부장 고넬료의 집으로 올라갔다.

고넬료를 만난 베드로는 그로부터 환상을 본 것과 자기를 초청하라는 환상을 본 것에 대한 이야기를 듣고 그에게 복음을 전했다. 이때 다른 이방인들도 성령을 받고 세례도 받았다. 그러나 베드로는 무할례자와 함께 음식을 먹은 것에 대해 **예루살렘**에 돌아와 힐난을 받았으나 그 동안의 일을 자세히 설명하여 오해를 풀었다.

3차 전도여행(행15:1~14, 갈2:2)

2차 전도여행 후 베드로의 행적에 대한 성서의 기록은 거의 알 수 없다. 다만 바울이 베드로가 안디옥에 있으면서 외식을 범한 것을 책망한 내용에서 베드로가 안디옥에 가서 복음을 전한 것을 알 수 있을 뿐이다.

베드로의 순교전승

터툴리아누스(Tertullianus)는 사도 중 3명인 베드로, 바울, 요한이 로마에서 순교했다고 말하고 있다. 오리게네스(Origenes)에 의하면 베드로는 세 사람 중 가장 늦게 로마에 왔으며 머리를 아래로 하여 거꾸로 십자가에 못박혀 순교했다고 전하고 있다.

바울의 전도여행

바울(Paul)은 길리기아 다소에서 BC1년에 출생하였다(행22:3). 베냐민지파 출신인(빌3:5) 바울의 모친에 대해서는 잘 알려져 있지 않으나 부친과 자신은 바리새인이었다(행23:6).

그는 예루살렘으로 내려가 13세부터 가말리엘 문하에서 학문을 배워 율법에 정통한 교법사가 되었다. 또 그는 장막 만드는 법을 배웠으며, 로마의 시민권을 갖고(행22:3, 28) 율법과 교회 핍박에 열정을 가져 스데반이 죽을 때에 증인이 되기까지 했다(행7:58, 8:1). 그러나 다메섹 도상에서 부활한 예수를 만난 후 사울(바울)은 아라비아에서의 준비기간을 보낸 후 이방인의 사도로서 누구보다도 복음을 위해 바쳐진 생을 살았다.

바울의 회심(행9:22~30)

바울은 스데반의 순교에 앞장설 정도로 유대교에 열심이 있는 자였으나 **다메섹**으로 가던 중 예수를 만나 회심하고 다메섹에서 예수가 하나님의 아들임을 증거했다. 그리고 **아라비아**로 가서 준비기간을 가진 후(갈1:17) 다시 **다메섹**으로 돌아왔다. 그러나 유대인들이 배교한 바울을 죽이려 하자 그의 제자들은 광주리로 바울을 탈출시켰고, 바울은 **예루살렘**으로 내려갔다. 그러나 예루살렘에서도 생명의 위협을 느껴 **다소**로 갔고, 얼마 후 바나바와 함께 **안디옥**에 내려와 1년간 무리를 가르쳤다.

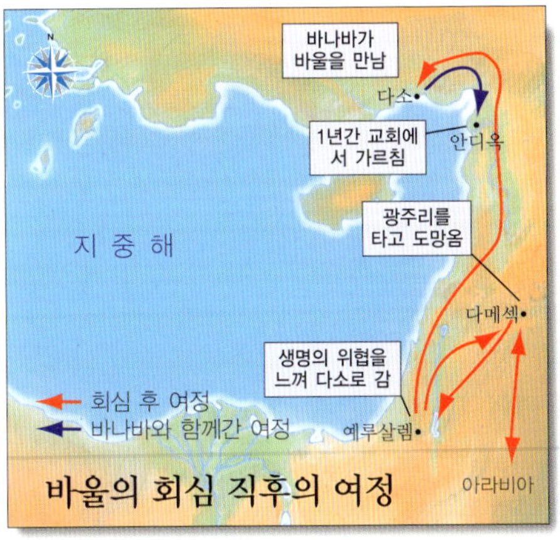

1차 전도여행 (행13:1~14:28)

안디옥 교회에서 안수받고 전도목사로 파송받은 바울은 마가 요한과 함께 **실루기아**로 내려가 그곳에서 배를 타고 구브로에 있는 **살라미**에 도착하여 유대인의 여러 회당을 다니며 복음을 전했다. 그리고 그 섬을 가로질러 바보에 이르렀다. **바보**에서 바울은 총독 서기오 바울과 함께 있는 유대인의 거짓 선지자 바예수를 소경이 되게하고 총독으로 하여금 복음을 받아들이게 하였다.

바보에서 배를 타고 밤빌리아 지역의 **버가**에 도착했을 때 동행했던 마가 요한은 **예루살렘**으로 돌아갔다. 바울은 다시 **비시디아의 안디옥**에 올라가 유대인과 유대교에 입교한 경건한 사람들에게 복음을 전했다. 일부 유대인들은 바울을 시기하여 귀부인과 유력한 자들을 선동하여 바울과 바나바를 핍박케 하였다. 그래서 두사람은 그곳을 떠나 **이고니온**으로 가서 말씀을 전하고 유대와 헬라의 허다한 사람들을 믿게 하였다. 그러나 이곳에서도 유대인들이 이방인들을 선동하여 바울에게 악감을 품게하여 이방인과 유대인과 관원들이 두 사도를 능욕하며 돌로 치려고 하였다. 이에 두 사람은 도망하여 루가오니아 지역의 두 성인 **루스드라**와 **더베**와 그 근방으로 가서 복음을 전했다. 이때 루스드라에 나면서 앉은뱅이 된 자가 바울의 설교 중에 고침을 받았다. 이일로 무리들은 바나바를 쓰스라 하고, 바울을 헤메라고 불렀다. 그리고 두 사람을 신으로 알고 제사를 드리려 하자 두 사람은 옷을 찢고 무리들을 말려 자기들에게 제사를 드리지 못하게 하였다.

이일 후 이고니온과 안디옥(비시디아)에 있는 유대인들이 와서 무리를 선동하여 바울을 치게 하고 성밖으로 끌어내게 했다. 그러나 죽은줄 알았던 바울은 구사일생으로 살아나 이튿날 바나바와 함께 **더베**로 가서 복음을 전하고 **이고니온**과 **비시디아의 안디옥**으로 가서 제자들을 격려하고 각 교회에서 장로들을 세웠다. 그리고 **비시디아 지역**을 가로질러 밤빌리아에 있는 **버가**에서 다시 복음을 전하고, **앗달리아**로 내려가 거기서 배타고 **안디옥**에 도착하여 자신의 1차 전도여행에 대하여 경과보고를 하고 오랫동안 머물렀다.

제2차 전도여행(행15:22~18:22)

첫번째 전도여행을 마친 바울은 안디옥 교회에서 생긴 할례 문제로 바나바와 같이 **예루살렘**에 파송되어 예루살렘교회의 결정을 가지고 교회에서 파송한 바사바라 하는 유다와 실라와 함께 **안디옥**으로 돌아와 무리를 모은 후 결정사항을 알려 주었다.

수일 후 바울은 두번째 전도여행을 바나바와 함께 가기로 했으나 요한의 동행 문제로 바나바와 헤어져 바울은 실라를 데리고 **수리아**와 **길리기아**에 있는 교회들을 찾아 굳게하였다. 계속해서 **더베**를 거쳐서 **루스드라**에 이른 바울과 실라는 디모데를 만나 할례를 행했다. 이후에 바울은 **브루기아**와 **갈라디아** 땅을 지나 **무시아** 앞에 이르러 비두니아로 가고자 했으나 성령이 허락치 않아 **드로아**로 갔다. 이곳에서 바울은 밤에 마케도냐 사람이 부르는 환상을 보고 드로아에서 배를 타고 **사모드라게**로 직행하여 이튿날 **네압볼리**를 거쳐 마케도냐 지경의 **빌립보**에 이르렀다.

빌립보에서 몇일을 보낸 후 안식일에 강가로 나갔다가 루디아를 만나 그의 강청에 의해 그 집에 거하였다. 그러나 귀신들려 점하는 여종을 고쳐준 사건으로 두 사람은 옥에 갇히게 되었는데 오히려 간수에게 복음을 전하고 세례도 받게 하는 계기가 되었다.

그리고 이튿날 두 사람은 석방되어 그곳을 출발하여 **암비볼리**와 **아볼로니아**를 거쳐 **데살로니가**로 가서 안식일에 회당에 들어가 율법을 강론하였다. 이때 헬라인의 큰 무리와 상당한 귀부인들이 두 사람을 좇았으나 유대인들의 시기로 소동의 누명을 받자(행17:1~9) 바울을 따르던 사람들이 바울과 실라를 **베뢰아**로 피신시켰다. 두 사람은 베뢰아에서 더 큰 전도의 성과를 얻었다. 한편 이소식을 들은 데살로니가의 유대인들은 베뢰아까지 내려와 소동을 일으켰다. 이에 바울을 따르던 사람들은 실라와 디모데를 그곳에 남겨두고 먼저 바울을 **아덴**으로 피신시켰다.

아덴에 도착한 바울은 실라와 디모데가 도착할 때까지 우상에 대하여 유대인, 경건한 사람, 철학자 에비구레오, 스도이고 등과 쟁론을 벌였으며, 죽은자의 부활에 대해서도 전했다. 이때 아레오바고의 관원중 디오누시오와 다마리 같은 여자는 바울의 전하는 말을 믿었다.

이후 아덴을 떠난 바울은 **고린도**에 이르러 장막업을 하는 아굴라와 브리스길라의 부부와 같이 장막일을 하며 안식일에는 회당에서 유대인과 헬라인에게 말씀을 강론하였다. 한편 실라와 디모데는 베뢰아에서 내려와 바울을 만났으나 유대인들의 대적으로 디도 유스도의 집에 있으면서 1년반 동안 말씀을 가르쳤다. 이후 배를 타고 아굴라와 브리스길라 부부와 함께 고린도를 떠나 **겐그레아**에서 머리를 깎고, **에베소**에 도착하여 회당에 들어가 유대인과 변론을 하였다. 그리고 다시 배를 타고 **가이사랴**에 상륙하여 올라가 교회의 안부를 묻고 **안디옥**으로 돌아왔다.

제3차 전도여행(행18:23~21:17)

안디옥에 도착한 바울은 얼마되지 않아 **갈라디아**와 **브루기아** 지역을 차례로 다니며 제자들의 믿음을 굳게했다. 그리고 **에베소**에 돌아와 2년 동안 말씀을 전파하는 가운데 마술사가 자신의 책을 불사르는 놀라운 변화가 일어났다. 이에 데메드리오는 자신이 경영하는 다이아나(Diana)의 은감실 제조업에 막대한 지장을 초래하자 경건과 애국심을 가장해 소요를 일으키고, 폭도들을 시켜 바울을 죽이려 했다. 여기서 바울은 로마 관원의 변호로 무사히 위를 넘겼으나 거의 죽을 상태에 이르러(고후1:8~9) 오순절도 되기 전이 에베소를 서둘러 떠나야 했다.

에베소를 떠난 후 **마케도냐** 지경을 다니며 제자들에게 말씀을 권하고 계속하여 **헬라** 지경에 이르러 3개월 동안 머문 후 배를 타고 수리아로 직행하려 했다. 그러나 고린도에서 암살계획이 있음을 알고 동료와 함께 마게도냐를 경유하는 육로를 택하여 **빌립보**까지 갔다(이때 아덴, 베뢰아, 데살로니가를 거쳤을 것이다).

빌립보에서 배로 5일만에 **드로아**에 도착하여 먼저와 있던 동료들 만나 7일을 머물렀는데 마지막날, 곧 안식후 첫날에는 밤늦도록 말씀을 강론할 때 졸다가 3층에서 떨어져 죽은 유두고를 살렸다.

이튿날 바울은 육로를 통해 **앗소**로 가서 배타고 형제들을 만난 후 다시 배로 **미둘레네, 기오섬, 사모섬**를 거쳐 **밀레도**에 이르렀다. 여기서 바울은 사람을 에베소에 보내 그곳 장로를 초청하여 만나 설교를 한후 다시는 보지 못할 것이라는 말에 눈물의 작별을 나눈 다음 배를 타고 **고스, 로도**를 거쳐 **바다라**에 도착했다. 그리고 다시 배를 타고 구브로를 바라면서 항해하여 **두로**에 도착하였다.

배가 정박하는 7일 동안 그곳에 있는 제자들을 방문하고 예루살렘으로 내려가지 말 것을 강청하는 제자들의 요청을 뿌리치고 **돌레마이(악고)**를 거쳐 하루를 지낸 후 **가이사랴**에 도착하였다. 그리고 그곳에 있는 빌립의 집에서 여러 날 지낸 후 죽을 각오로 **예루살렘**으로 올라갔다.

바울의 로마행(행 27:1-28:31)

로마행(행27:1~28:31)

예루살렘에서 바울의 전도여행에 대한 보고를 들은 장로들은 하나님께 영광을 돌렸으나 아시아에서 온 유대인들은 오히려 율법을 훼방했다고 모략했다. 결국 바울은 잡혀 천부장에 인계되어 조사를 받게 되었고, 공회 앞에 선 바울은 부활의 소망을 이야기하여 부활을 믿는 바리새인과 그렇지 않는 사두개인 사이에 논쟁이 일어 나게 했다. 날이 새자 바울을 죽이려는 결사대까지 조직되었고 바울은 생질의 도움으로 공회에 넘겨지지 않고 가이사랴에 있는 벨릭스 총독에게 보내졌다.

가이사랴에 도착한 바울은 벨릭스에게 2년간 투옥 당한 후 그의 후임자인 베스도(Festus)에게 인계되었다. 베스도에게 인계된 후 바울은 예루살렘의 대제사장들이 자기를 죽이려고 예루살렘으로 내려오도록 베스도에게 요구한 대제사장들의 살해 위험을 느꼈다. 그래서 자신이 로마 시민권을 가진 사람임을 내세워 가이사에게 재판받을 것을 호소함으로 위기를 넘겼다.

이에 베스도는 그의 호소대로 당시 로마 황제(가이사)인 네로에게 재판 받도록 했다. 그리하여 바울은 백부장 율리오에게 맡겨져 **시돈**을 거쳐 배를 타게 되었는데 배는 바람으로 인해 **구브로 해안**을 따라 행선하여 길리기아와 밤빌리아 남쪽 바다를 지나 루기아의 **무라성**에 이르러 알렉산드리아 배로 옮겨졌다.

바울이 탄 배는 **니도**와 **살모네** 앞을 지나 파도를 피해 그레데 해안을 따라 항해하여 간신히 **미항**에 정박했다. 이곳에서 바울은 선장에게 출항하지 말것을 권했으나 선장은 듣지 않고 항해 하다가 **뵈니스** 해변을 얼마 남기지 않고 유라굴로라 하는 광풍을 만나 **가우다섬** 앞에서 간신히 거루를 잡고, 생명까지 위협받는 곤경에 빠졌다. 그러나 바울의 예언대로 배만 손상되고 인명의 피해없이 풍랑을 만난지 14일째 되는날 밤에 **멜리데** 섬에 도착하였다.

섬에 도착한 선원과 바울은 섬의 우두머리인 보블리오의 친절한 대접을 받았으며, 바울은 그의 부친의 열병과 이질을 고쳐주고 그밖의 병자도 고쳐 주었다. 그리고 3개월쯤 거한 후 다시 배타고 **수라구사, 레기온**을 거쳐 **보디올**에 도착한 후 그곳에서 7일을 지내고 **아피아 가도**를 따라 **로마**로 갔다.

로마에서의 바울과 서신(행28:16,30~31)

로마에 도착한 바울은 압비오저자와 삼관까지 마중 나온 그리스도인들로부터 환영을 받고 마음의 담대함을 얻었다. 4일 후에는 유대인들 중 높은 사람들을 청하여 자신의 입장을 말하고 시간이 나는대로 그들에게 말씀을 강론하였다. 이렇게 2년 동안을 비교적 자유스럽게 자기 셋집에 거하면서 하나님 나라와 그리스도에 관한 것을 가르쳤다(행28:16,30~31). 그러면서도 바울은 끊임없이 자신이 세운 교회를 생각했고, 옥중에서도 그들을 위해 에베소서, 빌립보서, 골로새서, 빌레몬서를 써서 전했다. 그리고 오래지 않아 로마에서 자유를 얻어 동방으로 여행할 수 있었다. 그는 이 여행에서 디도를 그레데에 남겨 두었고(딛1:5), 병든 드로비모를 남겨두고 잠시 밀레도에 들렀다(딤후4:20). 그리고 마케도냐로 가는 도중(딤전1:3) 디모데를 에베소에 머물게 했는데(약 65~67년) 여기서 디모데에게 두번의 편지를 보냈으며, 디도에게도 보냈다. 그후 바울이 디모데에게 두번째 서신을 쓸 때는 다시 로마에서 투옥되어 한차례 겨울을 감옥에서 지냈다. 그리고 아피가가도에서 참수형에 의해 순교 당한 것으로 전해진다.

초대 시대의 교회

교회(Church)는 히브리어 큐리아코스(주의, 주에게 속하는)에서 유래되었는데 영역본 신약에서는 헬라어의 에클레시아로 번역되었다. 이는 자유로운 도시국가에서 정규적으로 모이는 전체적인 시민회의를 가르키는 말로 "불러낸다"라는 뜻을 지녔다. 그리고 70인역에는 하나님이 부르신 이스라엘을 가리켰으며, 예수님은 베드로에게 교회라는 말을 처음 사용하셨다(마16:18).

소아시아 7개 교회(계2:1~3:22)

교회는 부활 후 오순절날 성령강림과 함께 예루살렘에서 처음 시작되었다. 그후 소아시아와 멀리 아프리카 북부까지 교회가 세워졌다. 특히 사도 요한은 밧모섬에 유배 당했을 때 이미 세워진 소아시아의 7교회에게 편지를 쓰기도 했다.

1.에베소 교회 2.서머나 교회 3.버가모 교회 4.두아디라 교회 5.사데 교회 6.빌라델비아 교회 7.라오디게아 교회

그 외 성서에 나오는 교회

예루살렘 교회(행2:44~46,21:18, 갈1:9)
수리아의 안디옥 교회(행11:19~30,15:36~39)
비시디아의 안디옥 교회(행13:14,13:14~43)
알렉산드리아 교회(행2:10), 아덴의 교회(행17:16~34)
고린도 교회(행18:2,18,26, 고전16:19)
골로새 교회(행19:10, 골1:7,4:12~13, 몬1:1~10)
데살로니가 교회(행17:1~9, 살전2:2,4:3~8)
빌립보 교회(행16:11~15,20:2~6, 빌1:1)

로마에 대한 반란

로마에 대한 1차 반란

헤롯이 죽자 로마 치하의 팔레스틴은 아그립바 1세에 의해 37~44년까지 통치되었다. 그리고 그의 사후에는 로마 집정관에 의해 4년간 맡겨진 후 다시 아그립바 1세의 아들 아그립바 2세에 의해 44~66년까지 다스려졌다. 그러나 아그립바 2세의 통치기간 중 로마에 대한 첫번째 반란이 마사다를 손에 넣은 므나헴에 의해 시작되었다. 므나헴은 마사다를 점령한 뒤 예루살렘으로 올라와 66년 8월 예루살렘을 장악했다. 므나헴이 반대파 유대인 귀족들에게 죽임을 당한 뒤에도 폭동은 계속되었다. 유대인들은 구브로와 마케루스 요새를 점령하였고, 이런 반란은 전국에 확산되어 유대인들은 유대 전역의 헬라 도시들을 공격했다.

한편 유대를 담당하고 있던 수리아 총독 케스티우스 갈루스(C. Callus)는 예루살렘의 폭동소식을 듣고 해안길로 진군하여 예루살렘에 도착하였다. 그러나 성전벽 앞에서 저지당한 후 퇴각 도중에 벧호론 통로에서 공격을 당하여 로마군은 막대한 피해를 입었다. 갈루스의 패배는 폭동을 전면적인 반역으로 발전시켰다. 결국 로마의 즉각적인 개입의 위협에서 벗어난 반란도들은 예루살렘에 정부를 세우고 나라를 7개의 군사지역으로 구분하고 각지역에 지휘 사령관을 두었다.

베스파니안(Vespasian)의 갈릴리 출정

므나헴에 이어 새 지휘권을 맡은 요세푸스(Josephus)는 여러 반대하는 무리들을 진압하는데 대부분의 시간을 낭비하였다. 그는 로마식으로 군대를 소집하여 훈련시키고, 갈릴리 주변에 일련의 수비대를 요새화하는 등 임박한 로마의 공격에 어느 정도 대비하였다. 그러나 그의 노력은 끝내 허사로 돌아가고 말았다.

한편 네로 황제는 사태의 심각성을 알고 그의 휘하에 있는 베스파시안(Vespasian) 장군에게 3군단을 주어 유대로 파견하였다. 베스파시안은 사령부를 돌레마이에 두고 요세푸스의 방어진을 쉽게 돌파한 후 셉포리스에 도착하였다. 이에 요세푸스(Josephus)는 요타파타 요새로 피신하였으나 로마군의 포로가 되었다. 잠시 휴식한 뒤에 베스파시안은 갈릴리 전역을 정복하였디.

베스파시안의 유대 출정

갈릴리 정복을 끝낸 로마군은 육로와 해로를 통하여 곧장 욥바로 내려가 욥바를 점령하였다. 이어 얍니아와 아소도를 정복하였다. 한편 귀족계급과 이두메인들의 지원을 받고 있던 유대인들은 내분으로 인하여 로마의 공격을 감당할 수가 없었다.

AD68년의 출정

68년 봄에 전투가 재개됨에 따라 베스파시안은 유대땅을 조직적으로 분할하여 한 지역씩 점령해 들어갔다. 그는 봄에 요단 동편의 베레아 지역을 정복하였다. 이어 가도라를 정복하고 가이사랴로 돌아왔다. 그리고 다시 아빌라와 율리아스와 베시못을 정복하였고, 베레아 전지역에서 마케루스와 그 주변만이 유대인 수중에 남아 있었다.

그해 말에 베스파시안은 가이사랴에서 제2차 출정길에 올라 딤나와 룻다 지역을 점령하고 엠마오로 나아갔다. 엠마오로부터 남쪽으로 향하여 베토가브리스와 카팔토바스(Caphfartobas)를 점령하고 동부 이두메를 괴롭히기 위해 이곳에도 군대를 주둔시켰다. 로마군은 사마리아를 통과하여 마달다로 진격하였는데 이곳은 그리심산과 에발산 사이의 마을로 후에 네압폴리스로 개칭되었다.

그후 베스파시안은 여리고를 점령한 후 다시 사해 해변으로 진격하였다. 이때 사해 종파의 중심지인 베삿 하시딤(킬벳 쿰란)이 최후로 망한 것으로 보인다.

그후 시몬이 있는 거라사를 정복하기 위해 루키우스 안나우스(L. Annaeus) 휘하에 1개 기병 여단을 파견했다. 그러자 시몬은 그곳을 떠나 마사다로 갔다. 그러나 시몬은 마사다에서 머물지 않고 본거지를 예루살렘 근처의 파라(Phara, 바라)에 옮겨 그곳에서 그의 활동무대를 이두메까지 넓히기 시작하였다.

그는 헤로디움을 점령하고 드고아 근처에서 대적들과 싸운 뒤 알룰루스(Alulus)에서 협정을 맺었다. 또한 헤브론을 점령한 뒤에 예루살렘으로 가서 열심당 지휘자 가운데 한사람이 되어 그 뒤로 줄곧 패권을 놓고 다투었는데 그의 주요 라이벌은 기스칼라(Gischala)의 요한이었다.

69년 여름에 유대인들은 사해 동쪽의 마케루스와 예루살렘, 헤로디움, 마사다만을 지키고 있었다. 70년 봄 유대에 출정중인 베스파시안은 로마에서 황제에 올랐다. 그리고 그는 장자인 티투스를 알렉산드리아에서 유대로 파병했다. 티투스는 가이사랴에서 두 군단을 합류시키고 예루살렘으로 올라가 여리고에서 온 10군단과 엠마오에서 온 5군단과 합세하여 예루살렘을 함락시켰다. 이어 로마의 사절인 루킬리우스 밧수스에 의해 헤로디움과 마케루스가 함락되었고, 그의 후계자인 실바 장군에 의해 유대인 최후의 항쟁지인 마사다가 함락되었다.

AD70년 예루살렘 멸망 이후

70년 예루살렘 함락 후 팔레스틴은 로마 치하에서 다스려지다가 동서 로마로 분열된 후에는 동로마(비잔틴) 제국에 속했다. 그러나 638년 예루살렘은 회교도에게 넘어갔고, 1071년에는 셀주크투르크에게 소아시아 지역과 함께 넘어갔다. 이에 성지 탈환을 위한 십자군 운동이 4차례(1096~1204년)에 걸쳐 일어났다. 이 운동으로 셀주크투르크가 13세기 몽고고원에서 일어난 정복자에 의해 망한 후 팔레스틴은 오스만투르크(1299~1922년)에 의해 다스려졌다.

그리고 영국 통치하에 있다가 2차 세계대전이 끝난 후 세계 각지에 흩어져 있던 유대인들이 팔레스틴으로 몰려들었고 마침내 1948년에 현대 이스라엘이 탄생하여 오늘에 이르고 있다.

지도에 인용된 성경본문 색인

성경 지명 목록 및 색인

지명에 대한 상세한 내용과 사진은 포토성경사전(하늘기획)
또는 바이블씨티 700(도서출판 바이블씨티)을 참조

②이틀릿(Atlit)
③수21:34
④십자군 때 성채와 마굿간, 고대 묘지

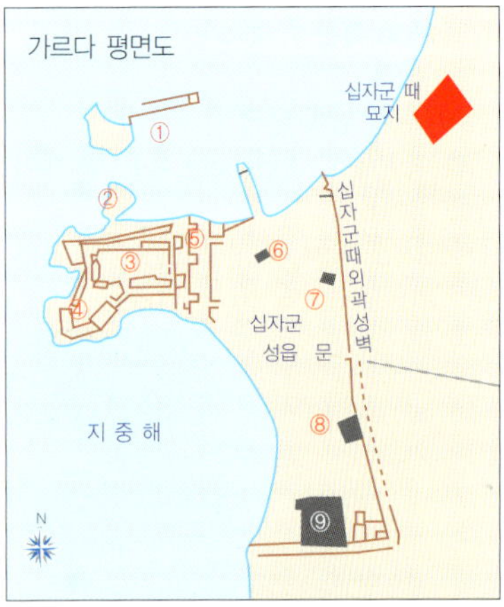

①BC5~6세기경 항구 ②병기고 ③십자군 때 성 ④교회터 ⑤운하 또는 호 ⑥청동기 때 흔적 ⑦목욕탕 ⑧고대 묘지 ⑨십자군 때 마굿간

가르단(Kartan)⇨기랴다임1

가몬(Kamon)? Kamm, *Qamm*
12②, 18ⓐ
①갈릴리 바다 남동쪽 길르앗 지역
②쿠메임(Qumeim)과 동일시됨
③삿10:5(야일 사사의 장지)

가몬의 원경

가버나움(Capernaum)
Kefar Nahum, *T. Hum*
12②, 15ⓑ
①갈릴리 바다 북서쪽 해변 , 현재 키르벳 민예 북동쪽 4km 지점
②크파르나훔(Kfar Nakhum, Capernaum)
③마4:13, 막2:1~12, 요4: 46~54
④400년경의 회당터, 베드로 집터, 법궤

가버나움 회당

가 새겨진 돌판, 맷돌

가불(Cabul)=가불론(Chabulon)
Kavul, *Kabul*
12①, 14ⓗ
①악고(악크레) 남동쪽 14.4km 지점
②카불(Kabul)
③수19:27

가불의 오늘날 모습

가사(Gaza) Gaza, *Ghazzeh*
12⑥, 19ⓐ
①지중해변 남쪽 해변가에서 4.8km 내륙 지점
②가사(Gaza)
③창10:19, 신2:23, 수10:41, 삿1:18, 삼상6:17, 왕상4:24, 암1:6~7

가사의 현대 도시

가시뱌(Casiphia)
①페르시아 제국의 한 지방
③스8:17

가아스(Gaash) 산(산지)
22중
①딤낫세라 남쪽 에브라임 산지의 가아스산
②산 혹은 산지, 가아스산과 그 근처를 흐르는 시내를 지칭함
③수24:30(여호수아 장지)

가우다(Cauda) 섬
10하
①크레테섬 남쪽에 떨어진 섬

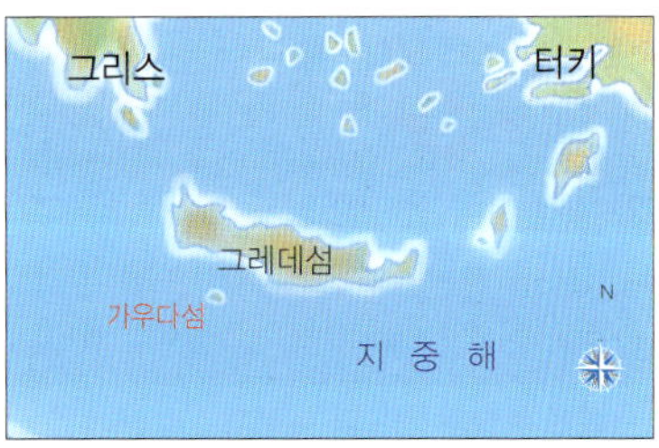

②가브도스(Gavdos, Gozzo), 가우도스(Gaudos)는 희랍어로 고조
③행27:16

가브도스 항구가 보이는 가우다섬

가이(Cai)⇨가드(Gath)와 동일시

가이사랴(Caesarea)
H. Qesari, *Qaisa riyeh*
12④, 16상
①갈멜산 남쪽 36.8km 지점
②카에사레아(Caesarea, Keisariya)
③행23:23~33,25:11
④로마 때 원형극장, 헤롯이 건설한 수로(갈멜산에서 가이사랴까지)와 항구터, 십자군 시대 때 회당터

항구가 보이는 가이사랴, 앞은 교회터

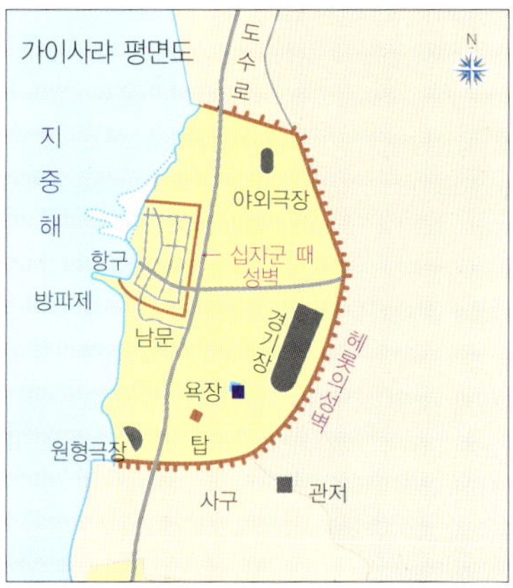

가이사랴 빌립보(Caesarea Philippi)⇨빌립보 가이사랴(개역개정) *Kh. Panias*

가인(Kain)? *Yaqin*
20ⓔ
①헤브론 남동쪽
②키르벳 야긴(Kh. Yaqin)과 동일시됨
③수15:57

가인 지역

갈가(Karka)? *'Ain el-Qeseimeh*
①앗달과 와디 엘 아리스(애굽강) 사이, 이스라엘 광야 여정지
③수15:3

갈골(Kalkor)
①요단 동편
③삿8:10(기드온이 세바와 살문나를 잡은 곳)

갈그미스(Carchemish) *Jerablus*
8ⓐ
①알렙포(Aleppo) 북동쪽 100.8㎞
②제라블로스(Jerablos)
③대하35:20, 렘46:2
④바로 느고가 동원한 그리스 용병의 방패가 발견됨

텔 갈그미스 전경

갈대아(Chaldaea) **지역**
8ⓓ
유프라테스강과 티그리스강 하류 사이의 지역(창11:31), 이라크 남부

갈대아의 비옥한 지역

갈라(Calah) *Nimrud*
8ⓑ, 9하
①앗수르 도시와 니느웨 사이
②니므롯(Nimrud) 산으로 묘사됨, 칼후(Kalhu)
③창10:8,11~12
④앗수르나시팔 벽돌 성벽, 디글랏빌레셋 3세와 사르곤 때의 벽돌 구조물들, 앗수르 왕들의 토판들 발견

갈라의 지구랏트

갈라디아(Chaldaea) **지역**
126
①소아시아 중앙의 고원 지대
③고전16:1, 갈3:1

갈레(Calneh)=**갈로**(Caino)=**니푸르**
8ⓓ
①북수리아 왕국의 수도
②아무크(Amuq) 평원의 텔 타이낫(T. Tayinat)의 넓은 토루로 여겨짐
③창10:10, 암6:2, 사10:9

갈레(니푸르)의 신전터

갈릴리 바다(Sea of Galilee)
12②, 22상
이스라엘 북동부 지역의 민물 바다(호수)로 갈릴리는 헬라식 이름이고, 타바리예(Tabariyeh, 신약 때 사용)는 아랍식 명칭이다.
수13:27(긴네렛, BC15세기경에 불려짐), 막6:5(게네사렛, 막카비 때 사용), 요21:1(디베랴 바다)

아벨산이 보이는 갈릴리 바다

갈림(Gallim)
20ⓑ상
①기브아와 아나돗에 인접한 지역
②키르벳 카쿨(Kh. Kakul)인 듯
③삼상25:44, 삼하3:13~16, 사10:30

예루살렘 근교에 있는 갈림

20ⓑ중
①베들레헴 북서쪽 근접한 지역, 현재 베들레헴 외곽지
②베이트 얄라(Beit Jala)
③수15:59

갈멜(Garmel)=**라갈** el-Karmil
12⑦, 20ⓔ
①헤브론 남동쪽 약 10㎞ 지점
②키르벳 카르멜(Kh. Karmel)
③수15:55, 삼상15:12, 삼상30:29(라갈)

다윗이 도피했던 갈멜

갈멜산(Mt. Carmel)
12①, 14ⓖ, 22상
팔레스틴 해안의 돌출부(왕상18:20, 왕하2:25, 아7:5, 사35:2, 렘50:19), 오늘날 하이파 동남쪽에 있다.

이스르엘 평야에 있는 헬갓에서 본 갈멜산

감람산(Mt. Olives)=**올리브산**
22중
예루살렘 옛성 바로 동쪽에 있는 산(눅22:39)으로 옛성과 사이에 기드론 골짜기가 놓여 있다. 기드론 골짜기 위 감람산에는 예수 승천돔, 주기도문교회, 눈물

③왕하19:12, 대상5:26, 사37:12
④BC925년 아람어로 명각된 제단 발견

고세바(대상4:21~22)
Kh. Kuvayziba 또는 *Kh. ed-Dilb*
20ⓑ
①세펠라 지역의 한 성읍
②키르벳 쿠베이지바(Kh.Kuvayziba) 혹은 텔 엘 베이다(T. el-Beida)
③대상4:22, 수15:44(악십), 창38:5(거십)
④저수지

고세바(키르벳 쿠베이지바) 저수지

고센(Goshen)? T. Halif, *T.Khuweilifeh*
20ⓓ
①헤브론 남서쪽 약 19.2km 지점
②자히리야(Zahiriya)
③수15:51

고센의 텔 모습

고스(Cos, Coos)섬
10하, 126
①소아시아 남서 해안 에게해에 있는 섬
②코스(Kos, Cos)
③행21:1
④아스클레피온과 아폴로 신전

고스섬의 아스클레피온 유적지

고아(Goah)
①예루살렘 서쪽 혹은 남쪽 부근
②예루살렘 경내, 위치 불명
③렘31:39

골란(Golan)? *Sahm el-Jolam*
12②
①요단 동편, 아벡(힙포스) 동쪽 22.4km 지점의 야르묵강변 근처
②사헴 엘 골란(Sahem el-Golan)?
③신4:43, 수20:8,21:27, 대상6:71

골로새(Colossae)
10상
①소아시아 남서부, 라오디게아 동쪽
②호나스(Honaz) 채석장
③행19:10, 골1:4,2:1, 몬1:10,22

아직 발굴되지 못한 골로새

곱(Gob,삼하21:18~19)
⇨깁브돈(Gibb ethon,수19:44) 혹은 게셀(Gezer)로 보기도 함

구다(Cuthah) T. Ibrahim
9하
①유프라테스와 티그리스강 사이
②텔 이브라힘(T. Ibrahim, Kutha) 혹은 보르십파(Borsippa, Bir Nimrud)
③왕하17:24,30
④바벨탑으로 여겨지는 고대 신전탑

구다의 신전탑

구레네(Cyrene)?
①아프리카 북쪽 연안 그리스 도시로 오늘날 리비아 지역
②구레네
③마27:32, 막15:21, 행13:6:9

구르바알(Curbaal)
①아라비아 지역
③대하27:7

구브로(Cyprus) 섬
=깃딤(Kittim)=엘리사(Elishah)
10상, 127
①시리아 서쪽 지중해 해안의 섬
②키프러스(Cyprus)
③행4:36,11:19,13:6~7, 구약 때에는 깃딤(Kittim)으로 불리움
④바보와 살라미 유적, 나사로 무덤

구브로섬의 바보 항구

구산(Cushan) 지역
③합3:7

구스(Cush) 지역
갑바도기아 또는 에덴동산 지역(창2:13). 다른 한 곳은 이집트 수에네 남쪽, 에디오피아(에1:1,8:9. 사11:11, 18:1, 겔29:10, 습3:10) 지역이 있다.

군(Chun, Gun)
=베로대(Berothai)? *Ras Baalbek*
9상
①유프라테스강 르호하맛 북쪽 약 8km 지점의 아람 소바(Aram-Zobah) 지역
②라스 바알벡(Ras Baalbek), 텔 마크나
③삼하8:8(베로대), 대상18:8
④교회터

군(텔 마크나)

굿고다(Gudgodah)=홀하깃갓
①가데스 바네아 부근
②와디 하다히드(Wd. Hadahid) 근처
③민33:32(홀하깃갓), 신10:7

그낫(Kenath)=노바2? *Qanawat*
12⑤
①길르앗 지역
②카나와트(Kanawat)
③민32:42, 대상2:22~23, 후대 이름은 노바

그낫 전경

그데라(Kederah) Judraya
12④, 17ⓗ(베냐민 지파 지역)

①기브온 북동쪽 1.6km 지점(예디레) 또는 베이트 리기아 동쪽(유데이라)
②예디레 혹은 유데이라(Judeira) 마을
③대상12:4

그데라 마을

(옹기장이 마을)
①유대 지역의 숙곳 남서쪽 8km 지점
②텔 에즈 유데이데(T. ej-Judeideh)
③대상4:23에는 산울이 영역본 NIV에는 그데라(Gederah)로 나옴
④손잡이에 도장이 찍힌 도기 발견
12④(유다 지파 지역)
①라트룬 서쪽 1.6km 지점
②예디레(Jedireh)
③대상15:36

그데로다임(Gederothaim)
①소라와 아세가 근처
③수15:36

그데롯(Kederoth)??
①라기스 근처
②엘(el) 만수라 지역으로 추정됨
③대하28:18, 수15:41
기드론과 동일시되기도 함

그데못(Kedemoth)? Qasr ezzaferan
12⑧, 21ⓑⓒ
①디본(Dibon) 북동쪽 약 12km 지점으로 추정됨
②자페란(Zafaran) 또는 쿠라이얏 알리반(Quraiyat Alivan)
③신2:26, 수13:18, 대상6:79

자페란 푯말이 보이는 그데못

그돌(Gedor) *Kh. Jedur*⇨**게델**
12⑦
①헤브론 북쪽 11.2km 지점
②키르벳 예둘(Kh. Jedur)인 듯
③수15:58

그랄(Gerar) T.Haror, *T. Abu Hureireh*
12⑥, 19ⓓ
①가사 남쪽 12.8km 지점
②텔 하로르(T. Haror) 또는 텔 예메(T. Jemmeh)로 주장됨
③창10:19, 대하14:13~14

그랄(T. Haror)

그레데(Crete) **섬⇨갑돌**(Caphtor)

그룹(Cherub)
①바벨론의 한 지명
③스2:59, 느7:61

그리심산(Mt. Gerizim)
12④, 22중
세겜 남서쪽, 지중해면 해발 약 950m 현재 예벨 엣 토르(Jebel et-Tor)
창12:16, 신27:11~13, 수8:33~34

텔 발라타(고대 세겜)에서 본 그리심산

그리욧(Kerioth)=**기룟**(Kirioth)?
Kh. el-Qaryatein
12⑦, 20ⓔ
①유다 최남단?,
②키르벳 엘 카르야테인(Kh. el-Qaryatein)인 듯
③수15:25
④상당 규모의 돌 유적

네겝 지역의 그리욧

12⑧, 21ⓕ
①모압 지역?
②엘 케레이얏(el-Qereiyat)
③렘48:24,41, 암2:2

요단 동편의 그리욧 지역

그리욧 헤스론(Kerioth Hezron)⇨**하솔**

그릿시내(Br. Cherith)
22중, 87중
요단 동편의 와디 야비스(Wd. Yabis)로 추정됨(왕상17:2~7)

그릿시내, 뒤 중앙이 아벨므홀라

그발(Gebal)=**비블로스**(Byblos) *Jebeil*
8ⓒ, 9상
①베이루트 북쪽 약 40km 지점의 지중해 항구, 레바네세 마을 근처
②즈바일(Jbail), 비블로스(Byblos)
③수13:5, 왕상5:18, 겔27:9
④오벨리스크 신전, 저수조, 성채 등

비블로스의 오벨리스크 신전터

그발(Chebal) **강**
메소포타미아 남부 니푸르(Nippur)동쪽의 현재 솨트 엔 닐(Shatt en-Nil)의 운하인 듯(겔1:1)

그발 암모니(Chephar Ammoni)?
17ⓘ
벧엘 북동쪽 약 3.2km 지점
②키르벳 카프르 아나(Kh. Kafr Ana) 혹은 타이베(Tayibe)로 추정됨
③수18:24

그발암모니의 폐허지

그비라(Ghephirah)=바알라=기럇바알=바알레유다 T. Kefira, *Kh. Kefireh*
12④, 20ⓑ
①기브온 서쪽 5㎞ 지점
②키르벳 크피레(Kh. Kefireh)와 관련이 있는 유적지인 듯 함. 기럇여아림과 동일시되기도 함
③수9:17,18:26

텔 그비라

그살론(Chesalon)
20ⓑ
①예루살렘 서쪽 약 20㎞
②사리스(Saris)
③수15:10

그살론 전경

그술롯(Ghesulloth)
=기슬롯 다볼(Chisloth-Tabor)
12①, 14ⓗ

그술롯 지역

①나사렛 남동쪽 약 3.2㎞ 지점 이스르엘과 수넴 사이
②익살(Iksal) 혹은 북쪽 근처 또는 키르벳 엣 티레(Kh. et Tireh) 북부
③수19:18,19:12(기스롯 다볼)

그실(Chesil)⇨브두엘(Bethuel)

그일라(Keilah) H. Qeila, *Kh.Qila*
12⑦, 20ⓐ
①헤브론 북서쪽 13.6㎞
②키르벳 케일라(Kh. Qeila)인 듯
③수15:44, 대상4:19, 느3:17~18

그일라 원경

그헬라다(Kehelathah)
①이스라엘의 광야 여정지
②쿤 티렛 크라예(Kuntilet Krayeh) 근처인 듯
③민33:22~23

기나(Kinah)
12⑦, 20ⓗ
①텔 아랏 남동쪽 10㎞ 지점
②키르벳 우사(Kh. Uza)
③수15:22

기나(키르벳 우사)

기돈(Chidon)
⇨베레스 웃사(Perez-Uzzah)

기돔(Gidom)
20ⓑ
①기브아 동쪽 벧엘 광야 부근

기돔 지역에 있는 이스라엘 국립공원

②마알레 하하미샤(Maale Hahamisha) 마을
③삿20:45

기드론(Kidrron)=갓닷 *T. Qatrah*
12④, 17ⓐ
①하이파 남동쪽 12㎞ 지점
②텔 엘 파르(T. el-Far) 혹은 키르벳 쿠트네(Kh. Qutteneh)로 여겨짐
③삿1:30, 수19:15(갓닷, Kattath)인 듯

기드론(Kh. Qutteneh) 지역

기드론 시내(Br. Kidrron) (골짜기)
22중
예루살렘 동쪽 성벽과 감람산 사이의 골짜기 또는 시내를 말함. 현재 와디 엔 나르(Wd. en-Nar)
삼하15:23, 렘31:40, 요18:1~4

감람산과 옛성 사이에 있는 기드론 골짜기

기들리스(Chitlish)?
19ⓑ
①가드와 시글락 사이
②키르벳 엘 마카스(Kh. el-Makhaz)인 듯
③수15:40

기들리스 지역으로 추정되는 지역 근처에 있는 텔 에이레니(T. Eireni)

기랴다림(Kiriatharim)?
=기럇여아림 *Qaryat el-Mekhaiyet*

기랴다임1(Kiriatharim)
①갈릴리 바다 근처
③대상6:76, 수21:32(가르단)

기랴다임2(Kiriatharim)=가르단
T. Raq qat, *Kh. el-Quneitireh*
12⑧, 21ⓔ
①아르논 골짜기 북쪽
②키르벳 엘 구레예(Kh. el-Kureiyeh)
③수13:19, 창14:5(사웨기랴다임)

기랴다임2(el-Quraiyat) 지역. 그리욧으로도 주장된다.

기랏(Kiriath)
⇨기랏여아림(Kiriath Jearim)

기랏 바알(Kiriath Baal)⇨기랏여아림

기랏 산나⇨드빌

기랏 세벨⇨드빌(수15:15, 삿1:11)

기랏 아르바(Kiriath-Arba)⇨헤브론

기랏여아림(Kiriath Jearim)=기랏=기랏 바알=기랏 다림 *De irel-Azar*
12④, 20ⓑ
①소라 근방
②기랏여아림(Kiryat Yearim) 혹은 아부고쉬(Abu Ghosh)
③수18:28(기랏, Kiriath), 옛이름은 기랏바알(수15:60), 스2:25(기랴다림)

공중에서 본 기랏여아림 지역

기랏 후솟(Kiriath-Huzoth)
①아르논 근처
③민22:36~41

기룟(Kirioth)=그리욧(Kerioth)

기브롯 핫다아와(Kibroth-Hattaavah)
11하, 48하
①시내산 북동쪽
②나와미스(Nawamis)로 추정됨

돌무덤이 보이는 기브롯 핫다아와

③민11:31~34,33:16, 신9:22
④500년경의 돌무덤

기브아(Gibeah)
20ⓑ 엘 자바(Jaba)
①베들레헴 남동쪽 약 12km 지점
②자바(Jaba)로 추측
③수15:57

기브아(자바) 지역

12④ *T. el-Ful*
①예루살렘 북쪽 약 4.8km 지점
②텔 엘 풀(T. el-Ful)
③수18:28(기부앗) 삼상11:4

산꼭대기에 위치한 기브아(텔 엘 풀) 지역

기브온(Gibeon)=가바온 *el-Jib*
12④, 16하
①예루살렘 북서쪽 약 9.6km 지점
②엘 집(el-Jib)
③수10:1~11, 삼하2:12~17, 렘28:1
④기브온 명칭이 새겨진 금석문 발견, 나선형 계단이 있는 수도시설(못)

포도즙틀이 남아 있는 기브온

기손 시내(Br. Kishon)(강)
22상, 87상

개울물에 불과한 기손 시내

갈멜산 밑 이스르엘 골짜기를 따라 흐르는 시내(왕상18:40)

기슬롯 다볼(Chisloth Tabor)⇨그술롯

기시온(Kishion)? *Kh. Qasyum*
14ⓘ
①잇사갈 지파 지역
②크파르 키시(Kfar Kish) 혹은 므깃도 남동쪽의 텔 게데스(T. Kedesh)로 주장
③수19:20,21:28

다볼산이 보이는 기시온

기아(Giah)
①기브온 근교
③삼하2:24

기오(Chios)
10하, 126
에게해에 있는 섬으로 바울이 3차 전도여행 때 지난간 곳(행20:15).

기오섬

기혼(Gihon)강
36
에덴동산에 발원된 4강 중 하나로 이란의 카룬강(Ri. Karun)으로 주장됨

기혼강으로 주장되는 카룬강

긴네렛(Chinnereth)
⇨게네사렛(Gennesaret)=긴네롯

길(Kir)=기르
9하
①메소포타미아 지역, 현재 이라크 바드라(Badrah) 동쪽에 위치한 듯
③왕하16:9, 암1:5, 사22:6
12⑧
①엘람 남쪽 모압의 초기 수도
⇨길하레셋(Kir-haraseth)

②쿠쉬(Cush)=카락(Karak, Kerak)
③사15:1, 암9:7, 왕하16:5~9

길갈(Gilgal)
12⑤, 18ⓖ, *Kh. el-Mafijar*
①고대 여리고 약 2km 지점, 요단강에서 10km 지점
②키르벳 엘 메프질(Kh. el-Mefjir)로 추정됨
③수4:19,4:20~24, 삿21:5, 삼상7:16, 호4:15, 느12:29의 벧 길갈(Beth-Gilgal)과 동일시

길갈로 추정되는 곳

①벧엘 북쪽 약 11km 지점 높은 구릉지대의 텔 알야타(T. Alyata) 근처
②일리율리예(Jiljulieh)로 추정됨
③왕하2:1,4:38
①세겜 근처, 위치불명
③신11:30

길로(Giloh) *Kh. Jala*
20ⓑ
①유대의 남쪽 산지, 헤브론 북서쪽 8km 지점.
②키르벳 얄라(Kh. Jala)로 추정됨
③삼하15:12,23:34

길로 원경

길르앗(Gilead) 지역
22중
요르단 동쪽 중앙의 야르묵강과 얍복강

디셉에서 본 길르앗 산지

사이의 지역(민32:1, 창37:25, 수12:2) 그러나 아르논강 북부지역까지 포함시키기도 한다.

길르앗 라못(Gilead Ramoth)
⇨라못 길르앗

길르앗 야베스(Gilead-Jabesh)
⇨야베스 길르앗

길리기아(Cilicia) 지역
128
터키 남부, 행21:39, 6:9, 15:41, 갈1:21

길맛(Chilmad)
①유프라테스강 상류 근처
③겔27:23

길보아(Gilboa) Jebel Faquah
12④, 17ⓒ
①벧산 서쪽 10km 지점의 해발 597m의 산악도시
②파쿠아(Faqua)
③삼상28:4, 31:1~8, 삼하1:6~21

길보아(파쿠아) 원경

길보아산(Mt. Gilboa)
12④, 22중
벧산 남서쪽 10km 지점, 현재 제벨 후쿠아(Jebel Fuquah, 삼하1:21) 지역

길보아산

길하레셋(Kir-Hareseth)=길 헤레스=길 모압(Kir-Moab)=길(kir)
el-Karak, Cush
12⑧, 21ⓗ
①아르논 골짜기 남쪽 약 27km, 사해 동쪽 18km 지점
②카락(Karak, Kerak), 쿠쉬(Cush)
③왕하3:25, 사15:1, 사9:7(길), 사16:7, 렘48:31(길 헤레스), 삼상22:3(미스베)와 동일시됨
④성채

천연의 요새로 되어있는 길하레셋

김소(Gimzo) *Jimzu*
12④, 17ⓖ
①로드(Lod) 남동쪽 약 5km 지점
②임주(Jimzu) 또는 김소
③대하28:18

오늘날 김소 지역

깁브돈(Gibbethon) T. Malot, *T. Melat*
12③
①게셀 서쪽
②텔 엘 멜랏(T. el-Melat)인 듯
③수19:44, 21:23, 왕상15:27, 16:17

텔로 남아 있는 깁브돈

깁사임(Kibzaim)? T. el Qusin
17ⓘ
①세겜 서북쪽 3.25km 지점
②텔 엘 쿠신(T. el Qusin) 또는 텔 셰이크 디히얍(T. Sheikh Dhiyab)
③대상6:68
④저수조

깁사임(텔 셰이크 디히얍) 근경

깃다임(Gittaim) *Ras Abu Hamid*
12④
①람레(Rmleh) 부근, 게셀 근처
②라스 아부 하미드
③삼하4:3, 느11:33

밭으로 남아 있는 깃다임 지역

깃딤(Kittim) 섬
⇨구브로(Cyprus) 섬=엘리사(Elishah)

나사렛(Nazareth)
12①, 14ⓗ
①갈릴리 호수 남서쪽 약 24㎞ 지점
②나자렛(Nazareth)
③요1:46, 눅4:29
④마리아 수태고지교회, 요셉기념교회, 예수 당시 회당

오늘날 나사렛 모습

나아라(Naarah)=나아란
12④, 17ⓘ
①여리고 북동쪽 8㎞ 지점
②아인 둑(Ain Duq) 근처로 추정
③수16:7, 대상7:28(나아란)
로마 때는 노아란(Noaran)

나아란

나아마(Naamah)
①유다의 세벨라 지역의 아라크 나마(Araq Naaman) 근처
②키르벳 파렛(Kh. Fared)인 듯
③욥2:11

나인(Nain) *Nein*
12①, 17ⓒ
①갈릴리 남서쪽 길보아산과 다볼산 사이 엔돌 남서쪽 3㎞, 나사렛 남동쪽 약 8㎞ 지점
②네인(Nein)
③눅7:11
④나인성교회

나인 마을, 아랍인 동네이다.

나일(Nile) 강
8ⓒ
성경에는 나일로 나와 있는(사23:3) 강으로 이집트를 남북으로 가로질러 흐르는 강이다. 이 나일강 하류는 세계적인 곡창지대인 성경에 나오는 고센 지역을 이룬다.

나일강

나할랄(Nahalah, Nahalol)?
14ⓗ
①나할랄 동북 나사렛 서쪽 6.4㎞ 지점
②마룰(Malul) 혹은 텔 엘 베이다(T. el-Beida)나 텔 엔 나흘(T. en-Nahl, 올브라이트 주장)
③수19:15,21:35, 삿1:30(나할롤)

나할랄 지역

나할리엘(Nahaliel)=벧 바알므온(수13:17)=바알므온(민32:18)=브온(민32:3)과 동일시되기도 함
12⑧, 21ⓑ
①아르논 북쪽 요단강 하류 18㎞ 지점, 메드바 남서쪽
②와디 자르카 마인(Wd. Zarqa Main)
③민21:19, 수13:17(벧바알므온), 민32:38(바알므온), 민32:3(브온)

온천이 있는 나할리엘

나홀의 성(City of Nahor)⇨하란
①하란 혹은 하란 근처의 성
③창24:10

네겝(네게브, Negev) 지역
22하
브엘세바와 에일랏 사이의 지역으로 한글 개역성경(수10:40, 민13:29)에는 남방으로 나오는다. 개역 개정판에는 네겝으로 번역했다.

전형적인 네게브 지역

네아(Neah)
12①, 14ⓗ
①스불론 지역의 성읍, 림몬(Rimmon)의 남방 경계 지대, 쿠른 핫틴(Kurn Hattin) 서쪽
②니므린(Nimrin)인 듯
③수19:13

네아 근경

네압볼리(Neapolis)
10하
①에게해 북쪽 항구 도시, 빌립보 남동쪽 14㎞ 지점

③수18:27

예루살렘 북서쪽 키르벳 티릴리야(다랄라) 지역

다말(Tamar)? Haseva, *Ain Husb*
16상
①사해 남단 유다 최남동쪽, 예루살렘 남쪽 85km 지점
②엘 케라야(el-Qeriya)로 주장
③겔47:19

다메섹(Damascus)
8ⓒ, 9상
①현재 시리아 수도 다마스커스
②다마스커스(Damascus)
③창14:15, 왕하8:7, 대하16:2, 행9:2
④아나니아 기념교회, 직가 거리, 로마시대 3중문과 아치, 우마야드 사원(4세기까지 교회로 사용)

다메섹 서쪽 지역

다바네스(Tahpnaes)=드합느헤스(Teha phnehes) *T. Dafane*
8ⓒ, 11상
①하(下) 이집트 동부 다프네(Daphnai), 멘잘레(Menzaleh) 호수 근처
②텔 다프네(T. Dafneh)
③렘2:16,43:9

다브네스 지역

다베라(Taberah)? *Umm Tahira?*
11하
①바란 광야의 한 장소, 시내산에서 북서쪽, 기브롯핫다아와 남쪽
②움 타히라(Umm Tahira)로 추정됨
③민11:1~3, 신9:22

출애굽 여정으로 본 다베라로 추정되는 지역

다볼(Tabor)
①다볼산 근처, 갈릴리 바다 남서쪽 약 16km 지점으로 추정됨
③수19:22, 삿8:18, 대상6:77

다볼산(Mt. Tabor)
12①, 22상
이스르엘 골짜기 중앙의 북동쪽 산, 나사렛 동남쪽 9.6km 지점, 현재 예벨 엣 투르(Jebel et-Tur), 수19:22, 삿4:6

다볼산 전경

다브랏(Daberath)=드보라? *Daburiyeh*
14ⓘ
①다볼산 서편 기슭
②도브랏(Dovrat)인 듯
③수21:28, 19:12(드보라, Deborah)
④바위를 쪼개 만든 무덤, 모자이크 바닥이 있는 요새, 물탱크, 교회 유물

다볼산 중턱에 있는 다브랏

다소(Tarsus)
8ⓐ, 10상
①소아시아 남동쪽 해안에서 북쪽으로 약 19km 지점
②타르소스(Tarsus) 또는 테르수스
③행9:11,30, 11:25, 21:39, 22:3
④바울의 우물, 비잔틴 때 목욕탕

다소의 바울의 생가터

다시스(Tarshish)=달시스(Tarshish)??
10하
①지중해 또는 에게해의 어느 한 섬, 시실리섬 또는 스페인 타르테서스(Tartessus)로 주장되기도 함
③렘10:9, 겔27:12, 욘1:3

다아낙(Taanach) *T. Ti 'innik*
12④, 17ⓑ
①에스드엘론 평야 남쪽 가장자리, 므깃도와 예닌 중간 지점
②텔 다아낙(T. Taannak)
③수21:25, 삿1:27, 왕상4:12, 대상7:29, 대상6:70(아넬, Aner)과 동일시
④설형문자판과 의식용 받침대 발견

다아낙

다아낫 실로(Taanach Shiloh)
Kh. Tanat el-Foqa
12④, 17ⓕ
①세겜 남동쪽 약 11km 지점
②키르벳 타나 엘 포카(Kh. Tanat el-Foqa)
③수16:6
④맷돌

다아낙 실로

다핫(Tahath)
①이스라엘의 광야 야영지로 막헬롯과

데라 사이
③민33:26

단(Dan)=라이스(Laish)=레셈(Leshem)=다냐안(Dan Jaan)
T. Dan, *T. el-Qadi*
12②, 15ⓐ
①두로에서 다메섹으로 가는 길중 남북 교차 지점
②텔 단(T. Dan)
③삿18:7,14,27(라이스,Laish), 왕상12:29, 수19:47(레셈)
④왕의 연중로(ceremonial road), 이스라엘 뿔 모양 장식이 있는 제단

단의 산당터

단나(Dannah)?
20ⓐⓓ
①헤브론 서쪽 13㎞ 지점의 유다 산악지대 또는 소고 북동쪽 2.5㎞ 지점
②데일 에쉬 세메쉬(Deir. esh-Shemsh) 또는 심야(Simya)로 주장되기도 함
③수15:49

아스나로도 주장되는 단나(현재 이드나)

달마누다⇨마가단(Magadan)

달마디아(Dalmatia)(지역)
126, 127
그리스 반도 서북쪽 산악지대로 일루리곤 남쪽 로마 행정구역(딤후4:10)

답밧(Tabbath)? *Ras Abu Tabbat*
12⑤
①요단 동편 갈골(Karkol)과 헤레스(Heres) 비탈 산지 근처
②와디 쿠프린예(Wd. Kufrinjeh)의 파코리스(Pakoris) 북서쪽 예벨 아질룬(Jebel Ajlun) 비탈에 위치한 라스 아부 타밧(Ras Abu Tabbat)
③삿7:22,8:13

답베셋(Dabbesheth)?
T. Shem, *T. esh-Shammam*
12①, 14ⓗ
①기손 남쪽 욕느암 맞은편
②텔 에쉬 셈맘(T. esh-Shemmam)?
③수19:11

기차역이 자리잡고 있던 답베셋 지역

답부아(Tappuah)? *Sheikh Abu Zarad*
12④, 17ⓔ
①세겜 남쪽 12.8㎞ 지점
②텔 셰익 아부 자라드(T. Sheikh Abu Zarad)로 추정됨
③수17:7~8, 12:17, 왕하15:16, 수17:7(엔 답부아, En-Tappuah)

답부아 지역

닷딤홋시(Tahtim-Hodshi)
①오론테스 강가의 가데스와 동일한 곳으로 추정됨
③삼하24:6

대해(Great Sea)=지중해(Mediterranean Sea)=서해
8ⓒ, 22중
아프리카와 아시아와 유럽 사이에 있는 바다(민34:6, 수1:4, 9:1, 겔47:15), 서해(신11:24, 욜2:20, 슥14:8), 반면 염해는 동해로 불리웠다(슥14:8).

시돈 앞의 대해(지중해)

더베(Derbe)
10상
①소아시아 남쪽 동부, 현재 라란다 카라만(Laranda-Karaman) 북동쪽 약 24㎞ 지점
②케르티 휘유크(Kerti Huyuk) 언덕 더베(Derbe)
③행14:6,20,16:1
④2세기경의 동전 발견, 157년 안토니우스 피우스(Antoninus Pius)를 기념한 봉헌 비문 발견

더베로 알려진 곳

데가볼리(Decapolis) 지역
121좌
데가볼리란 팔레스틴에 나뉘어 있던 10개의 헬라 도시가 연합한 것으로 이 지역에는 힙포, 가다라, 스구도볼리(벧산), 벨라(펠라;현재 키르벳 파힐, Kh. Fahil), 거라사(제라쉬), 다메섹, 라파나, 디온, 카나타, 빌라델비아(랍바) 등의 성읍이 있다(마4:25, 막5:20, 7:31).

데라(Terah)
①이스라엘이 광야에 머물렀던 곳
③민33:27~28

데마(Tema) *Teima*

데마(테이마) 고대 주거지

8ⓒ, 107
①페르시아만 상단의 아카바만에서 남동쪽 약 400km 지점, 메디나(Medina) 북동쪽 약 320km 지점
②테이마(Teima)
③욥6:19, 렘25:23, 사21:14
④BC6~5세기경 석비 발견

데만(Teman) *Tuwilan*
8ⓒ
①에돔 북부 지역
②타윌란(Tawilan)과 동일시
③렘49:20, 겔25:13, 암1:12, 옵1:9
④에돔 초기 철기시대(BC1200~600)의 도자기 발견

데만(타윌란) 폐허지

데베스(Thebez)
12④, 17ⓕ
①세겜 북동쪽 약 20km 지점, 세겜과 도단의 중요 교차 지점
②두바스(Tubas)와 동일한 듯
③삿9:50~55, 삼하11:21

데베스(두바스)의 오늘날 모습

데살로니가(Thessalonica)
10하
①마케도냐 지역
②테르막 만(Termaic Gulf)의 살로니카(Salonika)
③행17:1,11,27:2, 빌4:16, 딤후4:10
④로마 때의 대광장과 경주장, 비잔틴 시대의 교회, 갈레리우스 개선문

데살로니가의 중세 때 성채

델렘(Telem)=도겐(Togarmah)
①유다 남쪽 변경 십과 브알롯 사이
③수15:24, 대상4:32(도겐,Togarmah), 삼상15:4(들라임, Telaim)인 듯

델 멜라(Tel-melah)
①고대 바벨론 지역, 페르시아만 근처
③스2:59, 느7:61

델 아빕(Tel-Abib)
①바벨론 그발(Chebar) 강가 근처
③겔3:15

델 하르사(Tel-Harsa)
①바벨론 도시 중 하나
③에2:59, 느7:61

도갈마(Togarmah)? *Jirin*
8ⓑ
①갈그미스와 하란 사이
②앗수르 때는 틸 가르마누(Til Garmanu)라 부름
③겔27:14(도갈마 족속), 36:6(벧 도갈마)

도겐(Tochen)⇨에델(Ether)

도단(Dothan)=도다임(Dothaim)
T. Dotan
12④, 17ⓑ
①세겜 북쪽 24km 지점
②텔 도타(T. Dotha)
③겔8:3(도다임), 창37:17, 왕하6:13
④3m 장방형 연못, 고대 성읍의 방어물과 후대의 건물 흔적

요셉이 팔린 텔 도단과 도단들

도벨(Tophel)? *et-Tafileh*
11상
①사해 남동쪽 24km의 케락(Kerak)에서 페트라로 가는 도상
②엣 타필레(et Tafileh)와 동일시됨

고산 지대에 위치한 도벨 전경

③신1:1

돌(Dor)=도라(Dora)
T. Dor, *Kh.el-Burj*
12④, 16상
①가이사랴 북쪽 약 13km 지점의 지중해변 항구, 헬레니즘과 로마 때는 도라
②도르(Dor)
③수11:2, 17:11, 삿1:27, 왕상4:11
④후기 청동기와 초기 철기 시대 층에서 토기 발견

텔 돌

돌랏(Tolad)⇨엘돌랏(Eltolad)

돌레마이(Ptolemais)
⇨악고(Acco)

돕(Tob)? *et-Taiyibeh*
12⑤, 18ⓐ
①하우란 남쪽 성읍, 보스라와 에드레이 사이 또는 길르앗 지역
②엣 타이이베(et Taiyibeh)로 추정됨
③삿11:3~5, 삼하10:6~13

돕 추정지인 오늘날 요르단의 타이베

돕가(Dophkah) *Serabit el-Khadim*
11하
①르비딤과 홍해 사이
②세라빗 엘 카딤(Serabit el-Khadim) 부근으로 추정됨
③민33:12~13
④이집트 제12왕조(BC2000~1780)때부

돕가의 하토르 신전터

터 터키옥과 동이 채굴됨, BC1525년경으로 추정되는 셈어 상형문자가 기록된 시내 사본 발견, 하토르 신전터

두라(Dura)?
9상
①바그다드 남서쪽 26km 지점
②텔 데르(T. Der)가 가장 유력함. 그러나 툴룰 두라(Tulul Dura) 혹은 두라 유로포스(Dura Europos)로도 주장
③단3:1

두라 유로포스의 남아 있는 성벽

두로(Tyre)=수르(Sur) *es-Sur*
12①, 14ⓑ
①페니키아 남단의 항구도시, 시돈 남쪽 40km 지점
②술(Sur, Tyre)
③수19:29
④십자군 시대의 항구 요새, 4세기경 약 2만명 규모의 경기장과 대리석 모자이크로 된 포장도로

두로 항구의 유적

두마(Dumah)
8ⓒ
①아라비아 아카바만 상부와 페르시아만 상부 중간
②엘 조프(el-Jof)
③창25:14, 대상1:30에는 이스마엘의 아들 이름으로 언급

두마의 오마르 사원

12⑦, 20ⓓ
①유다 산중의 두마(Duma) 마을 동쪽
②데일 에드 도메(Deir ed-Domeh)
③수15:52

두마(데이르 에드 도메) 전경

두마(Dumah)
①요르단 지역
③수15:52

두발(Tubal) 지역
37
소아시아 갑바도기아 지역의 일부, 흑해와 카스피해 사이의 지역, 겔27:13, 32:26~27, 39:1~5, 사66:19

두아디라(Thyatira)
10상
①소아시아 서부 리쿠스(Lycus)강 남쪽, 버가모와 사르디스(Sardis) 도로상, 버가모 남동쪽 60km 지점
②악히사르(Akhisar)와 동일시
③행16:14, 왕상16:31, 계2:18

두아디라의 유적

드고아(Tekoa) *Kh. Tequa*
12⑦, 20ⓑ
①베들레헴 남쪽 9.6km, 예루살렘 남쪽 16km 지점
②키르벳 타쿠아(Kh. Taqua)
③삼하14:4, 23:26, 대상11:28, 느3:5,27, 수15:59, 암1:1, 대하11:6
④근처에서 아모스 무덤 발견

아모스 선지자의 고향인 드고아 지역

드단(Dedan) (지역)
8ⓒ
①예멘에서 팔레스틴으로 가는 길목, 히야즈(Hijaz)의 엘 울라(el-Ula) 오아시스의 옛 명칭, 홍해 동쪽 240km 데마 남서쪽 80km
②에드 다간(ed-Dagan), 1200년경 명칭은 엘 울라
③사21:13, 렘25:23, 겔38:13~14

드단 원경

드라고닛(Trachonitis) 지방
북부 트랜스 요르단의 한 지방, 다마스커스와 바르바르강 남쪽 약 40km 지역(눅3:1)

드로아(Troas)
10상
①터키 서쪽 에게해 항구, 고대 트로이에서 남쪽으로 약 40km 지점(현대 도로)
②미시아(Mysia)의 알렉산더 드로아(Alexsander Troa)
③행16:8,20:5~12, 고후2:12
④2세기초의 수도관, 목욕탕, 극장, 항구와 기타 건축물 유적, 고대 성벽

지중해안가의 드로아 유적

드빌(Debir)
T. Bet Mirsham 혹은 *Kh. Rabud*
12⑦, 20ⓓ
①헤브론 서남 21km, 다하리예(Dahariyeh) 서쪽 9.6km 지점
②텔 베이트 미르심(T. Beit Mirsim) 혹은 키르벳 라부드(Kh. Rabud)

드빌(키르벳 라부드) 전경

드빌(텔 베이트 미르심)

③수10:38,12:13, 삿1:11~15
초기 명칭은 기럇산나(Kiriath-Sannah), 옛 이름은 기럇세벨(Kiriath-Sepher, 수15:15~16, 삿1:11~12)
④청동기와 철기 시대의 도자기 발견

들라살(Tel-Assar)
8ⓓ
①메소포타미아 북부 지역의 성읍 엑바타나(Ecbatana) 근처
③왕하19:12, 사37:12 디글랏빌레셋 3세 때는 틸 앗수리라고 칭함

들라임(Telaim)⇨델렘(Telem)

디르사(Tirzah) *Kh. T. el-Farah*
12④, 17ⓕ
①세겜 북동쪽 약 11.2km 지점
②텔 엘 파라(T. el-Farah)와 동일시
③수12:24, 왕상16:23~24
혹은 세겜 11.2km 지점의 현재 옘마인(Jemmain)으로도 주장됨
④석기시대의 유적과 청동기 시대의 요새화된 성벽과 성문 발굴

디르사

디모나(Dimonah)
12⑦, 20ⓗ
①에돔 근처 네겝 성읍, 아르아라(Arara) 북동쪽 텔 엘 미흘(T. el-Mihl) 동쪽 지점
②케밥(Kebab) 근처
③수15:22, 느11:25(디본)

디모나 지역

디몬(Dimon)⇨디본(Dibon)=맛멘

디베랴(Tiberiras) 바다 명칭으로도 사용
12①, 14ⓘ
①막달라(Magdala) 남쪽
②티베리아스(Tiberias)
③요6:23

로마 때 유적이 보이는 디베랴

디본(Dibon)=디몬(Dimon)=디본갓(Dibon-Gad) *Dhiban*
12⑧, 21ⓔ
①사해 동쪽 20.8km 지점, 아르논강 북쪽 4.8km 지점
②디반(Dhiban)
③민21:30, 수13:17, 삼하8:2, 렘48:18, 수33:45(디본갓), 사15:9(디몬)
④메사의 석비 발견(모압 석비)

텔 디본의 전경

디브핫(Tibhath)??
①아람 성읍, 안티 리바누스(Anti-Ribanus) 동쪽 기슭
②시리아 소바(Syria-Zobah)
③대상18:8

디블라(Diblah)=리블라(Riblah)=립나
9상
①하맛 남쪽 80km 지점으로 추정
②립나(Riblah)인 듯, 오늘날 안자
③겔47:16, 왕하23:33, 25:6(립나)
④칼리프 궁전, 로마 때 목욕탕터

성경의 디블라(립나)로 주장되는 오늘날 안자

디사합(Di-zahab)? *Dhahab*
12⑤, 18ⓘ
①헤스본 동쪽
②에드 데이베(edh-Dheibeh)로 주장
③신1:1

디사합(두헤이베)

디셉(Tishbe)
12⑤, 18ⓑ
①와디 엘 야비스(Wd. el-Yabis) 근처
②마르 일야스(Mar Ilyas)로 주장됨
③왕상17:1, 21:17, 왕하1:3,8

엘리야의 고향인 디셉

딘하바(Dinhabah)
12⑧, 21ⓔ
①아르논 골짜기 남쪽
②키르벳 엣 덴(Kh. ed-Denn)
③창36:32, 대상1:43
④맷돌

평지 끝에 위치한 딘하바

딜르안(Dilean)?
①유다 평지의 성읍 중 하나
②텔 엔 느길레(T. en-Negileh)인 듯
③수15:38

딤나(Timnah) T. Batash, *T. el-Batas hi*

딤나 원경

12⑦, 20ⓐ
①벧세메스 북서쪽 약 6.4km 지점
②와디 에스 사할(Wd. es-Sarar)의 텔 엘 바타쉬(T. el-Batashi)
③수15:10, 삿14:1
④동 제련소 유적(BC14~12세기경)

딤나(Timnah)?
①마온 고지대
②예바 북서쪽 엘 카데르(el-Khader)
③수15:57

딤낫 세라(Timnath-Serah)=딤낫 헤레스(Timnath Heres)
Hares *T. Tibnah* 혹은 *Kefr Haris Haris*
12④, 17ⓗ
①세겜 남서쪽 약 11.2km 지점
②키르벳 티브네(Kh. Tivneh) 또는 케프르 하리스(Kefr Haris)
③수19:50, 삿2:10(딤낫 헤레스)
④청동기와 철기 때 질그릇 조각 발견

딤낫 세라의 오늘날 마을

딥사(Tiphsah)
8ⓐ
①갈그미스 남쪽 120km 지점
②딥세(Dibseh)
③왕상4:24, 셀레우코스 왕조 때는 압비볼리(Amphpolis)로 불리움

딥사 지역

12④
①사마리아와 디르사 근처, 예루살렘 북쪽 약 48km 지점
③왕하15:16

라갈(Racal)⇒갈멜(Karmel)

라기스(Lachish)
T. Lachish, *T. ed Duweir*
12⑥, 20ⓓ
①예루살렘과 가사 중간, 베이트 지브린(Beit Jibrin) 남서쪽 8km 지점
②텔 엣 두웨이르(T. ed-Duweir)=라기스 유적지
③수10:3, 왕하14:19, 느11:30, 사36:2
④청동기 중기의 물항아리와 금과 상아로 만든 제의용 기구 출토, 라기스 서간 출토, 라-멜렉(La-mellekh) 인장 발견

텔 라기스

라마(Ramah)(나욧)
12①, 14ⓔ상
①두로 근처, 키르벳 벨라트(Kh. Belat) 동편 아래 라스 엔 나쿠라(Ras en-Naqura) 동쪽 약 17.6km
②라미아(Ramia)인 듯
③수19:29

레바논 지역의 라마(라미예)

17ⓗ *er(E)-Ram*
①예루살렘 북쪽 8km, 기브아 북쪽 3.2km, 게바 서쪽 3.2km 지점, 베냐민 지파 지역
②에 람(E-Ram)과 동일시됨
③수18:25, 왕상15:17, 대하16:5~6, 렘40:1,4, 스2:26, 느7:30, 삼상10:2, 마2:18, 삿4:5

오늘날 라마(에-람) 지역

12①, 14ⓔ하 *Kh. Zeitun er-Rameh*
①납달리 지파 지역, 사페드(Safed) 서쪽 24km
②엘 라마(el Rama)인 듯
③수19:36

오늘날 라마(엘 라마)의 모습

라마다임 소빔(Ramathaim Zophim)=아리마대
17ⓖ
①벧엘 북서쪽 19.2km 지점
②렌티스(Rentis) 혹은 벧엘 동편 8km의 베이트 리마(Beit Rima)
③삼상1:1, 마27:57(아리마대)

라마다임 소빔의 전경

라맘(Lahmam)
20ⓓ
①베이트 지브린(Beit Jibrin) 근처
②엘 라흠(el-Lahm) 유적지
③수15:40

라맘 전경

라맛 레히(Lamath-Lehi)=레히
①소라(zorah)와 딤낫 근처
③삿15:14~19, 삿15:9(레히)

라맛 미스베(Ramath-Mizpeh, 수13:26)=미스베=라맛 길르앗=여갈사하두다=길르앗 Iraq el Emir
18ⓗ

라맛 미스베의 카스르 엘 압두

③왕하23:36

루스(Luz)⇨벧엘(Bethel)

루스드라(Lystra)
10상
①이고니온 남서쪽 32km 지점
②졸더라(Zoldera) 언덕
③행14:6~8, 16:1~2, 딤후3:11
④3세기 중엽의 비명, 헤르메스에게 헌증된 제단 발견

루스드라

루힛(Luhith) 혹은 루힛 비탈
12⑧, 21ⓔ
①모압 성읍
②키르벳 멧인트 에르 라스(Kh. Medint er-Ras), 키르벳 파스(Kh. Fas) 등으로 주장됨
③사15:5, 렘48:5

루힛(키르벳 파스) 비탈 원경

룻다(Lydda)=로드, 롯(Lod)=리디아(Lydda)=룻(Lud) Lod, *el-Ludd*
12④, 17ⓖ
①욥바 동남쪽 약 18km 지점
②로드(Lod)
③스2:33, 대상8:12(롯), 행9:32(룻다), 막카비 때는 룻다(Lydda)로 불리웠으며 아랍어로는 루드(Ludd)이다.

룻다(롯, 로드)의 옛지역에 있는 오늘의 모습

르바옷(Lebaoth)
⇨벧 르바옷(Beth-Lebaoth)

르바임 골짜기(Va. Rephaim)
베들레헴 근처 예루살렘 남서쪽(수15:8, 삼하23:13, 대상11:15, 사17:5)

르바임 골짜기

르보나(Lebonah) *el-Lubbah*
12④, 17ⓗ
①실로 북서쪽 약 4.8km 지점
②루반(Luban)
③삿21:19

르보나의 오늘날 모습

르비딤(Lephidim)? *Wd. Rufaid*
11하
①신(Sin) 광야와 시내 광야 사이
②와디 파이란(Wd. Feiran) 혹은 와디 레파이드(Wd. Refayid) 근처인 듯
③출17:1~7, 민33:14~15
④모세 수도원터, 수녀원

르비딤 골짜기

르호보딜(Rehoboth-Ir)
①니느웨와 갈라 사이 또는 니느웨 성안의 한 지역으로도 본다.
③창10:11

르호봇1(Rehoboth)? Ras Rihab

르호봇의 폐허 지역

①에돔 북부 지역
②딥바(Dibaa)
③대상1:48

르호봇2(Rehoboth)
12⑥
①우물로 사용된(창26:17~22) 경우에는 브엘세바 남서쪽 33km 지점
②키르벳 루헤이베
③창36:37
④교회터, 우물 등 많은 유적

르호봇의 교회터

르홉(Rehob)?
12② *T. el-Balat*
①요단강 발원지 근처? 단 북동쪽 8km 지점인 듯
②텔 엘 발랏
③민13:21, 삼하10:6~8, 삼하10:6(벧 르홉), 삿18:28(베드 르홉)
12④, 17ⓒ T. Rehov, *T. es-Sarem*
①벧산 남쪽
②텔 에트 차렘(T. es-Sarem)인 듯
③대상6:75

텔 르홉(벧르홉) 전경

12①, 14ⓗ
①악고 동쪽 10km 지점
②텔 엘 비르엘 가르비(T. el-Birel Gharbi) 혹은 텔 비라(T. Bira)와 동일시됨
③수19:30, 21:31, 삿1:31

레바논 지역의 르홉

리드빌(Lidebir)
⇨로드발(Lode bar)=길르앗

림몬(Rimmon)

12①, 14ⓗ
①나사렛 북동쪽 9.6㎞ 지점=아인(Ain)=에느림몬(En-Rimmon)?
H. Rimona, *Rummaneh*
②룸마네(Rumane)
③수19:13, 대상6:77(림모노, Rimmono), 수21:35(딤나, Dimnah)

갈릴리 지역의 림몬(룸마네) 전경

12⑦, 20ⓓ
①브엘세바 북동쪽 14.4㎞ 지점?
②키르벳 에르 라마민(Kh. er-Ramamin), 키르벳 림몬(Kh. Rimon)으로도 주장
③수15:32, 대상4:32, 느11:29(에느림몬), 슥14:10

림몬(키르벳 림몬) 유적지

림몬 베레스(Rimmon-Perez)
①이스라엘이 광야에서 진친 곳, 릿나와 립나 사이
③민33:19~20

립나(Libnah)?
①이스라엘이 광야에서 진친 곳
②라반(Laban)과 동일시하기도 함
③민33:20~21, 신1:1
12⑦ T.Burna, *T. Bornat*
①세벨라 지역, 엘라골짜기 끝
②텔 에스 사피(T. es-Safi)
③수15:42, 왕하8:22, 렘52:1
④이스라엘 정착 이전의 도자기 발견,히브리 왕의 옥새가 찍힌 항아리 발견, 앗시리아 비문이 새겨진 돌기둥

텔 립나

9상⇨디블라(립나)

①오론테스강 유역
③왕하25:6, 겔6:14(디블라, Diblaath)

릿마(Rithmah)
①이스라엘이 광야에서 진친 곳, 하세롯 북동쪽
③민33:18~19

릿사(Rissah)?
①이스라엘이 광야에서 진친 립나와 그헬라 사이, 하세롯 북동쪽
②쿤틸레트 엘 제라피(Kuntilet el-Jerafi)로 주장됨
③민33:21~22

마가단(Magadan)
12①, 14ⓘ
①디베랴 북서쪽 5㎞ 지점, 막달라 혹은 그 근처인 듯
②키르벳 메이델(Kh. Mejdel)로 인정됨
③마15:39(마가단, Magadan);아람어로는 막달라(Magdala) 막8:10(달마누다, Dalmanutha)
④1세기경의 건축물과 작은 회당, 돌로 된 긴의자

갈릴리 바닷가의 막달라(마가단) 마을

마가스(Makaz)?
20ⓐ
①사알빔(Shaalbim), 벧세메스 근처
②키르벳 엘 무케이진(Kh. el Mukheizn), 오늘날 브코아(Beqoa), 메야곤(Mejargon)으로도 주장됨
③왕상4:9, 수19:41~42

마가스 지역

마게도냐(Macedonia) 지역
10하
그리스 반도 북부 지역(행16:9, 18:1~10, 롬15:25~27, 고후7:5~7)

마나핫(Manahath)
Manahat, *el-Malhah*

17ⓗ, 20ⓑ
①예루살렘 남쪽
②마나핫
③대상8:6

마나핫

마돈(Madon)=메롬(Merom)?
T. el-Khirbeh
12①, 14ⓕ
①사페드(Safed) 북서쪽 예벨 예르묵(Jebel Jermuk) 기슭
②메론(Meron)인 듯
③수11:1,12:19, 수19:35(세르, Zer)

마돈 마을의 전경

마라(Marah)
11하
①이스라엘 광야 여정지
②홍해 근처의 아윤 무사(Ayun Musa)로 주장됨
③출15:23, 민33:8
④모세의 우물로 불리는 우물, 7개의 우물이 있었다고 전함

모세의 우물로 불리는 곳의 마라

마랄라(Maral)?

오늘날 비행장이 들어서 있는 마랄라 지역

17ⓑ
①므깃도 북쪽 이스르엘 골짜기
②텔 갈타(T. Ghalta)인 듯
③수19:11

마레사(Mareshah)=마리사(Marisa)
T. Maresha, *T. Sandahannah*
12⑦, 20ⓓ
①베이트 이브린 남동쪽 1.6km 지점
②텔 산다한나(T. Sandahannah), 텔 마레사(T. Maresha)
③수15:44, 대하14:9~14
④헬라 때 도로망, 채색 무덤 발견

텔 마레사(마리사) 전경

마레알(Mareal)?? T. Shor, *T. Thorah*
①스불론 자손 경계
③수19:11

마롯(Maoth)⇨마아랏(Maarath)

마므레(Mamre)
20ⓔ
①헤브론 북서 0.8km 지점
②키르벳 니므레(Kh. Nimreh)와 아인 니므레(Ain Nimreh) 사이
③창14:24,13,23:17
④왕정 때의 포장도로, 십자군 때의 것으로 추정되는 교회터

오늘날 확장된 헤브론내에 있는 마므레

마살(Mashal)⇨미살(Mishal)

마스레가(Masrekah)?
11하
①에돔 지역, 현재 마안(Maan) 남서쪽 32km 지점, 키르벳 엣 탈라자(Kh. eth Thallaja) 근처
②예벨 엘 무쉬라크(Jebel el-Mushraq)로 주장됨
③창36:31~36

마아랏(Maarath)=마롯(Maoth, 미1:12)
12⑦, 20ⓑ
①그돌과 벧아놋 사이 헤브론 서쪽 키르벳 예둘(Kh. Jedur=Geder) 1.6km 지점
②베이크 움말(Beit Umar)로 추정됨.
③수15:59, 미1:12(마롯)과 동일시됨

마아랏 지역

마온(Maon) *Kh.Ma ‘in*
12⑦, 20ⓔ
①헤브론 남쪽 약 14km 지점
②마온(Maon), 텔 마인(T. Main)
③수15:55
④초기 철기시대 도기 파편과 성벽 잔해

마온 유적지

마온(Maon)
①요르단 지역
③삿10:12

마하나임(Mahanaim)
T. edh-Dhahab el-Gharbi
10⑤, 18ⓑⓔ
①요단 동편 4.8km 와디 아질룬(Wd. Ajlun) 북쪽 6.4km 지점의 미흐네(Mihneh)로도 주장됨
②와디 살레이카트(Wd. Saleikhat)
③창32:2, 수13:26, 왕상4:14, 대상6:80, 삼하17:24

마하나임 옛 지역

마하네단(Mahaneh-Dan)
20ⓐ
①소라와 에스다올(Eshtaol) 사이, 소라 동남쪽
③삿13:25, 18:12
④단의 무덤

마하네단 지역

마할랍(Mahalab)⇨알랍(Ahlab)
성서에 간접적으로 언급됨
①아셀지파 지역
③수19:29에는 '바다가 끝이 되며' 로 나옴, 알랍(Ahlab)과 동일한 곳

막벨라 굴 위에 세워진 아브라함 사원

막게다(Makkedah)?
①해변가에서 6.4km 지점의 와디 에스 수라(Wd. es-Surar) 북쪽 둑으로 추정됨 또는 벧세메스 서남쪽 5km 지점
②텔 에스 사피나 키르벳 엘 케이슘(Kh. el-Kheishum)과 동일시되기도 함
③수10:28, 12:16, 15:41

가드로도 주장되는 텔 에스 사피(막게다)

막달라(Magdala)=달마누다(Dalmanutha)⇨마가단 북쪽과 동일시됨

막디엘(Machbena)
①요르단 지역
③창36:43

막베나(Machbena)?=갑본
12⑦
①베이트 이브린(Beit Jibrin) 남쪽 5km 지점
②엘 쿠베이베(el-Kubeibeh)와 동일시
③수15:40, 삼하23:20(갑본, Cabbon)과 동일시됨, 대상2:49에는 인명보다는 지명으로 사용된 것이 분명함

막비스(Magbish)
20ⓐ

①가드 모레셋 북동쪽 가까운 곳
②키르벳 엘 마크비예(Kh. el-Makhbiyeh) 또는 키르벳 카난 무케이미스(Kh. Qanan Mugheimis)
③스2:30, 느10:20(막비아스, Magpiash)와 동일한 곳인 듯
④교회터, 포도즙틀, 동굴

막비스(키르벳 엘 마크비예) 원경

막헬롯(Makheloth)
①이스라엘 광야 여정지, 하라다(Haradah)와 다핫(Tahath) 사이
③민33:25~26

맛다나(Mattanah)
12⑧, 21ⓒ
①와디 에트 테메드(Wd. eth-Themed) 왼쪽, 메드바(Madaba) 남동쪽 19.2km 지점
②키르벳 엘 무다이이나(Kh. el-Mudaiyina)인 듯
③민21:18~19
④고대 성벽 흔적 발견, BC12~8세기경 도기조각 발견

뒤로 브엘이 보이는 맛다나

맛만나(Madmannah)=벧 말가봇
12⑦, 20ⓓ
①브엘세바 도로상 에즈 자헤리야(ez-Zaheriyah) 남쪽 약 7km 지점
②키르벳 타트리트(Kh. Tatrit)
③수15:31, 19:5(벧 말가봇?)

돌 유적만 남아 있는 맛만나

④철기 시대 도기 발견

맛메나(Madmenah)??
12⑥
①가사 24km 지점, 시글락(Ziklag) 근처
③사25:10에는 거름으로 잘못 번역됨
20ⓑ
①예루살렘 북쪽
②슈파트로 추정됨
③사10:31

맛메나의 오늘날 지역

맛멘(Madmen) *Kh.Dimneh*
12⑧, 21ⓗ
①아르논강 남쪽, 사해 동쪽 약 13km, 아르 북서쪽
②키르벳 딤네(Kh. et Dimna)인 듯
③렘48:2

맛멘 지역

맛사(Massah)⇨므리바(출17:7, 신33:8)

메덱 암마(Metheg-Ammah)=가드?
①가드 혹은 그 근처
③삼하8:1, 대상18:1

메드바(Medeba) *Madeba*
12⑧, 21ⓑ
①사해로 들어가는 요단강 입구에서 남동쪽 약 24km 지점
②마다바(Madaba)=메드바
③민21:30, 수13:9,16, 대상19:9
④고대 성벽과 신전, 모자이크로 된 메드바 지도, 헬라파 교회 유적

메드바의 성 조오지 교회 앞의 거리

메로놋(Meronoth)??
①기브온과 미스바 근처
③대상27:30

메로스(Meroz)?
12①, 14ⓕ
①하솔 북동쪽 베이산(Beisan) 남서쪽 80km 지점
②엘 무루수스(el-Murussus)인 듯
③삿5:23

메로스의 유적지

메롬(Merom)⇨마돈(Madon)

메바앗(Mephaath)? *T. Jawah*
12⑧, 21ⓕ
①암만 남쪽 약 10km 지점
②야와(Jawah) 또는 움 엘 리사스(Umer-Risas)로 추정됨
③수13:8, 21:37, 렘48:21

야와(Jawa) 지역의 메바앗

움 엘 리사스(Um er-Risas), 메바앗

메소보다미아(Mesopotamia) 지역
8ⓑⓓ
유프라테스강과 티그리스강 사이의 지역(창24:10, 행7:2, 대상19:6)

메소포타미아 하류 지역에 있는 보르십파

메얄곤(Me-Jarkon)
T. Kasila 혹은 T. Gerisa
16하
①욥바 근처 야르콘 강 옆
②카실레로 추정
③수19:46
④포도즙틀, 신전터, 교회터

메얄곤(카실레) 포도즙틀

멜리데(Melita) 섬 Maltha
10하, 127
①시칠리아 남쪽 끝에서 96㎞ 지점
②말타(Maltha)
③행28:1
④바울과 관련된 기념교회들, 보블리오 기념교회, 바울 도착기념동상, 기사단 성채, 그래드스타 왕궁전, 카타콤

멜리데섬의 바울(발렛타) 항구

멤피스(Memphis)⇨놉(Noph)

모레(Moreh)산(언덕)
22상
①이스르엘 계곡, 나인 남쪽 약 1.6㎞
②예벨 나비 다히(Jebel Nabi Dahi) 언덕과 동일시됨
③삿7:1(모레산)

이스르엘 평야에서 본 모레산(언덕)

모레셋(Moresheth)=가드 모레셋(Gath-Moresheth)
T.Goded, *T. el-Judeidah*
12⑦, 20ⓐ
①베이트 이브린(Beit Jibrin) 북쪽 2.6㎞ 지점
②텔 에이 유데이데(T. ej-Judeideh)
③렘26:18, 미1:1,14(가드 모레셋)

모레셋 전경

모사(Mozah) Moza
20ⓑ
①예루살렘 북서쪽 6.4㎞ 지점
②콜로니야(koloniya) 아랍인 촌락옆의 모사(Moza)
③수18:26

모사 지역으로 주장되는 곳

모세롯(Moseroth)=모세라(Moserah)
①이스라엘 광야 여정지, 에돔 변경 호르산 근처
③민33:30~31, 신10:6

모압 알(Ar of Moab)⇨아르(Ar)

몰라다(Moladah)?
H.Yittan, *Khereibet el-Waten*
12⑦, 20ⓗ
①브엘세바 동쪽 약 8㎞ 지점
②텔 엘 밀(T. el Milh)로 추정되나 또한 이곳은 호르마(민14:45)로 주장되기도 한다. 이 경우 몰라다는 텔 말카타(T. Malkhata)로 볼 수 있다(지은이).
③수15:26,19:2, 대상4:28, 삼상27:10

비행장 안에 있는 몰라다(말카타)

무라(Myra)
10상
①소아시아 루기아 지역
②리므라(Limyra)
③행27:5
④야외극장, 묘실과 비문들

무라의 바위 무덤

무시아(Mysia) 지역
126, 128
소아시아 서북부 지역의 프로폰트 해(현재 마르마라 해)와 헬레스폰트(Hellespont) 해협의 남쪽에 위치함(행20:5~14, 16:7)

므고나(Meconah)
①시글락과 에느림몬 사이
③느11:28

므깃도(Megiddo)
T. Megiddo, *T.el-Mutesellim*
12④, 17ⓑ
①이스르엘 평야 하이파(Haifa) 남동쪽 약 32㎞ 지점, 예닌(Jenin) 북서쪽 약 17.6㎞ 지점으로 수많은 전쟁을 치른 전략 요충지
②텔 므깃도(T. Megiddo)
③수17:11, 삿5:19, 왕하13:3~7, 대상7:29, 대하12:2~9, 슥12:11

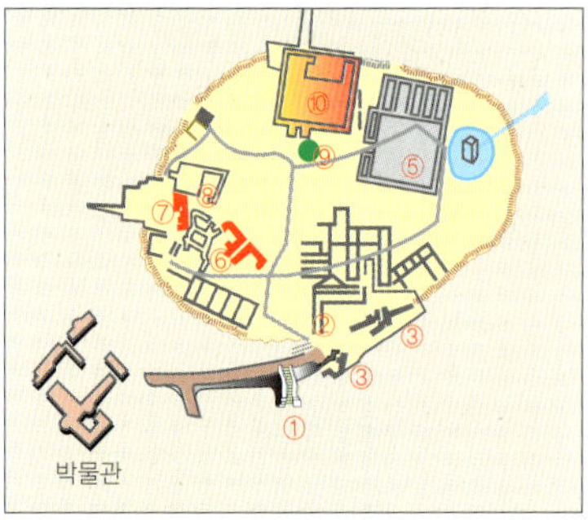

①솔로몬 때 계단이 있는 바깥문 ②솔로몬 때 성문 ③가나안 시대의 성문(BC15세기) ④가나안 시대의 성문(BC18세기) ⑤마굿간 ⑥가나안 시대의 신전 ⑦청동기 시대의 신전 ⑧BC10세기경 기병대장 숙소 ⑨곡식 저장소 ⑩궁전

공중에서 본 텔 므깃도

④솔로몬 때 성벽과 성문, 곡식 저장소, 마굿간터, 아합왕 때 지하 수로터널, 고대 가나안인 신전터

므라다임(Merathaim) 지역
①바벨론 남쪽 유프라테스와 티그리스강 입구
③렘50:21

므리바(Meribah)??
①이스라엘 광야 여정지
③출17:7(맛사, Massah), 민20:10~13, 신32:51(가데스 므리바), 겔47:19(므리봇 가데스물), 겔48:28(므리바 가데스물)

모세가 물을 내었다고 전해지는 샘(요르단 페트라 근처). 그러나 시나이 반도의 르비딤으로 보는 것이 더 설득력이 있다.

므아라(Mearah)
9상
①시돈 동쪽, 두로 북쪽 36㎞ 지점
②므가르 제찐(Mughar Jezzin) 동굴과 동일한 곳
③수13:4

므아라의 오늘날 제찐 마을

미그론(Migron)?
①게바 변경 지역, 믹마스 남쪽
③삼상14:2
17ⓘ
①믹마스 북쪽, 아얏과 믹마스 사이, 믹마스에서 아이에 이르는 길
②마크런(Makrun)으로 추정됨
③사10:28

미그론 유적지

미둘레네(Mitylene)
10하, 126
①소아시아 동쪽 에게해 레스보스(Lesbos)섬
②미티리니(Mitilini)
③행20:14, 20:2, 중세기에는 미둘레네가 섬 전체의 이름으로 사용됨
④중세 때 성채, 야외극장

미둘레네섬의 중세 때 성채

미디안(Midian) 지역
11하
아카바만 동부 해안(사우디아라비아 서쪽) 또는 시나이 반도 동쪽 부분의 넓은 지역, 두곳이 주장되고 있다(출2:15,창25:1~6).

시나아 반도 동쪽 중앙 부분의 미디안 지역

미살(Mishal)=마살 T. Kison, *T.Kisan*
141ⓗ
①아셀 변경
②악삽으로도 주장되는 텔 키산
③대상6:74, 수19:26(마살)

악삽으로도 주장되는 텔 키산

미살산(Mt. Mizal)⇒헤르몬산

미스갑(Misgab)
①모압 지경
③렘48:1(RSV는 요새;the fortress)로 번역)

미스르봇 마임(Misrephoth-Maim)
12①
①악고 평야 북쪽 맨끝, 리타니강(Ri. Litani) 근처
②로쉬 하니크라(Rosh ha-Nikra)의 바위 투성이 돌출부
③수11:8,13:6
④청동기 시대의 유물 출토

미스르봇 마임(중앙 부분)

미스바(Mizpah)=미스베(Mizpeh)
12④, 20ⓑ
①베냐민 지역
②나비 삼월(Nebi Samwil) 혹은 예루살렘 북쪽 12.8㎞ 지점의 텔 엔 나스베(T. en-Nasbeh)
③수18:21~28, 삼상7:5~12, 왕상15:11~22, 왕하25:23, 느3:7,15, 렘41:3
④야아사니야(왕하25:23) 도장 발견

미스바 추정지 중 한 곳인 나비 삼윌의 원경

텔 엔 나스베(미스바 추정지) 지역

12⑤, 18ⓔ
①길르앗 지역의 미스바, 제라쉬 북서쪽에 있는 아질룬(Jebel Ajlun)이나 수프(Suf), 특히 키르벳 얄라드(Kh. Jalad), 안자라(Anjarah) 등 여러 곳이 제기되고 있다. 그래서 글루엑은 북부 길르앗의 한 지역으로 보았다.
②키르벳 옐아드(Kh. Jalad)인 듯
③창31:49, 삿10:17, 호5:1?

미스바로 주장되는 곳 중 한 곳인 안자라

미스베(Mizpeh)??
①세펠라(Shephelah) 지역
②텔 에스 사피예(T. es-Safieh, 가드)와 동일시됨
③수15:38

미스베(Mizpeh, 삼상22:3, 모압)

미항(Fair Havens)
10하, 127
①그레데섬 남쪽의 항구
②칼루스 리모나스(Kalous Limonas)로 알려진 리티노스(Littinos)만 동쪽 항만
③행27:8,12
④바울과 관련된 교회 유적 발견

아름다운 모습의 미항

믹다렐(Migdal-el)?
14ⓑ
①갈릴리의 게데스 북서쪽 23㎞ 지점
②무예딜(Mujeidil)인 듯
③수19:38

믹다렐의 오늘날 지역

믹달갓(Migdal-Gad)?
H. Migdal Ga d, *Kh. el-Mejdeleh*
12⑦, 19ⓑ
①아스글론 동북쪽 4㎞ 지점과 라기스 남동쪽 6㎞ 지점의 두 곳 주장
②믹달 또는 메즈델(Mejdel)인 듯
③수15:37

믹달갓(키르벳 엘 메즈델레) 전경

믹돌(Migdol) T. Migdol
11상
①이집트 동쪽 빅터(Bitter) 호수 북서쪽
②예벨 아타카(Atakah) 산맥 근처
③출14:2, 민33:7
11상
①펠루시움(Pelusium) 남쪽 19.2㎞ 지점
②텔 에스 사무트(T. es Samut), 텔 믹돌(T. Migdol)인 듯 또는 포오트사이트로 보기도 함
③출13:17, 렘44:1,46:14, 겔29:10

텔 믹돌 유적

믹마스(Michmash) *Mukhmas*
12④, 17ⓘ
①예루살렘 북동쪽 약 11.2㎞ 지점
②와디 에스 수웨니트(Wd. es-Suwenit) 북쪽 무크마스(Mukhmas)
③삼상13:2, 느11:31, 사10:28, 스2:27, 옛 이름은 묵마스(Mukhmas)이며 지금도 옛이름을 그대로 사용한다.

믹마스의 오늘날 모습

믹므다(Michmethath)
Kh. Makhneh el-Foqa
12④, 17ⓔ
①세겜 남쪽 8㎞ 지점
②키르벳 마흐네 엘 포카(Kh. Makhneh el-Foqa)
③수16:6, 17:7(믹므닷)

믹므다 지역

민닛(Minnith)
12⑤, 18ⓘ
①랍바(암만) 서남쪽 부근 헤스본 동쪽 6.4㎞ 지점, 헤스본과 엘 야두데(el-Yadudeh) 사이
②마아니트(Maanith)의 키르벳 하니체(Kh. Hanizeh)
③삿11:33

민닛 지역

밀레도(Miletus)
10상
①소아시아 서해안 항구 메안데르(Meander) 강 하구
②밀레트(Milet)
③행20:15,17, 딤후4:20
④델피니온(아폴로신전), 아고라(시장), 파우스티 여왕에게 헌정된 목욕탕, 아테나(Athena) 신전터, 야외극장 등

야외극장이 보이는 밀레도의 원경

밀로(Millo)??
17ⓕ
①세겜 근처, 그리심산 동쪽 기슭
②벧 밀로(Beth-Milo)
③삿9:6,20
①예루살렘 경내
③왕상11:27

밉살(Millo)
①요르단 지역
③창36:42

밋가(Mithkah)
①하세롯(Hazeroth) 북쪽
③민33:28~29

밋딘(Middin) *Kh. Abu Tabag*
12⑦, 20ⓒ
①유대 광야 소금의 성(염성) 서쪽
②키르벳 아부 타박 인 엘 부케아(Kh. Abu Tabaq in el-Buqeah)
③수15:61

황량한 유대 광야에 위치한 밋딘

바다라(Patara)
10상
①루기아 지역 크산투스강 어귀 동쪽 10㎞ 지점
②바타라(Patara)
③행21:1
④아폴로 신전, 극장, 목욕탕

점점 늪지대로 변하는 바다라의 옛 항구터

바드로스(Pathros) 지역
남쪽이라는 뜻의 이집트어 p-trsy에서 유래했으며 상(上) 이집트 테베(노, 노아몬)을 지칭하는 듯함(사11:11, 렘44:1, 겔29:14)

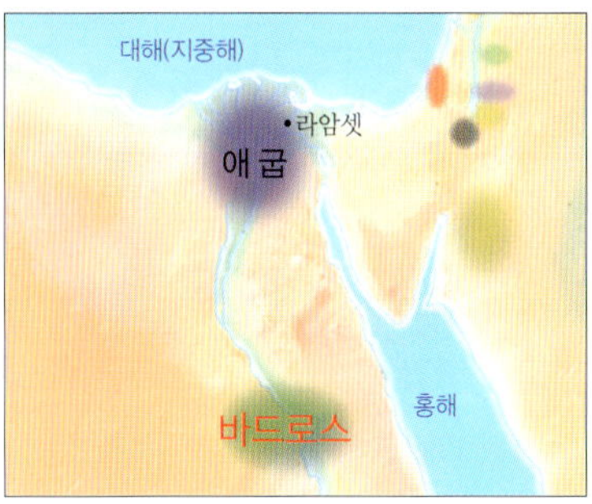

바라(Parah) *Kh. 'Ain Farah*
12④
①예루살렘 북동쪽 9㎞ 지점 아인 파라(Ain Farah) 근처
②키르벳 엘 파라(Kh. el-Fara)
③수18:23, 렘13:4~7(유브라데로 추정)

유브라데로 알려진 바라의 주거지 지역

바란광야(Wi. Paran)
11상하
시나이 반도 중앙지대(삼상25:1)

바란광야 남쪽 지역

바란산(Mt. Paran)
바란광야의 고지대
합3:3, 삿5:4, 왕상11:18

바르발강(Ri. Pharpar)
헤르몬산 동쪽으로 흐르는 강, 나하르 엘 아와지(Nahr el-Awaj)와 동일시됨(왕하5:12)

바르발강, 지금은 하나의 개울에 불과하다.

바르와임(Parvaim)?
①세일산 동남쪽, 홍해 동쪽
②예멘의 파르와(Farwa)
③대하3:6

바못(Bamoth) *Kh. el Qeiqiyeh*
21ⓑ
①요단 동쪽 비스가산 서쪽 근처
②키르벳 엘 케이키예
③민21:19~20, 22:41, 수13:17
④우물터

바못 전경

바벨론(Babylon)
8ⓓ, 9하
①바그다드 남쪽 약 80㎞ 지점
②텔 바빌(T. Babil), 바벨론(Babylon)
③렘51:33~37
④마르둑 신전터, 공중 정원, 지구랏, 느부갓네살 궁전, 이쉬타르문

복원된 바벨론의 느부갓네살 왕궁

바보(Paphos)
10상
①구브로섬 남서부 연안
②파포스(Pafos), 밥포(Baffo)
③행13:6,13
④아프로디테 신전 자리, 아프로디테 여신에게 헌정된 고대 비문 조각, 카타콤, 왕들의 무덤, 바울기념교회

성채에서 본 바보 항구

바산(Bashan) 산지
22상
야르묵강에서 헤르몬산까지의 지역(시22:1, 암4:1, 신33:22, 왕상4:13)

바산 산지 지역의 소떼

바스담밈(Pas-Dammim, 대하11:3)
⇨에베스 담밈(Ephes-Dammim)

바알 갓(Baal-Gad)
①헤르몬산 근처의 하스베이야(Hasbeya) 마을 근처인 듯
③수11:17, 바알 헤르몬(Baal -Hermon)과 동일시되기도 함(대상5:23, 삿3:3)

바알 다말(Baal-Tamar)
①기브아 근처
③삿20:33

바알라1(Baalah)
⇨기랏여아림의 초기 이름(수15:9)

바알라2(Baalah)⇨그비라(Kephirah)

바알랏(Baalath) Qatra, *el-Mughar*
12③
①게셀 근처, 에그론 북서쪽 8㎞ 지점
②카트라 혹은 무글라(엘 무가르)
③수19:44~45, 왕상9:18, 대하8:5~6

바알랏

바알랏 브엘(Baalath-Beer)
Beer Yeruham, *Bir Rakhmeh*
12⑦
①네겝 남쪽 끝 브엘 근처의 돌출 부분
②예루함 또는 라마(Ramah)인 듯
③수19:8, 대상4:33, 수15:24(브알롯)

바알랏 브엘(예루함)의 하갈이 마신 샘물터

바알레(Baale)⇨기럇여아림=바알레 유다(Baale-Judah, 삼하6:2)

바알므온=벧바알므온(Beth-baal-meon, 수13:17)=벧므온(Beth-meon, 렘48:23)=브온(Beon, 민32:3)⇨나할리엘(Nahaiel)
나할리엘과 동일시되지 않는 경우
12⑧, 21ⓑ
①메드바 남서쪽 98㎞ 지점, 나할리엘 북쪽에 위치
②키르벳 마인(Kh. Main)
③겔25:9

키르벳 마인(바알므온) 지역의 원경

바알브라심(Baal-Perazim)??
①르바임 골짜기 근처 리프타(Lifta, 넵도아) 북쪽, 예루살렘 북서쪽 라스 엔 나디르(Ras en-Nadir) 부근
②셰이크 베드르(Sheikh Bedr)로 추정됨
③삼하5:20, 대상14:11, 사28:21

바알브라심 옛 흔적

바알 살리사(Baal-Shaishah)
Kafr Thult(Kefr Thilth)
17ⓓ
①세겜 남서쪽
②케프르 틸트(Kefr Thilth)인 듯
③왕하4:42, 삼상9:4(살리사)

바알 살리사 지역 입구

바알스본(Baal-Zephon)
Muhamadiy eh
11상
①나일강 삼각주 동쪽 혹은 동남쪽
②제우스 카시우스(Zeus Casius)로 추정됨
③출14:2,9

바알하몬(Baal-Hamon)
①상징적인 장소인 듯
③아8:11

바알 하솔(Baal-Hazor)
Jebel el-' Asur, *T. Asur*
12④, 17ⓘ
①벧엘 북쪽 8㎞ 지점
②바알 하솔(Baal Khatsor)
③삼하13:23

바알하솔

바알 헤르몬(Baal-Hermon, 삿3:3)⇨바알 갓(Baal-God)

바우(Pau)
①에돔지역
③창36:39, 대상1:50

바잇(Bajith)
①모압의 한 지명
③사15:2

바카 골짜기(Va. Bacca)
③시84:6

바타니아(Batanaea)⇨바산 산지
바산의 헬라 명칭

바하룸(Baharum)⇨바후림(Bahurim)

바후림(Bahurim)
=바하룸=바르훔 *Ras el-Temim*
20ⓘ
①예루살렘에서 여리고로 가는 감람산 동쪽
②라스 엣 트밈(Ras et-Tmim)과 동일시됨
③삼하3:16,16:5, 왕상2:8, 대상11:33, 삼하23:31(바르훔), 대상11:33(바하룸)

바후림 전경

발라(Balah)
=바알라=빌하(대상4:29) *Kh. Abu Tulul*
①브엘세바 동남쪽 약 11㎞ 지점
②키르벳 아부 툴룰(Kh. Abu Tulul)
수15:9에 나오는 바알라(기럇여아림)와는 다른 곳이다.
③수19:3

밤빌리아(Pamphylia) 지역
126, 127
소아시아 중앙부 남쪽 연안, 루기아와 길리기아 사이(창28:6~7, 33:18)

밤빌리아 지역에 속한 해안가의 알란야

밧단 아람(Paddan-aram) 지역
8ⓑ
메소포타미아 북부 유프라테스강 상류(창28:6~7, 33:18)로 아람 나하라임과

동일한 지역(대상19:6)

밧단 아람 지역내에 있는 하란의 유적지

밧모(Patmos)섬
10하
밀레도 남서쪽 약 56km 지점의 에게해 해안의 섬이다(계1:9~11). 이곳에는 사도 요한 계시동굴, 요한 수도원, 요한의 세례터, 채석장 등이 있다.

요한 계시동굴 앞에서 본 밧모섬

버가(Perga)
10상
①소아시아 안탈리야 동쪽 18km 지점
②페르가(Perga)
③행13:13~14,14:25
④로마 때 것으로 보이는 체육관과 목욕탕, 성채와 성벽 유적, 극장과 경기장, 중세 때 교회터

도시문이 보이는 버가

버가모(Pergamum)
10상

야외극장이 보이는 아크로 버가모

①에게해 약 24km 지점 고대 카이쿠스(Caicus, 현재 Bakircay) 북쪽 약 3.2km 지점
②셀리누스(Selinus)강과 케티우스(Cetius)강 사이 베르가마(Bergama)
③계1:11, 2:12
④극장, 아스클레피움(Asclepium, 치료소), 제우스 소테르(Soter) 신전

베니게(Phoenicia) 지역
8ⓒ
레바논 산맥 서쪽 해안선 지역(행11:10)

베니게 지역에 있는 비블로스(그발)

베다(Betha)
⇨디브핫(Tibhath, 대상18:8)

베다니(Bethany)=아나냐(Ananiah)
12⑦, 20ⓒ
①예루살렘 동쪽 약 3km 지점
②에이자리야(Eizariya)
③마21:17, 막11:1, 요11:1~44, 느11:32(아나냐, Ananiah)와 동일시
④나사로 무덤, 나사로 기념교회

공중에서 본 베다니

18ⓖ
①여리고 맞은편 요단강 동쪽의 요르단 지역, 지금은 군사 지역이다.
②와디 엘 칼라르(Wa. el-Kharrar)와 텔 알 칼라르(T. al-Kharrar) 지역
③요1:28
④예수 세례터, 옛 교회터, 수로, 엘리야 승천기념교회

요르단 지역에 있는 베다니 지역

베데르(Bether) *Kh. el-Yahud*
12⑦, 20ⓑ
①베들레헴 북서쪽 근방, 예루살렘 남서쪽 11.2km 지점
②비티르(Bittir) 지역내에 있는 키르벳 엘 야홋(Kh. el-Yahud)
③아2:17, 수15:59에는 베데르라는 말이 빠졌음
④철기시대에서 로마 때까지의 거주 흔적 발견, 라틴어 비명 발견

베데르

베덴(Beten)? H. Ivtan, *Kh. Ibtin*
12①
①갈멜산 동편 혹은 북편(아벡 정남쪽)
②텔 파르(T. Par) 혹은 압툰(Abutun)
③수19:25

베덴(텔 엘 파르)

베드르홉(Beth-Rehob)⇨르홉(Rehob)

베들레아브라(Beth-Le-Aphrah)
①블레셋의 가드(Gath) 주변
③미1:10

베들레헴(Beth-lehem)=에브랏
12⑦, 20ⓑ Bet Lehem, *Beit Lahm*
①예루살렘 남서쪽 약 10km 지점
②베들레헴(Bethlehem)
③삿17:7~9, 룻1:1~2, 룻4:11(에브랏), 미5:2(에브라다), 마2:1~16, 요7:42
④예수 탄생교회, 성 캐더린교회, 라헬의 무덤(베들레헴 근처)

공중에서 본 베들레헴

12①, 14ⓗ *Beit Lahm*
①나사렛 서북서쪽 약 10㎞ 지점
②베이트 르헴 하 그릴릿(Beit Lekhem ha-Gelilit)
③수19:15, 삿12:8,10

갈릴리 지역의 베들레헴 입구

베레스 웃사(Perez-Uzzah)??
①예루살렘 서쪽에 위치
③삼하6:8, 대상13:9(기돈), 13:11

베렛(Bered)??
①브엘라해로이(Beer-Lahai-roi)에서 이집트로 가는 도로상
②와디 움 엘 바렛(Wd. Umm el-Bared)에 이름이 남아 있음
③창16:14

베로대(Berothai) Bereitan
9상
①아람 소바(Zobah)의 한 성읍, 바알벡(Baalbek) 남쪽 11㎞ 지점
②베레이탄(Bereitan), 브리텔(Britel)과 동일시(지은이)
③삼하8:8, 겔47:16(브로다, Beroth ah)

베로대의 오늘날 표지판(베리이탄)

베롯(Beroea)⇨브에롯(Beeroth)

베뢰아(Beroea)
10하, 126
①마게도냐 남서쪽
②베리아(Veria)
③행17:10~15,20:4

베뢰아 마을 원경

④바울의 강단, 십자가교회

베섹(Bezek)
①룻다(Lydda) 남동쪽 약 3㎞ 지점
②키르벳 베즈카(Kh. Bezqa)인 듯
③삿1:4~5
12④, 17ⓕ *Kh. Ibziq*
①세겜 북동쪽 약 21㎞ 지점
②키르벳 입지크(Kh. Ibziq)인 듯
③삼상11:8

물이 풍부한 베섹 지역

베셀(Bezer)=보스라2 *Umm el- 'Amad*
12⑤, 21ⓒ
①메드바 북동쪽 느보(Nebo)산 동쪽
②움 엘 아맛(Umm el-Amad)
③신4:43, 수20:821:38, 대상6:78, 렘48:24(보스라)

베셀 지역에 있는 오늘날 공동묘지

벧가물(Beth-Gamul) *Kh. el-Jumeil*
12⑧, 21ⓕ
①요단 동편 아로엘 동쪽 8㎞ 지점
②키르벳 엘 유마이일(Kh. el-Jumaiyil)과 동일시됨
③렘31:23, 48:23

벧가물 유적지

벧갈(Beth-Car)
①미스바와 지중해 사이
③삼상7:11

벧길갈(Beth-Gilgal)⇨길갈(Gilgal)

벧니므라(Beth-Nimrah)=니므라
T. Nimrin
12⑤, 18ⓖ
①요단 계곡 모압 평지에 위치, 와디 샤입(Wd. Shaib) 북쪽
②텔 니므린(T. Nimrin)
③민32:3(니므라), 민32:36, 수13:27

아직 발굴이 안된 벧니므라

벧다곤(Beth Dagon) T. Regev
12①, 14ⓖ
①하이파 남동쪽 약 7㎞ 지점
②텔 레게브(T. Regev) 또는 옐라멧 엘 아티가(Jelamet el Atiga)와 동일시됨
③수19:27

벧다곤(텔 레게브) 원경

①세펠라 지역의 유대 저지대
③수15:41

벧답부아(Beth-Tappuah) *Taffuh*
12⑦, 20ⓔ
①헤브론 서쪽 7.2㎞ 지점
②타부(Tafuh, Taffuh)
③수15:53

벧답부아 원경

벧디블라다임(Beth-Diblathaim)=알몬 디블라다임(Almon Diblathaim)?
Kh. Deleilat esh-Sherqiyeh
12⑧, 21ⓑ
①요단 동편 디반 북쪽
②두레이랏 엘 하마이이다(Duleilat el-

Hamayida)와 동일시됨
③렘48:22, 호1:3, 민33:46(알몬디블라다임, Alomon-Diblathaim)

벧 디블라다임

벧르바옷(Beth-Lebaoth)=벧비리(Beth-biri)
①유다 지파 경계의 시므온 지파 성읍으로 예벨 엘 비리(Jebel el-Biri)인 듯
③수19:6, 15:32(르바옷, Le-baoth), 대상4:31(벧비리, Beth-biri)

벧르홉(Beth-Rehob)=아람 벧 르홉(Aram Beth-Rehob)⇨르홉(Rehob)

벧마아가(Beth-Maacah)⇨아벨 벧마아가(Abel-Beth-Maachah)

벧말가봇(Beth-Marcaboth)⇨맛만나(Madmannah, 수15:3)

벧므온(Beth-Meon)⇨바알므온

벧바라(Beth-Barah)? Kh. Parva
17ⓒ
①요단 계곡과 에스드렐론 평원 사이, 세겜 북동쪽
②와디 파라(Wd. Farah) 혹은 키르벳 파르바(Kh. Parva)로 주장됨(지은이)
③삿7:24

벧바라(키르벳 파르바)로 추정되는 곳

벧바세스(Beth-Pazzez)
①잇사갈 지파 영역의 예닌(Jenin) 근처인 듯
③수19:21

벧바알므온(Beth-baal-meon)⇨바알므온=벧 므온(Beth-Meon)

벧벨렛(Beth-Pelet)⇨사루헨?
①브엘세바 근처, 가사 남동쪽 29km 지점
②세펠라 남부 지역의 텔 엘 파라(T. el-Farah) 혹은 사루헨(Sharuhen)과 동일한 곳으로도 추정됨
③수15:27, 느11:26

벧비리(Beth-biri)⇨벧르바옷(Beth-Lebaoth)

벧산(Beth-Shan)=벧 스안=벳산=스키토폴리스(Scythopolis)
T. Bet Shean, *T. el-Husn*
12④, 17ⓒ
①얄루드강 남쪽 제방
②텔 벧산(T. Beit Shean)
③수17:16, 삿1:27, 삿1:27(벧스안)
④로마 때의 원형극장, 세티 1세와 라암셋 2세의 기념 돌기둥, 4개의 가나안 신전터, 비잔틴 시대의 모자이크

사울의 시체가 달렸던 벧산의 유적지

벧세메스(Beth-Shemesh)=이르세메스
12⑦, 20ⓐ T. Bet Shemesh, *T. er-Rum eileh*
①그살론과 딤나 사이, 라기스 북쪽 약 24km, 예루살렘 서쪽 약 38.4km 지점
②텔 세메스(T. Shemesh)
③수15:10, 수19:41(이르세메스)
④회반죽이 칠해진 저수조, 애굽에서 수입된 그릇들이 발견됨, 우가릿 설형문자의 알파벳 비문

법궤가 잠시 머물렀던 벧세메스 유적

12①, 15ⓑ H. Shemesh, *Kh. Sheikh esh-Shamsawi*

텔 벧세메스 언덕

①갈릴리 바다 남서쪽
②텔 오바디아(T. Ovadya) 혹은 유베이디야(Ubeidiya)로 주장됨
③수19:22,17:11
12①, 14ⓔ
①두로 남동쪽, 팁닌(Tibnin) 남쪽??
②텔 로스(T. Rosh, Kh. T. er-Ruweisi)
③수19:38, 삿1:33

벧세메스의 오늘날 마을

①이집트 지역의 온(헬리오폴리스)과 동일시됨
③렘43:13

벧술(Beth-Zur) *Kh. el-Tubeiqeh*
12⑦
①헤브론 북쪽 약 7.3km 지점
②키르벳 엣 투베이카(Kh. et-Tubeiqah)로 간주됨
③수15:58, 대하11:7
④거대한 요새의 흔적 발견

벧술 지역

벧스안⇨벧산(Beth-Shan)

벧싯다(Beth-Shittah) Beth ha-Shita
17ⓒ
①벧산 북서쪽 8.8km 지점 또는 요단 동편의 텔 슬레이핫(T. Sleihat)
②벧 하 쉬타
③삿7:22

벧싯다(벧 하 쉬타) 지역

벧아낫(Beth-Anath)?
Safed el-Battikh
12①, 14ⓖ
①시리아, 레바논, 이스라엘 지역 등에

있는 세 곳이 주장됨
②엘바네(el-Baneh) 외 두 곳
③수19:38, 삿1:33

텔에서 본 벧아낫의 오늘날 시리아 히네 마을, 뒤로 헬르몬산이 보인다.

벧아놋(Beth-Anoth) *Kh. Beit Ainum*
12⑦, 20ⓔ
①할훌(Halhul) 근처, 헤브론 북쪽
②키르벳 베이트 아눈(Kh. Beit Anun)
③수15:59
④약간의 벽돌 유적 흔적

벧아놋

벧아라바(Beth-Arabah)
Ain el-Gha rbeh
21ⓐ
①여리고 남동쪽
②베이트 하-아라바(Beit ha-Arava)와 동일시됨
③수15:6,61, 18:22

여리고 앞의 요단 계곡에 있는 벧아라바

벧아벨(Beth-Arbel) *Irbid*

벧아벨(이르비드)의 시내에 있는 옛 지역

12⑤, 18ⓑ
①길르앗 북서쪽
②이르비드(Irbid)의 작은 언덕과 동일시됨
③호10:14

벧아스마웻(Beth-Azmaveth)
⇨**아스마웻(Azmaveth)**

벧아웬(Beth-Aven) *T. Maryam*
17ⓘ
①아이(Ai) 근처 벧엘 동쪽
②텔 마르얌
③수7:2, 18:12, 삼상13:5, 14:23
④자연 동굴

벧아웬 전경

벧에덴(Beth-Eden)?=에덴 Bit Adini
①유프라테스와 발리크 상 사이
②비트 아디니
③암1:5, 겔27:23(에덴)

벧에멕(Beth-Emek)
T. Bet Ha- 'Emeq
12①, 14ⓓ
①악고 북동쪽 약 10.5㎞ 지점, 아셀 지파 영역
②텔 미마스(T. Mimas)인 듯
③수19:27

텔 벧에멕 전경

벧에셀(Beth-Ezel) Deir el-Asal
12⑦, 20ⓓ
①텔 베이트 미르심(T. Beit Mirsim) 동쪽 약 3.2㎞ 지점, 라기스 동남쪽
②데이르 엘 아살(Deir el-Asal)인 듯
③미1:11

벧에셀의 옛흔적

벧엘(Bethel)=루스(Luz) Beitin, *Beitin*
12④, 17ⓗ
①예루살렘 북쪽
②키르벳 벧엘(Kh. Beit El)
③창(28:19(루스), 수18:21, 삿1:22~26, 왕상12:26~33, 대하13:19, 스2:28
④가나안 신전과 건축터, 부싯돌과 요리 기구 파편 발견

벧엘의 흔적

벧여시못(Beth-Jeshimoth)
T. el-Azemeh
12⑤, 21ⓐ
①사해 북동쪽 해안 인접한 곳, 키르벳 수메이메 근처
②텔 아즈메(T. Azemeh)
③민33:49, 수13:20, 겔25:9

모압 평지에 있는 벧여시못(텔 아즈메) 근경

벧하람(Beth-Haram)
=벧하란(Beth-Haran) *T. Iktanu*
12⑤, 21ⓐ
①모압 평원의 벧니므라 남쪽, 와디 엘 라메(와디 히스반)의 남쪽
②텔 익타누(T. Iktanu)로 추정됨
③수13:27, 민32:36(벧하란, Beth-Haran)
④이스라엘의 정착 전후기인 철기시대 토기 발견

와디 히스반 옆에 있는 벧하람(텔 익타누)

벧학게렘(Beth-Haccherem)?
Ramot Rahel, *Kh. Salih*
20ⓑ
①예루살렘 남쪽 약 3.4km 지점, 베들레헴 지역에 포함, 드고아(Tekoa) 북쪽 약 8km지점
②라맛 라헬(Ramat Rakhel)과 동일시
③렘6:1, 느3:14, 수15:59(카렘, Carem과 동일시

벧학게렘(라맛라헬) 전경

벧호글라(Beth-Hoglah)? *Deir Hajlah*
12⑤, 20ⓒ
①여리고와 요단강 사이
②엔 하즐라(Ein Hajla)
③수15:6,18:19

벧호글라

벧호론(Beth-Horon)(윗) *Beit Ur el-Foqa*
12④, 17ⓗ
①아얄론 북동쪽, 벧호론 3.2km 거리
②베이트 구르 엘 포카(Beit Ghur el-Foqa)
③수16:5, 대상7:24, 왕상9:17
④왕정시대(철기시대) 이후의 질그릇 파편 발견

산악지대에 있는 윗벧호론 마을

벧호론(Beth-Horon)(아래)
Beit Ur el-Tahta
12④, 17ⓗ
①윗 벧호론 북서쪽 3.2km 지점
②베이트 구르 에 타흐타(Beit Ghur e-Tahta)
③수16:3
④후기 청동기 이후 질그릇 파편 발견

아래 벧호론 원경

벨라⇨소알(Zoar)

벳바게(Bethphage) *Kafr el-Tur*
20ⓒ
①베다니 동쪽
②아부 디스(Abu Dis)
③마21:1, 막11:1, 눅19:29
④벳파게 교회

감람산 동쪽의 벳바게

벳브올(Beth-Peor) *Kh. 'Ayun Musa*
12⑤, 21ⓑ
①느보(Nebo)산 북쪽과 헤스본 서쪽
②키르벳 에쉬 세이크 야일(Kh. esh-Sheikh-Jayil)과 동일시됨
③신34:6, 민25:3~5, 수13:20, 민25:3, 5,18(바알 브올)

벳브올의 모세의 샘

벳새다(Beth-Saida) et-Tel, *el-Araj*
12②, 15ⓑ
①요단 동편 갈릴리 바다 북동쪽 1.6km 지점
②텔 베이트 싸이다(T. Beit Tsaida)
③눅9:10
④신약시대의 질그릇 조각, 건축용 석재, 모자이크용 각편(tesserae)발견

텔 벳새다 유적

보김(Bochim)
①확실한 위치를 알수 없으나 길갈 근처 벧엘과 실로 사이인 듯
③삿2:1,5

보디올(Puteoli)
10하
①로마 남쪽
②포츄올리(Pozzuoli)
③행28:13

보디올 항구 원경

보스갓(Bozkath)
①라기스(Lachish)근처
③수15:39

보스라1(Bozrah) *Buseirah*
11상
①사해 남동쪽 약 32km 페트라 북쪽 56km 지점
②부세이라(Buseira)
③창36:33, 대상1:44

보스라 전경

보스라2(Bozrah)⇨베셀(Bezer)
①헤스본 동쪽
③렘48:24

뵈닉스(Phoenix)
10하, 127
①그레데섬 남쪽 해안 항구
②피닉스(Finix)
③행27:12

④교회터, 망대

그레데 남쪽 해안의 뵈닉스 항구 전경

부논(Punon) *Feinan*
11상
①와디 엘 게웨이르(Wd. el-Gheweir)와 와디 에쉬 셰케르(Wd. esh-Sheqer) 교차 지점의 키르벳 엔 나하스(Kh. en-Nahas) 남동쪽 7㎞ 지점
②키르벳 페이난(Kh. Feinan)
③창36:41
④바실리카 기단, 테오도루스(Theodorus) 주교를 언급하는 비명

저수지가 보이는 부논

부느엘⇨브누엘(Penuel)=브니엘

부두엘(Bethuel)
①호르마(Hormah) 근방
③수15:30(그실, Chesil, 표기상 오류), 삼상30:27, 대상4:30

부스(Buz)
동아라비아 지역(렘25:23, 욥32:2,6) 혹은 성읍

붓(Put) 지역
37
리비아(Libya)나 그 일부 지역(렘46:9, 겔27:10,38:5)

브네브락(Bene-Berak)
Bene-Beraq, *Kheiriyeh*

브네브락 지역

12③, 16하
①텔아비브(Tel-Aviv) 북서쪽 교외
②브네브락(Bene-Beraq)
③수19:45

브네야아간⇨브엘롯 브네야아간(Beeroth-Bene-Jaakan)

브누엘(Penuel)=부느엘=부니엘
T. edh-Dhahab esh-Sherqiyeh
12⑤, 18ⓔ
①얍복강 상류 숙곳 동쪽
②툴룰 아드 다합(Tullul adh-Dhahab) 언덕 동쪽
③삿8:17, 창32:30(브니엘), 왕상12:25(부느엘)

얍복강가에 있는 브누엘

브도님(Betonim)? *Kh. Batneh*
12⑤, 18ⓗ
①여리고 북동쪽 약 26㎞ 지점
②키르벳 바트나(Kh. Batna)인 듯
③수13:26

브도님

브돌(Pethor) T. Amar
9상
①상류 유프라테스강과 사주르(Sajur) 강이 합류하는 곳
②텔 아마르
③민22:5, 신23:4

유프라테스 강가의 브돌

브라가 골짜기(Va. Beracah)⇨여호사밧 골짜기

브두엘(Bethuel)=그실 *Feinan*
11중
①네겝 지역의 호르마 근처
③대상4:30

브로다⇨베로대(Berothai)

브루기아(Phrygia) 지역
126, 128
소아시아 중앙에 위치(행18:23, 16:6)

브솔시내(Br. Besor)
시글락 남서쪽 현재 와디 가제(Wd. Ghazzeh)(삼상30:10)

텔 사루헨 위에서 본 브솔시내

브알롯(Bealoth)
⇨바알랏 브엘(Baalath -Beer)

브에롯(Beeroth)=베롯 *Nebi Samwil*
17ⓗ
①미스바(Mizphah) 북쪽 1.6㎞ 지점
②텔 에 나스베(T. e-Nasbeh) 또는 엘 비라(el-Bira) 두 곳이 주장됨
③수9:17, 삼하4:2,37, 대상11:39(베롯)

브에롯(엘 비라) 원경

브에스드라(Be-Eshterah)⇨아스다롯(Ashtharoth)

브엘(Beer)=브엘 엘림(Beer Elim)
21ⓒ
①모압 아르논강 북쪽, 맛다나(Mattan

맛다나 앞의 와디에 있는 라메일, 브엘은 이 골짜기에 위치한 샘이다.

ah) 근처
②와디 엣 타맛(Wd. eth Thamad)
③민21:16, 사15:8(브엘 엘림)
①세겜, 그리심산 근처
③삿9:21

브엘라해로이(Beer Lahai Roi)
①브엘세바 남쪽, 가데스와 베렛 사이
③창16:14

브엘롯 브네야아간(Beeroth-Bene-Jaakan)?
16상
①이스라엘 광야 여정지, 에돔지역
②엘 비레인(el-Birein)인듯
③신10:6, 민33:31(브네야아간), 대상1:42(아아간)
④아론과 모세의 우물

브네 야아간의 아론의 우물

브엘세바(Beer-Sheba)
T. Beer-Sheva 또는 T. Sheva
12⑦, 20ⓖ
①현대 브엘세바 동쪽 약 6.4㎞ 지점
②텔 브엘세바(T. Beer-Sheba)
③창21:25~31, 삿20:1, 왕하23:8
④아브라함과 이삭의 우물, BC10세기경의 요새지 벽과 수로 발굴, 상점터 등

텔 브엘세바 전경

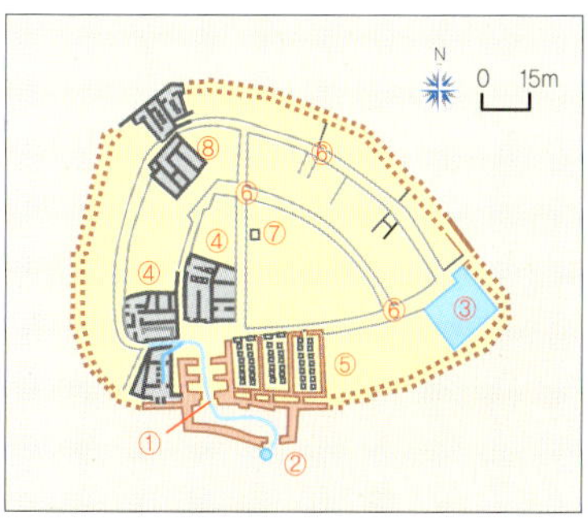

①성문 입구 ②우물 ③물 저장소 ④집(거주지) ⑤상점 ⑥거리 ⑦관찰탑 ⑧지하 저장소

브온(민32:3)⇨바알므온(민32:18)

브올산(top of Peor)
이스라엘을 저주하기 위해 발람과 발락이 올라갔던 산(민23:28)

비돔(Pithom) *T. er-Retabbeh*
11상
①이집트 동편 델타 지역, 라암셋 남동쪽 12.8㎞ 지점
②와디 투메일랏(Wd. Tumeilat)에 있는 텔 엘 라타바(T. el-Ratabah)로 추정됨
③출1:11
④바로의 석관, 곡식 창고터, 벽돌 흔적

비돔의 흙벽돌

비두니아(Bithynia) 지역
127, 128
소아시아 북서쪽(행16:7)

비드론(Bithron)
①기브온을 지나 마하나임으로 가는 도로상
③삼하2:29

비라돈(Pirathon) *Farata*
12④, 17ⓔ
①세겜 서남쪽 약 8㎞ 지점
②파라타(Farata, Farate)
③삿12:15

비라돈

비베셋(Pibeseth) T. Bastwh
11상

고양이신을 섬겼던 비베셋의 신전터

①카이로 동북쪽 48㎞ 지점
②텔 바스타(T. Basta, Bubastis) 유적지와 동일시됨
③겔30:17, 시53:45

비손강(Ri. Pishon)
36
에덴동산에서 발원한 네 강 중 하나

비스가산(Mt. Pisgah)⇨느보(Nebo)산

비스요댜(Biziothiah)
①유다 네겝 지방
③수15:28

비시디아(Pisidia) 지역
126, 128
소아시아 중남부(행13:14) 지역

비시디아 지역에 있는 안디옥

비하히롯(Pi-Hahiroth)
11상
①나일강 동쪽 삼각주 믹돌 근처
③출14:2,9, 민33:8

빌라델비아(Philadelphia)
10상
①소아시아 서쪽 옛 루디아 지역
②알라쉐히르(Alasehir)
③계1:11, 3:7
④비잔틴 때의 성벽, 성 요한 교회 유적

빌라델비아 교회

빌르암(Bileam)⇨이블르암(Ibleam)

빌립보(Philippi)

빌립보의 바실리카(회당식 교회)B

10하
①마게도냐 스트림몬강과 네스토스강의 경계 에게해 내륙 약 16km 지점
②필리피(Philipi)
③행16:12, 20:6, 빌1:1, 살전2:2
④루디아 기념교회, 원형극장, 바실리카

빌립보 가이사랴(Caesarea Philippi)
Kh. Panias
12②, 15ⓐ
①헤르몬산 남쪽, 단 동북쪽
②파니아스(바니아스)
③마16:13
④판신전터

사르밧 원경

빌하(Bilhah)
①브엘세바 남쪽 지역 중 한 곳
③대상4:29

사노아(Zanoah) *Kh. Zanu*
12⑦, 20ⓐ
①벧세메스 남동쪽 4.8km지점
②키르벳 사노아(Kh. Zanoakh)로 추정
③수15:34, 느11:30

성경의 사노아에서 본 오늘날 사노아 마을

①마온산지의 유다 성읍, 얏다(Yatta, Jutah) 북서쪽 약 12km 지점
②키르벳 베이트 아므라(Kh. Beit Amura)인 듯
③수15:56

사데(Sardis)=스바랏(Sepharad)?
10상
①소아시아 서쪽 트몰루스(Tmolus) 산맥 북쪽
②사르데스(Sardes)
③계3:1, 옵1:20(스바랏, Sepharad)
④로마 때의 건물 발굴, 아데미 신전, 교회터, 회당터, 체육관(김나지움), 제련소, 성채

아데미 신전이 있는 눈덮인 사데

사렙다⇒사르밧(Zarephath)

사론(Sharon) 평야
22중
욥바에서 갈멜산 남부 지역까지에 펼쳐진 평야(대상27:29, 수12:18, 아2:1, 사65:10, 행9:35).

아벡 근처의 사론평야

사루헨(Saruhen)=실힘=사하라임=벧벨렛 T. Sharuhen, *T. el-Farah*
12⑥, 19ⓓ
①브솔 시냇가, 가사 남쪽 28km 지점
②텔 사루헨(T. Sharukhen), 텔 엘 파라(T. el-Farah)와 동일시
③수19:6, 15:32(실힘, Shilhim), 느11:26(벧벨렛), 대상4:31(사아라임)
④힉소스 때 참호와 요새 흔적

텔 형태의 사루헨

사르단(Zarethan)=스레다
T. es Saidyeh 또는 *T. Umm Hamad*
12⑤, 18ⓓ

텔 사르단(텔 사이디야)

①요단 동편 아담 북쪽, 텔 에드 다미예(T. ed-Damiyeh) 북쪽 약 22km 지점
②텔 아스 사이디야(T. as-Saidiyya) 또는 텔 움 하마드(T. Um Hamad)
③수3:16, 왕상4:12(Zartanah), 대하4:17, 왕상7:46(스레다, Zeradah)
④BC13~12세기경 청동 제물과 건축물, 72개의 직조가 있는 직조실

사르밧(Zarephath)=사렙다, *Sarafand*
14ⓑ
①시돈 남쪽 약 14.4km 지점
②사라판드(Sarafand)
③왕상17:8~24, 눅4:26(사렙다)
④철기 시대(BC9~6세기) 주거층, 채색 점토 가면, 성물 상자, 상아판 발견

지중해안가에 있는 텔 사르밧 원경

사릿(Sarid) *T. Shadud*
14ⓗ
①므깃도 북동쪽 약 10km 지점
②텔 샤둣(T. Shadud)=Sarid
③수19:10,12
④청동기 때 거주층 발견

텔 사릿 전경

사마리아(Samaria)
Sebastya, *Sebasti yeh*
12④, 17ⓔ
①예루살렘 북쪽 약 67km 지점
②세바스테(Sebaste, Sebastia)
③왕상16:24, 암6:4, 대하18:9
④헤롯이 로마의 아우구스투스 황제에

사마리아

게 헌증한 신전, 노천극장, 아합의 상아 궁전터 발굴, 야외극장, 제단터, 원형 망대탑, 이스라엘 왕국시대의 성벽

사모(Samos) 또는 사모스섬
10상, 126
①그리스와 터키 사이에 있는 에게해 남동부 사모스섬의 항구 도시, 트로길리움(Trogylium) 갑에서 1.6km 지점, 미칼레(Mycale) 갑 반대편
②사모스(Samos)
③행20:15
④헤라 신전, 수로시설, 성채 등

사모섬의 사모스 항구

사모드라게(Samothrace) 섬
10상
에게해 북동쪽의 섬, 네압볼리 남동쪽 에게해에 위치해 있다. 오늘날 사모드라케(Samothrace, 행16:11,20:6)

사모드라게 섬의 전경

사밀(Shamir)??
①사마리아 인접
③삿10:1~2
12⑦, 20⑧
①헤브론 서남쪽 약 20.8km 지점, 키르벳 소메라(Kh. Somerah) 북쪽 1.6km 지점
②엘비레(el-Bireh) 혹은 키르벳 비크라(Kh. Bikhra)인 듯
③수15:48

사본(Zaphon) T. el-Qos

사본 원경

12⑤, 18ⓓ
①숙곳(Succoth) 북쪽, 와디 라집(Wd. Rajib) 북쪽, 아므타(Amta) 북동쪽 2km 지점
②텔 엘 코스(T. el-Qos) 또는 텔 에스 사이디예(T. es-Saidiyeh, 사르단으로 주장되는 곳)와 동일시되기도 함
③수13:27

사빌(Shaphir) *Kh. el-Kom*
20ⓓ
①아스돗(Ashdod)남동쪽 6km, 아스글론(Ashkelon) 약 10km 지점
②키르벳 엘 콤 혹은 텔 에이톤
③미1:11

사빌(키르벳 엘 콤) 지역

사아난(Zaanan)=스난(Zenan)?
①유다 남쪽 지역
②아라크 엘 카르바(Araq el-Kharba)로 추정됨
③미1:11, 수15:37(스난, Zenan)

사아난님(Zaanannim)?
14ⓘ
①아다미(Adami) 남동쪽 약 6.4km 지점, 벧산에서 다메섹 도상
②칸 엣 투야르(Khan-et-Tujjarz)
③수19:33
① 갈릴리의 게데스(텔 아부 케데이스, T. Abu Qedeis) 근처
②칸 레윤(Khan Lejjun)
③삿4:11, 위와 동일한 곳일 수도 있음

사아라임(Shaaraim)⇨사루헨
①예루살렘 남서쪽 세펠라 지역의 사이레(Saireh)로 주장되기도 함
③수15:36, 삼상17:52
사루헨과 동일한 곳
①유다 남부 시므온 지파 지역
③대상4:28~31, 수15:27~32, 19:2~6

사알빔(Shaalbim)=사아랍빈(Shaalabbin)=사알본(Shaalbon)=사알림 T. Shaalevim, *Selbit*
12④, 17ⓖ
①아얄론 북서쪽 약 4.8km지점, 벧세메스 북쪽 약 12.8km 지점
②셀비트(Selbit)
③삿1:35, 왕상4:9, 수19:41~45(사알랍빈), 삼상9:4(사알림), 삼하23:32(사알본)과 동일시됨

사알빔 원경

사일(Zair)⇨시올
시이르(Sirr)인 듯(왕하8:21)

사알랍빈(Shaalabbin)⇨사알빔(Shaalbim)=사알본(Shaalbon)

사하수마(Shahazumah) T. Rekhesh
14ⓘ
①다볼산과 벧세메스 사이
②엘 케름(El Kerm), 텔 르케스로 두 곳이 추정됨
③수12:22, AV에서는 사하심마(Shahzimah)로 읽고 있음

사하수마(텔 르케스) 지역

산산나(Sansannah)=하살수사(Hazar-susah) *Kh. Sansana*
20ⓓ
①브엘세바 북쪽, 맛만나 서남쪽 3.5km 지점
②키르벳 에쉬 삼산나(키르벳 산산나)
③수15:31, 수19:5(하살수사), 대상4:31(하살수심)
④주거터

산산나 유적

살라미(Salami)=살라미스(Salamis)
10상, 125좌
①키프러스 섬 동쪽
②살라미스(Salamis)
③행13:5
④야외극장, 아고라터, 바나바 무덤

22중
예루살렘 서남서쪽 약 21㎞ 지점의 와디 에스 사라르(Wd. es-Sarar)(수15:33~36, 삿16:4)

소바(Zobah) *Suba*
9상
①레바논과 안티 레바논 산맥 사이(왕국 및 성읍)
②안자는 이 지역의 대표적인 성읍
③삼상14:47, 삼하8:3~9, 왕상11:23
④칼리프 왕궁, 로마 때 유적

소바 왕국의 지역에 있던 안자의 유적

소빔(Zophim)들
①사해 북동쪽 근처 고지
②텔라앗 에스 사파(Telaat es-Safa)로 주장
③민23:14

소안(Zoan)⇨라암셋(Rameses)

소알(Zoar)=벨라(Bela) es-Safi
12⑧, 21ⓖ
①세렛 시내(현재 Wd. el-Hesa) 하구 서쪽
②아스 사피(As-Safi)로 추정됨
③창13:12 창14:2(벨라), 사15:5, 렘48:4

사해 남쪽에 있는 비옥한 소알들

수가(Syshar)⇨세겜 지역

수넴(Shunem) T. Sulam, *Solem*
12①, 17ⓒ

수넴 마을의 원경

①네비다히(Nebi Dahi) 남서쪽 경사지 예닌(Jenin) 북쪽 14.4㎞ 지점
②텔 수넴(T. Shunem)과 동일시
③수19:18, 삼상28:4, 왕상2:17
④ 청동기시대 이후의 거주지층 확인

수라구사(Syracuse)
10하, 127
①시칠리아섬 동쪽
②시라쿠사(Siracusa)
③행28:12
④BC5세기경 아테네 신전, 그리스식 극장, 3~4세기경 그리스도인 지하묘지

시실리섬의 수라구사 항구

수로보니게(Syrophoenicia) 지역
두로와 시돈 지역(막7:26)

수로보니게 지역의 시돈 항구

수르광야(Wi. Shur)=술광야
11상
이집트 동쪽 인접 지역의 광야(창16:7, 출15:22, 민33:8-에담, Etham-)

에담광야라고도 하는 수르광야

수바(Suphah)=숩??

수바(숩)로 추정되는 오늘날 수파 표지판

12⑧, 21ⓑ
①메드바 남동쪽 7㎞ 지점
②키르벳 수파(Kh. Sufa)
③민21:14, 신1:1의 숩(Suph)과 동일한 지명으로 추정됨

수산(Shuphan) *Shush*
8ⓓ, 9하
①이란 남서쪽
②수스(Shush)
③에1:2, 느1:1
④왕궁, 아크로폴리스, 왕족 도성

수산 궁터

수아(Shuah) 지역
9상
갈그미스 남쪽 지역(욥2:11,42:9)

수아 지역에 있는 텔 엘 베이아 원경

수알(Shual)
①믹마스(Michmash)와 오브라(Ophrah) 근처
③삼상13:17, 삼상9:4(사알림)과 동일한 곳일 수도 있음

수에네(Syene)
①이집트 남부 나일강변
②애스완(Aswan)=수에네(Syene)
③겔29:10, 30:6, 사49:12

아스완댐에 있는 수에네

숙곳(Succoth)
12⑤, 18ⓓ *T. Deir Alla*
①얍복강 북방 약 3.2㎞ 지점
②텔 데이르 알라(T. Deir Alla)

③창33:17, 왕상7:46, 대하4:17, 시60:6

숙곳으로 주장되는 텔 데이르 알라

11상
①이집트, 이스라엘 출애굽 여정지
②텔 엘 마슈트(T. el-Mashut)로 추정
③출12:37, 13:20, 민33:5~6

이집트 지역의 숙곳으로 주장되는 한 곳

숩(Suph)⇨수바(Suphah)

스가가(Secacah)? *Kh. es-Samrah*
12⑦, 20ⓒ
①쿰란(Quran) 남서쪽 5.4㎞ 지점
②카름 에 사므라(Karm e-Samra)
③수15:61, 대하17:12
④철기 시대 유물

스가가 지역

스난(Zenan, 수15:37) ⇨사아난(Zaanan)

스닐산(Mt. Senir)⇨헤르몬산

스닷(Zedad) *Sadad*
9상
①홈즈 남동쪽 약 50㎞ 지점
②사닷(Sadad)과 동일시

옛 흔적이 남아 있는 스닷

③민34:8, 겔47:15

스레다(Zeredah) *Deir Ghassaneh*
12④
①사마리아 남서쪽
②데이르 발룻(Deir Balut) 근처
③왕상11:26

스레다의 오늘날 마을 모습

스레다(Zeredah)⇨사르단
③대하4:17, 삿7:22(스레라)

스르디스(Syrtis) 바다
아프리카 북쪽 해안 바다 이름으로 현재 가베스(Gabes)만(행27:17)

스마라임(Zemaraim)?
Ras et-Tahun eh
17ⓗ
①벧엘 남쪽
②라스 에트 타흐네(Ras et-Tahuneh)
③수18:22

스마라임의 오늘날 모습

스바다 골짜기(Va. Zephathah)
22하
마레사 근처의 와디 에스 사피에(Wd. es-Safiyeh)로 추정됨(대하14:9~10)

스바랏(Sepharad)⇨사데(Sardis)

스바림(Shebarim)
①아이와 여리고 사이
③수7:5

스발산(Mt. Sephar, 창10:31)⇨세발산

스발와임(Sepharvaim)
9상
①시리아 또는 메소포타미아에 있는 다메섹과 하맛 사이
②홈즈(Hums) 근처로 추정
③왕하17:16, 사36:19, 겔47:16(시브라임, Sibraim)과 동일한 곳으로 추정

스밤(Sebam)⇨십마(Sibmah)

스밧(Zephath)
20ⓖ
①브엘세바 동쪽 12㎞ 지점
②텔 이라(T. Ira)
③삿1:17
④성벽터, 저수조, 주거터

스밧(텔 이라) 전경

스보임(Zeboiim)
41
①사해 남쪽 끝 바다 밑
③창10:19, 신29:23, 호11:8
①룻다(Lydda) 북쪽
②키르벳 사비에(Kh. Sabieh) 근처?
③느11:34
①믹마스(Michmash) 남동쪽
②와디 엘 켈트(Wd. el-Qelt) 지류인 와디 아부다바(Wd. Abu Daba)?
③삼상13:17

스이라(Seirah)
①에브라임 지역
③삿3:26~27 성읍인지 분명치 않음

시글락(Ziklag)? T. Sera, *T. esh-Shari*
12⑥, 19ⓓ
①브엘세바 북쪽 약 22.4㎞ 지점
②텔 엘 쿠웨일페(T. el-Khuweilfeh) 또는 텔 밀하(T. Milkha)
③수19:5, 대상4:30, 삼하1:1, 느11:28

텔 시글락

시날(Shinar) 지역
37
메소포타미아 남부 지역(창11:2, 단1:2)

비옥한 시날 평지

시내산(Mt. Sinai)
=호렙산(Mt. Horeb)=하나님의 산
11하, 48

시나이 반도 남쪽 중앙의 오늘날 제벨 무사(Jebel Musa) 혹은 사우디아라비 지역, 호렙산(출17:6, 33:6), 시내산(출19:11), 하나님의 산으로도 불림

일출 직후의 시내산

시돈(Sidon) *Saida*
9상, 127중
①두로 북쪽 지중해 항구
②사이다(Saida), 시돈(Sidon)
③수11:8, 대상22:4, 스3:7, 막3:8
④육지의 성, 바다의 성, 루이성, 에쉬문 신전 유적

십자군 시대의 성에서 본 시돈 항구

시룐산⇨헤르몬산

시므론(Shimron)
T. Shimron, *Kh. Sam muniyeh*
12①, 14ⓗ
①스불론 지파 지역
②텔 시므론(T. Shimron)
③수19:10,15, 12:20(시므로 므론, Shimron)과 동일한 곳인 듯

시므론 지역

시므리(Zimri) 지역
티그리스강 상류 어느 지역(렘25:15)

시브론(Ziphron) *Hawwarin*
9상
①가나안 북쪽 하살에난(Hazar-enan) 근처
②하와린(Hawarin)
③민34:9
④성채, 왕궁터

시브론의 성채

시스 고개(Ascent of Ziz)?
22하
드고아 남동쪽에서 사해에 인접해 있는 와디 하사사(Wd. Hasasah)로 주장됨(대하20:16)

시온(Shion)? *Kh. Sirin*
12①, 14ⓘ
①나사렛 동쪽 혹은 다볼산 남동쪽 약 25km 지점으로 주장된다. 또는 아윤 에쉬 샤인(Ayun esh-Shain) 혹은 키르벳 시린(Kh. Sirin)으로 주장됨
③수19:19

시온(키르벳 시린)

시온산(Mt. Shion) 또는 산성
124상
원래 시온산은 솔로몬의 성전건축 지역 내만을 의미했으나 후에는 예루살렘 도성 전체를 가리키게 되었다. 신약 이후에는 예루살렘 서남서쪽의 언덕(현재의 시온산이라 부르는 지역)을 지칭하게 되었다(삼하5:7).

감람산에서 본 시온산 지역

시올(Zior)
12⑦, 20ⓔ
①헤브론 북동쪽 약 8km 지점
②사이르(Sair, 시이르=Siir)
③수15:54
④고대의 바위를 깎아 만든 무덤

시올의 오늘날 모습

시홀 림낫(Shihor-Libnath)
Nahr ez-Zerqa
12④, 16상
①돌(Dor) 남쪽 약 9.6km 지점
②지스르 에-자르카(Jisre e-Zarqa)
③수19:26

시홀림낫으로 추정되는 곳

시홀 시내(Br. Shihor)
이집트 나일강 북동 지류 혹은 운하(수13:3, 대상13:5, 사23:3, 렘2:18)

식그론(Shikkeron)? *T. el-Ful*
12③
①소렉 골짜기(Valley of Sorek) 정북쪽 에그론 북서쪽 약 5km 지점
②텔 엘 풀(T. el-Ful)인 듯
③수15:11

신(Sin) El-Farama, Pelusium
11상
①이집트 동북 변경 끝의 지중해 1.6km 지점, 수에즈 운하 서쪽 29.6km 지점
②펠루지움(Pelusium)=T. el-Farame
③겔30:15
④성벽, 소극장, 수도원

신(펠루지움)의 성벽과 망대

신광야(Wi. Zin)
11상
가데스 바네아를 포함한 에돔의 접경 지역(민27:14,34:3)

신광야(Wi. Sin)
11하
엘림과 르비딤 사이에 있는 광야로 시내산 북쪽에 있는 시내광야를 포함하기도 한다(출16:1,17:1).

황량한 신(Sin)광야

실라(Silla)
①예루살렘이나 그 근교
③왕하12:20

실로(Shriloh) *Kh. Seilun*
12④, 17ⓘ
①벧엘 북동쪽 16km 지점
②텔 실로(T. Shilo)
③삿21:19, 수14:6, 시78:60
④로마 이후 목욕장, 비잔틴 때 교회터

종교의 도시였던 실로의 유적

실루기아(Seleucia)
9상, 125, 126
①오론테스강 하류 북쪽의 지중해변
②사만다(Samandag)
③행13:4, 15:40~41, 15:39
④도리아식 신전, 로마 때의 빌라 등

실루기아 항구

실힘(Shilhim)⇨사루헨((Sharuhen)

십(Ziph) T. Zif
12⑦, 20ⓔ
①헤브론 남동쪽 약 14km 지점
②텔 지프(T. Zif)
③수15:55, 삼상23:14~15, 대하11:8
①네게브의 유다 성읍
②키르벳 에즈 자이페(Kh. ez-Zeifeh) 인 듯
③수15:24

지금은 군부대가 있는 텔 십

십마(Shbimah)=스밤 *Qurn el-Kibsh*
12⑤, 21ⓑ
①헤스본과 느보(Nebo) 사이
②쿠른 엘 킵쉬(Qurn el-Kibsh)인 듯
③민32:38,32:3(스빔, Sebam), 수13:19, 사16:8~9, 렘48:32

십마의 유적

십못(Siphmoth)
①유다 성읍 에스드모아 근처
③삼상30:28

싯딤(Shittim)
⇨아벨싯딤(Abel-Shittim)

싯딤(Ziddim)
①납달리 지역의 성읍
③수19:35

싯딤 골짜기(Va. Siddim)??
22하
사해 남쪽 끝에 있는 골짜기(창14:3,8, 욜3:18)

아골 골짜기(Va. Achor)
22중
유다와 베냐민 지파 지역의 사이로 여리고 남서쪽의 현재 엘 부케아(el-Buqeah) 지역(수7:24~26, 사65:10, 호2:15)으로 막사가 발견되었다.

우기 때의 아골 골짜기(엘 부케아)

아그랍빔 비탈(Ascent of Akrabbim)
22하
사해 남서쪽 30km지점의 현재 네크브 에스 사파(Neqb es-Safa, 암석의 좁은 길)와 동일시 됨(민34:4-아그랍빔 언덕-, 수15:3, 삿1:36)

아그랍빔 비탈 지역

아나냐(Ananiah)⇨베다니

아나돗(Anathoth) *Ras el-Kharrubeh*
12④, 20ⓑⓘ
①예루살렘 북쪽 4.8km 지점
②아나타(Anata)
③수21:18, 왕상2:26, 사10:30, 스2:23

아나돗 원경

아나하랏(Anaharath)?
Rekhesh, *T. el-Mukharkhash*
17ⓒ
①아풀라(Afula) 동쪽 10km 지점
②엔 나우라(en-Naura)
③수19:19

푯말이 보이는 아나하랏 원경

아납(Anab)? *Kh. Anab el-Kebireh*

아납 유적지

12⑦, 20ⓓ
①드빌 근처, 헤브론 남쪽 24km 지점
②자히리야(Zahiriya) 서쪽 1km 지점의 키르벳 우납 에츠 차기르(Kh. Unnab es-Saghir)
③수11:21,15:50

아넬(Aner)⇨다아낙(Taanach)

아넴(Anem)⇨엔간님3과 동일한 듯
대상6:73, 수21:29

아님(Anim)?
Anim, *Kh. Ghuwein et-Tahta*
12⑦, 20ⓔ
①헤브론 남동쪽 17.7km 지점
②키르벳 구웨인 엣 타타(Kh. Ghuwein et-Tahta=Kh. Anim)과 동일시
③수15:50

아인으로도 주장되는 키르벳 아님

아다다(Adadah)⇨아로엘(Aroer)

아다롯1(Ataroth)
12⑧, 21ⓑ *Kh. Attarus*
①디본 북서쪽 약 12.8km 지점
②키르벳 아타루스(Kh. Ataruz)와 동일시됨
③민32:3,34

아다롯 지역의 원경

아다롯2(Ataroth)
17ⓕ
①와디 엘 파라(Wd. el-Farah)에서 와디 제르카(Wd. Zerqa, 얍복강)를 따라 요단 고원에 이르는 길에 위치
②텔 엘 마자르(T. el-Mazar)와 동일시
③수16:7

욕므암으로도 주장되는 텔 엘 마자르

아다롯3(Ataroth)
17ⓗ
①벧엘 남서쪽
②키르벳 아타라(Kh. Atarah) 또는 텔 엘 마자르(T. el-Mazar)와 동일시
③수16:2, 16:5(아다롯 앗달)

아다롯(아다롯 앗달)의 옛 흔적

아다롯 벧 요압(Atroth-Beth-Joab)
①베들레헴 근처
③대상2:54

아다롯 소반(Atroth-Shophan)
12⑧, 21ⓑ
①아다롯 동북쪽 약 2.4km 지점
②루즘 아타루스(Rujm Atarus)
③민32:35

아다롯 소반

아다롯 앗달(Ataroth-Addar)
⇨아다롯3(Ataroth)

아다림 길(road to Atharim)
③민21:1

아다마(Adamah)
Qarne Hittim, *Qarn Hattin*
①갈릴리 바다 북서쪽 5km 지점
②아부 에쉬 시바(Abu esh-Shiba)와 동일시되기도 함, 아다미 네겝과 동일한 장소로 보기도 함

아다마 지역

③수19:36

아다미 네겝(Adami-nekeb)
T. Ada mi, *Kh. et-Tel*
14ⓘ
①갈릴리 바다 남서쪽 약 8km 지점, 아다미와 동일시되기도 함
②키르벳 다미예(Kh. Damiyeh), 텔 아다미(T. Adami)
③수19:33

아다미 네겝 지역

아닥(Athaach)??⇨에델

아담(Adam) *T. ed-Damiyeh*
12⑤, 18ⓓ
①얍복강이 요단강과 합류하는 요단 계곡에 위치
②텔 다미야(T. Damiya)
③수3:9~17

요단 서쪽에서 본 아담 지역

아닷(Atad)=아벨 미스라임(Abel Mizraim)
①여리고와 사해 사이로 추정
③창50:10, 창50:11(아벨 미스라임)

아덴(Athens)=아테네
8ⓐ, 10하, 126
①그리스 고린도 동쪽

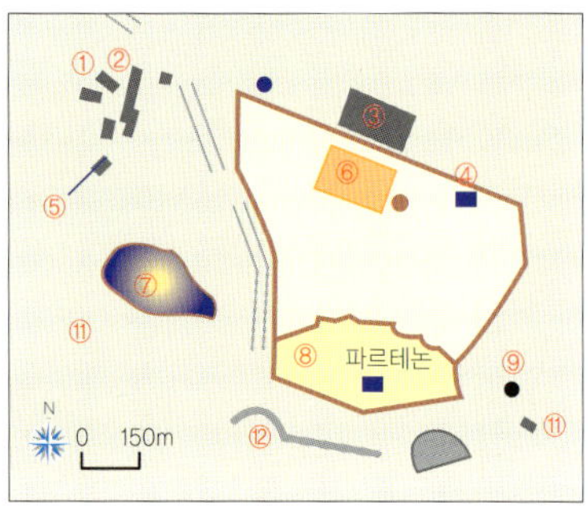

①헤파이스토스 신전 ②아고라 박물관 ③하드리아누스 황제 박물관 ④그리스 정교 대성당 ⑤아고라 ⑥로마시대 광장 ⑦아레오바고 언덕 ⑧아크로폴리스 언덕 ⑨하드리아누스 문 ⑩제우스 신전 ⑪프닉스 언덕 ⑫소크라테스 감옥

②아티나(Athina), 아테네
③행17:15~16, 살전3:1
④아크로폴리스, 아레오바고, 아고라

아레오바고 언덕에서 본 아크로 아덴

아도라임(Adoraim) *Dura*
12⑦, 20ⓓ
①헤브론 서남서쪽 약 8km 지점
②도라(Dora, Dura)와 동일시
③대하11:9

아도라임의 오늘날 모습

아둘람(Adullam)
'Adullam, *esh-Sheikh Madhkur*
12⑦, 20ⓐ
①베이트 지브린(Beit Jibrin) 동북쪽 약 15km 지점
②아둘람(Adulam), 텔 셰이크 마드쿠르(T. Sheikh Madhkur) 바로 아래 와디 에스 수르(Wd. es-Sur)의 폐허지
③창38:1,12~20, 수12:15, 삼상21:1~2, 삼하23:13, 느11:30

아둘람 굴

아둠밈 비탈(Ascent of Adummim)
22중
예루살렘과 여리고 중간의 타라트 에드 담(Talat ed-Dama, 피고개)과 동일한 곳으로 주장됨. 이곳은 베냐민 지파의 남쪽 경계 지역인 글릴롯을 확인하는 좌표점이 된다.
③수15:7, 18:7

여리고와 예루살렘 사이의 아둠밈 비탈

아드라뭇데노(Adramyttium)
10상
①소아시아 무시아 지역, 앗소 동쪽 항구
②에드레미트(Edremit) 근처 카라타쉬(Karatash)
③행27:2

아드라뭇데노로 주장되는 에드레미트

아드리아 해(The Sea of Adria)
10하
이탈리아와 그리스 사이의 바다(행27:1,12,27)

아드마(Admah)
12⑧
①싯딤 골짜기, 현재 세일 에살(Seil Esal)과 세일 엔 누메이라(Seil en-Numeirah)의 강줄기 사이의 서편 사해 남부만 바다 밑
③창10:19, 19:24~29, 신29:23

아디다임(Adithaim)
①아세가(Azekah) 근처
③수15:36

아라랏산(Mt. Ararat)
8ⓑ, 37
터키 반호수 동북쪽 아르메니아 반 호수 지역의 산으로 노아의 방주가 머문 곳이다(창8:4).

아라랏산 전경

아라바(Arabah) 지역(골짜기)
11상
사해와 아카바만 사이 단층지역(민21:26, 신3:7, 4:49, 수11:16, 삼하4:7)

아라바 지역

아라바(Arabah) 바다⇨염해=사해

아라바 시내(Br. Arabah)
⇨애굽 시내(민34:5, 사27:12) 또는 세렛 시내와 동일한 것으로 주장됨

아라비아(Arabia) 지역
8ⓓ
서남 아시아, 현재 요르단, 시리아, 이라크의 접경 지대(갈1:17, 렘25:24, 대하9:14, 겔27:21)

아람 나하라임(Aram-Naharaim)
①메소포타미아 북부 지역
③대상19:6

아랍(Arab) *Kh. er-Rabiyeh*
12⑦
①헤브론 남서쪽 11km 지점
②움 엘 아맛(Umm el-Amad) 근처 두마(Dumah) 동쪽의 에르 라비예(er-Rabiyeh)와 동일시되기도 함
③수15:52

아랍 유적지

아랏(Arad) T. Malhata, *T. el-Milh*
12⑦, 20ⓗ
①동부 네게브 브엘세바 북동쪽 약 32km 지점

텔 아랏, 현대 아랏은 동쪽으로 약 9km 지점에 있다.

②텔 아랏(T. Arad)
③민21:1, 수12:14, 삿1:16
④청동기 때 성읍터, BC10세기 이스라엘 최초의 성소터와 제단, 히브리어와 아람어로된 유적 발견

아로엘(Aroer)
12⑧, 21ⓔ Kh. Arair, *Aroir*
①요단 동편의 아르논 골짜기 변경, 디본(Dibon) 남동쪽 약 5km 지점
②키르벳 아라이르(Kh. Arair)와 동일
③민32:34, 수13:16, 신4:48, 렘48:19

아르논 골짜기 옆에 있는 아로엘

12⑤
①랍바(Rabbah) 남쪽 근처
②에스 스웨이 위나(es-Swei-wina) 근처인 듯
③수13:25
12⑦, 20ⓖ H. Aroer, *Kh. Ararah*
①브엘세바 남동쪽 약 19.2km 지점
②텔 아랏(T. Arad)
③수15:22(아다다), 삼상30:28

네게브 지역에 있는 아로엘

아롯(Aloth)
⇨바알랏 브엘(Baalath-Beer)

아루마(Arumah)? *Kh. el-Ormah*
12④, 17ⓕ
①세겜과 실로 사이인 듯
②엘 오르메(El Ormeh)로 주장됨

아루마 지역

③삿9:41

아룹봇(Arubboth)
12④, 17ⓑ
①사마리아 북쪽 약 14.4km 지점
②아라바(Araba, Arrabeh)로 주장됨
③왕상4:10 막카비 때는 아르바타(Arbatta)로 불렸을 것으로 추정됨

아르논 골짜기 옆에 있는 아로엘

아르(Ar) *el-Misna 혹은 er-Rabba*
12⑧, 21ⓗ
①아르논강 남쪽
②에르 랍바(Er-Rabba) 혹은 엘 미스나(el-Mizna)
③민21:28, 사15:1(길, Kir), 아레오폴리스(Areopolis)와 동일시되기도 함
④비잔틴 때 교회터

아르(알) 유적지

아르곱(Argob) 지역
북부 트랜스 요르단의 바산 지역 혹은 그 일부(신3:3~4)

아르논강(Ri. Arnon)(골짜기)
22하
요단 동편에서 사해 중앙쪽으로 흘러드는 현재 와디 엘 무집(Wd. el-Mujib)과 동일시됨(민21:13,24,신3:8,12, 삿11:12~13, 민21:14

모압과 암몬의 경계선인 아르논 골짜기

아르밧(Arpad) *T. er-Refad*
9상
①시리아 북부 현대 알렙포(Aleppo) 북쪽 약 30km 지점
②텔 리파트(T. Rifat)와 동일시됨
③사10:9,36:19, 렘49:23

아르밧의 돌 유적

아르왓(Arvad)
9상
①페니키아 최북단 성읍
②루앗(Ruad)의 바위섬
③창10:18, 대상1:16, 겔27:8,11

아르왓 해안가의 성채 유적

아리마대(Arimathea)⇨라마다임 소빔

아마나강(Ri. Amanah)
현재 바라다강(Ri. Barada)으로 다메섹 중심부의 강(왕하5:12)

다메섹 중앙을 흐르는 아마나강, 지금은 하나의 개울에 불과하다.

아마나산(Mt. Amanah)
안티 레바논 산맥의 봉우리 중 하나이다(아4:8).

아맘(Amam)
①유다 남부 지역
③수15:26

아맛(Amad)
①갈멜산 북쪽, 아셀 지파 지역
③수19:26

아바림(Abarim) 산맥
22중
느보산을 포함한 주위의 산악 지대(민

27:12)

아베가(Aphekah)
20ⓔ
①유다 지파 지역의 세일 에드 딜베(Seil ed-Dilbeh) 동쪽
②엘 하다브(El-Hadab)으로 추정됨
③수15:53

텔 아베가의 모습

아벡(Aphek)
12④, 17ⓖ(사론지역) T. Afeq, *Ras el-Ain*
①욥바 북동쪽 약 16㎞ 지점, 야르콘강(Ri. Yarkon)의 수원지
②키르벳 믹달 아벡(Kh. Migdal Afek)
③삿12:18, 행23:31(안디바드리), 로마의 율리우스 케사르(J. Caesar) 때 안디바드리로 명명
④BC1200년경 파괴된 주거층 발견, 가나안 시기(청동기)의 유적 발굴, 성채

성채가 보이는 사론평야 지역의 아벡 원경

12①, 14ⓖ T. Afeq, *T. Kurdaneh*
①아셀지파 지역, 악고(Acco) 남동쪽 약 9.6㎞ 지점, 하이파만 5㎞ 지점
②텔 아벡(T. Afek)
③수19:30, 삿1:31(아빅)

악고평야의 텔 아벡 정상

12②, 15ⓑ Afiq=*Fiq*
①갈릴리바다 5㎞ 지점, 로마 때의 힙포스(Hippos) 동쪽 근방
②아피크(Afiq, Fiq, 윗 아벡)와 텔 엔 게브(T. Ein Gev, 아래 아벡)
③왕상22:26~30, 왕하13:14~19,25
④4세기경으로 추정되는 메노라와 유대-아람 비명이 새겨진 기둥 발견

윗 아벡(좌)과 아랫 아벡(우)

①레바논 비블로스(Bybios, 오늘날 예베일;Jebeil) 동쪽 24㎞ 지점
②아프카(Afqa)
③수13:4

아벨(Abel)⇨아벨 벧마아가

아벨그라밈(Abel-Keramim)? *Naut*
12⑤, 18ⓗⓘ
①암만(Amman) 남서쪽 15㎞ 지점
②나울(Naur) 또는 엘 움메인(el-Umein) 두 곳이 주장됨
③삿11:33

오늘날 나울 지역의 아벨그라밈

오늘날 엘 움메인 지역의 아벨그라밈

아벨마임(Abel-Maim)⇨아벨 벧마아가(Abel Beth-Maachah)

아벨므홀라(Abel Meholah)?
12⑤, 18ⓑ *Kh. T. el-Hilu*

고원 지대에 위치한 아벨므홀라

①요단 동편 와디 엘 야비스(Wd. el-Yabis) 기슭 또는 벧산 남쪽 15㎞ 지점이나 키르벳 리스팁(Kh. Listib)로 주장됨
②텔 엘 마크룹(T. el-Maqlub)?
③삿7:22, 왕상4:12, 왕하13:20~21

아벨미스라임(Abel-mizraim)⇨아닷

아벨 벧마아가(Abel Beth-Maachah)=아벨 마임(Abel-Maim)=아벨(Abel)
T. Avel-bet-Maakha, *Abil el-Qamh*
12②, 14ⓒ
①단 서쪽 이욘(Ijon) 남쪽 13㎞ 지점
②텔 아벨벧마아가(T. Avel Beit Maakha)
③삼하20:14, 왕상15:20, 왕하15:29, 대하16:4(아벨마임)

아벨 벧마아가 전경

아벨싯딤(Abel-Shittim)
=싯딤 T. el-Kefrein, *T. el-Hammam*
12⑤, 18ⓖ
①여리고 앞 요단 동편 약 13㎞ 지점
②엘 카프레인(el-Kafrein)인 듯
③민33:49, 수2:1, 미6:5(싯딤)

아벨싯딤(카프레인)

또다른 곳으로 주장되는 아벨싯딤(사므라)

아볼로니아(Apollonia) Pollina
10하, 126
①암비볼리와 데살로니가 사이
②아폴로니아(Apollonia)
③행17:1
④BC4세기경으로 보이는 동전 발견, 비마, 로마 때 회당(체육관?)

비마가 있는 아볼로니아

아브로나(Abronah)?
Ain Defiyeh, *Um m Rashrash*
11하
①에시온 게벨 북쪽 약 12㎞ 지점
②하밧트 에브로나(Khavat Evrona)
③민33:34~35

아라바 계곡에 있는 아브로나

아빅⇨아벡(아셀지파)

아빌레네(Abilene) 지역
안티 레바논의 산이 많은 지역(눅3:1)

아사(Ayyah) *Kh. Haiyan*
17ⓘ
①에브라임 지파 지역의 성읍
②키르벳 하이얀(Kh. Haiyan)
③대상7:28

아사 지역

아산(Ashan)⇨고라산

아세가(Azekah)
T. Azeqa, *Kh. T. Za kariyeh*

아세가 원경

12⑦, 20ⓐ
①벧세메스 남서쪽
②텔 아세가(T. Azeka)
③수15:35, 삼상17:1, 렘34:7, 느11:30
④파괴된 탑과 고대 성채의 흔적

아셀(Asher)?
12④, 17ⓕ
①세겜 북동쪽 18㎞ 지점
②타이야시르(Tayasir)인 듯
③수17:7

아셀 지역

아셀(Azel)
①예루살렘 근처
③슥14:5, AV에는 Azal으로 표기

아소도⇨아스돗(Ashodod)

아스글론(Ashkelon)
T. Ashqelon, *Asqalan*
12⑥, 19ⓑ
①가사 북쪽 19㎞ 지점, 아스돗 남쪽 16㎞ 지점
②텔 아스켈론(T. Ashkelon)
③수13:3, 삿14:19, 렘25:1,17, 슥9:5 헬라 때 아스칼론(Ashkelon)이라고 부름
④헬라와 로마 때 유적지 확인

아스글론의 교회 유적

아스나(Ashnah) Idna
20ⓓ
①헤브론과 라기스 중간 지점
②이드나(Idna)
③수15:33,43

아스나(이드나)의 오늘날 마을

아스놋 다볼(Aznoth-tabor)?
14ⓘ
ⓘ①납달리 지파 남서쪽 지역
②키르벳 움 예벨(Kh. Umm Jebel)로 주장됨
③수19:34

아스놋 다볼 전경

아스다롯(Ashtaroth) *T. Ashtarah*
12②
①바산 지역 에드레이(Edrei 현재 Dara) 북쪽
②텔 아쉬타라(T. Ashtarah)
③신1:4, 수12:4, 대상11:44(아스드랏)

텔 아스다롯 정상 부분의 양우리

아스돗(Ashodod)=아소도=아조투스(Azotus), T. Ashdod, *Isdud*
12⑥, 19ⓑ
①지중해 연안 내륙 4㎞ 지점, 가사와 욥바 중간, 아스글론 북쪽 16㎞ 지점
②텔 아스돗(T. Ashdod)
③수11:22, 대하26:6, 행8:40(아소도), 로마 때 아소도(Azotus)라고 개명함
④그리스와 로마 때의 건축물 흔적과 세공품 발견, 아크로폴리스

지중해안가의 아스돗 유적

아스드롯 가르나임(Asteroth-Karnaim)=가르나임 *Sheikh Saad*
12②
①아스다롯 북쪽 약 5㎞ 지점
②세이크 사아드(Sheikh Saad)
③창14:5, 암6:13, 수13:26, 왕상22:11

④아스다롯에 세워졌던 라암셋 2세의 비석 발견

아스드롯 가르나임 유적지

아스마 웻(Azmaveth)=벧 아스마 웻, *Hizmeh*
20ⓒ
①예루살렘 북동쪽 약 8km 지점
②히즈마(Hizma, Hizmeh)
③스2:24, 느12:29, 7:28(벧아스마 **웻**)

아스마 웻

아스몬(Azmon)? *Ain Muweilih*
①유다 남쪽 애굽시내(와디 엘 아라쉬, Wd. el-Arish) 바로 앞 서쪽 경계 끝인 고대 가데스 바네아 근처
②아인 엘 코세이메(Ain el-Qoseimeh)로 주장되기도 함
③민34:4~5, 수15:4
④선사시대 유물과 유적이 발견됨

아시아(Asia) 지역
126, 128
신약에서의 아시아는 오늘날 터키 서부(소아시아 남서) 지역의 1/3 정도의 지역을 가리킨다.
(행16:6~7, 고전16:19, 계1:4)

아야(Ayyah)⇨아이(Ai)

아얄론(Aijalon) H. Ayyalon, *Yalo*
12④, 20ⓐ
①엠마오(현재 Amwas) 근처

아얄론 전경

②아얄론(Ayalon)
③수19:42, 삿1:35, 삼상14:31, 대상6:69, 대하11:10
④후기 청동기 시대와 철기 시대의 유적지(T. el-Qoqa)
①스불론 지파 지역 아소키스(Asochis) 평야
②텔 엘 붓메(T. el-Butmeh)와 같은 곳
③삿12:12

아얄론 골짜기(Va. Aijalon)
22중
벧호론 아래 블레셋 경계에 있는 골짜기(수10:12)

아얄론에서 본 아얄론 골짜기

아얏(Aiath)⇨아이(Ai)

아와(Avva)?=이와
①시리아 지역, 안디옥과 알렙포 중간
②현재 임(Imm)지점으로 추정됨
③왕하17:24,18:34 사37:13(이와, Ivvah)와 동일지로 여겨진다.

아와(이와) 텔 전경

아웬(이스라엘, Aven)⇨벧아웬

아웬(이집트, Aven)⇨온

아윗(Avvit)
①가사(Gaza) 근처
③신2:23

아윔(Avvim) *Kh. Abu Musarrah*
17ⓗ
①벧엘 부근
②키르벳 아부 무살라
③수18:23

아윔 지역 원경

아윗(Avith)?
①에돔 지역
②키르벳 엘 지트테(Kh. el-Jiththeh)로 주장됨
③창36:35, 대상1:46

아이(이스라엘, Ai)
=아얏=아야 *Kh. et-Tel*
12④, 17ⓗ
①벧엘 남동쪽 3.2km 지점
②키르벳 엣 텔 혹은 키르벳 하-아이(Kh. Ha-Ay)
③수7:3, 느11:31(아야), 사10:28)
④철기시대 묘지와 요새지와 성소를 발견, 비잔틴시대의 거주지 발견

돌무더기만 남아 있는 아이의 유적

아이(요르단, Ai)
①요르단 지역
③렘49:3

아인(Ain) *Kh. Ayyun*
①리블라(Riblah, 현재 리블레, Ribleh) 서쪽, 갈릴리 바다 근처
③민34:11

아인(Ain) *Kh. Anim*
①브엘세바 근교
②키르벳 아님
③수15:32

아인(키르벳 아님)의 유적

아하와강(Ri. Ahava)
바벨론 지역의 강(스8:15)

악갓(Accad)?
8ⓓ, 9하
①시날(Shinar) 바벨로니아 땅의 성읍
③창10:10

악고(Acco)=돌레마이(Ptolemais)
T. Acre, *T. el-Fukhkhar*
12①, 14ⓖ
①갈멜산 북쪽 항구

②텔 악고(T. Akko)
③삿1:31~32, 행21:7(돌레마이), 수19:30(움마)
④십자군 시대의 성벽, 성 요한 교회

십자군 시대의 성채 옆에 있는 악고 항구

악메다(Acmetha)=엑바타나
8ⓓ, 9하
①고대 엑바타나(Ecbatana), 테헤란 남서쪽 약 280km 지점 알반드(Alvand) 산 북동쪽 근처
②하메단(Hamedan) 또는 하마단
③스6:2~5, 삿1:1~2,14
④아케메네스 비문, 다리우스 1세의 이름이 새겨진 금은 쟁반, 크세르크세스 2세의 기둥 발견, 사자 석상

페르시아 때 궁전터

악삽(Achshaph)?
T. Regev, *Kh. el-Harbaj*
12①, 14ⓗ
①악고 남동쪽 약 9.7km 지점
②텔 르게브(T. Regev)
③수19:25,11:1,12:20

텔 악삽 원경

악십(Akhzib)
=고세바(Chozeba) T. Akhziv, *ez-Zib*
12①, 14ⓓ
①악고 북쪽 14.5km 지점의 지중해변
②텔 악시브(T. Akhziv)
③수19:29, 삿1:31
④BC11세기경 석관으로 만들어진 공동묘지 발굴, BC8~6세기경 도기, 입상, 보석, 갑충석 등을 발견, 탈무드 문헌에는 악십과 그십(Chezib)으로, 그리스 문헌에는 엑딥파(Ecdippa)로, 십자군 시대에는 카살 임베르트(Cassl Imbert)로 알려짐

성서에 나오는 지중해안가의 악십 국립공원

악십(Achzib)=거십
⇨고세바 H. Lavnin, *Kh. T. el-Beida*

안디바드리(Antipatris)
⇨아벡(Aphek,사론 지역)

안디옥(Antioch)
10상, 126 수리아 안디옥
①시리아 북서쪽, 오론테스강 하구
②안타키아(Antakya, Hatay)
③행11:19~22,15:19~35, 갈2:11~12
④로마 때 테티스, 디오니소스 등과 같은 인물을 묘사한 모자이크, 성 베드로 동굴교회, 경기장, 고대 수도관의 일부분, 홍수 조절 석조 방비물

베드로 동굴교회에서 본 수리아의 안디옥

10상, 126 비시디아 안디옥
①비시디아(Pisidia) 안디옥, 남서 소아시아 호수 근방
②현재 얄바츠(Yalvac) 동쪽 3km 지점
③행13:14
④4세기경 교회 건물과 모자이크, 유대인에 관한 금석문(金石文)과 대리석 조각 발견, 1세기경 멘(Men) 신에게 바쳐진 신전과 조각품, 도시광장 발굴

비시디아 안디옥의 비잔틴 때 교회터

알(Ar, 사15:1)⇨아르

알람멜렉(Allammelech)
14ⓖ
①악고 평원 남부, 하이파 동남쪽
②텔 엔 나할(T. en Nahal)
③수19:26
④청동기 시대 도기 발견

성서에 나오는 지중해안가의 악십 국립공원

알랍(Ahlab)=헬바 *Kh. el-Mahalib*
12①, 14ⓑ
①두로 북동쪽 약 8km 지점
②키르벳 엘 마할립(Kh. el-Mahalib)과 동일시
③삿1:31, 수19:29('바다 끝이 되며'로 나옴), 삿1:31(알랍, 헬바)

바나나밭으로 변한 알랍(헬바) 지역

알레멧(Alemeth)=알몬 *Kh. 'Almit*
20ⓒ
①베냐민 지파 지역, 아나돗?
②키르벳 알밋
③수21:18, 대상6:60,45(알몬, Almon)

알레멧(알몬) 유적지

알렉산드리아(Alexandria) *Kh. 'Almit*
8ⓒ

알렉산드리아의 중세 때 성채

①나일강 삼각주 카이로 북서쪽 항구
②알렉산드리아(Alexandria) 또는 엘 이스칸다리야(el-Iskandariya)
③행18:24
④카이트 베이 요새지(1840년), 마가교회, 로마 원형 경기장, 몬탄자 궁전

알루스(Alush)?
11하, 48
①이스라엘 광야 여정지, 돕가(Dophkah)와 르비딤 사이
②와디 세히(Wd. Seih)와 와디 무카탑(Wd. Mukatab)으로 주장됨(지은이)
③민33:13~14

와디 무카탑의 inscription valley

알몬(Almon)⇨알레멧(Alemeth)

알몬디블라다임(Almon-Diblathaim)⇨벧디블라다임(Beth-Diblathaim)

암마(Ammah)산
①베냐민 지파 지역, 기아(Giah) 근처
③삼하2:24

암비볼리(Amphipolis)
10하, 126
①에게해 5km 내륙 스트림몬강(Ri. Strymon) 동편 기슭
②네오코리(Neochori), 중세 때에는 암비폴리스(Amphipolia)로 알려짐
③행17:1
④비문, 동전, 요새의 성벽, 로마 수도관

바실리카(회당식 교회)가 있는 암비볼리

압돈(Abdon) T. Avdon, *Kh. Abdeh*
12①, 14ⓓ
①악고 북동쪽 약 13~14km 지점
②텔 압돈(T. Avdon)
③수21:30, 대상6:74
④저수조, 철기시대의 요새와 로마 때의 성벽 발굴

갈릴리의 압돈 지역

압비오 저자(Forum of Appius)
10하
①로마 남쪽 약 69km 지점, 아피아 가도(Apian Way) 노변
③행28:15

앗단(Addan)
①바벨론 지역
③스2:59, 느7:61(앗돈, Addon)

앗달(Addar)??
①가데스 바네아 북서쪽 89km 지점
②키르벳 엘 쿠데이라트(Kh. el-Qudeirat)인 듯
③수15:3, 민34:4(하살아달, Hazar-addar)

앗달리아(Attalia)
10상, 126
①소아시아 남서쪽 해안, 버가의 외항
②안탈리아(Antalyas)
③행14:25
④하드리아누스가 세운 문과 수로, BC 145년 버가모의 왕 앗다로스 2세가 자신의 이름을 붙여 세운 도시

아담한 앗달리아 항구

앗돈⇨앗단(Addan)

앗소(Assos) Behramkoy
10상, 126

앗소 항구

①소아시아 무시아(Mysia)의 항구
②앗소스(Assos)
③행20:13~14
④아크로폴리스의 도리아식 신전

앗수르(Asshur) Qalat Sherqat
8ⓓ, 9하
①북부 이라크 티그리스강 기슭
②앗술(Assur=Qalaat Shirqat)
③민24:22,24
④지구랏트

앗수르의 지구랏트(신전탑)

애굽강(Aenon)
11상
①오늘날 이스라엘 라파 국경 남쪽 40km 지점
②엘 아리쉬(El Arish)
③창15:18

메마른 애굽강(와디)

애논(Aenon)
12④, 18ⓐ
①요단 서쪽 벧산 남쪽 13km 지점
②텔 에르 리드가(T. er-Ridgha)로 주장
③요3:23

애논으로 주장되는 지역(T. el-Beida)?

야굴(Jagur)??
①브엘세바 동쪽 약 16km 지점
②텔 구르(T. Ghurr)인 듯
③수15:21

야노아(Janoah) *Kh. Yanun*
12④, 17ⓕ
①세겜 남동쪽 11km 지점
②키르벳 야눈(Kh. Yanun)과 동일시

③수16:6~7

야노아로 주장되는 지역

14ⓒ
①아벨 벧마아가와 하솔 사이
②텔 나아마 혹은 야누(Yanuh)로 추정
③왕하15:29

야노아로 주장되는 텔 나아마 원경

야님(Janim)
12⑦, 20ⓔ
①헤브론 동쪽
②바니 나임(Bani Naim)인 듯
③수5:53

야님의 유적지

야르뭇(Jarmuth)
12⑦, 20ⓐ T. Yarmut, *T. el-Yarmuk*
①벧세메스 동남쪽, 베이트 지브린(Beit Jibrin) 북동쪽 12.8㎞ 지점
②텔 야르뭇(T. Yarmuk)
③수10:3~5,15:35, 느11:29

야르뭇 지역 근경

12①, 17ⓒ 레멧=라못 Kokhav Hayarden, *Kaukab el-Hawa*
①잇사갈 지파 지역, 갈릴리 바다 남쪽
②코카브 엘 하와(Kokab el-Hawa)
③수21:29, 대상6:73(라못,Ramoth),수19:21(레멧,Remeth)

야르뭇 유적지

야베스(Jabez)
①베들레헴 근처
③대상2:55

야베스(길르앗~)(Jabesh-Gilead)? T. Abu Kharaz, *T. el-Maqlub*
12⑤, 18ⓐ
①요단 동쪽 펠라(Pella)에서 거사라(Gerasa) 쪽으로 10㎞ 지점
②카라베(Kharabeh)
③삼상11:1, 대상10:2, 삿21:8~15
④청동기 시대부터 로마와 비잔틴 시대까지의 유물 발견

야베스 길르앗의 전경

야브네⇨얍느엘2(Jabneel)

야비아(Japhia) *Yafa*
12①, 14ⓗ
①나사렛 남서쪽 약 3㎞ 지점
②야파(Jafa, Yafia)와 동일시
③수19:13
④초기 유대인들의 회당 유물 발견

야비아 지역의 오늘날 모습

야사⇨야하스 (Jahaz)

야셀(Jazer) *Kh. es Sar*
12⑤, 18ⓗ
①랍바(Rabbah) 서쪽 약 14㎞ 지점
②살트(Salt) 또는 남쪽의 야지르(Jazzir)
③민21:32, 수21:39, 대상26:31, 사16:8~9, 렘48:32

도로 옆에 있는 야셀의 유적지

야아간(Jaakan)⇨브에롯 브네야아간(Beeroth-Bene-Jaakan)

야완(Javan)
①남아라비아 예멘의 성읍
③사66:19, 겔27:13,19, 슥9:13

야하스(Jahaz)
=야사(Jahzah)? *Kh. el-Medeiyineh*
12⑧, 21ⓑⓒ
①메드바(Medeba) 남동쪽
②알 르메일(Al Remeil), 립브(Libb), 메드바 동쪽 5.6㎞ 지점의 얄룰(Jalul), 메드바 남서쪽 1.6㎞ 지점의 키르벳 엣 테임(Kh. et-Teim), 메드바 남동쪽 키르벳 엘 무다이이나(Kh. el-Mudaiyina) 등 여러 곳이 주장되고 있다.
③민21:23, 렘48:21, 대상6:78(야사)
④움 엘 발리드에서는 100년경의 유적만 발견됨

르메일(야하스)

립브 원경(야하스)

야하스로 주장되는 오늘날 이스켄다르

얍느엘1(Jabneel)
T. Yinam, *T. en-Naam*
12①, 14ⓘ (납달리 지파 지역)
①갈릴리 바다 남서쪽, 야브느엘(Yavneel) 촌락 근처
②텔 엔 나암(T. en-Naam) 혹은 텔 야브느엘(T. Yavneel)과 동일시
③수19:33

텔 얍느엘 전경

얍느엘2(Jabneel)=야브네
12③, 16하(유다 지파 경계 지역)
①아스돗 북동쪽 13km 정도, 지중해변에서 내륙으로 6km 지점
②텔 야브네(T. Yavne)
③수15:11, 대하26:6(야브네)

얍느엘(야브네) 지역

얍복강(Ri. Jabbok) Ri. Zarqa
22중
암만 근처에서 발원하여 사해 북쪽 45km 지점의 요단강으로 흘러드는 강(창32:22)

브니엘과 요단강 사이의 얍복강 중류

얏딜(Jattir) H. Yatir, *Kh. 'Attir*
12⑦, 20ⓓ
①헤브론 남서쪽 21km 지점
②키르벳 야틸(Kh. Yatir)
③수15:48

얏딜의 유적지

에그론(Ekron)=악가론(Accaron)
T. Miqne, *Kh. el-Muqanna*
12⑦, 20ⓐ
①소렉골짜기 시작점 지중해 동쪽 약 15 km 지점
②텔 미크네(T. Mikne=Ekron)
③수13:3,15:11, 삿1:18, 삼상5:10, 왕하1:2~16, 렘25:20, 습2:4
④비잔틴 때의 유적이 발굴됨

텔 에그론 전경

에글라임(Eglaim)? *Rujn el-Jalameh*
12⑧, 21ⓖ
①모압 경계 지역, 리산반도 북동쪽 사해 연안
②마즈라아(Mazraa)로 주장
③사15:8

와디 앞의 에글라임 지역

에글랏 셀리시야(Eglaith-Shelishiyah)
①소알 부근의 모압 성읍
③사15:5(에글랏 슬리시야), 렘48:34

에글론(Eglon) T. el Hasi, *T. el-Hesi*
12⑥, 19ⓑ
①라기스 서남서 11km 지점
②텔 하시(T. Hasi) 혹은 텔 아이툰(T. Aitun)
③수10:1,34~36
④텔 엘 헤시: 청동기 때의 거주층 발견, 페르시아 시대 이전의 재건축된 이중 성벽 발견, 텔 아이툰: 청동기 시대 거주층 발견

텔 에글론 전경

에나임(Enaim)=에남
①아둘람과 딤나(Timnah) 사이
③창16:7,38:14,21, 수15:34(에남, Enam)의 변형

에네글라임(En-Eglaim)?
12⑦, 20ⓒ
①현재 키르벳 쿰란(Kh. Qumran) 남쪽 약 3~4km 지점
②엔 파스카(Ein Fashkha) 곧, 에인놋 추킴(Einot Tsukim)으로 주장
③겔47:10

사해 바닷가의 에네글라임

에느로겔(En-Rogel)⇨엔 로겔

에느림몬(En-rimmon)⇨림몬

에담(Etam)? *Kh. el-Khokh*
12⑦, 20ⓑ
①베들레헴 남서쪽 3.2km 지점
②키르벳 엘 코크(Kh. el-Khokh)?
③수15:59, 대하11:6

베들레헴 근교의 에담 지역

에담(Etham)?? *T. Abu Seifeh*
①이스라엘 광야 야영지, 숙곳(Succoth) 지난 광야 끝, 딤사(Timsah) 호수 북쪽
③출13:20, 민33:6~8

에덴(Etham)⇨벧에덴

에델1(Ether) *Kh. el-Ater*
20ⓐ

에델 원경

①베이트 이브린(Beit Jibrin) 근처 립나와 아산 사이
②텔 아탈(T. Atal)
③수9:7, 삼상30:30(아닥)

에델2(Eder) *Kh. el-Ater*
①유다와 에돔 경계 지점
②엘 아달(el Adar)?
③수15:21, 수15:42(도겐,Tochen), 수15:24(델렘), 삼상15:4(들라임)

에드레이(Edrei)
12② *Dera*
①야르묵강 남쪽 분기점이 보이는 곳, 다메섹 남쪽 약 96km지점, 요단 동쪽 48km 지점
②다라(Dara)
③신1:4, 민21:33~35, 수12:4

오늘날 에드레이(다라)의 시내 모습

①상부 갈릴리 게데스(Kedesh) 근처
②텔 쿠레이베(T. Khureibeh)로 추정
③수19:37

에렉(Erech)=우룩(아카드어)
8ⓓ, 9하
①바벨론 남동쪽 160km 지점, 유프라테스강 동쪽
②이라크의 우룩(Uruk=Warka)
③창10:10
④에안나(Eanna)와 아누(Anu) 신전터, 원통형 우룩 항아리, BC3000년 이전의 토판 문서

에렉(우룩)의 지구랏트

에멕그시스(Emek-Keziz)
①여리고와 벧 호글라(Beth-hoglah) 근처 요단 평원
③수18:21

에발산(Mt. Ebal)
12④, 22중
세겜 북쪽, 사마리아 남동쪽의 현재 하르 에발(Har Eival)과 동일시됨(신11:29, 27:4, 수8:30)

저주의 산이라 불리는 에발산

에베소(Ephesus)
8ⓐ, 10상, 126
①에게해 연안 밀레도 북쪽 항구도시
②에페스(Efes)
③행18:19,20:16~17, 고전15:32, 딤전1:3, 딤후1:18, 계1:11
④모자이크로 된 인도와 고린도식 양식의 원주, 야외극장, 아고라, 아데미 신전, 트라얀 황제의 석상, 성모 마리아 교회, 사도 요한 교회

중심 도로가 보이는 에베소

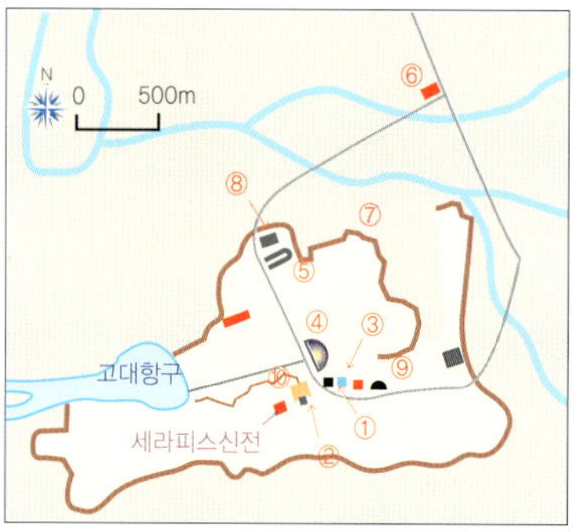

①하드리안 신전 ②셀서스 도서관 ③트라얀 황제 석상 ④야외극장 ⑤경기장 ⑥아데미 신전 ⑦비잔틴 때의 성벽 ⑧연무장(체육관) ⑨고대 음악당(주악당) ⑩아고라

에베스(Ebez)?
14ⓘ

에베스 지역

①잇사갈 지파 지역
②엘 아부스(el-Abus, Ain el-Hubus)
③수19:20

에베스담밈(Ephes-Dammim)=바스담밈??
①소고 북쪽 약 7km 지점
②다문(Damun)으로 추정
③삼상17:1, 대상11:13, 삼하23:9(바스담밈,Pas-dammim)

에벤에셀(Eben-ezer)
12④, 17ⓖ
①아벡(Aphek) 북쪽 근처
②마이델 야바(Majdel Yaba)로 주장하기도 함
③삼하4:1~11

오늘날 채석장으로 사용된 에벤에셀 지역

에브라다(Ephratah)=에브랏⇨베들레헴

에브라임(Ephraim)?⇨오브라

에브라임(Ephraim) 산지
22중
중부 팔레스틴 지역의 산지(수17:15)

에브라임 산지

에브론(Ebron)⇨오브라(Ophrah)

에산(Esha)? Kh. Sama
12⑦, 20ⓔ
①유다 지파 지역
②헤브론 남서쪽 18km 지점의 키르벳 심마(Kh. Shima)로 추정하기도 함
③수15:32

에산으로 추정되는 오늘날 심마(Shima)

에셈(Ezem)? Umm el-Azem
12⑦, 20ⓖ
①브엘세바 북쪽 약 4㎞ 지점
②엘 아삼(El-Asam)으로 추정(지은이)
③수15:29, 대상4:29

아셈으로 추정되는 오늘날 아셈 마을

에스골 골짜기(Va. Eshcol)
헤브론 북쪽 5㎞ 지점의 베이트 이스카일(Beit Iskahil) 근처로 추정됨(민13:23~24)

에스다올(Esthaol) Eshwa, Ishwa
12⑦, 20ⓐ
①소렉 골짜기의 소라 근처
②에스다올(Esthaol)인 듯
③수15:33, 19:40~41, 삿16:3

에스다올의 오늘날 마을 모습

에스드모아(Eshtemoa) es-Samua
12⑦, 20ⓔ
①헤브론 남쪽 약 14.5㎞지점
②키르벳 에스다모아(Kh. Eshtamoa), 사무아(Samua)
③수15:50, 21:14, 대상6:57
④교회 유적

에스드모아 교회 유적

에시온게벨(Ezion-Geber) =엘랏(Elath) *T. el-Kheleifeh*
11중
①홍해 아카바만 상부 항구, 현재 아카바시 서북서쪽 약 3㎞ 지점
②텔 엘 카리페(T. el-Khalifeh)
③신2:8, 왕상9:26~28, 창14:6(엘 바란)
④BC10~4세기경에 걸친 5개층의 유적층 발굴, 5층에서 헬라어 단지와 아람어 토기 파편 발굴

엘랏에서 에시온게벨 쪽으로 본 모습

엔 간님1(En-gannim) *Kh. Beit Jann*
20ⓐ
①벧세메스(Beth-shemesh) 남쪽 약 3.2㎞ 지점
②베이트 지말(Beit Jimal)과 동일시
③수15:34

벧세메스에서 본 엔 간님

엔 간님2(En-gannim) *Kh. Ulam*
12①④, 14ⓘ, 17ⓑ
①다볼산 동북쪽 약 11㎞ 지점, 이스르엘 평야 남쪽
②키르벳 울람(Kh. Ulam), 키르벳 부르킨, 예닌(Jenin) 등 세 곳이 주장됨
③수15:34, 19:21, 대상6:73(아넴), 신약시대에는 기네아(Gineaea)로 부름

엔 간님으로 주장되는 키르벳 부르킨

엔 간님으로 주장되는 키르벳 울람

엔게디(En-Gedi)
En Gedi(T. Goren), *Ain Jidi(T. Jurn)*
12⑦, 20ⓕ
①사해 서쪽 중간 부분
②엔게디(Ein Gedi)
③수15:62, 대하20:1, 겔47:10, 아1:14
④곡바의 편지, 로마 때 수로로 보이는 흔적 발견

다윗이 사울을 피했던 엔게디의 샘

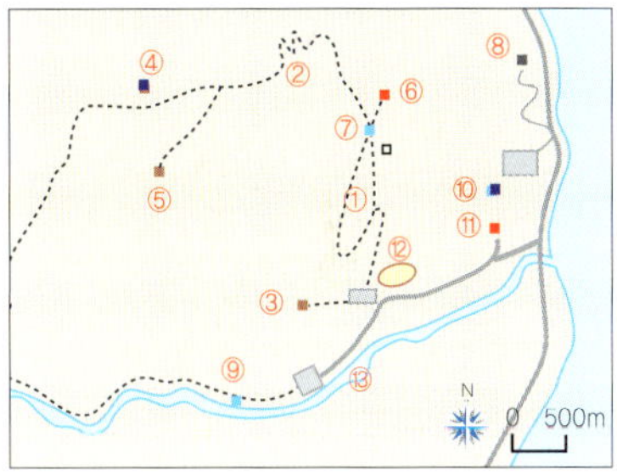

①이샤이 산(Mt. Yishai) ②엔게디 오르막 경사지 ③비잔틴 때 요새 ④로마 때 요새 ⑤이스라엘 요새 ⑥가나안인 신전 ⑦엔게디 샘 ⑧자연학습관(학교) ⑨로마 때 물탱크 ⑩로마 때 목욕장 ⑪고대 회당 ⑫ 텔 고렌(T. Goren) ⑬아르곱 시내(개울)

엔답부아(En-tappuah)⇨답부아

엔돌(En-dor)?
H. Safsafot, *Kh. Safsa feh*
12①, 17ⓒ
①다볼산(Mt. Tabor) 약 6㎞ 지점
②엔돌(Ein Dor) 또는 키르벳 엔돌
③수17:11, 삼상28:7

뒤로 다볼산이 보이는 산중턱에 있는 엔돌

엔 로겔(En Rogel)=에느로겔
20ⓙ
①예루살렘 기드론과 힌놈 골짜기가 만나는 바로 윗쪽
②비르 아유브(욥의 우물)
③수18:16, 삼하17:17(에느로겔)

엔로겔 지역

엔 세메스(En Shemesh)
20ⓙ
①예루살렘 동쪽 5km 지점
②아인 엘 홋(Ain el-Hod)
③수18:17
④사도들의 샘

샘이 있는 엔 세메스 지역

엔하솔(En-Hazor)
H. Hadran, *Kh. el-Hasireh*
14ⓔ
①갈릴리 바다 북서쪽, 레바논 국경
②키르벳 엘 하시레
③수19:37

엔 하솔(키르벳 엘 하시레) 유적지

엔핫다(En-Haddah)?
T. En Hadda, *el-Hadatheh*
14ⓘ
①다볼산 동쪽 갈릴리 바다 남서 9km 지점
②엘-하다테(el-Hadathet)로 주장됨

엔 핫다(엘 하딧테) 지역

③수19:21

엘고스(Elkosh)?
12⑦, 20ⓐ
①유대 남쪽지역
②베이트 지브린(Beit Jibrin)지역으로 주장되기도 함
③나1:1
④벨(Bell) 동굴

엘고스로 주장되는 오늘날 벧구브린 지역

엘돌랏(Eltolad)=돌랏
①아라라(Ararah)와 브엘세바 사이
③수15:30,19:4, 대상4:29(돌랏, Tolad)

엘드게(Eltekeh)??
T. Shalaf, *T. esh-Shallaf*
12③
①에그론 북쪽 딤나 서쪽인 듯
②키르벳 엘 무켄나(Kh. el-Mukenna) 또는 텔 사라프(T. Shalaf)
③수21:23,19:44

오늘날 엘드게 마을 원경

엘드곤(Eltekon)
20ⓑ
①하우산(Hausan) 남쪽 약 3.2km 지점
②베들레헴 서쪽 약 6.4km 지점의 키르벳 엣 데이르(Kh. ed-Deir)?
③수15:21,29

엘드곤으로 추정되는 키르벳 에드 데이르

엘라 골짜기(Va. Elah)
22하
베들레헴 서남서쪽 24km 지점의 와디 에스 산트(Wd. es-Sant)와 동일시됨(삼상17:2,19,21:9)

다윗이 골리앗을 물리친 엘라 골짜기

엘라살(Ellasar)
①유프라테스강 상류 지역 혹은 성읍
③창14:1,9

엘랏(Elath)=엘롯
16하, 11하
①아카바만 홍해 북단, 에시온게벨 서쪽
②에이랏(Eilat)
③신2:8, 왕하14:22, 16:6, 대하8:17(엘롯)

엘랏의 오늘날 에일랏 바닷가

엘렙(Eleph)⇒셀라(Zela, 기브온 근처)

엘론 벧하난(Elon-Beth-Hanan)?
=엘론(Elon)
20ⓐ
①이들라(Ithlah)와 딤나(Timnah) 사이, 벧세메스 동쪽 약 1.5km 지점
②아얄론으로 주장되기도 하는 키르벳 와디 알린(Kh. Wd. Alin) 혹은 벧하난 서쪽 베이트 하난 두 곳이 주장됨
③왕상4:9, 수19:43(엘론, Elon)

아얄론으로도 주장되는 키르벳 알린

엘롯=엘랏(Elath)

엘르알레(Elealeh) *Kh. el-Al*
12⑤, 18ⓗ
①헤스본 북동쪽 약 2km 지점
②키르벳 엘 알(Kh. el Al)와 동일시
③민32:3, 삿11:13, 사15:4, 렘48:34

엘르알레

엘리사(Elishah) 섬⇨구브로섬
키프러스 섬의 일부로 주장됨(창10:4, 대상1:7, 겔27:7)

엘림(Elim)?
11하
①이스라엘 광야 여정지
②와디 가란달(Wd. Gharandal)로 주장
③출15:27,16:1

엘림으로 주장되는 와디 가란달

엘 바란(El-Paran)
⇨에시온게벨의 고대 지명인 듯

엘 벧엘(El-Bethel)⇨벧엘

엠마오(Emmaus) *Amwas*
12④, 20ⓐ
①예루살렘 서쪽 약 32㎞ 지점
②암와스(Amwas)나 라트룬(Latrun) 또는 쿠베이베(Qubeibe)
③눅24:13

라트룬 엠마오의 십자군 시대의 교회의 흔적

엣가신(Eth-Kazin)?
14ⓗ

엣가신으로 주장되는 카프르 가나의 주위 지역

①스불론 지파 지역 가드 헤벨(Gath-hepher) 근처
②카프르 카나(Kafr Kana)인 듯
③수19:13

여갑스엘⇨갑스엘(Kabzeel)

여루엘(Jeruel)들
12⑦
드고아와 사해 서안에 있는 엔게디 서쪽 시스고개 근처(대하20:16)

여리고(Jericho) *T. es-Sultan*
12④, 17ⓘ
①요단 계곡 서쪽 끝, 신약시대의 여리고는 구약시대 여리고 남쪽 1.6㎞ 지점
②구약시대 여리고는 텔 에스 슐탄(T. es-Sultan), 신약시대 여리고는 툴룰 아부 엘 알라이크(Tulul Abu el-Alayiq)
③삿3:13, 느7:36, 마20:29~34
④엘리사의 샘(술탄샘), 헤롯 궁전, BC7000년경의 돌탑, 삭개오 뽕나무(돌무화과 나무), 야외극장, 시험산

공중에서 본 구약의 여리고

여사나(Jeshanah)? *Burj el-Isaneh*
12④, 17ⓗ
①유다와 이스라엘 경계선 지역의 지프나(Jifna) 북동쪽 약 4.8㎞ 지점
②키르벳 엘 부르즈(Kh. el-Burj)로 추정됨
③삼상7:12(센, Shen), 대하13:19

여사나 지역, 뒤의 산 꼭대기

여아림산(Mt. Jearim)
예루살렘 북쪽 15㎞ 지점의 그살론(Chesalon, 현재 케슬라) 부락이 있는 마을의 산(수15:10)

여호사밧 골짜기(Va. Jehoshaphat)
⇨기드론 골짜기(판결 골짜기, 욜3:14)

여훗(Jehud)
12④, 16하
①욥바(Jaffa) 북동쪽 약 13㎞지점
②엘 예후디예(el-Yahudiyeh) 혹은 여훗(Yehud)(지은이)
③수19:45

예훗이란 히브리 글자가 있는 여훗

염곡(Valley of Salt)
=소금 골짜기(삼하8:13, 대상18:2)
22하
세렛 시내 하류와 사해 남쪽 끝으로 연결된 골짜기

염성(City of Salt)
⇨소금의 성(개역개정판) *Kh. Qumran*

염해(The salt sea)
=아라바 바다(수3:16)=동쪽 바다
22하
중남부 이스라엘의 내륙 호수(민34:3), 사해라는 명칭은 로마 시대의 파우사니아스(Pausania)와 갈렌(Galen)의 기록에서 등장한다.

바닷물 밑에 소금덩어리가 있는 염해(사해)

예루살렘(Jerusalem)
=여부스(Jebus)=살렘(Salem)
12⑦, 20ⓑ
①세겜과 헤브론 중간지점
②예루살렘(Jerusalem)
③수10:1~5, 삼하5:6~9, 삿19:10~12(여부스), 살렘, 시온, 다윗성, 아리엘
④성 안나교회, 십자가의 길, 성묘교회, 황금돔, 베데스다 연못 등

유다 왕국의 수도였던 예루살렘(옛성)

①헤롯문 ②다메섹문 ③새문 ④욥바문 ⑤다윗망대 ⑥시온문 ⑦분문 ⑧황금문 ⑨사자문 ⑩성묘교회 ⑪다윗성채 ⑫통곡의 벽 ⑬황금돔 ⑭겟세마네 교회 ⑮압살롬기념비, 헤실가족의 묘, 스가랴 묘 ⑯기혼샘 ⑰실로암못 ⑱다윗성
━ 십자가의 길

예수아(Jeshua)? T. es-Sawa

20ⓖ
①브엘세바 동쪽 16km 지점
②텔 에스 사와(T. es-Sawa)인 듯
③느11:26

예수아 전경

오노(Ono)? Ono, *Kafr Ana*

12③, 16하
①욥바 남동쪽 11.2km 지점
②케프르 아나(Kefr Ana), 키르벳 오노(Kh. Ono)
③대상8:12, 스2:33, 느7:35~37

오노의 현대 거리

오봇(Oboth)?

11상
①이스라엘 광야 여정지 부논(Punon)과 이예아바림(Iyeabarim) 사이, 오늘날 요르단 남쪽 지역
②키르벳 엘 구웨이바(Kh. el-Ghuweiba) 또는 아인 엘 웨이바(Ain el-Weiba)로 주장됨
③민21:10~11,33:43~44
④구리 광산터, 무덤

구리 광산이 있던 오봇(키르벳 엘 구웨이바)

오브니(Ophni)?

12④, 17ⓗ
①베냐민 지파 영역, 게바(Geba) 근처의 벧엘 북서쪽 4.8km지점
②지프나(Jifna)로 주장
③수18:24

오브니의 오늘날 마을 모습

오브라(Ophrah)

12④, 17ⓘ Apherema, *et-Taitibeh*
①벧엘 북동쪽 6km 지점
②타이베(Taibe)와 동일시
③수18:23, 대하13:19(에브론), 요11:54(에브라임)
④교회터, 세례탕, 우물 등

교회터에서 본 현대 오브라(타이베) 마을

12① Afula, *el-Afuleh*
①이스르엘 근처?
②아푸라(Afula)로 주장
③삿6:11,14,8:32

오브라(아푸라)의 현대 시가지

오빌(Ophir) 지역

아라비아와 아프리카 지역 등으로 주장(대상29:4, 욥22:24, 렘10:9-우바스-)

온(On)=아웬

8ⓒ, 44
①카이로 북동쪽 약 10km 지점
②엘 마타리야(El Matariya) 근처의 헬리오폴리스(Heliopolis)로 주장됨
③창41:45, 사45:20, 출1:11, 헬라어역은 헬리오폴리스(Heliopolis)
④성 가족 교회

오벨리스크가 서 있는 온

와헙(Waheb)

①요르단 지역, 위치 불명
③민21:14

왕곡⇨사웨 골짜기(Va. Shaveh)

요단강(Ri. Jordan)

22상중하
팔레스틴을 남북으로 흐르는 가장 길고 중요한 강(창32:10, 신3:23~25, 삿3:28~29, 왕하5:10~14, 마3:1~12)

요단강 중류

욕느암1(Jokneam) =Syamon, T. Yoqn eam, *T. Qeimun*

12①, 14ⓖ
①므깃도 북서쪽 11.3km 지점
②텔 키문(T. Quimun), 히브리어로는 텔 욕느암(T. Yokneam)과 동일시
③수19:11,12:22

텔 욕느암

욕느암2(Jokneam)⇨욕므암(Jokmeam)

욕드암(Jokdeam)?
20ⓔ
①마온 산간 지역, 십(Ziph)근처
②키르벳 라카(Kh. Raqa)인 듯
③수15:56, 대상2:44

욕드암의 오늘날 마을

욕드엘(Joktheel)⇨셀라1(요르단)

욕므암(Jokmeam)
=욕느암2(왕상4:12) T. el-Mazar?
17ⓕ
①암만 북서쪽 11.3km 지점
②텔 엘 마자르
③대상6:68)

욕므암(텔 엘 마자르) 원경

욕브하(Jogbehah) *el-Jubeihat*
12⑤, 18ⓗ
①암만 북서쪽 11.3km 지점
②엘 쿠트나 엘 유누비야(el-Qutna el Junubiya)
③민32:35, 삿8:11

포장길로 잘려버린 오늘날 욕브하 지역

욥바(Jobbah) Yafo, *'Yafa*
12③, 16하

욥바 항구

①텔아비브 중심지에서 바로 남쪽
②야파(Jaffa) 또는 야포
③수14:46, 욘1:3, 행9:36, 10:5
④피장 시몬의 집, 베드로 기념교회

욧바(Jotbah) T. Jodfat
14ⓗ
①갈릴리 바다와 지중해 사이
②키르벳 쉬파트 또는 텔 요드파트
③왕하21:19

욧바(텔 요드파트) 전경

욧바다(Jotbathah)? *Tabbeh*
11하, 12③
①아카바만 북쪽 지점
②아인 타바(Ain Tabah, Yotvata)
③민33:33~34, 신10:7

욧바다(요트바타)의 현대 모습. 성경의 욧바다는 이보다 약간 남쪽에 위치해 있다.

우르(Ur) *el-Muqayyar*
8ⓓ, 9하, 39
①이라크 유프라테스강 하류
②우르(Ur)=알 무카이어(al-Muqayyer)
③창11:31
④월신인 난나 신전과 그 아내 닌갈신의 신전, 엔트 공주의 숙소 발굴

지구랏트가 보이는 우르

우바스(Uphaz) 지역 혹은 도시⇨오빌?

우센세에라(Uzzen-Sheerah)Beit Sira
17ⓖ
①아래 벧호론 남서쪽 약 5km 지점
②베이트 시라(Beit Sira)로 주장
③대상7:24

우센세에라의 오늘날 모습

우스(Uz) 지역
8ⓒ
①암만 동쪽 80km 지점의 아즈라크(Azraq)에서 남동쪽으로 중앙 아라비아 야우프(Jauf) 16km 지점까지의 지역으로 주장
②와디 시르한(Wd. Sirhan)으로 보기도 하나 상징적인 지명인 듯
③욥1:3~19, 애4:21

움마(Ummah)⇨악고?
①아셀 지파 지역
③수19:30, 악고로 표시된 사본도 있음

워단(Vedan)
①사우디아라비아의 메카와 메디나 사이
③겔27:19

유브라데강(Ri. Euphrates)
9하, 38
바벨론, 기스, 닙풀, 에렉, 우르 등을 지나는 메소포타미아 지역의 중심 강(창2:14, 삼하8:3, 사27:12, 렘46:2)

현재 이라크 지역의 유프라테스강

윳다(Juttah) *Yatta*
20ⓔ
①헤브론 남서쪽 약 9km 지점, 에스드모아 북쪽
②야타(Yata, Yuta)와 동일시
③수15:55,21:16

윳다 지역

울래강(Ri. Ulai)
8ⓓ
메소포타미아의 엘람 지역, 수산성에 인

접한 강(단8:2,16)

이고니온(Iconium) Konya
10상, 126
①소아시아 남부 중앙
②꼬냐(Konya)
③행13:51, 14:1, 딤후3:11, 벧전1:2

이고니온의 헬레나 교회(327년 세워짐)

이달라(Idalah)?
14ⓗ
①갈릴리 베들레헴 남서쪽 1.6km 지점
②키르벳 엘 하와라(Kh. el-Hawarah)
③수19:15

이달라 지역

이달리야(Italy) 반도
현재 이탈리아의 한글 개역개정판 성경의 명칭(행18:2, 27:1~6, 히13:24)

이두래(Ituraea) 지역
안티 레바논 산맥, 훌레 호수 인접지역(눅3:1)

이들라(Ithlah)
①아얄론(Aijalon)근처
③수19:42

이론(Yiron)? *Yarun*
12①, 14ⓕ
①갈릴리 북쪽, 하솔 서쪽 16km 지점
②야룬(Yarun)인 듯
③수19:38

레바논의 야룬(이론) 마을 원경 중앙은 텔

이르나하스(Ir-nahash)? *Kh. en-Nahas*
11상
①예루살렘 북쪽 혹은 베이트 지브린 근처(아벨 주장), 드고아 근처(아하로니 주장), 요르단 부논 북서쪽의 키르벳 나하스(Kh. Nahas 글루엑 주장)
③대상4:12

이르나하스(키르벳 나하스) 지역

이르브엘(Irpeel)?
17ⓗ
①예루살렘 북서쪽 산악지대
②기브온 북쪽의 라팟(Rafat)으로 보기도 함
③수18:27

이르브엘 지역

이르세메스(Ir-Shemesh)
⇨벧세메스(Beth-shemesh)?

이블르암(Ibleam)
=빌르암(Bileam) *Kh.Belameh*
12④, 17ⓑ
①예닌(Jenin) 남쪽 2km 지점
②키르벳 바라메(Kh. Balameh)와 동일
③수17:11~12, 삿1:27, 대상6:70(빌르암, Bileam)과 동일시

이블르암 전경

이상 골짜기(the valley of vision)
예루살렘을 의미하는 상징적인 이름(사22:1,5)

이스르엘(Jezreel)
=에스드엘론(Esdraelon) T. Yizreel
12④, 17ⓒ 이스르엘 평야 지역
①길보아산(Mt.Gilboa) 기슭, 예닌(Jenin) 북쪽 11.2km 지점
②텔 이스르엘(T. Yizreel)
③수19:18, 왕상4:12, 대하22:6
④중세 때 건축물 유적, 로마 비잔틴 때 파편 발견

이스르엘

20ⓔ 헤브론 남쪽
①예닌(Jenin) 남쪽 2km 지점
②키르벳 바라메(Kh. Balameh)와 동일
③삼상29:1

헤브론 지역이스르엘

이예아바림(Iye-Abarim)?
el-Medeiyineh
12⑧
①이스라엘의 광야 여정지, 세렛 골짜기에 있는 디본 갓(Dibon-Gad) 앞
②엘 무다이이나(el Mudaiyina)
③민21:11~12, 민33:45(이임)

세렛 시냇가 위에 있는 이예아바림 마을, 고대 유적지는 이보다 남쪽에 있다.

이와(Ilvvah)⇨아와

이욘(Ijon) *T. ed-Dibbin*
12①
①훌레 골짜기 아벨 벧마아가(Abel-

레바논 지역에 있는 이욘(텔 에드 디빈)

beth-maacah) 북쪽 14.4km 지점
②텔 디빈(T. Dibbin) 또는 메라 아윤
③왕상15:20, 왕하15:29

이임(Iim)? Deir el-Gami
20ⓓ
①에돔과 유다 남쪽의 경계 지점
②브엘세바 북쪽의 데이르 엘 가미(Deir el-Gami)로 추정되기도 함
③수15:29

이스라엘 지역의 이임

이임(Iim)?⇨이예아바림(Iye-Abarim)

일루리곤(Illyricum) 지역
발칸반도 북서쪽, 남으로는 마게도냐, 서쪽은 아드리아해(롬15:19)

임멜(Immer)
①바벨론의 한 성읍
③스2:59

입다(Iphtah)?
20ⓓ
①헤브론 북서쪽 10km 지점, 라기스 동쪽
②타르쿠미야(Tarqumiya)와 동일시
③수15:43

입다의 오늘날 지역

입다엘(Iphtah-el) (골짜기)
Wd. el-Malik
①나사렛 북서쪽
②와디 엘 멜렉(Wd. el-Melek) 주장
③수19:14,27

잇난(Ithnan)
①유다 남쪽 십(Ziph) 근처
③수15:23, 대상4:7(참조, 에드난?)

판결골짜기(Va. decision)
⇨기드론 골짜기

하네스(Hanes) *Ihnasiye el-Medineh*
8ⓖ
①이집트 멤피스 남쪽 90km 지점 파이윰(Fayyum) 정남쪽
②이니시에 엘-메디나 또는 아누시스(Anusis)
③사30:4, 헤라클레오폴리스(Heracleopolis)

발굴을 준비하고 있는 하네스 유적지

하다드림몬(Hadadrimon) 지역
17ⓑ
①다아낙 서쪽 1km 지점
②루마네(Rumane) 또는 엘 레이윤(el-Lejjun)으로 주장됨
③대하35: 20~24, 슥12:11

하다드 림몬의 오늘날 지역

하다사(Hadashah)
①라기스와 모레셋 갓(Moresheth-gath) 근처
③수15:37

하드락(Hadrach)
9상
①레바논 북서쪽 알렙포(Aleppo) 남서쪽 약 45km 지점
②텔 아피스(T. Afis)와 동일시
③슥9:1~6

하드락(왼쪽이 텔 아피스 유적, 오른쪽이 오늘날 알리스 마을)

하드락(텔 아피스) 정상의 성벽 유적

하딧(Hadid)? T. Khadid, *el-Haditheh*
12④, 17ⓖ
①로드 동쪽 약 5km 지점
②텔 하딧(T. Khadid)인 듯
③스2:33, 느7:37,11:34

하딧(키르벳 하디드) 정상에서 본 아래 지역

하라(Hara)
①시리아 지역, 위치 불분명
③대상5:26)

하라다(Haradah)
①세벨산과 막헬롯(Makheloth) 사이의 출애굽 여정지
③민33:24~25

하란(Haran)=나홀의 성 *Haran*
8ⓑ, 9상, 39
①울파 남쪽
②하란(Harran)
③창11:31, 29:32~30:24, 왕하19:12
④야곱의 우물, 성채

하란의 성채

하로셋 학고임(Harosheth-Haggoyim)
①사론 평야 혹은 이스르엘 평야 지역
②텔 엘 하르바이(T. el-Harbaj, 헬갓으로 주장됨)와 동일시됨
③삿4:13,16

하르몬(Harmon)=헤르몬산?
①벧엘 동쪽
③암4:3

하맛(Hamath) Nahr el-Asi, *Hama*
8ⓐ, 9상, 74좌

솔로몬 당시 이스라엘 성읍이었던 하맛

①오론테스강(Ri. Orontes) 강변
②하마(Hama)
③민13:21, 수13:5, 삿3:3, 왕하14:25, 렘39:5, 암6:2, 슥9:2
④3세기경 신전 유물 출토

하맛 소바(Hamath-Zobah)
①다드몰(Tadmor) 근처
③대하8:3

하모나(Hamonah)
①하몬곡 골짜기의 성읍
③겔39:16

하바라임(Hapharaim) *et-Taiyibeh*
12①, 17ⓒ
①벧산(Beth-Shan) 북서쪽 14.4km지점
②엣 타이이베(et-Taiyibeh), 타이베(Taibe)
③수19:19

하바라임

하볼강(Ri. Habor)
유프라테스강 상류에 있는 지류 중 하나인 듯(왕하17:6,18:11, 대상5:26)

하봇야일(Havvoth-Jair)?
⇨**살르가(Salecah)**

하사손 다말(Hazazon-Tamar)
①사해 서쪽 끝부분
②와디 하사사(Wd. Hasasa) 근처로 주장됨
③창14:7, 대하20:2, 왕상9:18, 47:19

하살갓다(Hazar-Gaddah)
①몰라다와 헤스몬 사이, 유다 남쪽
③수15:27

하살수사(Hazar-Susah)=하살수심(Hazar-Susim)⇨산산나(Sansannah)

하살수알(Hazar-Sual)
①유다 남쪽 브엘세바 근처
③수15:28,19:3, 대상4:28, 느11:27

하살아달(Hazar-Addar)
⇨**헤스론(Hez ron)**

하살에난(Hazar-Enan)=하살에논
⇨**하셀 핫디곤(Hazer-Hatticon)**

하세롯(Hazeroth) *Ain Khadra*
11하, 48
①시내산 북동쪽
②쿠드라(Khudra)
③민33:17~18,11:35, 신1:1

이스라엘의 출애굽 여정 중 하나인 하세롯

하셀 핫디곤(Hazer-Hatticon)
9상
①하맛 경계 헤르몬산 기슭
②하드르(Hadr) 혹은 카리야테인(Qaryatein)
③겔47:16, 민34:9(하살에난), 겔48:1(하살에논, Hazar-Enon)

하셀핫디곤(Qaryatein) 텔 유적지

하솔(Hazor) **T. Hazor,** *T. el-Qedah*
12①, 14ⓕ
①갈릴리 바다 북쪽 16km 지점, 훌레 호수 남서쪽 8km 지점
②텔 하솔(T. Khatsor)
③수11:1~15, 12:19
④가나안인 신전터 발굴, 회당터 발굴, 저수조, 마굿간터

하솔 전경

①네겝 지역의 유다 성읍, 엘 아유야(el-Auja) 남동쪽 14km 지점
②엘 예바리예(el-Jebariyeh)로 추정
③수15:23

하솔 하닷다(Hazor-Hadattah)?
20ⓔ
①네겝 지역 아랏 남동쪽 11km 지점
②엘 후데이라로 추정됨
③수15:25

하스모나(Hashmonah)??
①가데스 바네아 남방, 출애굽 여정지
②와디 움 하심(Wd. Umm Hashim)으로 추정
③민33:29~30

하우란(Hauran) 지역
8ⓒ
갈릴리 바다 동쪽과 야르묵강 북쪽 지역(민21:33~35, 겔47:16~18)

하윌라(Havilah) 지역
아라비아 남부 지역(창2:11)

한나돈(Hannathon)
T. Hannaton, *T. el-Bedeiwiyeh*
12①, 14ⓗ
①나사렛 북서쪽 9.6km 지점
②텔 하나톤(T. Khanaton)로 추정
③수19:14

한나돈의 텔 전경

할라(Halah) (지역 혹은 성읍)
8ⓑ
①앗수르 지역, 니느웨 북동쪽
③수19:25

할락산(Mt. Halak)??
남쪽 경계 세일 근처 와디 압데(Wd. Abdeh) 북쪽(수11:7,12:7)

할리(Hali) **T. Alil,** *Kh. Ras Ali*
12①, 14ⓗ
①하이파와 나사렛 중간 지점
②텔 아릴(T. Alil)
③수19:25

할리 지역

할훌(Halhul) *Halhul*

할훌 지역

12⑦, 20ⓔ
①헤브론 북쪽 6.4km 지점
②할훌(Halhul)
③수19:58 신약 때는 알룰로스(Alulos)

함(Ham) *Ham*
12⑤, 18ⓑ
①요단 동쪽 수심(Zuzim), 이르비드(Irbid) 남쪽 약 6.4km 지점
②와디 함(Wd. Ham) 혹은 텔 함(T. Ham)
③창14:5

함 지역

함맛(Hammath)
Hammam Tabariy eh
12①, 14ⓘ
①납달리 지파, 디베랴 바로 남쪽
②함맛 타바리예(Hammam Tverya)
③수19:35, 대상6:76(함몬, Hammon), 수21:32(함못돌, Hammoth-dor)
④천궁도, 회당터, 로마 때 온천장

로마때 온천이 있던 함맛

함몬(이스라엘, Hammon)⇨함맛

함몬(레바논, Hammon)
Umm el-Awamid
12①, 14ⓓ
①두로(Tyre) 남쪽
②움 엘 아와미드
③수19:28

레바논 지역에 있는 함몬의 유적

함못돌(Hammoth-dor)⇨함맛

헤나(Hena)
①고대 앗수르 지역
③왕하18:34,19:13, 사37:13

헤들론(Heres)?? **Heitela**
①레바논 트리폴리 북동쪽
②헤이테라로 추정
③겔47:15

헤레스(Heres)
~산(Mt. Heres), **~비탈**
①요단 동편 지역
③삿1:35(헤레스 산), 8:13(헤레스 비탈)

헤렛(Hereth)?
20ⓐ
①베이트 지브린(Beth Jibrin) 동쪽 약 10.4km 지점
②키르벳 케일라(Kh. Qeila, 그일라) 근처 하라스(Kharas)인 듯
③삼상22:5

헤렛의 오늘날 지역

헤르몬산(Mt. Hermon)
12②, 22상
레바논 골짜기 위, 단 북동쪽(수11:17, 시133:3), 신4:48(시온산), 대상5: 23(스닐산), 시4:6의 미살산과 동일시되기도 함

요단 계곡에서 본 헤[르몬산

헤벨(Hepher)?
12④, 16상
①사론평야, 오늘날 네탄야 북동쪽
②텔 헤펠(T. Khefer, 지은이)
③수12:17, 왕상4:10

헤벨 지역의 근경

헤브론(Hebron) **Hevron**, *el-Khalil*
12⑦, 20ⓔ
①예루살렘 남쪽 26.6km 지점, 베들레헴 남서쪽 18.9km 지점
②현 헤브론시 바로 서쪽의 엘 칼릴(el-Khalil) 혹은 에르라만(er-Rahman)
③창23:2(기럇아르바, Kiriath-arba), 대하20:7, 사41:8, 삿1:10, 삼상30:30
④족장들의 무덤(막벨라 굴)

요단 동쪽에서 본 헤브론

헤스론(Hezron)=**하살아달**
①가데스 바네아(kadesh-barnea)와 앗달(Addar) 사이
③수15:3, 민34:4(하살아달, Hazar-Addar)

헤스몬(Heshmon)
①유다 남서쪽
③수15:27

헤스본(Heshbon) *Hisban*
12⑤, 21ⓑ
①암만(랍바) 남서쪽 와디 헤스반(Wd. Hesban)
②히스반(Hisban)
③사15:4,16:8~9, 렘48:2, 삿11:26
④비잔틴 때 교회터, 로마 때 시장, 움아야드 압바스 집, 목욕탕

텔 헤스본 근경

헬갓(Helkath)? **T. Harbaj, 혹은 T. Qashish** *T. el-Qassis*
12①, 14ⓖ

텔 헬갓의 원경, 후곡과 동일시된다.

①악고 평원 남쪽 끝
②텔 엘 하르바즈(T. el-Harbaj)인 듯
③수19:25, 21:31, 대상6:75(후곡)

헬갓 핫수림(Helkath-Hazzurim)
①기브온 못가 인접 지역
③삼하2:16

헬람(Helam)
①요단 동편
③삼하10:16

헬렙(Heleph) H. Arpad, *Irbadeh*
14ⓘ
①다볼산 북동쪽 근처
②키르벳 아르바타(Kh. Arbathah)로 추정
③수19:33

헬렙에 남아 있는 유적

헬바(Helbah)⇨알랍(Ahlab)과 동일시

헬본(Helbon) *Khalbun*
9상
①레바논 산지, 다메섹 북서쪽
②헬분(Helbun)
③겔27:18

헬본의 오늘날 마을

호렘(Horem)
①납달리 갈릴리 지역
③수19:38

호로나임(Horonaim)? *el-Iraq*
12⑧, 21ⓗ
①모압 지역 산 기슭

호로나임(카드랍바) 전경

②카드랍바(Kathrabba), 아이(Ay), 엘 이라끄(el Iraq) 등이 주장됨
③사15:5, 렘48:3,34

호로나임(아이) 원경

호로나임(엘 이라끄)의 오늘날 모습

호르마(Hormah)=스밧(Zephath)=홀마 T. Masos, *Kh. el-Meshash*
12⑦, 20ⓖ
①시글락 근처, 브엘세바 11㎞ 지점
②텔 엘 밀흐(T. el-Milh)와 텔 맛소스(T. Massos) 두 곳이 주장. 그러나 아랏과 동일시하기도 함
③민14:45, 수15:30(홀마), 대상4:30

호르마(맛소스) 전경

호르산(Mt. Hor)
11중
페트라 근처 혹은 가데스바네아 북동쪽 약 24 ㎞ 지점의 예벨 마두라(Jebel Ma durah)로 주장됨(민20:22)

아론이 죽은 호르산(페트라 근교)의 원경

호바(Hobah)?
9상, 41
①다메섹 서쪽 부분으로 오늘날에는 확장된 다메섹내에 있다고 봄
③창14:15

다메섹 서쪽 부분

호사(Hosah) *T. Rashidi yeh*
12①
①아셀 지파 지역, 두로 근처
③수19:29

홀론(Holon)=힐렌?
20ⓐ
①헤브론 북서쪽 얄라(Jala) 근처
②에 디르(E-Dir) 혹은 그 근처
③수15:51,15, 대상6:58(힐렌, Hilen)

홀론의 오늘날 마을 모습

①모압 고원
③렘48:21

홀마(Hormah)⇨호르마(Hormah)

홀하깃갓(Hor-Haggidgad)
①이스라엘의 광야 여정지
②와디 갓다겟(Wd. Ghadaghed) 추정
③민33:31~33

홍해(Red Sea)
8ⓒ, 11하, 48
아카바만(출23:31)과 수에즈만(출10:19)의 홍해가 있다(출15:4). 출애굽한 홍해는 수에즈만의 홍해이다.

수에즈만의 홍해

후곡(Hukok)⇨헬갓

후사(Hushah)?
20ⓑ

①예루살렘 남서쪽
②후산(Husan)
③대상11:29)

후사 지역의 오늘날 마을 모습

훅곡(Hukkok)?
12①, 14ⓘ
①납달리 지파 성읍, 갈릴리 바다 서쪽, 사페트(Safet) 남쪽

훅곡의 오늘날 키부츠 경내

②후곡(Khukok)으로 주장됨
③수19:35

훔다(Humtah)
①헤브론 산지
③수15:54

히에라볼리(Hierapolis) Pamukkale
10상
①터키 라오디게아 북쪽 10㎞ 지점
②파묵칼레(Pamukkale)
③행21:8~9, 골4:13
④화산 온천, 야외극장, 빌립기념교회

히에라볼리의 노천 온천

힌놈의 아들의 골짜기(Va. Ben Hinnom)=살륙 골짜기=힌놈 골짜기(렘7:32)
121우
구예루살렘 동쪽에 있는 골짜기로 기드론 골짜기와 만난다.

힌놈의 아들 골짜기

힐렌(Hilen)⇒홀론(Holon)

힛데겔강(Ri. Hiddekel)
36
에덴 동산에서 발원한 네 강중의 하나로 티그리스강을 가리킨다.

앗수르 옆의 티그리스강(힛데겔강)

구약 시대 구분 및 주요사건 연대표

시대구분	주요성경사건	주요배경	관련성경
창조시대 ?－BC4	천지 창조, 선악과 범죄 노아 홍수, 바벨탑	민족의 분화와 확산	창1-11장
족장시대 BC2166－1805	아브라함의 가나안 이주, 야곱 집안의 애굽 이주, 욥의 고난	메소포타미아 애굽 14왕조	창12-50장 욥기
출애굽시대 BC1805－1390	애굽의 압제, 영광의 탈출, 성막 건축, 율법 수여, 시내 산 언약, 가데스 반역, 가나안 정복 및 분할	애굽 18왕조 가나안 7족속 시대	출애굽기 레위기, 민수기 신명기 여호수아
사사시대 BC1390－1050	열두 사사의 등장 룻의 구원, 사무엘의 치세 백성의 왕정 요구	가나안 토착 세력의 발흥	사사기, 룻기 삼상1-7장
통일왕국시대 BC1050－930	왕정시작, 사울의 실패 다윗의 영토 확장 예루살렘 천도 및 법궤 운반 솔로몬의 성전건축과 번영	주변국가 평정 및 외교 전성기	삼상8-31장 삼하, 왕상1-11장 대상, 대하1-9장 시편
분열왕국시대 BC930 북왕국~722 남왕국~586	북쪽 지파의 완화정책 요구와 남북왕국의 분열 선민 이스라엘의 거듭된 타락 선지자들의 피어린 사역들 앗시리아 제국의 침략과 북이스라엘 함락 북이스라엘의 추방 바벨론 제국의 남유다 정복	앗시리아 제국과 바벨론 제국의 발흥	왕상12-22장 왕하 대하10-36장 예레미야 호세아, 요엘 아모스 오바댜, 요나 미가, 나훔 하박국
포로시대 BC586－539	성전 파괴 다니엘과 세 친구 사건 천년 왕국 성전의 환상	바벨론의 멸망 바벨론 제국의 등장	에스겔 다니엘
포로귀환시대 BC539－400	성전 재건, 성벽 재건 에스라의 종교개혁 에스더가 왕후가 됨 부림절 제정	페르시아 패권의 안정 팔레스틴 주변국의 견제	에스라 느헤미야 에스더, 학개 스가랴 말라기

신약 주요사건 및 통치자 비교 연대표

신약사건	팔레스타인통치자들			로마황제	관련성경
	BC37-BC4 헤롯 대왕: 전(全)유대의 왕				
	유대 (사마리아포함)	갈릴리 베레아	바타네아와 주위지역	BC27- AD14 가이사 아구스도	
BC4 예수 탄생	BC4-AD6 헤롯 아켈라오	BC4-AD39 헤롯 안티파스	BC4-AD33 헤롯 빌립		마태복음 마가복음 누가복음 요한복음
BC2(?) 바울 출생				14-37 디베료 가이사	
AD27 예수의 세례	26-36 총독 본디오 빌라도				
AD30 십자가 수난					
AD34 바울의 회심	39-44 헤롯아그립바 1세, 전유대 왕				사도행전 서신서
				37-41 칼리굴라	
AD47-52 바울전도여행			48-70 총독베스도	41-54 글라우디오	
AD64 기독교박해 시작	52-58 총독벨릭스 58-61(?) 총독베스도			54-68 네로	
AD67 바울, 베드로 순교				68-69갈바 오도비델리오 69-79 베스파시안	
	70 디도(티투스), 예루살렘 성전 파괴			79-81디도	
AD81-96 도미시안의 박해				81-96 도미시안	요한계시록
AD98 트라얀 박해 시작				98-117 트라얀	
AD100 요한의 죽음 사도시대종료					

남유다의 역대 왕

번호	왕이름	통치기간 (전통견해BC)	즉위 나이	통치 기간	통치 평가	지파	사망형태	남북 관계	관계된 성경	
									열왕기상하	역대하
1	르호보암	931~913	41	17	악행	유다	자연사	전쟁	11:42~14:31	9:31~12:16
2	아비얌	913~911		3	악행	유다	자연사	전쟁	14:31~15:8	13:1~22
3	아사	911~870		41	선행	유다	자연사	전쟁	15:8~24	14:1~16:14
4	여호사밧	873~848	35	25	선행	유다	자연사	화평	22:41~50	17:1~20:37
5	여호람	853~841	32	8	악행	유다	하나님이 치심	화평	8:16~24	21:1~20
6	아하시야	841	22	1	악행	유다	예후에게 살해됨	동맹	8:24~9:29	22:1~9
7	아달랴	841~835		6	악행	?	살해됨	화평	11:1~20	22:1~23:21
8	요아스	835~796	7	40	선행	유다	신복에게 살해됨	화평	11:1~12:21	22:10~24:27
9	아마샤	796~767	25	29	선행	유다	살해됨	전쟁	14:1~20	25:1~28
10	웃시야	792~740	16	52	선행	유다	하나님이 치심	화평	15:1~7	26:1~23
11	요담	750~732	25	16	선행	유다	자연사	전쟁	15:32~38	27:1~9
12	아하스	732~716	20	16	악행	유다	자연사	전쟁	16:1~20	28:1~27
13	히스기야	716~687	25	29	선행	유다	자연사		18:1~20:21	29:1~32:33
14	므낫세	687~643	12	55	악행	유다	자연사		21:1~18	33:1~20
15	아몬	643~641	22	2	악행	유다	신복에게 살해됨		21:19~26	33:21~25
16	요시야	641~609	8	31	선행	유다	전쟁에서 부상됨		22:1~23:30	34:1~35:27
17	여호아하스	609	23	3월	악행	유다	애굽에 잡혀감		23:31~33	36:1~4
18	여호야김	609~598	25	11	악행	유다	포위된 때 죽음?		23:34~24:7	36:5~8
19	여호야긴	598~597	18	3월	악행	유다	바벨론에 잡혀감		24:6~16	36:9~10
20	시드기야	597~586	21	11	악행	유다	바벨론에 잡혀감		24:17~25:30	36:11~21

북이스라엘의 역대 왕

번호	왕이름	통치기간 (전통견해BC)	즉위 나이	통치 기간	통치 평가	지파	사망형태	남북 관계	관계된 성경	
									열왕기상하	역대하
1	여로보암	931~910		22	악행	에브라임	하나님이 치심	전쟁	11:26~14:20	9:29~13:22
2	나답	910~909		2	악행	잇사갈	바아사에게 살해	전쟁	15:25~28	
3	바아사	909~886		24	악행		자연사	전쟁	15:27~16:7	16:1~6
4	엘라	886~885		2	악행	베냐민	시므리에게 살해	전쟁	16:6~14	
5	시므리	855		7일	악행		포위되어 자살	전쟁	16:9~20	
6	오므리	885~874		12	악행		자연사	전쟁	16:15~28	
7	아합	874~853		22	악행		전쟁에서 부상	동맹	16:28~22:40	18:1~6
8	아하시야	853~852		2	악행		떨어져 죽음	화평	22:40~1:18	20:35~37
9	여호람	852~841		12	악행	유다	예후에게 살해	동맹	3:1~9:25	22:5~7
10	예후	841~814		28	악행	유다	자연사	전쟁	9:1~10:36	22:7~12
11	여호아하스	814~798		17	악행	유다	자연사	화평	13:1~9	
12	여호아스	798~782		16	악행	유다	자연사	전쟁	13:10~14:16	25:17~24
13	여로보암2	793~753		41	악행	유다	자연사	화평	14:23~29	
14	스가랴	753~752		6월	악행	유다	살룸에게 살해	화평	14:29~15:12	
15	살룸	752		1월	악행		므나헴에게 살해	화평	15:10~15	
16	므나헴	752~742		10	악행		자연사	화평	15:14~22	
17	브가히야	742~740		2	악행		베가에게 살해	화평	15:22~26	
18	베가	752~731		20	악행		호세아에게 살해	전쟁	15:27~31	28:5~8
19	호세아	731~722		9	악행			화평	15:30~17:6	

팔레스틴의 성지순례 지도
성서와 관련된 유적이 있는 곳
꼭 가보도록 권하고 싶은 곳
권장하고 싶은 곳
특별히 관심있는 분만 가볼 곳
성서지역으로서 현재 국립공원
성서 지역 이외의 현재 국립공원
고속도로 및 국도(1급도로)
지방도로(2급도로)
국경선
0
20km
N
레바논
시리아
요르단
이스라엘
이집트
지중해
갈릴리 바다
사해
메롬호
요단강
얍복강
아르논강
가나시내
그랄강
세렛시내
이욘
헬몬산
아벨벧마아가
단
가이사랴 빌립보
두로
가나
게데스
두로의 사다리
아얄바람
하솔
악십
나할리야
몬폴트
여히암요세
벳새다
가말라
라폰
악고
고라신
가버나움
긴네렛
가르나임
아스다롯
아벡
가나
디베랴
거라사
하이파
함맛
(아래)아벡
(위)아벡
골란?
악삽
셉포리스
가나?
갈멜산
나사렛
다볼산
가르다
하-갈멜
나인
엔돌
가다라
돌
오브라?
수넴
야르뭇
돕
므깃도
Ma'ayan Kharod
벧아벨
에드레이
다아낙
벧알파
벧산
요르단강 출입국관리소
라못 길르앗
가이사랴
길보아산
애논
야베스 길르앗
페헬
아벨므홀라
마하나임
도단
디셉
데베스
네탄야
디르사
사본
거라사
소고
사마리아
에발산
세겜
숙곳
브누엘
그리심산
비라돈
미스바
욥므암
아담
아벡
르보나
실로
야셀
욥브하
브네브락
오노
욥바
(에브라임)
오브라
랍바
네오투 케두밈
벧엘
아이
벧니므라
메바앗?
롯?
김소
믹마스
아벨싯딤
아벨그라밈
심마?
갓=깃다임
미스바
길갈?
여리고
알렌비다리 출입국관리소
야브넬
게셀
아얄론
기브아
벧 아라바
헤스본
엠마오
기브온
벧여시못
아스돗
기럇여아림
베다니
느보산
딤나
예루살렘
염성
에네글라임
메드바
아스돗
벧세메스
가드
베들레헴
아세가
에담
헤로디움
야하스
아스글론
아둘람
아스글론
립나
드고아
아다룻소반
마레사
마케루스
벧가물
라기스
디본
에글론
헤브론
아로엘
가사
드빌
십
엔게디
갈멜
소고
마온
시글락
그랄
얏딜
마사다
라피아
디모나
아랏
소돔?
사루헨
아랏
길하레셋
브엘세바
브엘세바
라피아 출입국관리소
고모라?
호르마
아드마?
호로나임
아로엘
디모나
소알
브엘세바
아로엘
디모나
벤구리온
아브닷
가데스바네아
욧바다
팀나
아브로나
에시온게벨

이집트의 순례 지도
지 중 해
이 집 트
이 스 라 엘
요 르 단
사우디 아라비아
홍 해
골란고원
요르단서안
가자지구
악고
돌
벧산
세겜
욥바
아스돗
예루살렘
아스글론
가사
헤브론
아랏
브엘세바
라암세스 (소안, 타니스)
신(펠루지움)
나할 얌
질루
믹돌? Migdol
Daphnae 다바네스
Bagdad
T. Basta
비베셋
비돔 Daphn
숙곳??
이스마일리아
Abu Aweiglia
가데스바네아
Bagdad
엘 쿠세이마
빅터호수
파이드
빌 하사나
라마단 씨티
수에즈
마라 Ayun Musa
웃바다
아브로나
에시온게벨
라스 마랍
엘림 Wd. Garandal
아부 제니마
돕가
G. Foqa
누웨바
Nawamis
하세롯 Ain Khudra
기브롯핫다아와
알루스? Wd. Muktab (Va. Inscription)
다베라? Tahira
Va.르비딤
시내산 Gebel Musa
다하브
샤름 엘 셰이크
라스 무하마드
제이투나
N
0 40km
성경 지명

소아시아(터키)의 순례 지도
시노프
이스탄불
이즈미트
오르두
드로아
앗소
에게해
미둘레네
버가모
두아디라
앙카라
갑바도기아 지역
사데
서머나
빌라델비아
안디옥
에베소
라오디게아
밀레도
사모섬
골로새
버가
루스드라
다소
니도
앗달리야
안디옥
바다라
무라
실루기아
그레데섬
살모네 해협
미항
살라미
구브로섬
바보
지 중 해
0
100km

그리스와 로마의 순례 지도
로마
삼관
불가리아
이탈리아
보디올
빌립보
아볼로니아
네압볼리
암비볼리
코센차
아볼로니아
데살로니가
베뢰아
니고볼리
레기온
미둘레네
시칠리아섬
그리스
기오섬
수라구사
아덴
고린도
겐그레아
사모섬
멜리데섬 몰타섬
밧모섬
대 해(지중해)
그레데섬
미항
0
50km

이 원 희 목사 2005년 레바논 베이루트에서

약 력

· 대전신학교 졸업
· 목원대학교 상업교육학과 졸업
· 장로회신학대학원 졸업
· 계명대학교 교육대학원 졸업
· 동산여자상업고등학교 교목실장 역임
· 초현교회(금산), 남신교회 담임목사
· 침신대목회대학원, 부산장신대 강사 역임
· 순복음대전신학교, 대전신학대학교 강사
· 국민일보 '성서 속 도시 이야기' 1년 연재
· CBS 새롭게하소서 등 성지 다큐 출연
· CTS 4인4색 등 성지 프로그램 출연
· 극동방송 성지프로그램 출연
· 출애굽 사진전(CBS 주최)
· 성지답사연구 70회(2014년)
· 영신여고,실업고등학교 교목실장 역임
· 에레츠성지연구원장
· 한국성지미디어 이사겸 원장

· 성지 영성 집회 인도
· 성서지리 풍습 사경회 및 세미나 인도

(HP 010-6511-0675) (070)7721-0675
홈페이지/ www.photobible.kr
이메일/ lwhpb@naver.com

저 서

· 실로암 聖書圖表(성광문화사, 1984)
· 성서 속의 역사와 지리(기독교문사, 1990)
· 성경통독연구 전4권(기독교문사, 1991)
· 예수와 기독교와의 만남(성경교과서용)
· 하나님과 자신과의 만남(성경교과서용)
· 성령과 삶과의 만남(성경교과서용)
· 스펙트럼 성서지도(지계석, 2000)
· 궤도용 실사지도(지계석) 1.5X1m,11종류
· 컬러판 갈릴리 성경(종로성서서적출판)
· 구약성경의 순례(계명대학교출판부)
· 신약성경의 순례(계명대학교출판부)
· 컬러판 미션성경(새성경)
· 포토 바이블 전3권(선미디어)
· 은혜로운 발자취 성지순례 여행(지계석)
· 성서속의 도시 이야기(민영사)
· 문화성경 편찬(숭실대출판부), 3인 공동
· 포토 성경사전(하늘기획)
· 성지행전 신약, 구약편(평단, 2012)
· 바이블씨티 700(도서출판 바이블씨티)
· 리얼성경 편찬(이스트워드, 2014)
· 에레츠 성경통독연대표(지계석, 2015)
· 사진과 함께 읽는 연대기 성경(신약)
(넥서스크로스, 2015)